工 程 管 理 前 沿 论 丛

住宅产业化论

李忠富 著

中国建筑工业出版社

图书在版编目（CIP）数据

住宅产业化论/李忠富著. —北京：中国建筑工业出版社，2017.11
（工程管理前沿论丛）
ISBN 978-7-112-21425-9

Ⅰ.①住… Ⅱ.①李… Ⅲ.①住宅-产业化-研究-中国 Ⅳ.①F426.9

中国版本图书馆CIP数据核字（2017）第262631号

本书结合本人长期研究和最近十几年国内住宅产业化的发展状况，阐述住宅产业和住宅产业化的概念、特点和内涵。在论述国内外住宅产业化发展的基础上，提出中国住宅产业化发展的目标、途径和发展模式，研究住宅产业化发展对社会经济发展的影响。探讨适合住宅产业化的住宅产品体系、建筑结构体系、生产体系、技术体系、住宅部品流通供配体系。研究适合住宅产业化的企业形式，论述住宅产业集团、虚拟住宅企业、集成型住宅企业和住宅产业企业联盟的概念、组织机构和生产经营方式。阐述住宅产业化的市场化运行机制和管理体系。本书可为大专院校土建类相关专业师生、从事住宅相关产业人员、政府有关部门管理人员、欲发展住宅产业化的建筑、建材、房地产、建筑设备等企业的有关人员提供研究或实践参考。

责任编辑：赵晓菲　张智芊
责任校对：李欣慰　党　蕾

工程管理前沿论丛
住宅产业化论
李忠富　著

*

中国建筑工业出版社出版、发行（北京海淀三里河路9号）
各地新华书店、建筑书店经销
北京锋尚制版有限公司制版
北京圣夫亚美印刷有限公司印刷

*

开本：787×1092毫米　1/16　印张：30¼　字数：451千字
2018年2月第一版　2018年2月第一次印刷
定价：98.00元
ISBN 978-7-112-21425-9
（31008）

版权所有　翻印必究
如有印装质量问题，可寄本社退换
（邮政编码　100037）

前　言 | Preface

住宅关系国计民生，是人类生存发展的永恒需求。过去的三十年，住宅建设改善了居民的生活水平和生活质量，而且对社会经济发展，对中国实现小康社会起到了巨大的推动作用。今日中国随着经济结构调整，住宅业在国民经济中的地位和作用有所下降，但仍然扮演着重要的角色，同时面临着劳动力短缺、质量安全环保要求提高等新的挑战。如何优化资源配置，实现住宅建设优质高效的目标，还存在很多理论和实际上亟须解决的问题。笔者一直认为：通过推进住宅产业化，提高住宅产业的标准化、工业化和现代化水平，满足居民日益增长的居住需求，是解决未来中国人居住问题的根本途径。

住宅产业化是建筑业、建材业、房地产业等相关产业交叉处的前沿课题，它解决采用什么样的生产供应方式为住宅市场提供优质产品的问题，是今后建筑业与房地产发展的重要方向之一。国内自20世纪90年代中期提出住宅产业化的概念，旨在学习国外经验，以工业化、社会化大生产的方式进行住宅的生产与经营。经过二十年的研究和摸索，住宅产业化经历曲折徘徊后在我国得到了一定的发展，尤其是2010年以后，中国住宅产业化呈现加快发展的势头，然而在发展途径、发展模式等方面还存在理论和实践上的分歧和偏颇。总体上，住宅产业化在我国仍处在发展的初级阶段，对住宅产业化有了一定的理论认识但还不够系统深入，在实践上还处于试验应用阶段。这一时期住宅产业化的发展特别需要理论的正确指导。而目前国内尚缺乏住宅产业化方面的著作，本书的出版恰好及时填补了这一空白，既体现了作者多年研究与思考的成果，也是对我国二十年来住宅产业理论研究和发展的一个总结。

本书从经济、技术与管理角度，通过国内外对比分析和国内发展趋势分析，探讨住宅产业向产业化、现代化方向发展的规律，研究了住宅产业化的发展模式、运行机制和组织管理体系，探讨了住宅产业化的生产体系、产品体系、技术支持体系和部品流通供配体系，提出创建住宅产业集团和虚拟住宅企业、推进住宅产业化发展的基本思路，研究各类企业的组织机构和生产经营方式，论述住宅产业的市场化运行机制和管理体系，并对中国住宅产业化发展进行评价和展望。本书的选题是当今住宅与房地产领域中的重点、难点、热点和国内尚未系统研究过的问题。

本书分析美国、日本、欧洲部分国家住宅产业发展的历史进程，汲取在该领域的新成果和有益经验，结合我国的实际情况，研究中国住宅产业未来的发展趋势和发展方向，并将20世纪90年代以来最新的企业管理理论与方法，如经营过程重构、供应链、价值链、并行工程、敏捷生产、大规模定制、虚拟企业、网络信息技术等应用于住宅产业化中，体现新经济条件下住宅产业发展的先进性和时代感。在理论分析的基础上，提出解决住宅产业问题的途径、方法、政策建议和对策措施，为更广泛的应用打好基础。

未来十年将是中国住宅产业化快速发展并起步成熟的时期，相信本书的编纂出版将对国家制定相应的产业政策和发展规划、引导企业的发展道路以及相关学科的研究发展起到积极的推动作用。

本书可为大专院校建筑管理与房地产专业师生、从事住宅相关产业研究人员、政府有关部门管理人员、欲向住宅产业化方向发展的建筑、建材、房地产、建筑设备等企业的有关人员提供学习、研究或实践参考。

住宅产业化在我国发展时间并不长，无论理论还是实践都还不成熟，加上本人的研究水平和经历有限，本书一定存在许多缺点和不足，欢迎广大读者和专家批评指正。本人愿与各位同仁一道，共同探寻住宅产业的美好前景和非凡历程。

目 录 | Contents

1 住宅产业与住宅产业化　　　　　　　　001

1.1　住宅产业构成及特点　　　　　　　002
1.2　住宅产业化的概念和内涵　　　　　011
1.3　住宅产业化发展的目的和意义　　　029
1.4　中国住宅产业化发展的必要性　　　032
1.5　中国实现住宅产业化的可行性分析　042

2 国内外住宅产业化的发展　　　　　　　047

2.1　国外住宅产业化发展　　　　　　　048
2.2　日美住宅产业化发展模式与对比　　053
2.3　中国住宅产业化发展的历程和现状　059

3 住宅产业化的目标与发展方式　　　　　075

3.1　住宅产业化的目标与推进原则　　　076
3.2　住宅产业化的进程与定位分析　　　079
3.3　住宅产业化的发展方式　　　　　　084
3.4　住宅产业化的关键和存在问题分析　098

4 住宅产业化发展的影响分析　　　　　　107

4.1　住宅产业化对社会的影响　　　　　108

4.2	住宅产业化对住宅产业链整合影响	123
4.3	住宅产业化对产业结构的影响	128
4.4	住宅产业化对节能减排的影响分析	133

5 适合住宅产业化的住宅体系和产品　　141

5.1	住宅性能与住宅产品	142
5.2	工业化住宅、集成化住宅、智能住宅和绿色住宅	144
5.3	适合产业化的住宅建筑体系	160
5.4	标准化的部品体系	173
5.5	实现住宅产品多样化的途径和方法	179
5.6	工业化住宅的设计与管理	182
5.7	工业化住宅的性能与成本分析	196

6 住宅产业化的技术体系　　205

6.1	住宅产业化的技术体系和技术策略	206
6.2	住宅产品技术	212
6.3	住宅生产技术与管理技术	215
6.4	住宅产业化的经济管理技术	223
6.5	住宅产业化的网络信息技术	225
6.6	住宅产业化技术研究与开发的方法	228

7 住宅产业化生产体系的建立　　233

7.1	住宅产业生产方式的特点和要求	234
7.2	住宅产业生产体系的选择	237

7.3	住宅产业敏捷生产体系	240
7.4	大规模定制的生产管理模式	250
7.5	实证研究：博洛尼面向大规模定制的住宅装修生产体系	266

8 住宅部品流通供配体系   271

8.1	住宅部品流通供配体系的形成	272
8.2	住宅部品流通供配体系的构成和流程	275
8.3	住宅部品流通供配体系的运行与管理	280
8.4	网络电子商务在住宅部品供配体系中的应用	284

9 适合住宅产业化的企业组织与运作   295

9.1	适合住宅产业化的企业组织形式	296
9.2	住宅产业集团	306
9.3	虚拟住宅企业	326
9.4	集成型敏捷住宅企业	338
9.5	住宅产业企业联盟	351

10 住宅产业化的运行机制   361

10.1	住宅产业化的市场机制和支持体系	362
10.2	住宅产业技术创新机制	366
10.3	住宅产业的金融支持体系	373
10.4	住宅性能认定制度	379
10.5	住宅产业基地建设	386

11 住宅产业化的组织体系与实施　　393

11.1　推进住宅产业化的组织体系　　394

11.2　住宅产业化的促进对策　　395

11.3　促进住宅产业化的相关政策　　408

11.4　组织住宅产业化的实施　　420

11.5　实证：深圳市住宅产业化的规划与实施　425

附录　　431

附录1：关于推进住宅产业现代化提高住宅质量的若干意见　　432

附录2：国务院办公厅关于大力发展装配式建筑的指导意见　　437

附录3：国家发展改革委员会办公厅工业和信息化部办公厅关于印发《新型墙材推广应用行动方案》的通知　　442

附录4：住房和城乡建设部《"十三五"装配式建筑行动方案》　　449

附录5：深圳市住房和建设局　深圳市规划和国土资源委员会深圳市人居环境委员会关于印发《关于加快推进深圳住宅产业化的指导意见（试行）》的通知　　456

附录6：日本优良集合住宅的认定基准　　462

参考文献　　465

后记　　471

1 住宅产业与住宅产业化

1.1 住宅产业构成及特点

1.1.1 住宅产业的概念

1.1.1.1 国外住宅产业的概念和内容

住宅产业（Housing Industry）的概念最早出现于日本，1968年日本建设省官员内田元亨在其论文《住宅产业——经济成长的新主角》中正式提出了住宅产业的概念，并认为住宅产业有望成为继汽车和家电产业之后又一个国民经济的增长点。日本政府采纳了这一概念，将"住宅产业"解释为"住宅及其有关部件的生产、销售企业或其经营活动的总称"，并围绕住宅的生产与供应，系统化地协调有关企业的活动，制定了相关的产业政策与目标，确定了住宅产业在社会产业结构中的地位。

日本住宅产业一般包括四个方面：（1）承担居住空间新建和改造的建造业、改造业、内外装修装饰工程业；（2）提供所需材料、设备的住宅建材业、住宅设备制造业、内装修装饰材料业；（3）承担住宅及其建材、设备等的流通产业，以及与居住生活密切相关的服务业；（4）为支持居民自己改善居住条件（新建和改造）的DIY（Do It Yourself）产业。由于住宅产业的主导产品是围绕着"墙体"展开的，因此住宅产业在日本也被戏称为"墙产业"。

除日本之外，住宅产业在世界各国也都是客观存在的，但其他国家并未明确地界定住宅产业的内容和范围。在美国也提到Housing Industry的概念，一般译为房屋建筑业，有时也译为住宅产业，多指从事小型独立式住宅构配件生产和组装的住宅生产行业。

1.1.1.2 对我国住宅产业概念和内容的界定

在1992年联合国环境与发展大会之后，我国发布了《中国21世纪议程》，其中便构思了住宅产业的雏形。1993年11月原中国建筑技术研究院院长叶耀先在《科技导报》发表论文"住宅产业及其发展构想"，首次引进日本住宅产业的概念，提出发展中国住宅产业的基本构想。1994年以后，从市场经济和解决居民住宅问题出发，我国建设部开始使用"住宅产业"这一概念。1996年我国建设部发布的《住宅产业现代化试点工作大纲》和《住宅产业现代化试点技术发展要点》中指出："住宅产业是生产与经营以住宅（区）为最终产品的重要产业。住宅产业的发展，涉及住宅区的规划、设计、施工以及物业管理，涉及相关的材料和部件，是一项复杂的、庞大的系统工程。"这是我国官方文件中第一次对住宅产业的内容进行粗略的界定和表述。近年来随着我国市场经济体制的完善以及住宅分配流通模式的转变，我国的住宅产业经历了一系列的变化，对于其概念和内容的界定也逐步清晰、完整和明确。

在产业经济学的框架下，"产业"被定义为由国民经济中具有同一性质，承担一定社会经济功能的生产或其他社会经济活动单元构成的，具有相当规模和社会影响的组织结构体系，是介于微观经济细胞（企业和家庭消费者）和宏观经济单位（国民经济）之间的集合概念。通俗一点的表述，就是从事国民经济中同性质的生产或其他经济社会活动的企业、事业单位、机关团体和个体的总和。

根据"产业"的这一定义，对我国的住宅产业进行界定，可以表述为：从事住宅以及与住宅有关的设备、构件、部品、材料的研发、生产、销售、维修、服务的企业、事业单位、机关团体和个体及其经营活动的总称。比照日本对其住宅产业的概括，可以将我国的住宅产业分为五个方面：

1. 承担居住空间新建、改造的建造业、改造业、内外装修装饰工程业；
2. 提供住宅建造所需材料、设备的住宅建材业、住宅设备制造业、内装修装饰材料业；
3. 承担住宅开发组织、咨询以及销售经营的房地产业；
4. 承担建材、部品、设备的流通以及其他与居住生活密切相关的服务业；
5. 为支持农村地区居民改善居住条件的DIY产业。

住宅产业是进行住宅或住宅区开发建设、经营管理的综合性产业，其最终目标是生产住宅并支撑住宅消费，同时兼属于第二和第三产业。住宅产业贯穿于住宅投资、生产、流通和消费的全过程，是住宅产业化的基本载体。

1.1.2 住宅产业的构成

住宅产业涉及的内容贯穿住宅的全寿命周期，横跨第二、第三产业，包含住宅的投资、生产、流通、消费诸多领域，由以下几部分构成：

（1）住宅投资业，从事住宅建设投资、融资和管理的行业，主要由房地产开发企业和专门从事住宅融资的机构等构成。

（2）住宅生产业，从事住宅基础设施建设、住宅建设及主要构配件生产供应的行业，主要由设计部门、施工企业、构配件生产企业、室内外装修公司、住宅产业集团等构成。其中住宅产业集团的业务还可以向前——住宅投资，向后——住宅流通管理等行业延伸，是住宅产业独有的主体形式。

（3）住宅设备与部品制造行业，为住宅建设提供所需要的建筑设备、室内外部品等产品的行业，主要由生产住宅所用的材料、设备、部品的企业构成。

（4）住宅流通业，从事住宅销售和流通的行业，主要由企业住宅销售部门、房地产评估事务所、房地产流通中介服务机构、住宅及部品销售专门店构成。

（5）住宅消费服务业，为居民正常消费住宅而提供服务的行业，主要由物业管理机构、物业维修改造机构等构成。

上述各行业原本分属于建筑业、建材业、装修业、房地产业、五金、部品、机械、设备制造业、流通运输业、研发设计咨询服务业等行业，因此本文所说的住宅产业只是这些行业中与住宅直接相关的部分。住宅产业构成范围如图1-1中阴影部分所示。其中住宅产业集团和集成型住宅企业周围用虚框表示目前我国住宅产业集团和集成型住宅企业等新型主体尚处在形成发展之中。

根据日本的资料，住宅企业按生产产品可划分为18类，分别是：（1）住宅；（2）房地产销售；（3）建筑承包；（4）住宅租赁；（5）建材（化学建材、纤维、有机合成等）；（6）构配件；（7）宅地、城市开发；（8）厨房卫生设备；（9）住

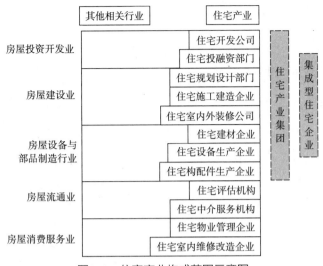

图1-1 住宅产业构成范围示意图

宅照明电器电信设备；（10）门窗；（11）管工机材；（12）玻璃、陶瓷；（13）木材、木制品；（14）室外装饰；（15）居住环境设备与设施；（16）住宅用机械；（17）住宅设计；（18）住宅中介服务。

根据《国民经济行业分类与代码》（GB/T 4754—2011），我国的国民经济划分为20个门类，96个大类，420个种类和更多小类，其中并无"住宅产业"这一类。主要的原因是，目前从事住宅建设的投资部门、设计部门、建筑施工企业以及建材、部品、建筑设备生产企业和住宅开发企业等大多还与一般的建筑相关企业、房地产开发企业等混在一起，很难专门分离出来，因此想要清楚的划定住宅产业与其他相关产业的界线是很困难的。随着住宅产业化的发展，与住宅建设直接相关的投资、建造、材料制品设备生产供应、流通与消费等行业中的部分企业将会从原有的行业中分离出来，专门从事住宅相关的生产与流通管理，并且还会产生出一些新的企业组织形式，成为住宅产业独有的主体形式。

1.1.3 住宅产业的特点

由于住宅产业生产的产品本身具有固定性、多样性、体形庞大、投入巨大等特点，造成住宅生产的流动性、单件性、生产周期长、投入量大且以手工操作为主、易受环境影响等特点，使住宅产业具有不同于其他产业的特点。

1.1.3.1 住宅产业是提供最基本的居住条件并"创造人生"的产业

住宅是居民生活的必需品，可以为生存提供最基本的居住条件，它直接涉及人的切身利益，涉及生活、休息的舒适性，影响到人的身心健康、精神状态、生活情趣、工作效率和劳动积极性的充分发挥。"安居方能乐业"，解决了住房问题，消除了后顾之忧，人民群众才能安心踏实工作，对保证社会安定，促进社会经济长期繁荣稳定起到巨大的保障作用。住宅产业作为住宅的母体，自然处于重要的位置。

人的一生大半时间生息于住宅。现代生活里，住宅远不只是遮风挡雨的几间房屋，而是自我实现、自我教育、改变人、发展人的居住场所。住宅反映了人们的精神追求，是文明和文化的表征。住宅可以安抚人的心灵，孕育人的个性，振奋人的精神，滋养人的品性气质。"住宅创造人生"实为至理名言。因而住宅条件的改善就成为居住者生活水平和生活质量的重要标志，也使得住宅产业具有了其他产业不可比拟的鲜明特性。

1.1.3.2 住宅产业涉及面广，具有很强的带动性

住宅产业自始至终存在于住宅生产、流通和消费的全过程。仅住宅的生产部件就多达5万件以上，而汽车的生产部件只有2~3万件，因此住宅产业是一个涉及面极广、体系性很强的产业。住宅需要各种各样的结构材料、墙体材料、装饰材料、卫生材料、建筑五金、建筑机械等，因此住宅产业就成为一个具有极大带动性的产业。我国住宅产业每年消耗的物资占当年全国物质产品的10%以上，住宅建设每1元产值将带动其他各行业创造1.76元产值，居产品关联性的前列，可以带动建筑、建材、轻工、冶金、农林、建筑设备、房地产等相关产业的发展，同时还可以带动金融保险、财政税收、中介服务等第三产业的发展，并且可以解决大量的就业，我国住宅产业从业人员高达1500万人，而且住宅产业每吸纳100人就业，就可以给

相关行业提供200个就业机会。这也是我国把住宅产业当作今后一段时期新的经济增长点的重要原因。

1.1.3.3 住宅产业是投入大、生产周期长、以手工操作为主、技术进步速度较慢的产业

住宅产业原属于建筑业中的一个专项工程，由于建筑工程的特点，传统上的住宅产业投入量大、生产周期长，生产方式仍以传统的手工操作为主、现场湿作业多，住宅产业技术起点低，技术进步速度低于工业平均水平。这些都不利于提高住宅产品的质量和性能，并且还限制了住宅产业的劳动生产率和经济效益。因此，以现代科技加速改造传统的住宅生产方式，实现住宅产业化是改变住宅产业面貌的根本途径。

从长远说，住宅产业的技术进步速度虽然赶不上电子信息等产业的发展速度，但由于住宅的标准化程度较高，如果国家能够重视并加快住宅产业发展的话，住宅产业的技术进步速度应该高于，也有条件高于建筑业的技术进步速度。相信经过一段时期的发展，住宅产业的技术水平应该能够达到整个工业的平均水平。

1.1.3.4 住宅产业是需要调动大量金融资本的产业

由于住宅本身价值量大，对于居住者来说，所需金额数量较大，普通人大约需要一生四分之一的收入来购买和使用住宅，需要长期储蓄才能达到。对于投资建造者来说，住宅建造必须要有金融机构支持才能完成，因此完善的住宅金融机制是住宅产业健康发展必不可少的条件。

1.1.3.5 住宅产业区域性很强

由于住宅产业的区域性，住宅产品的生产很少涉及进出口，甚至不同地区之间材料与产品的流通都不多，因此住宅产业的带动性表现为极强的内需型，所带动产业的企业大都处于有效区域之内。山东省技术复杂程度不同的企业空间地域上的联系差异性见表1-1。

技术复杂程度不同的企业空间地域上的联系差异性（%）　　表1-1

技术水平	企业数	项目	价值（亿元）	本市内	本地区（辖县）	本省内	省外	国外
高技术企业（电子企业）	18	投入购买	4.1	8.2	1.2	19	30.6	40
		产品销售	13.4	2.1	0.8	16.2	40.4	27
机械工业、化学工业	39	投入购买	16.7	12.1	4.9	25.3	30.9	26.8
		产品销售	33.5	10.5	3.7	26.8	40.2	19.7
劳动密集型企业（食品纺织、轻工等）	42	投入购买	9.6	21.3	10.6	30.3	34.7	4.1
		产品销售	23.2	19.4	8.6	28.5	36	7.5

表1-1中的产品并没有住宅，但可以推断，住宅产品投入购买时对应的本地的数值肯定会比表中的食品、纺织、轻工等行业更高，而省外和国外的数值则要低得多，产品销售则绝大部分是在本市内。由于住宅的区域性，住宅的集中生产与经营的规模会受到一定限制。这是住宅产业明显不同于机械制造、电子信息等产业的特点。

1.1.3.6　住宅产业发展受土地和环境的影响大

由于住宅植根于土地之上，因此住宅产业的发展受土地和环境因素的影响非常大。尤其是国土面积少、人口密度高的国家，住宅及其他建筑的发展往往受到土地的很大制约，土地规划、价格、政策等对住宅产业政策的影响也非常大。

1.1.3.7　住宅产业是以住宅及相关政策为后盾的产业

住宅不同于一般的产品，它作为一种大额优质的资产，对于个人和国家都具有重大意义。住宅产业始终与国家的经济发展及住宅相关的政策息息相关。住宅产业发展的技术政策、住宅投资融资政策、住宅市场政策、住宅产业组织政策、住宅质量政策、住宅价格政策、住宅用地政策、城市建设与开发政策等，将对住宅产业的发展带来巨大影响。而住宅政策的失败，将导致住宅产业的巨大损失，从而造成国家与个人的巨大损失。因此可以说住宅问题在很大程度上是一个政策问题。

1.1.4　住宅产业形成的标志

住宅产业是否真正形成，一方面要看构成住宅产业的主体要素是否具备，更重要的是看各要素之间是否真正联结为以住宅的生产和消费为目标的整体。因此住宅产业是否真正形成的标志主要有以下内容：

1.1.4.1 有自身独有的主体

产业独有的主体就是自身具有，不属于其他任何产业的主体形式。如汽车总装厂属于汽车产业，化工厂属于化工行业（不属于其他产业）等，一般说来，没有自身独有的产（行）业主体，就表明这种产（行）业不存在。住宅产业自身独有的主体包括两方面，一是综合性的、设计施工部品制造集于一身的住宅生产企业，二是专业化的住宅构配件、部品生产供应企业。只有这样的企业组建产生或从其他相关的产业中分离出来，成为住宅产业独有的主体，并且与综合性住宅生产企业形成分工协作关系，住宅产业才算真的客观存在。

基于上述看法，将住宅投资、设计、构配件生产、住宅设备部品采购、施工、销售和售后服务等联结为有机整体，实现一体化生产经营的综合性住宅生产企业（后文称之为"住宅产业集团"）的形成视为住宅产业发展成熟的首要标志。我国目前综合性的住宅生产企业尚在形成中，住宅产业的各组成部分（主体）还分别存在于其他相关的行业，以住宅产品为目标的社会化大生产和分工协作尚未形成，因此可以说我国的住宅产业尚处在发展的初始阶段，还远未成熟。本书研究的一个重要论点就是通过发展住宅产业集团，推动住宅产业化发展，促使住宅产业走向成熟。

1.1.4.2 有自身独立的技术

各行各业都有其自身独立的、专业化的技术，汽车、钢铁、电子、建筑莫不如此。20世纪90年代兴起的房地产业被认为是"没有技术支撑的行业"，因此各行各业的人都可以"搞"房地产，这是一种不正常的现象。住宅产业若要真正形成，就必须要有自身独立的、专业化的技术。住宅产业独有的技术应当包括住宅标准化技术、构配件、部品工业化生产技术、现场装配施工技术与相应的管理技术等。目前住宅产业的技术还仅是建筑业技术与建材业技术等的组合，而自身独立的技术还很少，还需要进行大量全面系统、深入细致的研究与开发，这也表明住宅产业在技术上尚未成熟。

1.1.4.3 投资和产值比重较大

产业产值大小可以体现产业的规模。住宅产业承担住宅建设任务，要想真正称得上是一个产业，则必须要求有一定的发展规模。据联合国对70多个国家的统计，住宅建设平均投资占国民生产总值的3%~8%，占全社会固定资产形成总值的20%~30%，占固定资产投资总值的30%~50%。我国2015年GDP为67.67万亿元，2015年全国固定资产投资（不含农户）55.1590万亿元，比上年名义增长10%，扣除价格因素，实际增长12%。其中全国房地产开发投资9.5979万亿元，比上年名义增长1.0%，扣除价格因素实际增长2.8%。其中住宅投资6.4595万亿元，增长0.4%。住宅投资占房地产开发投资的比重为67.3%，占GDP比重为9.5456%（来源：国家统计年鉴），房地产投资对经济的拉动作用接近三分之一。住宅产业产值比重的增加，表明全社会劳动力、材料设备、资金等资源在住宅产业的投入量和比重增加，也表明住宅产业正在对经济、社会、人民生活水平提高发挥着重大作用。

1.1.4.4 社会化大生产特征显著

住宅产业是众多住宅企业、事业和社会团体的集合。住宅产业作为社会化大生产的组织形式，也应该体现出社会化大生产的典型特征，如生产工业化、集中化、联合化，产业体系完整、综合化与专业化生产相结合、社会化协作关系明确等。目前我国住宅产业主体以中小企业为主，生产方式、生产手段落后，生产集中度低，规模小，产业体系被条块分割，专业化分工、社会化协作的运行体系尚未建立，表明我国的住宅产业尚不具备社会化大生产的特征，还处在小生产的发展阶段。

1.1.4.5 对相关产业带动作用明显

住宅产业对相关产业具有较强的带动性，这是住宅产业的重要特性。这种带动首先表现为产业间不可替代的相互依赖性。但到目前为止，由于住宅产业技术水平较低，这种带动还主要停留在数量的带动上，而在质量上的带动仍处于较低的水平。如果住宅产业的技术水平不发展，对相关产业的带动仍维持在较低的水平上，则这种带动实际上是一种阻碍。今后住宅产业对相关产业的带动将主要看其在质量和水平上的带动效果，住宅产业发展完善的过程也应当是对其他产业带动效果水平提高的过程。

综合以上住宅产业发展水平的标志，可以看出，目前我国住宅产业有些方面已经达到产业发展成熟的程度（主要是量的方面），有些方面则距离产业成熟还有较大差距（主要是质的方面），因此可以说我国的住宅产业还处于发展阶段，还未成熟。

1.2 住宅产业化的概念和内涵

1.2.1 住宅产业化的概念

产业化的概念在英语里与工业化是相同的，即Industrialization，但在汉语里这两个词还是有区分的，产业化的概念范围更广，包含更多的产业经济与管理的内容，或者说工业化等同于狭义的产业化。产业化的概念以联合国经济委员会的定义最为著名，即产业化包括：1. 生产的连续性（Continuity）；2. 生产物的标准化（Standardization）；3. 生产过程各阶段的集成化（Integration）；4. 工程高度组织化（Organization）；5. 尽可能用机械代替人的手工劳动（Mechanization）；6. 生产与组织一体化的研究与开发（Research & Development）。

"住宅产业化"是一种典型的中国式叫法，译成英文是Housing Industrialization，这种说法并不是日本人提出的（日本一直叫"住宅产业"），但其基本思想与日本提出的"住宅产业"的概念是相通的（有专家称欧洲在100年前就有这种思想），其含义是采用工业化生产的方式生产住宅，以提高住宅生产的劳动生产率，降低成本。我国最早是在1994年由原建设部部长侯捷在一次会议讲话中提到住宅产业化这一概念，笔者本人1998年也在论著中提出过住宅产业化的概念和实施要点。以下是概括"住宅产业化"所下的定义中最具特色的几种：

"所谓住宅产业化，即让住宅纳入社会化大生产范畴，以住宅建筑为最终产品，做到住宅开发定型化、标准化、建筑施工部件化、集约化，以及住宅投资专业化、系列化。一句话，即以大规模的成型住宅开发来解决城市居民的住宅问题。"

——1994年，侯捷，天津工作会议上的讲话

"住宅产业化是采用社会化大生产的方式进行住宅生产和经营的组织形式。具体说住宅产业化就是以住宅市场需求为导向，以建材、轻工等行业为依托，以工业化生产各种住宅构配件、部品，然后现场装配为基础，以人才科技为手段，通过将住宅生产全过程的设计、构配件生产、施工建造、销售和售后服务等诸环节联结为一个完整的产业系统，从而实现住宅供产销一体化的生产经营组织形式。"

——1998年，李忠富、关柯，论中国的住宅产业化

"所谓住宅产业化，一般指将住宅建设纳入社会化大生产范畴（即住宅生产过程的产业化），以住宅（区）为最终产品，做到住宅产品的系列化开发、集约化生产、配套化销售。"

——2000年，《中国住宅产业政策》

"住宅产业化的实质是科技成果产业化和生产方式工业化，主要以住宅建设为平台，将住宅设计、施工、装修、建材、部品部件生产等涉及的各产业进行有机整合，使各产业间技术、责任、利益、服务保障统一起来，形成产业链条，从而降低资源能源消耗，减少环境污染，提高经济效益。推进住宅产业化，实现住宅低碳发展模式，核心是实现住宅设计的标准化、部品部（构）件生产的工厂化、现场施工的装配化和土建装修一体化。"

——2008年，住房和城乡建设部原副部长刘志峰的讲话

住宅产业化是指住宅产业现代化。是住宅产业随着工业化、信息化等科技进步从传统产业向产业现代化不断发展的变革过程。具体讲，住宅产业化就是以科技为先导，以成品住宅为最终产品，运用现代的科学技术和工业化生产方式全面改造传统的、粗放的住宅产业，使住宅建造全过程的规划设计、部品生产、施工建造、开

发管理等环节形成完整的有机的产业链，逐步实现生产方式的工业化、集约化和社会化，从而符合当代经济社会发展的要求。

——叶明，住宅产业化内涵及其发展．住宅产业，2012（11）：39-42

2012年以后，住房和城乡建设部又提出了发展新型住宅产业化道路：采用标准化设计、工厂化生产、装配化施工、一体化装修和信息化管理为主要特征的生产方式，并在设计、生产、施工、开发等环节形成完整的、有机的产业链，实现房屋建造全过程的工业化、集约化和社会化，从而提高建筑工程质量和效益，实现节能减排与资源节约。新型住宅产业化是住房和城乡建设的传统模式和生产方式的深刻变革，是住宅建筑工业化与信息化的深度融合。

发展新型住宅产业化是一个系统性、综合性、方向性的问题，在促进整个建筑及相关行业深刻变革的同时，要求统一科研、设计、开发、生产、施工、产品供应等整个产业链的认识，明确目标，协调行动，进而推动整个行业的生产方式的社会化。

上面几种定义是不同时期从不同角度对住宅产业化基本概念的描述，本书不再给出自认为完备的住宅产业化的定义，但可以从以下几方面归纳和解析上述概念的侧重点。

1. 强调生产方式的工业化和科技成果产业化

住宅产业化并不特别强调一定要采用工厂化的方式生产住宅。除生产方式的工业化外，还包括科技成果的产业化，就是通过研究开发将先进适用的成果大规模地应用到工程实际中，包括新成果、新材料、新机械设备、新工艺等，通过新科技成果的大规模应用提高住宅建设的科技水平，提高生产效率和质量。因此住宅产业化并不意味着一定要以大量的建造工厂（尤其是混凝土预制工厂）为前提。

2. 强调科技和人才

住宅产业要求以科技进步为基本前提，提高住宅产品和生产的科技含量，以科技进步促进产业发展；要优化资源配置，降低资源和能源的消耗，注重提高产品的质量和效益，有利于生态环境的保护；还要使我国的人力资源得到充分发挥，处理好提高效率与就业的关系。因此我国住宅产业化必须要全面考虑上述各要素的基础上，研究实现住宅产业化的技术途径和发展模式。住宅产业化还需要大量的科技管理人才，通过研究开发、生产建造和运行管理来推动住宅产业化的发展。

住宅产业化是一个不断发展的过程，随着社会经济发展和工业化技术水平的不断提高，住宅产业化也将会向着更高的水平发展。

3. 强调工业化与信息化的高度融合发展

今天的中国住宅产业化与国外已经完成的住宅生产工业化是不同的。发达国家在五、六十年前就已经逐步实现了住宅生产的工业化，目前正在向信息化、现代化方向发展。中国目前住宅产业工业化尚未完成，而世界已经进入了知识经济、网络信息时代，中国的住宅产业状况正如聂梅生教授所言，"前工业化特征明显，具有前工业化时期的手工作坊、粗放型特征；工业化进程加快；同时后工业化特征开始显现。"党的十八大报告中明确指出："坚持走中国特色新型工业化、信息化、城镇化、农业现代化道路，推动信息化和工业化深度融合、工业化和城镇化良性互动、城镇化和农业现代化相互协调，促进工业化、信息化、城镇化、农业现代化同步发展。"按照新型工业化的要求，中国的住宅产业化不能完全走国外发达国家已经走过的路子，而应该走一条符合中国特点的新型工业化发展道路。

住宅产业的新型工业化首先是实现信息化与工业化的互相融合。一方面在尚未完成工业化的情况下不因产业发展相对落后而退却，而是积极推进信息化进程；另一方面在信息化的过程中，不能放弃工业化的完成，而是按照信息化的要求调整和校正本国的工业化战略，使工业化和信息化能够有机结合，相互促进。通过信息技术在住宅产业中的广泛应用，实现对传统的住宅产业的改造，使住宅产业生产的效率、质量和效益得到巨大提高，将国外发展国家工业化与信息化两步走的发展过程合成为一步走，使工业化的时间进程大大缩短，尽早赶上发达国家的发展步伐，实现住宅产业的跨越式发展。

近年来信息技术快速发展，成为住宅产业化的重要工具和手段。如BIM（建筑信息模型，Building Information Modeling）技术借助其强大的信息共享能力、协同工作能力、专业任务能力的作用使我国工程建设逐步向工业化、标准化和集成化方向发展，促使工程建设各阶段、各专业主体之间在更高层面上充分共享资源，有效避免各专业、各行业间不协调的问题，有效地解决了设计与施工脱节、部品与建造技术脱节问题，提高工程建设的精细化、生产效率和工程质量，能够充分体现和发挥新型住宅产业化的特点和优势。

4. 强调绿色低碳环保

住宅产业化是一种提高生产效率的生产方式和管理方式，同时应用这种生产方式还要达到优良的住宅性能要求，即是提高住宅的质量和达到保温隔热、防火防灾、安全环保、健康舒适等要求，达到绿色建筑目标。这也是今天发展住宅产业化与以往很大的不同点。住宅产业化发展之初产业化和绿色化是各自独立发展的，但发展住宅产业化一定要以绿色低碳环保为基本条件，否则住宅产业化就丧失了生命力。随着发展二者一定会走到一起。住宅产业化会成为绿色建筑的有力支撑。

5. 强调管理方式的一体化和企业间协作

住宅产业化与传统的住宅投资、开发、设计、施工、售后服务分离的生产经营方式相比，住宅产业化以住宅这种最终产品为目标，采用工业化生产和一体化经营的方式，使各生产要素完美地组合起来，减少中间环节，优化资源配置。通过工厂化生产提高构配件的质量和生产能力，从而减少现场湿作业，简化现场操作，改善工作条件，提高住宅质量，降低劳动强度，提高劳动生产率。

因此住宅产业化强调将产业链上下游的相关企业结合成一个完备的产业系统，从而使复杂的生产和交易过程简单化和内部化，实现生产要素的优化配置，减少交易成本，提高生产效率。这种上下游企业之间的结合可以通过以产权、技术等为纽带的一体化方式实现，也可以通过上下游企业之间的密切协作来实现。住宅生产建造行业由于自身特点还不能完全照搬汽车、家电等制造业的生产方式，但这种源于汽车、家电等制造业的一体化管理思想和方法可以借鉴。正如工业和信息化部部长苗圩曾经说过的："我们推动的事情不是推广让大家如何工厂化盖房子，而是要推广一种理念，把最原始的建造行业向制造行业靠拢"。

1.2.2 住宅产业化的内涵

住宅产业化的内涵体现在五个方面：一是住宅体系标准化，二是住宅部品化，三是住宅生产工业化，四是住宅生产经营集成化，五是协作服务社会化。

1.2.2.1 住宅体系标准化

住宅体系标准化，即依据住宅标准化程度相对较高的特点，在住宅设计中采用标准化的设计方案、构配件、部品和建筑体系，按照一定的模数规范住宅构配件和部品，形成标准化、系列化的住宅产品，减少单个住宅设计中的随意性，并使施工简单化。住宅体系标准化是住宅产业化的必备条件，同时也是住宅生产进行社会化协作的必要条件。住宅相关产业会按住宅标准生产与之匹配的住宅部品，从而形成协调一致的产业系统。"标准化是产业化的基础，而统一模数又是实现标准化的前提"（刘志峰语）。通过统一模数协调可使所有建筑构件和部品之间的尺寸及其与待建建筑物的尺寸相协调。

实行标准化还需要考虑住宅的多样化，避免出现住宅建筑的千篇一律。标准化与多样化的矛盾不是不可协调的，采用标准化的部品和构配件仍可组合出各种各样丰富多彩的住宅形式。由于标准一旦制定就会在一段时间里相对不变，因此标准化的技术水准既要立足当前，又要适当超前。在低技术水平下或者技术快速发展期则不应该过分强调标准化。

1.2.2.2 住宅部品化

住宅部品化即将住宅分解成为一个个相对独立而又标准协调的部品（使住宅的连续型构成离散化）。住宅部品是构成住宅本体的基本单元或附属品，是具有相对独立性，可以单独进行设计、制造、调试、修改和存储，便于不同的专业化企业分别进行生产的住宅功能单元。住宅部品要在模数协调的原则下，逐步实现部品的系列化和通用化，提高部品的互换性、功能质量和规模经济效益，开发和完善住宅部品的配套应用技术。今后的住宅建设会改变以往以现场为中心进行加工生产的局面，逐步采用大量工厂化生产的部品进行现场组装作业，改变住宅生产面貌。住宅部品类型众多，成千上万，材质有混凝土、水泥、钢铁、塑料、橡胶、陶瓷、石膏、木材、玻璃、PVC等。这些部品的生产是由社会不同的行业企业来完成的，是由全社会来共同完成的一个大系统产品。部品化与标准化和工业化都直接相关。发展部品化是住宅产业化发展的技术基础和关键环节。

"部品"一词源于日语，在日本，住宅部品是指门窗、厨房卫生间设备等非承重的功能单元（承重的结构构件日语称"部材"）。住宅部品化意味着不仅要将构成建筑结构本身的梁板柱等工业化生产，而且要优先地将住宅的功能单元部品在工厂里生产并进行现场装配，这样最终交给客户的就是一个功能完善的成品住宅产品而不是毛坯房，这是住宅产业化与传统建筑工业化的最大不同。

1.2.2.3 住宅生产工业化

住宅生产工业化是通过大工业规模生产的方式来生产建筑产品，其含义很丰富。住宅生产工业化是住宅产业化的核心，也可以认为狭义的住宅产业化等同于住宅生产工业化。住宅生产工业化的程度决定了住宅产业化的技术水平和层次。本书的住宅生产工业化主要是指住宅构配件部品生产工厂化、现场施工机械化和装配化、组织管理科学化。

1. 构配件和部品生产工厂化

这种工业化生产就是将原来在现场完成的构配件加工制作活动和部分部品现场安装活动相对集中地转移到工厂中进行，改善工作条件，可实现快速优质低耗的规模生产，为实现现场施工装配化创造条件。构配件和部品的工厂化程度在很大程度上反映了住宅工业化的水平。根据工厂的生产对象不同还可以划分为以下两种情形：

（1）部品工厂化生产：将大量的住宅部品（包括室内外装修、厨卫设施、各种管线设备等)在工厂里进行标准化、规模化的生产。

(2)构配件工厂化制作:将梁、板、柱、墙、楼梯、平台等结构构配件进行工厂化生产。根据工厂化程度可以分为三个发展阶段,第一阶段——局部采用预制构件,如少量小型的构件如楼板、门窗过梁、楼梯、平台等,而大量的主要分部分项工程还是在现场完成。按照预制构件价值占全部材料和制品价值的比例一般不超过20%~30%。第二阶段——住宅大部分采用预制装配构件,如梁、板、柱、桩、墙板、屋面板等均在工厂预制,这一阶段预制构件价值占全部材料和制品价值的比例一般达到50%~70%。第三阶段——住宅几乎全部采用预制装配构件,并且部品都采用工厂预制。这是装配式建筑发展的高级阶段,住宅基础以上的构件和部品80%以上都在工厂预制或生产,还可以生产某些建筑结构单元,甚至整个住宅。

上述部品和构配件的工厂化生产由于技术难度和行业发展水平不同而差异较大,一般部品由于形体小、功能单一、运输安装方便,工厂化的难度较小,而梁板柱墙等大型承重构件由于体形重量大、运输安装难度大、技术要求复杂等,工厂化及应用的难度较大,建议住宅产业化发展之初应走以非承重的部品工厂化、装配化为主的道路,而承重结构体系维持现有的现浇方式,或者走大模板、钢筋工厂加工等所谓"现场工业化"的道路,待时机成熟再逐步从小型非承重构件向大型承重构件发展构配件工厂化生产。

2. 现场施工机械化和装配化

由于采用工厂化生产部品和构配件,现场施工简化为以装配为主,采用施工机械来完成主要的构配件装配工作,有效地代替工人繁重的体力劳动。施工机械化为改变建筑生产手工操作为主的小生产方式提供了物质基础。

施工机械化除使用施工机械来安装大型构配件外,还可以脱离构配件工厂化独立存在。如2000年以后大量的施工机械逐步进入施工现场,用在挖土、运输、打桩、成孔、回填、压实等工程上,大幅提高了生产效率,减轻了工人的体力劳动和用工数量,这也是工业化的重要体现形式。可以说:施工机械化是工业化的第一步,是先进技术设备在工程中的典型应用,而且是在没有工厂化构配件生产和标准化的基础上就可以在土方、基础、运输等工程上实现的。此外一些适合手工操作的工种工程如木工、瓦工、模板工、架子工等通过使用先进的工具器具使得施工效率提高(可称为"工器具化"),体力劳动减少,对工人手艺要求不高,也是机械化的一种表现形式。

3. 组织管理科学化

就是按照工业产品生产的组织管理方法和建筑产品的技术经济规律来组织生产,这里主要指科学地安排住宅构配件生产与现场施工的组织管理工作。应该按照住宅产业化这种新的生产方式的特点,采用与之相适应的组织管理理论、方法、手段,包括采用新型生产组织形式、设计/施工一体化的工程总承包方式、精益建造管理方式、BIM和信息化管理方式等。

1.2.2.4 住宅生产经营集成化

集成的概念首先起源于自动化领域,是综合化、整体化、一体化的意思。集成不是简单的集合,而是要将各部分在逻辑上互连起来,组成一个有机的整体,将原先没有联系或联系不紧密的单元有机地组合成为功能协调的、互相紧密联系的一个新系统,集成之后的效果应该是1+1>2,具有将系统整体优化的效能。住宅生产经营集成化有纵向集成化、横向集成化和混合集成化之分。

1. 纵向集成化

纵向集成化也称上下游一体化,是将生产供应上有前后顺序关系的企业联结为一个整体的行为。目的是以企业内部管理代替市场交易,减少交易成本,促进研究与开发,提高技术效率,为用户提供一揽子解决方案。对于住宅产业来说,纵向集成化即在住宅生产工业化的基础上,以为用户提供优良的住宅产品和优质服务为目标,将住宅建设全过程的投资开发、建筑设计、构配件生产、住宅建筑设备生产供应、施工建造、销售及售后服务等诸环节联结为一个完整的产业系统,实现住宅产供销一体化。这种生产经营组织形式是技术发展、社会化大生产的需要,也是住宅产业化的必然结果。住宅生产经营集成化以住宅生产企业为龙头，以专业化协作的方式，采用合同、联营、长期协作等手段将部品供应、施工建造等各专业化生产部门联合起来、协调起来，形成一定程度的利益共同体，按用户的要求提供优质的住宅产品与售后服务，真正实现住宅生产的社会化和产业化。本书中所说的集成化主要是指纵向集成化。

2. 横向集成化

横向集成化是指将生产相同产品、具有相同生产工艺的企业通过合并、兼并、控股等方式联合起来，形成更大规模企业的行为。横向集成化通常是以壮大企业的实力，增强企业在市场上的支配地位和竞争力，发挥规模经济效果为目的。对于住宅产业化来说，横向集成化是将分散的构配件（墙板、混凝土、楼板等）和部品（厨房、卫生间设备等）生产企业联合起来，形成具有较大规模的企业群体，壮大企业的实力，实现产业化的规模效益。横向集成化对于住宅产业化发展来说也是非常必要的。

3. 混合集成化

混合集成化是同时进行纵向集成化和横向集成化，即进行生产规模和生产范围的双重扩张，实现更大规模、更高层次的整体发展，这预示着企业将达到更大规模。

此外，现代意义上的集成不单指纵向集成、横向集成和混合集成这三种实体集成（实体集成也可称为"一体化"），也包含虚拟集成。虚拟集成是指企业尽可能降低自己的纵向集成度、最大限度地利用外部资源的一种手段。进行虚拟集成的公司不拥有大量的设施设备，也不拥有常年雇佣的各方面的大量专业技术人才，而只是根据产品开发、市场开发、满足顾客订单等企业的具体需求随时寻找外部资源，与外部资源结成合作关系。一旦任务完成，则这种关系就结束。采取虚拟集成战略的公司具有很大的柔性，能够很灵活地进出某一市场，很灵活地追赶产品时尚和新技术潮流。在当今市场需求日益多变、技术进步日新月异的环境下，越来越多的公司开始采用或部分采用这种战略。而且，网络技术的飞速发展也给采用这种战略提供了极大的便利条件。虚拟投资的特点是投资少、双赢、快速响应。虚拟集成在决策时应注意的问题，即是否能够增加产品价值、改善营销进程、强化运营管理、增强技术力量，所以在应用时一定要得当。

1.2.2.5 住宅协作服务社会化

住宅协作服务社会化，是将分散的个体的生产转变为集中的、大规模的社会生产的过程。住宅协作服务社会化表现为住宅生产的集中化、专业化、协作和联合化。

1. 住宅生产集中化

生产集中化，是指生产越来越集中于大企业的过程。这个过程表现为相互联系的两个方面：一是企业的平均生产规模扩大，同类产品的相对集中；二是大企业的生产能力和产量在该部门（或地区）全部生产能力中所占的比重越来越大。集中化是社会发展和科技水平进步的客观要求和体现，其最大优点就是可以发挥出规模生产的规模效益，有利于提高质量和降低成本。住宅生产由于其特殊性，它的集中化主要是构配件工厂生产的集中化和少数集团型企业的住宅生产集中化。

衡量生产集中化程度的集中度指标有多种算法。最常用的是集中率、洛伦兹曲线和基尼系数等。集中率是最基本的集中度指标，计算方法如式（1-1）。

$$CR_n = \sum_{i=1}^{n} X_i / X \qquad (1-1)$$

式中　　n——企业数（通常取最大的3，4，5，8，10家企业）；

　　　　X_i——居于市场第i位的企业的生产、销售、职工或资产；

　　　　X——市场中所有企业的生产、销售、职工或资产；

　　　　CR_n——最大n家企业的集中率。$CR_n \in [0,1]$，值越大表明集中度越高。

2. 住宅生产专业化

生产专业化是社会劳动分工不断扩大和深化的产物，是现代经济发展的客观要求和必然趋势。住宅生产专业化是指某些企业专门从事某种特定构配件或部品的生产。生产专业化与集中化密切相关。专业化有利于提高产品生产的规模和质量，降低成本，是组织社会化大生产提高经济效益的重要手段和良好形式。

3. 住宅生产协作

协作是指各部门、各企业、各工种在生产中建立的相互联系。随着专业化的发展，要求各企业之间的协作必须加强，使生产过程在时间上缩短、空间上扩大，保持生产的连续性和均衡性，弥补专业化产品单一的不足，实现优势互补。专业化和协作是一个事物的两个方面，专业化把社会生产分解为许多独立的部门、企业和工种，协作又把各个独立的部分联合起来，成为社会化生产的有机整体。

4. 住宅生产联合化

生产联合化是指同一部门或分属不同部门的若干企业，以资金、技术、人才、设备、产品等为纽带，联合成为一个整体，对生产实行统一经营、统一管理。联合化的特点是所包括的各种生产在技术上具有连续性与统一性，参加协作的企业之间由外部的协作关系转变为内部的协作关系，是专业化协作发展的最高形式。生产联合化是生产日益社会化与生产力发展不均衡的客观要求，通过强强联合，在不用或少用社会投资的情况下，充分发挥联合各方的优势，采用新技术、新工艺、新材料，充分利用技术设备的生产能力，提高综合生产能力，较大幅度地提高劳动生产率和经济效益，创造出一种新的社会生产力。由于联合企业生产工艺复杂，综合性强，因此对企业管理水平和企业管理者要提高要求。否则联合化的优势是不能有效发挥的。

上述住宅产业化的"五化"之间不是独立的，而是相互联系，互相作用的。标准化是产业化的前提，部品化是工业化的基础，工业化是产业化的核心，集成化是产业化的集中体现，而社会化则是产业化各因素综合作用的结果，如图1-2所示。

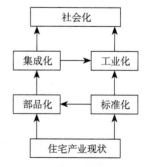

图1-2 住宅产业"五化"关系图

1.2.3 住宅产业化相关概念辨析

国内自1993年住宅产业概念提出之后又提出了许多相关的概念，主要有住宅产业化、住宅产业现代化、住宅工业化、建筑工业化、新型建筑工业化、预制装配化、建筑产业化、现代建筑产业、建筑产业现代化、装配式建筑等，表明本领域日益受到社会各界关注，也表明住宅产业化思想在理论上还存在很多混乱。以下对几个主要概念进行辨析说明。

1.2.3.1 住宅产业化与住宅产业现代化

1996年以后，官方又提出一个新的名词——住宅产业现代化。根据有关文献，"住宅产业现代化，就是让住宅纳入社会化大生产范畴，以住宅成品为最终产品，做到开发规模化、配套化，设计的多样化、标准化，施工的机械化、装配化，住宅部品的通用化、系列化，以及住宅管理的专业化、规范化的生产和经营的组织形式。具体地讲，住宅产业现代化是以住宅市场需求为导向，以科技进步为依托，以成型的住宅建筑体系和与之相配套的住宅部品为基础，以科学的组织和现代化的管理为手段，通过将住宅生产全过程的开发、设计、施工、部品生产、管理和服务等环节联结为一个完整的产业系统，从而实现住宅的生产、供给、销售和服务一体化的生产组织形式"。其他文献对住宅产业现代化的定义也与此基本相同。

"现代化"一词包含的内容是极其广泛而又模糊的，住宅产业现代化的范围包括了住宅产业从生产、流通到消费的全过程，它表现的是一个社会或产业的文明发展水平。而住宅产业化主要是从住宅供给的角度研究工业化的住宅生产与经营方式，其范围包括住宅的生产和一部分流通，不直接涉及住宅销售和消费。因此上述对住宅产业现代化所下的定义对住宅产业化更合适。而之所以提出住宅产业现代化的概念，一是表示用现代科技改造传统产业，二是表明当前中国的住宅产业化发展与国外四、五十年前的住宅产业化是不同的。新型工业化思想的提出，使住宅产业化与住宅产业现代化这两个概念的含义趋同了，都统一到了新型工业化的思想之上。目前政府方面不区分这两个概念，把它们当作等同的，旨在整体推进住宅产业的发展水平和与之相关的各方面的工作。本书亦将这两个概念视为等同的，或者说将"住宅产业化"理解为"住宅产业现代化"的简称也未尝不可。

1.2.3.2 住宅产业化与住宅工业化

根据百度文献：住宅工业化其实就是住宅的生产方式或技术手段，是运用现代工业手段和现代工业组织，对住宅工业化生产各个阶段的各个生产要素通过技术手段集成和系统的整合，达到建筑的标准化，构件生产工厂化，住宅部品系列化，现场施工装配化，土建装修一体化，生产经营社会化，形成有序的工厂的流水作业，从而提高质量，提高效率，提高寿命，降低成本，降低能耗。

住宅工业化和住宅产业化相比，前者是指对住宅建造方式的改造，而后者是对整个住宅产业的改造，推动住宅工业化是实现住宅产业化的第一步，也是核心的步骤，但并非全部。因此，住宅工业化只是狭义的住宅产业化。另外住宅工业化也不等于住宅建筑工业化，住宅中除了梁、板、柱、墙等传统意义上属于"建筑"的部分外，还有内外装修、厨卫设施、管线设备等，因此住宅工业化的范围更广。

1.2.3.3 住宅产业化与建筑工业化

建筑工业化（Building Industrialization）。根据联合国1974年出版的《政府逐步实现建筑工业化的政策和措施指引》的定义，是指按照大工业生产方式改造建筑业，使之逐步从手工业生产转向社会化大生产的过程。它的基本途径是建筑标准化，构配件生产工厂化，施工机械化和组织管理科学化，并逐步采用现代科学技术的新成果，以提高劳动生产率，加快建设速度，降低工程成本，提高工程质量。建筑工业化不是个新概念。建筑工业化和住宅产业化两个概念既有联系又有区别。

首先是各自的目标不同。住宅产业化主要强调对住宅的产业化整合，其目标是实现住宅产业的持续健康发展。为此需要从住宅产品定位、设计、建造、销售以及后期管理等环节，通盘考虑住宅产业如何实现节能、环保、绿色、降耗、低成本、高品质，以及住宅的合理开发和综合利用。而建筑工业化主要强调对建筑业的工业化改造，其目标是实现建筑业由手工操作方式向工业化生产方式的转变。为此需要进行建筑产品的标准化设计、工厂化制造、机械化施工和科学管理，或者采用现场工业化的方式组织生产。

其次是两者包含的内容范围不同。住宅产业化包含了住宅建筑主体结构工业化建造方式，同时还包含户型设计标准化、装修系统（暖通、电气、给排水）成套化、物业管理社会化等。建筑工业化不仅包含住宅建筑物生产的工业化，还包含一切建筑物、构筑物生产的工业化。比如基础设施结构的工业化（桥梁、轨枕、隧道等的预制装配）、工业厂房的工业化（基础、梁、柱、屋面板的预制装配）、公共建筑（体育场馆等）的工业化（梁、柱、看台、钢结构的预制装配）、建筑材料加工工业化（预拌混凝土、预制钢筋骨架）等。其中均强调建筑物、构筑物主体结构的工业化方式建造，而不是装修或设备。

此外，建筑工业化强调的是技术手段，而住宅产业化强调的是生产方式和管理方式。

从产品构成角度来看，住宅可分为基础、梁、板、柱、墙、管线、厨卫设备、电器和装修装饰等，这些产品所对应的产业分别是建筑业、建材业、门窗业、五金业、轻工业、化工业等，如图1-3所示。建筑工业化对应的主要是前部的基础、梁、板、柱、墙，强调通过发展建筑业和建材业的工业化水平来提高建筑工业化水

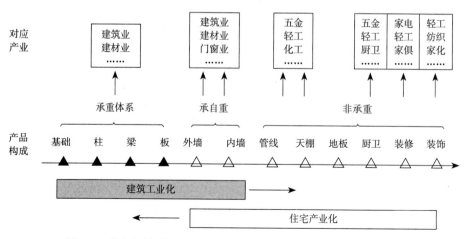

图1-3 从产品构成及相关产业看建筑工业化与住宅产业化的区别

平，而住宅产业化（尤其是初期的住宅产业化）对应的主要是后部的墙、管线、厨卫设备、电器和装修装饰等，强调通过发展建筑相关的建材、五金、轻工、厨卫设备、家具等行业，提高住宅配套产品的质量和功能并提供成品住宅。由于建材、五金、轻工、厨卫设备、家具等行业的工业化基础好于建筑业，因此发展这些行业比发展建筑工业化更容易，见效更快。当然二者的定位也不是一成不变的，发展到一定程度后建筑工业化可以向后延伸，住宅产业化也可以向前延伸，最终将住宅产业的全链条贯通。从二者发展的主体来看，发展建筑工业化的主体基本上是建筑业的企业，而住宅产业化的主体则要广泛复杂一些，与住宅相关的企业都有可能成为主体。

1.2.3.4 住宅产业化与PC

PC是预制混凝土（Prefabricated Concrete）的英文缩写，是将在预制工厂里生产的混凝土构件运到现场，经装配、连接以及部分现浇而成的混凝土结构，是建筑工业化的一种结构形式和生产方式。PC的语义范围较小，而且侧重于技术和单纯的混凝土材料，强调主体结构的预制装配化。PC与建筑工业化关系较密切，但不能与住宅产业化画等号。

1.2.3.5 住宅产业化与建筑产业化

2013年，全国政协双周协商会提出"发展建筑产业现代化"的建议，当年年底全国建设工作会也明确提出"促进建筑产业现代化"的要求。根据百度文献：建筑产业化是指运用现代化管理模式，通过标准化的建筑设计以及模数化、工厂化的部品生产，实现建筑构部件的通用化和现场施工的装配化、机械化。发展建筑产业化是建筑生产方式从粗放型生产向集约型生产的根本转变，是产业现代化的必然途径和发展方向。这个概念明确了建筑产业化是指整个建筑产业链的产业化，把建筑工业化向前端的产品开发、下游的建筑材料、建筑能源甚至建筑产品的销售延伸，是整个建筑行业在产业链条内资源的优化配置。如果说建筑工业化更强调技术的主导作用，建筑产业化则增加了技术与经济和市场的结合。

提出建筑产业化的初衷源于认为住宅只是建筑产品的一种类型，而产业化的方式对于工业建筑、公共建筑、市政设施等建筑产品也同样适用，因此提出了范围更大更广的概念，认为更易标准化，更易规模化。建筑产业化依然强调建筑产品的全产业链，是建筑工业化的更高层次的产业链整合与优化。

住宅产业化与建筑产业化的主要不同在于二者所指范围的不同。住宅产业化以住宅为对象，其产业链从投资、设计、施工一直到材料部品、装修家居、物业管理，产业链较长；而建筑产业化将对象扩大到包括住宅、公共建筑、市政路桥等，而产业链则限于建筑业范围内的设计、施工和部分材料部品，产业链较短。这也表明建筑产业链的管理协调比住宅产业链要容易一些。可以说：建筑产业化的概念容易被建筑业内人士认同接受，而住宅产业化的概念则更容易被投资、建材、设备、部品和中介服务等机构认同接受。

上述关系的理解见图1-4。住宅的投资也明显高于另二者。

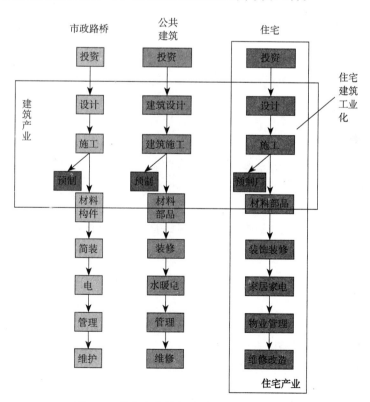

图1-4　住宅产业化与建筑产业化的关系图

1.2.3.6 住宅产业化与装配式建筑

根据有关文献：装配式建筑是"由预制部品部件在工地装配而成的建筑。装配式建筑包括装配式混凝土建筑、装配式钢结构建筑、装配式木结构建筑及各类装配式组合结构建筑等。装配式建筑的承重结构主要由预制部品部件装配而成，围护和分隔墙体采用非砌筑方式，并实现全装修"。这种建筑的优点是建造速度快，受气候条件制约小，节约劳动力并可提高建筑质量。特点有：（1）大量的建筑部品由车间生产加工完成，构件种类主要有：外墙板、内墙板、叠合板、阳台、空调板、楼梯、预制梁、预制柱等。（2）现场大量的装配作业，比原始现浇作业大大减少。（3）采用建筑、装修一体化设计、施工，理想状态是装修可随主体施工同步进行。（4）设计的标准化和管理的信息化，构件越标准，生产效率越高，相应的构件成本就会下降，配合工厂的数字化管理，整个装配式建筑的性价比会越来越高。（5）符合绿色建筑的要求。

"装配式建筑"狭义的是一种施工方式，是对工厂化生产构件或部品进行现场安装施工的一种简易通俗的说法，对于搞技术的人比较容易理解，而"住宅产业化"作为经济学概念则显得比较"虚"，不容易理解接受。

装配式建筑侧重于对设计、施工和构配件生产技术的研究开发应用，而产业链的集成化管理则属于其延伸应用。

装配式建筑是住宅产业化的一种建造方式但不是全部，或者说装配式建筑是住宅产业化的一种技术方案。装配式建筑的说法把非装配式的现场工业化方式和全装修等排除在外。当然装配式建筑的对象不光是住宅，还可以是各类建筑物，这样能范围更大一些。

装配的对象不只是混凝土，还可以是钢结构、木材，发展装配式建筑应该优先从建筑物的内墙、装修和设备部品上开始，而不是主体结构。或者说装配式建筑的做法更适合于建筑物的内外装修和设备部品。

以上对住宅产业化相关的六个概念进行了比较，这些概念都各有其确定的含义和应用范围,不能说谁对谁错或谁好谁坏,关键是看到底想要做什么。应该在充分理解各自确切含义的基础上科学合理地加以运用。

1.3 住宅产业化发展的目的和意义

1.3.1 实现住宅产业化的目的

1.3.1.1 提高住宅的质量和功能,相对降低住宅的生产成本

长期以来我国住宅建设的发展水平不高,住宅质量达不到设计要求和用户要求,使用功能差的问题一直得不到解决,而住宅建造的大量投入又使成本居高不下。住宅产业化旨在以标准化、工厂化大量生产的方式建造住宅,通过集约化的设计与施工,改善生产的条件与环境,提高住宅质量和住宅功能,同时使住宅的生产成本(相对)降低,使住宅真正达到"物有所值",为住宅成为消费热点提供必要的条件。

1.3.1.2 提高住宅建设的劳动生产率

这是实现住宅产业化的长远目的。长期以来我国的住宅建设生产率很低,人均竣工面积一直徘徊在30m^2左右,只相当于发达国家的1/5~1/6,还不及50年代的人均竣工面积37m^2的水平。建筑业人均产值低于全社会平均水平,产值利税率就更低了。劳动生产率低是造成我国住宅建设相关领域效益低下的重要内在原因。住宅成为消费热点,意味着社会将对住宅有大量的需求。住宅产业化以工业化、社会化大生产的方式大规模生产住宅,缩短建设周期,提高住宅生产的劳动生产率,满足社会需求,同时将整个行业和企业经济效益的提高建立在提高劳动生产率基础之上。

1.3.1.3 减少对熟练技术工人的依赖

用传统的方式生产优质住宅需要大量技术熟练工人,而我国技术熟练工人的数量明显不足,这种现象近些年越来越严重,就连普通的力工也开始短缺,并且工资

上涨很快。住宅产业化以工厂化、装配化的方式进行生产，简化了生产过程，对原有的操作技术要求降低，对技术熟练的工人依赖也会大大减少。从长远看，这也是发展住宅产业化的重要原因之一。

1.3.1.4 减少住宅建筑生产用能源与环境的不利影响

传统住宅建造生产方式粗放，施工中的污水、粉尘、振动、噪声等对环境影响较大，用施工工人的健康也有不利影响，建造全过程中材料生产、成品半成品生产的能源消耗也很大。住宅产业化以工厂化、装配化的方式进行生产，能有效减少住宅建造生产过程中的能源消耗与环境不利影响。

住宅产业化的目的在发展初期是单纯而明确的，可能与少数对住宅的多样化、个性化要求较高的居民的要求会存在一定矛盾，考虑我国国情和解决居民居住问题的迫切性，笔者认为还是应该以坚持以上的目的为好。这也表明了以产业化方式生产的住宅初期是面向大多数对住宅需求迫切而又要求不太高的中低收入阶层的。

笔者2009年撰文提出采用产业化的方式建设保障性住房。由于保障性住房的建设规模巨大、标准化程度较高，用户的个性化需求较低，刚好为初期的住宅产业化提供了难得的市场机遇和发展空间。可以面向保障性住房这个产品，把标准化、系列化、工业化的设计和生产方式应用进去，实现保障性住房的标准化、规模化、工业化生产。从欧美和香港的发展看，面向中低收入者的住宅产品很多都是工业化方式生产的，这也表明保障性住房是适合工业化、产业化的。至于多样性和个性化，应该依靠住宅产业化向更高层次发展，在更高的水平上解决这个问题。也告诫住宅产业化不能永远停留在保障性住房这块"实验田"里。

1.3.2 实现住宅产业化的意义

1.3.2.1 加速提高住宅建设的速度和质量，满足人民生活水平提高对住宅量和质的需求

原有的住宅建设方式生产效率低，施工周期长，档次不高，质量也难以得到保

证。通过实现住宅产业化，加快住宅建设的速度，提高质量、档次和技术含量，从而满足人民群众生活水平提高后对住宅数量和质量的需求。

1.3.2.2　以社会化大生产方式进行住宅生产，优化资源配置，减少中间环节，提高效率

住宅产业化将原来被割裂开来的住宅投资、设计、构配件制造、施工等各生产环节重新紧密地联结在一起，以工业化大生产的方式，连续大批量地生产优质适价的标准化住宅，减少中间环节，实现住宅建设中的资源优化配置，可以提高住宅建设的质量、速度、效率，提高经济效益和社会效益。

1.3.2.3　带动经济全面快速发展，有助于住宅成为经济增长点

住宅建设不仅可以解决人民的居住问题，而且由于住宅本身具有很大的产品关联性，还可以带动相关产业的发展，从而促进经济的快速发展。住宅产业化提高了住宅建设管理的水平，加速住宅建设的速度，提高质量和功能，优化了住宅生产中的资源配置，提高住宅建设的经济效益和社会效益，从而实现经济在较高层次上快速增长，使经济增长真正建立在技术进步的基础之上。另外由于住宅及相关领域具有技术水平较低，技术进步潜力巨大，技术层次要求又不太高等特点，刚好可以适应我国当前经济与技术水平不高的现状，因此推进住宅产业化，提高住宅技术与管理水平也恰好适合我国的基本国情。

1.3.2.4　促进住宅建设相关领域技术与管理水平的提高，提高生产效率和经济效益

住宅建设相关行业一直是工业领域里技术水平与管理水平较低的行业，劳动生产率不高，效益较差。住宅产业化以提高劳动生产率为主要目的，改变原有的生产方式，使住宅生产技术上了一个台阶，与之相应的管理水平也提高了一步。住宅产业化具有的示范作用，使住宅及相关领域有了一个现实可见的发展目标，从而刺激和触动相关行业推进技术进步，提高管理水平和人员素质，使全产业的技术水平、生产效率和经济效益有所提高，也会使人们对住宅建设相关领域刮目相看。

1.4 中国住宅产业化发展的必要性

1.4.1 21世纪初中国社会经济与住宅需求分析

1.4.1.1 21世纪初中国社会经济展望

21世纪初的二三十年间将是中国社会经济稳定快速发展，经济实力明显增强，产业间快速协调发展，人民生活水平大大改善的时期。中国经济在步入2016年的同时，也进入了"十三五"这个崭新的发展阶段。置身两个百年目标承上启下关键节点，环顾当今世界经济增长新格局，未来五年中国经济的前景更显得不同以往，意义重大。其变化（与住宅产业化发展相关的内容）主要体现在以下几方面。

1. 21世纪初将是中国经济发展的黄金时代

"十二五"以来，我国经济增长逐年放缓，2011年增长9.5%，2012年增长7.7%，2013年增长7.7%，2014年增长7.3%，2015年进一步放缓到6.9%，已从1979~2010年9.9%的平均增速回落到7%左右。经济增速的换挡具有深刻的经济社会背景，与国际经济新环境、劳动力供给下降、人工成本快速上涨、能源资源生态约束不断增强密不可分，符合经济发展规律。在分析"十三五"时期经济社会发展内外部环境以及经济增长动力的基础上，国家统计局有关课题组采用三个预测方法和计量模型，对"十三五"经济潜在增长率进行了测算。其中，基于HP滤波法和ARIMA模型的预测结果在6.2%~7.5%之间；基于劳动生产率法的预测结果在6.7%~7.7%之间；基于生产函数法的预测结果在6.0%~7.5%之间。综合三种预测方法，"十三五"期间我国经济的潜在增长率将在6.0%~7.5%之间，平均增速为6.8%。

毫无疑问，"十三五"时期无论保持多高的经济增长速度，中国的经济总量和人均收入水平都将再上一个新台阶，与发达的高收入国家距离将进一步拉近。这里做一情景分析，以2015年为基期，"十三五"期间，如果人民币升值10%，每年物价指数为2.5%，按照7%、6%、5%高中低三个增长方案分别计算，到2020年，我国GDP总量都超过100万亿元人民币，折合美元分别达到19.88万亿美元、18.99万亿美元、18.13万亿美元，人均GDP分别达到14280美元、13640美元、13024美元。可见，"十三五"时期经济增长即使低于7%，人均收入也会突破1万美元，已经靠近高收入国家门槛。

2. 经济结构总体向好

近年来中国的经济结构发生了积极的变化。有专家指出，在产业结构方面，2012年以来，第三产业增速始终高于第二产业，到2014年，第三产业占比48.2%，第二产业占比42.6%，第三产业占比已经超过第二产业5.6个百分点。2015年第一季度第三产业的占比进一步提高，达到51.6%，标志着中国经济增长长期由第二产业主导加快向第三产业主导转变。在工业中高技术产业比重上升，技术含量高的装备制造业上升，高耗能行业、采矿业比重下降。服务业中的高技术服务业、科技服务业快速发展。在需求结构方面，自2010年开始，消费需求占GDP比重回升，投资占比在回落，进出口需求在2007年占GDP比重达到了8.7%，目前已回落到2.7%，属于比较正常的水平。在区域结构方面，从2008年以来，东部地区的占比已经开始回落，中部和西部地区的占比开始回升。最高的时候最发达省份人均GDP是最不发达省份人均GDP的10.9倍，到2014年，最发达省份GDP是最不发达省份GDP的4倍，相对差距在明显缩小。对外贸易结构正在发生积极变化。从2014年主要出口行业的出口交货值看，技术密集型的装备制造业出口交货值占规模以上工业出口交货值的比重达到64.5%，已经成为中国主要出口工业，比重远超过传统的纺织等劳动密集型出口行业。

3. 工业化和信息化并进，科技进步将成为推动经济发展越来越重要的因素

21世纪初中国工业各领域内的技术装备水平将有较大的提高，中国将逐步实现工业化和现代化，并与国民经济信息化并进。电子、信息技术融入工业化过程之中，将对工业化产生巨大促进，而工业化的发展也为信息技术的研究和应用提供了必要的基础。同时科技进步将成为推动经济发展的最重要的动力，随着各项高新技术研究项目投入生产领域，技术的发展与扩散不断加强和完善，将为中国工业整体

技术水平的提高发挥越来越大的作用。中国将会积极引进国外大量的先进技术和设备，大大缩短与世界先进水平的差距，同时，在消化利用引进技术设备的基础上，独立开发与研究能力将大大提高，研究与开发的投入比重将有所上升，接近中等发达国家水平，并形成具有中国特色的、完整的先进技术体系。

从1987年至今，我国经历了人类历史上罕见的持续高速增长，积累了雄厚的物质基础。一是具备了较为完善的基础设施，二是具备了完备的基础产业体系，三是具备了较强的产业配套能力。作为新兴的"世界工厂"，我国具有完备的工业体系，各类产业集群构成了较完整的产业链，不仅有利于在较短的时间内以较低的生产成本完成订单，而且有利于将最新的科技成果和设计理念转化为现实的产品，构成了我国参与工业4.0时代产业竞争的强大物质基础。

我国工业内部产业升级可期。随着信息化与工业化深度融合，下一代互联网、物联网、云计算等新一代信息技术应用不断扩大，信息技术将嵌入、渗透、覆盖工业生产经营的全过程，生产小型化、智能化、专业化将成为产业组织新特征，新兴产业将不断孕育成长。

世界经济处于科技革命的前夜。互联网+、大数据、云计算、生物科技、新能源、新材料、航空航天等领域的革命正处于黎明前的黑暗。"十三五"期间，凭借产业体系齐备、产业基础雄厚的优势，充分利用世界科技革命的最新成果，加快实施"中国制造2025"，中国经济实现弯道超车的空间和潜力很大，具备进一步崛起的基础和条件。

4. 中国城市化水平大幅度提高

2015年，我国城镇化率为56.1%，距离发达国家80%的平均水平还有很大差距。一般认为城镇化率由30%上升到70%的过程为经济快速发展的黄金时期，即使按照城镇化率年增1个百分点的高速度计算，我国城镇化带来的黄金时期也将延续到2030年。"十三五"期间，随着我国解决"三个亿"人口市民化问题，即一亿农业转移人口落户城镇、一亿人口的城市棚户区和城中村改造、中西部地区一亿人口就近城镇化等，城镇化率会达到60%以上，由此多数人在城镇生活、少数人在农村生活的格局基本形成。城镇化深入推进，将有效激发投资和消费需求。据国家统计局有关课题组的测算，过去10年间，城镇化率每提高一个百分点，平均拉动投资增长3.7个百分点，拉动消费增长1.8个百分点。有中国特色的乡镇企业的发展带动了农村工业化，也对中国城市化进程起到了巨大的推动作用，带来中小城镇的发展。由于城镇化的发展，会带来城市和中小城镇人口的增加和对住宅的大量需求。这也是住宅产业化发展的要因之一。

5. 居民消费水平和结构将发生重大变化

21世纪中国居民消费将达到一个新水平，消费结构将发生重大变化。城镇居民已经整体上实现小康目标。2016年1月20日，国家统计局公布2015年全年全国居民人均可支配收入为21966元，比上年名义增长8.9%，扣除价格因素实际增长7.4%。超过同期6.9%的GDP增速。居民可支配收入在国民可支配收入中的占比从2009年以来已经在回升，企业可支配收入占比在回落，政府可支配收入占比有所回升。城镇居民人均可支配收入与农村居民人均纯收入相比，最高的时候城镇居民人均可支配收入是农村居民人均纯收入的3.3倍，现在已经回落到2.97倍。反映居民收入差距的基尼系数2008年是0.491，2014年降低到了0.469。居民食品费用将呈下降趋势，用于文化娱乐、住房、教育、服务性消费和汽车的比例在逐年提高。根据《时事报告》杂志2016年第2期《6.9%的经济增速怎么看》提供的数据，中国2015年恩格尔系数已经降为30.6%。可以预测，中国农村、城镇居民的恩格尔系数还将不断下降。上述数据由于地区差别、城乡差距和个体差异，会存在很大的极差。城市居民的住宅消费由供给、半供给型转变为市场型，住宅消费占居民生活消费的比重逐步提高，住宅市场发育逐渐成熟。

6. 经济、社会、人口、环境协调发展将得到进一步体现

中国人口总量仍将保持世界首位，且人口老龄化会更趋严重，但人口增速减缓（尤其劳动力增速更慢），人口素质提高；中国将走上节约土地、资源和能源、保护

生态环境、加强污染治理之路，并合理调节社会分配关系，加快养老、失业和医疗保险制度，完善社会保障制度；中国的发展模式逐渐由传统的发展模式向可持续发展模式转变，中国的经济将走出一条"速度较快、效益较好、整体素质不断提高的经济社会协调发展"的路子。

根据发达国家发展的历程，一般在从小康水平向中等发达水平迈进的道路上，将是住宅成为消费热点的最好时机，亦是发展住宅产业的好时机。因为此时人民已经实现"丰衣足食"，开始追求更高层次的物质与文化生活，其中首选的消费方向就是住宅。

1.4.1.2　21世纪初居民居住生活的变化动向

随着社会经济的发展和生活水平的提高，居民的居住生活也会发生一定的变化。如随着生活条件和环境变迁，很多家庭会改变居室格局；家庭构成将向着人口少，单身和单亲家庭增多方向发展；大量的老龄者出现对住宅的功能也将提出特殊要求。这些变化的影响范围非常广泛，对住宅生产方式也会直接或间接产生一定影响。

1.4.1.3　21世纪初中国住宅需求形势分析

由于生活水平提高、城市化进程、生活结构变化等都将增大对住宅数量的需求，居民对住宅的质量、功能要求也会提高，从而促使住宅建设保持持续、稳定、旺盛的发展势头。根据中国社会科学院财经战略研究院于2013年12月发布的《中国经济体制改革报告2013》，预计2020年中国城镇居民人均住房建筑面积将达到35m^2。据此，按照保守、中性和乐观三种假设，设定2020年中国城镇居民人均住房建筑面积将分别达到34m^2、35m^2和36m^2。若假定2015～2030年中国城镇居民人均住房建筑面积增量保持不变，那么2030年中国城镇居民人均住房建筑面积将达到35.4m^2、37.6m^2和39.9m^2。后者如按照1∶0.75的折算率，人均建筑面积换算成人均居住面积则分别为26.5m^2、28.2m^2和29.9m^2，与中高收入国家人均住房居住面积水平相当。预计直到21世纪30年代，我国住宅需求都将保持旺盛势头。

在对住宅数量需求增长的同时,对住宅的质量、功能的要求也进一步提高,住宅从"只要能遮风挡雨、构筑基本生存空间就行了",向"感受人间幸福、体会多彩人生、自我实现、自我教育的场所"方向发展。质量方面要求住宅质量稳定可靠,分部分项工程竣工优良率应在90%以上,特别在结构、装修、防水、保温、卫生器具等施工方面要求质量优良。在功能方面要求住宅平面布局合理,空间灵活可变,充分体现个性化和文化品位,居住方便舒适,装饰美观,墙体节能耐火隔音效果好,住宅设备质量优良,功能完善,室内外环境整洁优美等,对从设计、部品生产供配和施工全过程都提出更高的要求。原有的像燕子砌窝一样"一砖一瓦、组砌粘结"的方式已经不能适应新时期的需要了。

1.4.2 住宅成为消费热点和经济增长点对住宅建设的要求

要使住宅成为居民消费热点,必须解决"产量"和"价格"两方面的问题。既要生产量大,又要价格能让普通百姓接受。这就要求在保证住宅产品质量与功能的基础上,通过大量生产来降低成本与售价,从而营造出广阔的消费市场。这种通过大量生产降低成本,发挥规模效益的现代社会化大生产的通常作法,在其他工业产品的生产中已经被广泛采用,而现有的住宅生产方式根本不具备规模效益,因此住宅成本与价格过高的问题不可能解决,将在很大程度上限制大多数居民对住宅的消费。

要使住宅成为新的经济增长点,就要使住宅在新一轮的经济增长中扮演主导产业的角色。根据罗斯托的经济增长主导产业理论,一个产业成为主导产业关键有三点:第一,能有效地吸收新技术;第二,本身具有较高的经济增长率;第三,能带动其他产业的增长。这其中的第二点和第三点,住宅产业过去、现在和将来都具备,关键是第一点:能有效吸收新技术,即技术进步。只有依靠技术进步,发展住宅产业化,住宅产业才能够发展成为新经济增长点,并产生一个全新的生产函数。否则对相关产业的带动作用只能停留在旧的水平上,只有量的增长而没有质的提高(这样的带动实质上是阻碍)。这样的增长也是不会长久的。

我国自十四届五中全会以后，提出了经济增长方式转型的问题，即实现经济增长从粗放型向集约型转变。这一转变的要求落实到住宅产业上时，就要求住宅产业的生产方式从传统方式向产业化方式转变。另外作为发展住宅产业的三个投入要素，即劳动力、资本、技术，目前尚处于资本为第一生产要素的阶段，但从长远来看，必然会过渡到技术为第一生产要素的阶段。住宅产业目前的任务，就是要加快从以资本为主要要素的粗放阶段向技术成为第一生产要素的集约化方向转化。这就要求加快产业化发展步伐，以现代科技改造这一传统产业。

1.4.3 住宅建设与可持续发展（Sustainable Development）

住宅及其他建筑生产一直是国民经济中原材料、能源与人工消耗量最大的部门之一。一方面，住宅建设过程中投入大量的砖瓦沙石、水泥、木材、钢材、玻璃等材料，而这些材料的生产过程中又会消耗大量的能源，产生大量的污染物，或者直接破坏环境生态平衡，同时对人类赖以生存的自然环境和水资源、矿产资源造成巨大的损失浪费。以挖土烧黏土砖为例，我国每年生产实心黏土砖7000亿块，烧砖毁田10万多亩，年生产耗能7000万t标准煤，而与此相关的采沙、采石对环境造成的破坏则难以估量。另一方面，我国房屋建筑的保温隔热性能差，供暖效率低，采暖地区每年建筑采暖和降温耗能1.2亿t标准煤，能耗为相同气候条件下发达国家的三倍。中国建筑能耗的总量逐年上升，目前，建筑能耗已经占到社会总能耗的33%，可以折算成11亿t标准煤。前瞻产业研究院日前发布的《2013—2017年中国智能建筑行业市场前景与投资战略规划分析报告》显示，我国建筑能耗的总量逐年上升，在能源总消费量中所占比例近三成。这种情形严重制约住宅建设发展的后劲，并对整个国民经济的发展带来负面影响。

住宅建设作为建筑业的重要部分，容纳了大量的就业人口，特别是改革开放后的近三十年间，每年都接纳了大量的农村剩余劳动力，但从另一角度也影响了建筑业的整体素质，影响了建筑业生产水平、产品质量和劳动生产率的提高。笔者在

1998年时曾预言"随着社会经济的发展，21世纪20年代后进入这一领域的人员数量将会呈下降趋势，如果建筑业仍然保持现有的生产方式，将面临劳动力短缺的危机（日本和香港等的发展已经表明这一点）"。实际上自2010年以后这种情形就已经开始出现并且越来越严重，不仅技术工人短缺，连普通力工都不好找，伴随着的是人工费的快速上涨，技术工人月薪上万者很普遍，普通力工的日工资也在200元左右。建筑企业普遍存在招工难，为此开始下力气在建设技术与管理上下功夫，采用机械设备和工业化生产方式成为解决用工荒的首选。

因此从住宅建设与社会经济可持续发展的角度，这种以资源、能源和劳动力的大量投入、环境生态的巨大破坏为代价的粗放型发展模式不能再长久持续下去。发展新型住宅结构体系，应用新型材料和制品，改变住宅建设生产方式，提高住宅建设的科技含量，是实现住宅建设目标、实现新世纪可持续发展的根本途径。而这些要求都是与住宅产业化的要求相辅相成的。

1.4.4 现有的住宅生产供给状况存在问题分析

我国的住宅建设一直采用投资者出资或者房地产商投资开发，由建筑设计院设计，由建筑公司承担建筑施工，最后出售或出租给用户的方式。这种方式中间环节多，协作复杂，效率低，各方面存在的问题主要如下。

1.4.4.1 住宅建筑设计

设计是建设的龙头，这个龙头的作用既可能是带动性的，也可能是阻碍性的。设计是建筑技术水平的重要体现。由于我国在工业化住宅建筑领域里的较大空白，体现在住宅建筑设计中就表现为：设计思想落后保守、设计技术落后、设计标准化程度低。住宅建筑设计长期以来沿用旧有的模式和方法，较少采用新的技术和方案；住宅设计与需求脱节，平面布局、功能空间不能最大限度满足住户需要；住宅作为建筑产品中一种通用性很强的产品，其模数化、标准化、定型化工作却非常落后，"一个住宅必定一个设计"，造成住宅设计随意性很大，加上建筑设计市场管理不完善，致使许多不合理的设计付诸实施。

1.4.4.2 住宅建筑施工

住宅（其他建筑产品亦然）的生产一直是采用现场施工的方式进行，这种生产方式由于住宅本身的固定性和单件性，造成生产的流动性大，工作环境差，现场手工操作多、湿作业多、工人劳动强度大，生产效率低，没有规模效益，体现为高度的分散生产和分散经营。因此住宅生产的周期长、技术落后、劳动生产率低、质量不容易得到保证，成本高，损失浪费严重，易发生质量安全等事故。

1.4.4.3 住宅建筑材料与制品

近些年我国在新型墙体材料方面有了较大进展，一批新型保温防火易加工的新型墙体材料和制品进入市场，但目前所占市场份额仍有限。我国住宅建筑材料与制品在生产上存在的问题主要表现在以下几方面：

1. 新产品不多，且大多数层次较低，有的技术不过关，推广价值不大

我国近些年在建筑材料方面发展较快，而这些材料大多数集中在装饰材料方面。而墙体材料方面研究开发出的新材料与制品数量则少得多。表1-2为我国新型墙材料产品品种。从总体上说，我国的住宅建筑材料与制品的种类与数量不多，而且大多数层次不高，在产品性能和价格等方面不能满足需要，市场占有率很低。有些产品技术上不过关，生产出的产品技术性能和质量不稳定，或者对操作的要求提高，使操作者难以胜任，这也在很大程度上限制了自身的市场竞争能力和占有率。

新型墙体材料产品品种　　　　表1-2

分类	产品品种
砖类	（一）非黏土烧结多孔砖符合《烧结多孔砖和多孔砌块》（GB 13544—2011）技术要求和非黏土烧结空心砖符合《烧结空心砖和空心砌块》（GB/T 13545—2014）技术要求； （二）混凝土多孔砖符合《混凝土多孔砖》（JC943—2004）技术要求； （三）蒸压粉煤灰砖符合《粉煤灰砖》（JC239—2001）技术要求和蒸压灰砂空心砖符合《蒸压灰砂多孔砖》（JC/T 637—2009）技术要求； （四）烧结多孔砖（仅限西部地区）符合《烧结多孔砖和多孔砌块》（GB13544—2011）技术要求和烧结空心砖（仅限西部地区）符合《烧结空心砖和空心砌块》（GB/T 13545—2014）技术要求

续表

分类	产品品种
砌块类	（一）普通混凝土小型空心砌块符合《普通混凝土小型空心砌块》（GB 8239—1997）技术要求； （二）轻集料混凝土小型空心砌块符合《轻集料混凝土小型空心砌块》（GB 15229—2011）技术要求； （三）烧结空心砌块，以煤矸石、江河湖淤泥、建筑垃圾、页岩为原料，符合《烧结空心砖和空心砌块》（GB/T 13545—2014）技术要求； （四）蒸压加气混凝土砌块符合《蒸压加气混凝土砌块》（GB/T 11968—2006）技术要求； （五）石膏砌块符合《石膏砌块》（JC/T 698—1998）技术要求； （六）粉煤灰小型空心砌块符合《粉煤灰小型空心砌块》（JC 862—2000）技术要求
板材类	（一）蒸压加气混凝土板符合《蒸压加气混凝土板》（GB 15762—2008）技术要求； （二）建筑隔墙用轻质条板符合《建筑隔墙用轻质条板通用技术要求》（JG/T 169—2005）技术要求； （三）钢丝网架聚苯乙烯夹芯板符合《钢丝网架聚苯乙烯夹芯板》（JC 623—1996）技术要求； （四）石膏空心条板符合《石膏空心条板》（JC/T 829—1998）技术要求； （五）玻璃纤维增强水泥轻质多孔隔墙条板（简称GRC板），符合《玻璃纤维增强水泥轻质多孔隔墙条板》（GB/T 19631—2005）技术要求； （六）金属面夹芯板。其中：金属面聚苯乙烯夹芯板符合《金属面聚苯乙烯夹芯板》（JC 689—1998）技术要求；金属面硬质聚氨酯夹芯板符合《金属面硬质聚氨酯夹芯板》（JC/T 868—2000）技术要求；金属面岩棉、矿渣棉夹芯板符合《金属面岩棉、矿渣棉夹芯板》（JC/T 869—2000）技术要求； （七）建筑平板。其中：纸面石膏板符合《纸面石膏板》（GB/T 9775—2008）技术要求；纤维增强硅酸钙板符合《纤维增强碳酸钙板》（JC/T 564—2000）技术要求；纤维增强低碱度水泥建筑平板符合《纤维增强低碱度水泥建筑平板》（JC/T 626—2008）技术要求；维纶纤维增强水泥平板符合《维纶纤维增强水泥平板》（JC/T 671—2008）技术要求；建筑用石棉水泥平板符合《建筑用石棉水泥平板》（JC/T 1996）技术要求
原料中掺有不少于30%的工业废渣、农作物秸秆、建筑垃圾、江河（湖、海）淤泥的墙体材料产品（烧结实心砖除外）	
符合国家标准、行业标准和地方标准的混凝土砖、烧结保温砖（砌块）、中空钢网内模隔墙、复合保温砖（砌块）、预制复合墙板（体），聚氨酯硬泡复合板及以专用聚氨酯为材料的建筑墙体等	

2. 材料（散料）多，制品少，应用困难

在研究生产出的住宅建筑产品中，材料多，且多无固定的产品规格或规格不统一（本书称"散料"），而由该材料生产出的制品则较少，尤其是定型化、规格化的产品则更少，给该产品的应用带来困难。

3. 新产品的推广应用衔接不好

由于目前住宅生产处在投资、设计、材料生产、建筑施工几家分离的状况，建材生产厂家生产出来的材料或制品产品自己不应用，因此生产厂家通常不会在产品的应用开发上下太多的功夫，而下游的其他厂商则往往对新产品的质量和性能抱有怀疑态度，使新型建材产品从材料到制品再到住宅建筑应用要走几个关口，给应用带来困难。出现"有材料，无制品；有制品，无（住宅）产品"的现象。

4. 标准化程度低，推广应用力度不够

产生上述问题的一个重要原因是住宅的标准化程度低。新技术、新材料需对应新的标准。而这些年对住宅标准化方面的研究推广不足，在强调住宅个性的同时却忽视了住宅作为一般性商品具有的内涵上的共性，造成住宅及构配件、部品在新产品开发上不成系列，重复性研究开发多，一些很有前途的材料或制品由于不知道住宅的标准是什么而不知今后向何处去。

综上所述，我国在住宅建设各方面都存在诸多问题，导致现有的住宅建设方式与住宅需求状况、住宅建设目标严重不相符，难以高质量地完成承担的建设任务。产生这些问题的根本原因在于与现代化大生产格格不入的住宅生产经营方式。这些年我国房地产取得的快速发展，主要是依靠劳动力、资金的高投入与资源、能源的高消耗来支撑的，是在低技术水平上的粗放型发展。在现有基础上提高技术、加强管理固然可以达到一定的提高质量、降低成本、提高效率的目的，但还不足以从根本上解决这些问题。要想从根本上解决这些问题，改变住宅的生产经营方式，实现住宅产业化是一条最佳途径。

1.5 中国实现住宅产业化的可行性分析

1.5.1 实现住宅产业化的基本条件

住宅产业化在很大程度上反映了一个国家或地区的工业化程度、技术与管理水平及社会化协作水平。因此发展住宅产业化需要具备相当的基础条件。

1.5.1.1 较强的工业基础

建筑工业化是与整个社会的工业化程度密切相关的。建筑工业化需要机械化、自动化的构配件生产工厂设备，施工机械化需要大量的起重运输机械及中小型施工机械。这些机械设备都需要由相应的工业生产部门来制造，这就需要社会具有较强的工业基础，有较强的机械生产能力，为建筑工业化奠定基础。

1.5.1.2 较高的社会经济发展水平

住宅产业化应该建立在一定的经济发展水平上，较高的经济发展水平可以为住宅产业化提供技术经济方面的支持。经济发展水平较高表明居民收入较高，对生活水准的追求较高，可以弱化和消化住宅产业化初期住宅产品相对较高的价格，可以为住宅产品提供较充足的需求资金，又可以使产业化住宅在与一般住宅的技术经济对比中处于比较有利的位置。在人口多、经济欠发达的国家或地区，发展住宅产业化在技术经济方面常常是不可行的。

1.5.1.3 较高的技术水平与管理水平

住宅生产工业化及产业化是建立在技术进步与创新基础之上的，同时需要相应的管理与之相适应。这就要求社会和企业具有较高的技术水平与管理水平，具有较强的技术开发、产品开发、创新发展的能力，同时具有对社会化大生产进行协调管理的能力，以充分发挥技术的潜力。

1.5.1.4 良好的从业人员素质

"产品的质量就是人的质量"。由于住宅产业技术与管理水平的提高，对从业人员的素质也提出较高要求，原来建筑业及建材业素质较低的从业人员是根本满足不了住宅产业化需要的，这就要求具有一批文化素质较高、能够快速熟练掌握现代化生产技术、工艺和机械操作的劳动者相对集中于住宅产业化的企业，依此生产出较高质量的住宅部品和住宅产品。

1.5.1.5 良好的社会协作关系

住宅产业化需要专业化分工与社会化协作紧密结合，需要住宅企业和各设备、部品等专业化生产企业以住宅最终产品为目标进行通力合作，实现一体化的生产经营。这就要求社会具有良好的社会化服务体系、社会服务关系和社会化协作精神，分工协作，密切配合，为住宅用户提供满意服务。

1.5.1.6 良好的市场环境

住宅产业化需要投入大量的厂房、机械设备等固定资产，只有连续大批量的生产才能降低成本，因此发展住宅产业化必须对市场环境提出较高要求，要求社会对住宅产品必须具有充分的、稳定的、有效的需求，需要住宅成为消费热点。为此要避免经济发展中的大起大落，住宅生产企业不同于房地产公司或建筑施工企业，它是难以承受住巨大的市场波动的，尤其是发展初期，需要有政府的扶持和有效的宏观调控。

1.5.2 中国实现住宅产业化的可行性

中国经过三十多年的改革开放，经济实力明显增强，市场发育渐趋完善，住宅建设相关的建筑建材行业的技术与管理水平有了长足的进步。但同时各地区发展极不平衡，对于实现住宅产业化既有有利条件又有不利条件。

1.5.2.1 发展住宅产业化的有利条件

1. 居民对住宅有充足的市场需求

随着人民生活水平的提高、生活需求结构变化、旧房改造、城市化等的进展，对住宅数量需求巨大、质量档次要求提高。"十一五"期间我国住宅累计完成投资16万亿元，年均增长24.8%；累计竣工住宅面积80亿m^2，人均增加住宅竣工面积6m^2。"十三五"开始的几年，投资的数量和竣工面积更大，21世纪头二三十年我国住宅建设都将维持高速发展，住宅市场容量会进一步扩大，同时对质量、性能的要求会更高。市场需求既是发展住宅产业化要实现的目标，同时又为住宅产业化的发展提供了必须的条件。

2. 社会经济条件已经可以为住宅产业化提供经济与技术基础

2016年我国GDP增速为6.7%，全年国内生产总值为744127亿元，人均GDP已达到7890美元左右（按1美元约6.9元人民币计）。这种收入水平比日本、欧洲各国20世纪五六十年代实施住宅产业化时的收入水平还高，当时这些国家也和中国现在一样,处在小康水平基本实现,经济即将腾飞的时期。21世纪初的二三十年仍将是中国经济快速发展,人民收入水平和生活水平大幅度提高的时期,而且当代的科技水平比20世纪五六十年代的水平要高很多,可以为住宅产业化提供更多的科技支持。各种新型墙体材料不断涌现,也为住宅产业化提供了相应的物质基础。因此有理由认为实现住宅产业化的大环境已经形成,时机已经基本成熟。

1.5.2.2 发展住宅产业化的不利条件

1. 住宅建设科技总体水平不高

我国科技总体水平虽已经达到支撑建筑技术发展的程度,但这些科技基础尚未充分转化为推动建筑技术进步的生产力,尤其是住宅建筑技术领域的研究和推广应用长期处于被忽视状态,造成我国住宅产业化技术准备还相当不足。当然不排除局部个别企业的科技研究与发展水平。也有些技术研究出来了,但配套跟不上,没法进行大规模推广应用。

2. 熟练产业工人缺失

工业化住宅建设彻底改变了传统住宅建造方式,需要一批掌握工业化建造技术的熟练产业技术工人。各个工序节点都有相应的技术工人,才能达到工业化施工的要求。而中国目前建筑工人素质良莠不齐,整体水平较低,需要较长的时间进行培训与锻炼,才能达到产业工人进行工业化生产的要求。这可能成为推进产业化进程的一个瓶颈。

3. 成本相对较高

近些年我国房地产市场迅速发展,房价逐年攀升,房地产利润相对较高,因此企业缺乏足够的动力和市场竞争压力去依靠科技进步获取超额利润,面对采用新节能技术、新节能材料等可能导致的成本增加、产生投资风险的情况,大多数开发商持观望态度。无论采用何种结构技术体系,工业化住宅建筑方式不可避免地带来成本的上升,包括建造的直接成本和研发等间接成本,可以说经济因素是目前大多数企业犹豫、观望、甚至抱着"坐享其成"的态度的最直接原因。

4. 缺失政策扶持

大多数企业认为政府在推广住宅工业化工作中占有重要位置，应积极出台倾斜扶持性政策，引导企业进行工业化的技术体系研发，企业的工业化住宅之旅需要政府的技术支持和政策扶持。推动工业化住宅的开发与建设仅依靠市场自发的力量是远远不够的。政府一是要采取必要的强制性措施规范企业行为，以规范工业化住宅市场发展。二是采取奖励扶持政策，引导市场对其产生有效的正面作用。

5. 技术标准规范缺失

规范和标准是市场经济活动的技术规则，是对住宅建设经济活动及行为的规范及约束，也是住宅技术人员必须执行的政策法规，因而至关重要。工业化住宅作为新型建造方式，其标准规范的制定和实施目前滞后于实践，审批和验收标准尚在研讨和试运行阶段，建造工程中的施工工法欠缺，这在很大程度上抵消了产业化施工的速度优势，制约着国家和企业对住宅工业化的研发和尝试。

6. 标准化、工业化体系尚未形成

规划设计落后、标准化体系尚未形成、工业化生产的成套技术远远不能满足生产要求等，距住宅产业化的要求还有相当距离。

以上的有利条件与不利条件并存，表明中国实现住宅产业化不可能立即实现，其发展进程也不会一帆风顺，发展过程中必须要考虑中国的国情，从实际出发，积极推进，稳妥发展，并且要区别不同地区采取不同的政策和策略。有些地区经济发达、人口密集、工业基础好、技术管理水平高、气候适宜，适合优先发展，有些地区还未到时机，因此中国发展住宅产业化将会体现多层次、序列性、区域性。具体适合与否要以拟发展项目的技术经济分析为准。但从长远看，今后十年左右时间将是住宅产业化向纵深发展并大面积推广时期。

2 国内外住宅产业化的发展

2.1 国外住宅产业化发展

国外的住宅产业化思想据称在一百年前就有了,但真正发展起来主要是在第二次世界大战后。一方面住宅需求巨大,劳动力短缺,落后的建筑业生产方式不能适应大规模建设的需求,另一方面五十年代后各国经济的恢复与发展,技术水平的不断提高为住宅产业化提供了坚实的技术基础。在发展住宅产业化的过程中,各国按照各自的特点,选择了不同的道路和方式。

2.1.1 欧洲

欧洲许多国家由于受到第二次世界大战的严重创伤,20世纪五六十年代对住宅的需求非常大。这些国家为了解决居住问题,采取工业化生产的方式(主要是预制装配式)建造了大量的住宅,并形成了一批完整的住宅建筑体系。其中苏联和东欧实行计划经济,国家成片规划建设住宅区,大量的预制工厂使住宅的生产能力和速度大大提高,以成片建设装配式大板建筑为主的工业化建筑模式和体系延续至今。英法等西欧资本主义发达国家在20世纪五六十年代也重点发展装配式大板建筑,而且有些厂商生产自己的专用体系。住宅建设不仅解决了战后居民的居住问题,而且对这些国家20世纪六七十年代的经济的腾飞起到了巨大的推动作用。进入20世纪80年代以后,由于居住问题基本解决,这些国家的住宅产业化发展速度放慢,住宅建设转向注重住宅的功能与个性化。

瑞典从20世纪50年代开始在法国的影响下推行建筑工业化政策,并由民间企业开发了大型混凝土预制板的工业化体系,以后大力发展以通用部件为基础的通用体系。目前瑞典的新建住宅中,采用通用部件的住宅占80%以上。有人说"瑞典也许是世界上工业化住宅最发达的国家"。瑞典建筑工业化特点归结为以下几点:即在较完善的标准体系基础上发展通用部件;独户住宅建造工业十分发达;政府推动住宅建筑工业化的手段主要是标准化和贷款制度;住宅建设合作组织起着重要作用。

丹麦是全球第一个将模数法制化的国家，其标准化程度很高，国际标准化组织的ISO模数协调标准就是以丹麦标准为模板的。丹麦通过发展以"产品目录设计"为中心的通用体系，在通用化基础上实现多样化。丹麦把住宅通用的产品、部件称为"目录产品、部件"，住宅部品和构配件的生产企业将自己生产的产品、部品列入目录，国家把各个企业产品目录中的部品、产品汇集成"通用部件和产品总目录"，这样设计人员在设计住宅时，可以任意选用总目录中的部品或产品进行设计，实现了住宅产品的多样性。

法国是世界上推行建筑工业化最早的国家之一，法国1977年成立构件建筑协会，它创立了世界上"第一代建筑工业化"，即以全装配大板工具式模板现浇工艺为标志，建立了许多专用体系，之后，向发展通用构配件制品和设备为特征的"第二代建筑工业化"过渡。为了发展通用体系，1978年法国住房部提出以推广"构造体系"，作为向通用建筑体系过渡的一种手段。构造体系是以尺寸协调规则为基础，由施工企业或设计事务所提出主体结构体系：它由一系列能相互代换的定型构件组成，形成该体系的构件目录。到1981年，全国已选出25种构造体系，除少部分是木结构和钢结构外，绝大部分是混凝土预制体系，多户住宅体系略多于独户住宅体系。法国建筑工业化的特点为：一是以推广"构造体系"作为向通用建筑体系过渡的一种手段；二是推行构件生产与施工分离的原则，发展面向全行业的通用构配件的商品生产。法国住宅产业发展经历了三个阶段：第一阶段是以"数量"为目标的住宅产业化形成阶段。20世纪五六十年代，第二次世界大战对法国的住宅建筑造成了极大的破坏，为了解决"房荒"问题，法国进行了大规模的住宅工业化生产，以成片住宅新区建设的方式大量建造住宅，此阶段被称为"数量时期"。第二阶段是以"高性能"为目标的住宅产业化成熟阶段。20世纪70年代，法国住房短缺得以缓解，但是随着居民生活水平不断提高，新区的问题却逐渐暴露出来，于是人们开始反思20世纪五六十年代的新区建设，开始寻求住宅产业化的新途径。住宅产业化的重点逐渐从"量"转移到"质"，即全面提高住宅的性能（High Quality，即高品质），住宅产业化开始迈入成熟阶段。第三阶段是以"高品质环保"为目标的住宅产业化高级阶段。20世纪90年代开始，为了缓解全球"温室效应"，法国等欧盟国家率先提出城市和建筑的可持续发展，由此住宅产业化发展的重点开始转向节能、减排，即逐渐降低住宅的能源消耗、水消耗、材料消耗，减少对环境的污染，实现可持续发展。由此法国的住宅产业化进入了"环保"的高级阶段。

2.1.2 美国

美国的住宅产业化起源于20世纪30年代。当时它是汽车拖车式的、用于野营的汽车房屋。但是在20世纪40年代，也就是第二次世界大战期间，野营的人数减少了，所以旅行车被固定下来，作为临时的住宅。20世纪50年代后，人口大幅增长，军人复员，移民涌入，同时军队和建筑施工队也急需简易住宅，美国出现了严重的住房短缺。这种情况下，受拖车住宅的启发，一些住宅生产厂家也开始生产外观更像传统住宅，但可用汽车拉到各个地方直接安装的工业化住宅。可以说，汽车房屋是美国工业化住宅的一个雏形。20世纪70年代以后，人们对住宅的要求更高了，要求面积更大，功能更全，外形更美观。1976年，美国国会通过了国家工业化住宅建造及安全法案，同年开始由HUD（美国联邦政府住房和城市发展部的简称）负责出台一系列严格的行业规范标准，一直沿用到今天。1976年后，所有工业化住宅都必须符合联邦工业化住宅建设和安全标准。只有达到HUD标准并拥有独立的第三方检查机构出具的证明，工业化住宅才能出售。HUD又颁发了联邦工业化住宅安装标准，它是全美所有新建HUD标准的工业化住宅进行初始安装的最低标准，提议的条款将用于审核所有生产商的安装手册和州立安装标准。对于没有颁布任何安装标准的州，该条款将成为强制执行的联邦安装标准。

美国由于地广人稀，其住宅产业化走了一条不同于欧洲的道路。在住宅建设上，没有采用大规模预制构件装配式建设方式，而以低层木结构装配式住宅为主，注重住宅的舒适性、多样化、个性化。在美国，住宅部品和构件生产的社会化程度很高，基本实现了标准化、系列化，居民可以根据住宅供应商提供的产品目录，进行菜单式住宅形式选择、委托专业承包商建设，建造速度快、质量高、性能好。

除了注重质量，美国现在的工业化住宅更加注重提升美观、舒适性及个性化，许多工业化住宅的外观与非工业化住宅外观差别无几。新的技术不断出台，节能方面也是新的关注点。这说明，美国的工业化住宅经历了从追求数量到追求质量的阶段性转变。统计表明，美国1997年新建住宅147.6万套，其中工业化住宅113万套，均为低层住宅，其中主要为木结构，数量为99万套，其他的为钢结构。这取决于美国人传统的居住习惯。据美国工业化住宅协会统计，2001年，美国的工业化住宅已经达到了1000万套，占美国住宅总量的7%，为2200万的美国人解决了居住问题。2007年，美国的工业化住宅总值达到118亿美元。如今在美国，每16个人中就有1个人居住的是工业化住宅。在美国，工业化住宅已成为非政府补贴的经济适用房的主要形式，因为其成本还不到非工业化住宅的一半。在低收入人群、无福利的购房者中，工业化住宅是住房的主要来源之一。

美国住宅用构件和部品的标准化、系列化及其专业化、商品化、社会化程度很高，几乎达到100%。用户按照样本或自己满意的方案设计房屋，再按照住宅产品目录，到市场上采购所需的材料、构件、部品，委托承包商建造。其特点是采用标准化、系列化的构件部品。在现场进行机械化施工。其结果是功能满意、质量好、效率高、价格适当。另外，美国政府还提出了新的住宅开发战略："高明的增长，高明的选择"，要求住宅保持持续的增长，同时提供市场可供充分选择的住宅。

2.1.3 日本

日本的住宅产业化始于20世纪60年代初期，当时日本大中城市住宅需求急剧增加，而建筑业又明显存在技术人员和操作人员不足的问题。因此为了减少现场工作量和工作人员，缩短工期，对住宅实行部品化、批量化生产，从而使现场施工操作简单化，提高质量和效率。20世纪70年代是日本住宅产业的成熟期，兴起一股住宅产业化热潮,大企业联合组建集团进入住宅产业,在技术上产生了盒子住宅、单元住宅等多种工业化住宅形式,并且为了保证工业化住宅的质量与功能,设立了工业化住宅质量管理优良工厂认定制度。这一时期采用产业化方式生产的住宅占竣工住宅总数的10%左右,平面布置也由单一向多样化方向发展。20世纪80年代中期为了提高工业化住宅体系的质量和功能,设立了工业化住宅性能认定制度,采用产业化方式生产的住宅占竣工住宅总数的15%～20%,住宅的质量和性能明显提高。到20世纪90年代采用产业化方式生产的住宅占竣工住宅总数的25%～28%。详细数据如表2-1所示。目前日本住宅各部分都有通用部件,如无特殊要求,只要将各通用部件组合起来即可。由于住宅工业化发展,住宅建筑劳动生产率已达到年人均竣工面积110～120m^2。

九十年代日本工业化住宅占住宅总数的比例(单位:户)　　表2-1

项目		年份	1991年	1992年	1993年	1994年	1995年
竣工住宅总数			1342977	1419752	1509787	1560620	1484652
其中装配化住宅数量			380384	387870	392978	391566	407527
装配化住宅比例			28.3%	27.3%	26.0%	25.1%	27.5%
其中工业化住宅数量			253265	264942	261439	247313	249124
工业化住宅比例			18.9%	18.7%	17.3%	15.8%	16.8%
其中	独立式住宅		116618	114993	125133	137543	146598
	其中	木结构	33255	33229	36246	38574	41428
		钢结构	80504	78516	86015	96025	102206
		钢混凝土结构	2859	3248	2872	2944	2964
	低层共同住宅		136647	149949	136306	109770	102526
	其中	木结构	20214	20161	16682	12.251	10288
		钢结构	114138	127311	116862	95893	90913
		钢混凝土结构	2285	2477	2761	1626	1325
工业化住宅认定		公司数	24	23	21	21	21
		型式数	74	71	70	73	78

资料来源:日本建筑中心,《日本的工业化住宅》,1997年

用产业化方式生产的住宅在日本称为工业化住宅。其种类从结构上分为钢筋混凝土结构、木结构、轻量钢结构及由此组合而成的组合结构；从施工方法上可分为大型预制板方式及单元式方式。日本经济力量强大，钢产量大，质量可靠，施工方便快速，价格较便宜，建造成的住宅整体造价与混凝土结构相近或更低，因此轻钢结构占工业化住宅的80%。

在日本住宅产业化发展的30年间，住宅产业造就了一大批成功的大企业集团。这些企业既有综合性、一体化生产经营的住宅产业集团，也有大规模生产某种制品的专业化大企业。由于这些企业间的竞争与合作发展，使日本的住宅产业呈现出社会化、工业化大生产的高水平、大规模、低成本、高效益，综合化与专业化结合的格局。其中各类企业中的最大企业状况如表2-2所示。

1995年日本住宅产业界各类生产企业概况　　　　表2-2

分类	经营范围	日（英）文名称	最大企业（例子）	资产（亿日元）	人数（人）	年销售额（百万日元）	利润（百万日元）
综合性企业	从事住宅设计、施工、构配件和部品制造等	××ハウス或××ホーム等（House Maker）	积水房屋 大和房屋工业 三泽住宅	1801.06 1041.83 130.92	14244 12793 1972	1350000 1200000 280000	86000 78000 14000
专业化企业	构配件生产供应		大建工业	131.50	2974	232000	8300
	玻璃生产销售		旭销子	904.64	8838	880000	15000
	铝材生产加工		掏思忒姆	624.17	10489	600000	39000
	厨房器具生产		塔卡拉标准	246.17	4156	145000	10900
	卫生器具生产		东陶机器	355.67	11644	455000	21500
	住宅电器生产		松下电工	1012.3	19477	1040000	55000
	卷帘门生产		三和卷帘门	229.52	3884	108,500	5000
	住宅建造	××工务店（Home Builder）	木下工务店	105.00	937	62,191	—

资源来源：根据《住宅業界ハンドブック》（池上博也著，東洋経済新報社，1997年）整理。

2.2　日美住宅产业化发展模式与对比

世界上住宅产业化发展比较早与完善的国家日本、美国、法国、加拿大、德国、丹麦等，住宅产业作为各国国民经济的支柱产业，在其国家的经济发展中发挥着积极的推动作用。但是它们在住宅产业化产生的历史背景、经济状况、国家的政策、发展的侧重点与取得的成果等方面各有不同。下面以日本与美国为主要对象，分析与比较它们发展模式的异同点。

2.2.1 日本

日本的住宅产业于1968年在通产省提出，其发展历程及各阶段的特征如下：

（1）1968年以前，日本住宅产业的发展刚刚经历了数量型发展的阶段，即第二次世界大战以后为了解决居民住房短缺的问题，政府出面制定了一系列优惠的住房政策和拨款兴建一大批简易住宅，从而住宅产业出现了注重数量型发展的阶段。

（2）1968~1980年，人们生活水平和消费能力进一步提高，居民更加注重居住的质量与环境。在此需求下，住宅产业的发展由单纯数量型向增量与质量并重型转化。这一阶段，政府为了扩大内需，将住宅建设列为刺激内需主导型经济增长的主要因素，鼓励私人投资建房和购房，住房投资逐年增加，建房规模日趋增大，住宅产业的重点转向住宅的功能和改善公共设施和居住环境上。

（3）1980~1995年，在这期间，1982年在全国推广适合老龄化、信息化、生活方式多样化的"新兴城市集合式住宅体系"，1990年推出采用部件化、工业化生产方式、高生产效率、住宅内部结构可变、适应居民多种不同需求的"中高层住宅生产体系"，住宅产业在满足住宅需求的同时，也完成了产业自身的规模化和产业化的结构调整。在这一进程中，住宅产业化经历了从标准化、多样化、工业化、到集约化、信息化的不断演变和完善。

（4）1995年~至今，从1990年以后，住宅政策开始注重节能环保，提出了"环境共生住宅"、"资源循环型住宅"的理念，并进行了众多的实验性建设，一直持续到现在。2007年，"200年住宅"委员会成立，主要以"减轻环境负荷、减少住宅支出、建设高质量住宅"为战略目标。2008年制定了长期优良住宅普及促进法（200年住宅），同年，国土交通省以"200年住宅"的战略目标为前提，制定了"住宅档案"制度。此后住宅产业化的趋势便是建设长期优良的住宅。

通过分析日本住宅产业化发展模式，可以得出以下几点特征：

（1）市场化是前提，住宅产业化的形成是建立在住宅私有化、商品化、市场化的前提下，并以市场的需求为导向。

（2）政府积极的扶持是保证，政府强有力的干预和支持对住宅产业化的发展起到了十分重要的、积极的作用。一方面，专门设立通产省和建设省为住宅产业的政府管理部门，对住宅生产的工业化、产业化的实施进行整体规划，统一指导。另一方面，通过1950年设立的住宅金融公库，为住宅建设提供充足的资金与必要的融资渠道；设立面向中低收入者的银行住房贷款，大力支持住宅信贷，促进居民个人自建自购住宅；制定了一系列优惠的财政金融政策，为促进住宅产业化提供必要的资金支持。此外，政府制定了"公营住宅法"，通过财政拨款、低息贷款重点支持公营住宅的建设、团体建造和供应出租住宅，解决了居民居住短缺的问题。

（3）通过标准化、部件化推动科技进步，通过实施住宅标准化、部件化来推动住宅产业化的技术进步与完善。建设省自20世纪60年代起，制定了一系列的住宅建设工业化的方针、政策。组织专家研究建立统一的模数标准，逐步实现标准化、部件化，解决了标准化、大批量生产和住宅多样化之间的矛盾，提高了建筑工业化水平与生产效率。此外，通过建立优良住宅部件的审定制度，对住宅部件的性能进行定量化与区分等级，对质量好、性能高、价格适当、售后服务好的住宅部件认定为BL部件，从而促进其在住宅中的推广应用。

（4）住宅产业集团及行业协会提供了实施的主体，20世纪70年代中期大企业联合组建的住宅产业集团为产业化提供了实施的主体。大型住宅产业集团的形成是产业化的标志与最具活力的基本要素；反过来，产业化的支柱与实施的主体是产业集团。日本著名的住宅产业集团有最先推出"预制住宅"的大和房屋集团、积水化学工业、三泽住宅、永大产业、松下电工等。这种大型产业集团的形成在生产能力、规模、技术创新等方面具有绝对的优势，1995年日本最大的十家住宅产业集团的住宅产销量已占全部工业化住宅产销量的九成。可见，住宅产业集团在住宅产业化中占有举足轻重的地位。同时，通过建立预制建筑协会（社团联合会）等行业协会，推动住宅产业的发展。

（5）注重科技进步与技术创新，通过实行住宅技术方案竞赛制度，推动了住宅小区的规划、设计水平，提高了住宅建设的科技含量。另外，通过制定技术开发计划，提出课题来促进住宅产业的科技进步与集约化、信息化与可持续发展。如通产省提出的"新型住宅开发计划"（1979～1985年）、"21世纪公寓式住宅开发计划"（1984～1990年）、"21世纪住宅开发计划"（1990～1995）等。

2.2.2 美国

美国住宅产业化的发展历程如下：

（1）1920年以前，住宅产业处于小生产水平，大多数是个体经营，效率低，融资渠道少。

（2）1920～1930年，这一时期，因为工业化与城市化进程的加快，城市住宅的需求量剧增，急需兴建大批的住宅。与此同时，20年代末美国发生了有史以来最严重的经济危机，美国政府出于"复苏"经济的目的，制定了促进住房建设和解决中低收入者住房问题的政策和制度，以此来扩大内需、刺激经济的发展。

（3）1930～1940年，美国政府采取建立住宅抵押贷款制度和担保制度鼓励私人建房、购房，促进了住宅产业的发展。另外，政府为大规模开发的商品房提供贷款担保，使住宅产业既有大量的住宅市场，又能得到政府的贷款担保，理顺了融资渠道，促进了住宅产业从小生产水平迅速提高到大规模生产阶段，完成了产业化。

由此可以看出，美国住宅产业基本经历了由解决住房短缺到加大住房面积，再到提高住房质量和环境质量，最后达到全面提高居住水平的发展过程。为了推动住宅产业向集约型、标准化方向推进，美国政府先后制定了一系列优惠政策，利用法律手段和经济杠杆扶持住宅产业，形成了住宅供求以市场机制为主、政府参与为辅的住宅产业发展制度。美国住宅产业化发展模式的特征是：

（1）很大程度上依赖于住房消费的信贷支持，如1997年底，美国抵押贷款二级市场总规模达79000亿美元，如果没有如此庞大的住房金融支持，美国人均居住面积55m^2的居住条件和高度发达的住宅产业是难以实现的。这个以政府为担保的住宅借贷金融系统，为筹措政府建设资金、开展政策性和商业性相结合的购房抵押贷款发挥了重要的作用。有了这个系统，开发商可以通过低息贷款和贷款担保兴建更多的住宅；中低收入者可以通过长期抵押贷款和贷款担保解决住房问题。

（2）制定针对不同收入水平的住房政策，针对高、中、低不同水平的收入者，制定不同的住房政策。对高收入者由市场供应商品房，同时以税收刺激，促进投资建房；对中等收入者供应"社会住宅"，政府对开发建设社会住宅的企业给予贷款担保和贴息优惠支持，并调控"社会住宅"的建设标准和售价；对低收入者则提供标准较低的廉租屋或公共住房。这样一来，解决了不同收入水平居民的居住问题。

（3）政府提供强有力的科研技术支持，联邦政府住房管理署向住宅开发企业提供科研服务、技术创新，鼓励使用新材料、新工艺、新设备。这样不仅加大了产业化的科技含量，而且降低了成本，提高了质量。

2.2.3 对比分析

通过分析与比较历史上日本与美国住宅产业化发展的模式，我们可以发现，尽管各国所采取的产业政策、实施的社会背景、经济状况、内容和特点等方面有些不同，但是，我们可以发现其中一些共性的东西，并结合我国的实际情况，予以借鉴。比如，在分析美国、日本住宅产业的发展规律的时候，我们可以发现它们住宅产业的发展都经历了两个阶段：数量型增长阶段和增量与质量并重发展的阶段。在不同的发展阶段里，人们的收入水平、消费结构及居住面积也各有不同，详细的数据如表2-3所示。

住宅产业发展规律比较　　　　　　　　表2-3

	指标	美国	日本
数量型发展阶段	年代	1930～1960	1945～1960
	居民生活水平（人均GDP，美元）	1871（1950）	269（1955）
	恩格尔系数	30.3（1950）	42.2（1959）
	居住占消费支出（%）	11.3（1950）	9.26（1959）
	城镇居民人均居住面积（平方米）	—	5.8（1948）
	指标	美国	日本
增量与质量并重发展阶段	年代	1960～1972	1960～1980
	居民生活水平（人均GDP，美元）	4810（1970）	1758（1970）
	恩格尔系数	23.8（1970）	30.0（1975）
	居住占消费支出（%）	15.7（1970）	11.2（1970）
	城镇居民人均居住面积（平方米）	—	7.1（1960）

资料来源：《根据国际经济和社会统计资料》数据整理

通过分析与比较日本、美国的不同发展模式，可以得到以下几个共同点：

（1）各国政府虽然最初是为了解决住宅的短缺问题制定了一系列相关的产业政策与扶持计划，但都是围绕着整个社会经济发展的总目标进行的，即将住宅产业的发展与经济发展和经济结构调整协调起来，在一定时期内，将住宅产业作为支柱产业以此来扩大内需，带动经济的增长。各国政府在实施产业化的过程中起到了至关重要的作用。建立完善的产业政策，规范住宅市场，通过设立住宅银行、实行住房金融储蓄抵押制度等来扶持，通过税收、法律等杠杆来规范与监督，通过设立产业化的实施机构从组织上保证其贯彻执行等。

（2）住宅产业化的出现是建立在住宅市场大量需求的基础上的。日本是因为二战之后出现了住宅的大量短缺，而美国是因为城市化与工业化进程加快出现了城市住宅需求量加大。正是住宅需求的大量增加促进了住宅产业化的进行。

（3）科技进步是实现住宅产业化的基础与关键。各国政府在实施产业化的过程中，采取了积极的措施鼓励技术创新，建立了技术体系与技术保障体系，鼓励使用新材料、新工艺、新设备。鼓励设立各种科研机构研究新产品、新部件，加速科技成果转化为生产力，从而全面提高住宅建设质量，改善住宅使用功能和居住环境。

（4）大型的住宅产业集团是实现产业化的支柱与主体。在原有的房地产开发或建材等企业基础上联合形成的大型产业集团为产业化的实施发挥了巨大的作用。产业集团可以充分发挥规模效益、优势互补，减少中间环节，提高生产效率，为技术创新提供载体。

2.3 中国住宅产业化发展的历程和现状

20世纪50年代，我国学习苏联经验，在全国建筑业推行标准化、工业化、机械化，发展预制构件和预制装配建筑，兴起中国第一次建筑工业化高潮，在构件工厂化预制、中小型建筑施工机械、预制装配式工业厂房、砌块建筑等方面取得可喜进展。20世纪七八十年代，我国广泛借鉴各国正反两方面的经验，同时以民用住宅为主，从我国实际出发，发展具有中国特色的建筑工业化道路，走出了富有成效的一步。在标准化设计方法的改进、构配件生产能力的提高、大模板、框架轻板、装配式复合墙板等新型建筑体系和材料的发展、预拌商品混凝土、大型起重运输机械设计生产、机械化施工、预应力技术等方面取得很大成绩，房屋的建造能力和建设速度有了一定的提高。对过去实行建筑工业化所取得的成绩是应该给予充分肯定的。

由于当时实行的计划经济体制，我国还没有提出"产业化"的概念，一直是称为"建筑工业化"。而且限于当时建筑工业化生产在体制、技术、管理等方面的水平，建筑工业化的推广范围小，水平不高，片面追求主体结构的预制装配化，生产出的建筑产品普遍存在产品单调、灵活性差、造价偏高等问题，造成建筑工业化的综合效益不明显，劳动生产率和建筑生产效益并未得到大幅度的提高。

进入20世纪90年代以后，我国曾出现一股房地产发展的狂潮。但这种发展是以资金和土地的大量投入为基础的，建筑技术仍然停留在原有水平，而此时建筑工业化的研究与发展几乎处于停滞甚至倒退状态。直到1995年以后，随着我国对20世纪90年代初畸形发展的房地产业的反思和中国2000年实现小康水平的需要，我国开始注重住宅的功能和质量，思考实现小康水平居住标准的方法和途径，在总结和借鉴国内外经验教训的基础上，重新提出：建筑工业化，尤其是住宅建筑工业化仍将是今后的发展方向，并提出了发展住宅产业和推进住宅产业化的思路，从而使住宅建设步入一个新的发展阶段。也就是从这段时间开始，各种新的思潮开始影响建筑业，并产生了一些新的概念和发展思路，对此后30年的发展产生巨大影响，如图2-1所示。

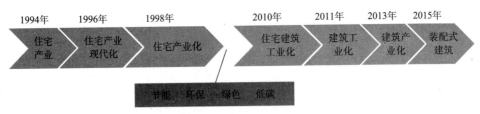

图2-1　1990年后住宅产业化的发展中出现的各种概念

考虑住宅产业发展应以科技进步为先导和我国长期以来忽视对住宅进行全面系统的科技研究的状况，国家科委和建设部于1995年设立了"2000年小康型城乡住宅科技产业工程"研究项目，同时建设部与日本国际协力事业团（JICA）合作，引进日本的技术与设备，合作设立了"中国住宅新技术与人才培训中心"项目，其中也有部分研究课题与住宅产业化发展直接相关。这两个大型项目到2000年底均已完成，并取得了巨大成效，为住宅产业化发展提供了良好的技术基础。

为提高住宅产业发展水平，建设部于1996年在全国范围内选择部分地区和企业进行住宅产业现代化的试点，并制定发布了《住宅产业现代化试点工作大纲》。

试点的指导思想是：以规划设计为龙头，以科技进步以核心，充分运用新材料、新技术和新工艺，大幅度提高住宅建设的劳动生产率和工程质量，降低住宅成本，提高住宅建设的整体水平。"大纲"还要求各地区根据国家统一要求和当地的实际情况，制定本地区的住宅产业现代化发展计划。这是目前我国在这一领域里的又一大举措，目前已在部分城市开始启动。

1998年，为了应对亚洲金融危机对我国经济的影响，国家采取了积极的财政、货币政策，加大对城镇住宅制度改革的力度，加快了经济适用住房的建设，取得了明显的成效，对国民经济产生了积极的影响。建设部根据国务院的要求，一方面组建成立了住宅产业化办公室（后改为住宅产业化促进中心），将推进住宅产业现代化当作政府的长期工作来抓，另一方面在建设部在1998年11月召开会议，提出了"推进住宅产业（现代）化，提高住宅质量，加快住宅建设"的发展思路，旨在通过推进住宅产业（现代）化，解决长期存在的住宅质量通病，提高住宅的质量水平和住宅建设的综合效益，并推进住宅产业的发展。

1998年建设部住宅产业化促进中心成立，1999年国务院办公厅转发建设部等八部委《关于推进住宅产业现代化提高住宅质量若干意见》，要求加快住宅建设从粗放型向集约型转变，推进住宅产业现代化，提高住宅质量。在这个文件中，第一次正式提出了住宅产业现代化的概念。此后，在JICA项目（日本援华项目之一）专家的支持下，按照日本的成熟做法，逐步建立了中国的《商品住宅性能指标体系》、《国家康居示范工程建设技术要点》等文件，开始对中国的商品住宅进行性能认定。

1999年以后，在住宅产业化促进中心的指导和协助下，我国在住宅产业领域采取了一系列的举措，从而使中国住宅产业化进入加速发展时期。其中具有代表性的一些事件如下：

（1）1999年11月底，中国住宅产业展示交易会（住交会）有深圳举行，住宅产业首次登上经济大舞台。2000年7月，又在北京举行国际住宅产品博览会，展示国内外先进的住宅技术与产品。此后，"住博会"每年举办一次，对住宅产业化的发展起到较大的推广示范效应。通过这些展示活动及其相关的研讨活动，扩大了住宅产业化的影响，提高了住宅产业化在社会公众心目中的地位，为住宅产业化的发展创造了良好的社会环境。

（2）1999年底，建设部制定了《商品住宅性能认定管理办法》及《住宅性能评价方法与指标体系》等配套文件，提出了商品住宅性能评定的方法和内容，在全国范围开始试行住宅性能认定制度，引导各地不断提高新建住宅的性能，为住宅产业化的发展提供了重要的保证，目前一些省、市、自治区也开始进行相应的认定工作，已有一批住宅小区通过认定并取得相应的等级证书。

（3）建设部在1999年12月发布了《关于在住宅建设中淘汰落后产品的通知》，对技术落后、不符合产业政策的产品和部品，部分规格的实腹和空腹钢窗等实行了强制淘汰，同时规定沿海地区和土地资源稀缺地区的大中城市，于2003年6月底之前停止使用实心黏土砖。这一系列措施推动了相关部品、材料的技术革新和产品换代。

（4）在科研领域，2000年8月，中美住宅合作项目启动，该项目引进美国先进的住宅设计、部品生产和建造技术，对住宅及其相关的技术、标准、政策等进行全面深入的研究，并配以示范性的住宅，目的是为中国住宅产业发展提供新的发展方向并提供新的技术支持。同年，建设部住宅产业化促进中心组织实施"住宅产业CIMS示范工程"863项目，基于互联网和数据库制定集成框架，建立研究开发、住宅建设多企业动态联盟网络管理系统，实现各阶段活动中人、企业、经营管理和技术四要素及其信息流、物流和价值流的有机集成。该项目分为五个分系统：业主项目管理分系统、住宅设计分系统、住宅施工分系统、住宅性能评定分系统和物业管理分系统，同时启用作为整个系统的信息支撑部分的住宅产品供配系统和产品数据库，并选择北京龙泽苑小区作为示范。该项目已经过国家验收，取得明显成效，为信息化改造传统住宅产业，也为住宅产业今后的发展提供了很好的理论和示范作用。

(5) 2000年11月,住宅产业集团联盟启动。有30多家国内知名企业加盟,目的是以集团化发展和信息化建设为突破口,迅速在中国形成一批具有相当规模和竞争力的大型住宅产业集团,实现标准化系列化开发、集成化规模化生产、社会化配套化供应、专业化高效化服务的目标,最终实现住宅产业现代化。住宅产业集团联盟运作的第一步——集团采购已经开始实施,并取得显著成效。

(6) 国家康居示范工程启动。它以住宅小区为载体,以推进住宅产业现代化为总体目标,通过示范工程小区引路,开发、推广应用住宅新技术、新工艺、新产品、新设备,开展住宅性能认定,提高住宅建设总体水平,带动相关产业发展,拉动国民经济增长。目前住宅产业促进中心已经确定了数个国家康居示范工程小区,在新材料、新设备、新技术(尤其信息技术)等方面进行示范性应用。

(7) 2001年初,逐步试行建立住宅产业化基地,先后批准北新集团、青岛海尔、正泰、长沙远大住工等7家国家住宅产业化基地的建设,通过以点带面、树立行业模范的激励方法,使住宅产业化基地带动行业住宅产业化发展。到2016年年底,我国已经建立了68个国家住宅产业化基地。

2000年前后是住宅产业化概念提出后的一段高潮期,2001年以后这个高潮开始消退,真正做住宅产业化的企业仍然很少,加上国家开始强调节能环保可持续发展,住宅产业化的呼声越来越弱,住宅建设中强调绿色节能环保,产业化与节能环保几乎画等号,而工业化开始被质疑和忽视。其实工业化与绿色节能环保并不矛盾,工业化是途径,绿色节能环保是目标,二者是相辅相成的。直到2010年前后,建筑业就业人员明显减少,建筑人工费明显上涨,建筑业面临新的转型升级时,工业化的问题才被重新提及、认识并引发新的一轮热潮。

(8) 2003年住宅产业化走向低谷的时期,万科集团扛起了住宅产业化的大旗。经过国内外调研,万科确立了住宅产业化的发展方向,并投入巨资持续进行建筑工业化的研究与开发。经过十余年的发展,形成了万科独有的工业化住宅的技术与产品。2007年,全国首个以新型工厂化生产方式建造的商品住宅——上海万科新里程20和21号楼2栋18层高层住宅竣工,代表着我国的工业化住宅进入了新的发展阶段。2009年12月,北京市第一个住宅产业化试点工程——北京万科中粮假日风景项目B3、B4楼竣工交付。不论万科介入产业化的技术路径恰当与否,万科的胆识和实践对处于低谷的中国住宅产业化都起到了重要的支撑作用,增强了市场对住宅产业化的信心。

(9)与万科同时推进产业化的还有大连大有房屋开发有限公司。与万科的建筑工业化不同,大连大有房屋开发有限公司走的是"全装修+四节一环保+新技术应用"的路子。"大有恬园"的800套住宅实现一次性全装修,并总结出"五个一"(一张图纸、一个流程、一份订单、一套标准、一个产业联盟)和"六个链"(利益链、技术链、操作链、责任链、文化链、市场链)的产业化模式,大量应用墙体节能、单户保温、太阳能、低温地暖、表土回用、中水、垃圾分类、垃圾生物处理、垃圾就地减量处理等节能环保新技术,实现小区节能、节土、节水、节材和环保目标。"大有恬园"2006年被评为国家十大环境友好项目。

(10)为了保障住宅部品构件的质量,2006年6月成立了北京康居认证中心,发展住宅部品材料的性能认定制度,以质量控制为抓手,发展我国的住宅产业化。住建部还积极发展与住宅产业化性能认定相联系的信贷保险等住宅金融,广泛与银行、保险等金融机构展开合作项目,支持住宅产业化发展。

(11)在2006年6月,住宅产业化促进中心颁布了修改后的国家住宅产业化基地的管理规定,把产业化基地变成了三大类,除了保留原来的生产型基地之外,新增加了两类:一类是试点城市,第一个住宅产业化试点城市授予了深圳市,主要是考虑到深圳作为经济特区,有立法权,能够进行产业政策方面的制定,给予住宅产业的相关企业以一定的政策支持。另一类是以房地产开发商为龙头整合住宅产业链上的企业形成的企业联盟,属于开发应用型的产业化基地。

(12)2011年7月,住房和城乡建设部下文成立了"保障性住房建设材料部品采购信息平台",政府试图通过该平台的建立和运作构建出我国的住宅部品库。建材平台从正式启动发展至今，已容纳了1600家覆盖了住宅建设全产业链的优秀企业，除了大部分的建材企业外，还包括从事住宅投资开发、设计、施工、监理、物管等住宅全产业链上的其他相关企业，通过吸引这些企业的加入，将住宅产业化的理念深入贯彻下去，企业从住宅产业化生产中获利的同时，也促进了全产业链的形成，为实现我国住宅产业化奠定基础。

（13）2011年7月，住房和城乡建设部发布了《建筑业发展"十二五"规划》，明确提出"十二五"期间建筑业的主要任务之一就是"积极推动建筑工业化，以标准化推动建筑工业化，提高建筑构配件的工业化制造水平"，同时对建筑业建筑装配技术的研发与使用保持鼓励态度。

（14）2013年初，国务院办公厅转发了国家发展改革委和住房城乡建设部《绿色建筑行动方案》国办发〔2013〕1号文件，将推动建筑工业化作为一项重要内容。党的十八大报告明确提出"要坚持走中国特色新型工业化、信息化、城镇化、农业现代化道路，推动信息化与工业化深度融合"。走中国特色新型工业化道路，推动建筑工业化发展，是党中央、国务院确定的一项重大战略，是全面建成小康社会的重大举措，也是关系到住房和城乡建设全局紧迫而重大的战略任务。

（15）2014年3月，国务院发布《国家新型城镇化规划（2014—2020年）》，其中第十八章第一节提到要"加快既有建筑节能改造，大力发展绿色建材，强力推进建筑工业化"，并把"积极推进建筑工业化、标准化，提高住宅工业化比例"作为我国绿色城市建设重点。

（16）2015年8月，工业和信息化部、住房和城乡建设部印发《促进绿色建材生产和应用行动方案》，文件提出到2018年，绿色建材生产比重明显提升，发展质量明显改善。绿色建材在行业主营业务收入中占比提高到20%，品种质量较好满足绿色建筑需要。第九条提出大力发展装配式混凝土建筑及构配件。积极推广成熟的预制装配式混凝土结构体系，优化完善现有预制框架、剪力墙、框架-剪力墙结构等装配式混凝土结构体系。完善混凝土预制构配件的通用体系，推进叠合楼板、内外墙板、楼梯阳台、厨卫装饰等工厂化生产，引导构配件产业系列化开发、规模化生产、配套化供应。并提出发展推广钢结构和木结构建筑。十六条提出新型墙体材料革新。重点发展本质安全和节能环保、轻质高强的墙体和屋面材料，引导利用可再生资源制备新型墙体材料。推广预拌砂浆，研发推广钢结构等装配式建筑应用的配套墙体材料。十七条提出发展高效节能保温材料。鼓励发展保温、隔热及防火性能良好、施工便利、使用寿命长的外墙保温材料，开发推广结构与保温装饰一体化外墙板。以上行动方案与住宅产业化的推进密切相关。

（17）2016年9月，国务院办公厅印发71号文《关于大力发展装配式建筑的指导意见》，提出要以京津冀、长三角、珠三角三大城市群为重点推进地区，常住人口超过300万的其他城市为积极推进地区，其余城市为鼓励推进地区，因地制宜发展装配式混凝土结构、钢结构和现代木结构等装配式建筑。力争用10年左右的时间，使装配式建筑占新建建筑面积的比例达到30%。确定了八项重点任务：一健全标准规范体系，二创新装配式建筑设计，三优化部品部件生产，四提升装配施工水平，五推进建筑全装修，六推广绿色建材，七推行工程总承包，八确保工程质量安全。此文从国家层面确认了装配式建筑的发展方向，对行业影响巨大。

（18）2017年2月，国务院办公厅印发《关于促进建筑业持续健康发展的意见》，提出推进建筑产业现代化，坚持标准化设计、工厂化生产、装配化施工、一体化装修、信息化管理、智能化应用，推动建造方式创新，大力发展装配式混凝土和钢结构建筑，在具备条件的地方倡导发展现代木结构建筑，不断提高装配式建筑在新建建筑中的比例。力争用10年左右的时间，使装配式建筑占新建建筑面积的比例达到30%。为此要提升建筑设计水平，加强BIM等技术研发应用，完善工程建设标准。这个文件从行业发展角度再度确认了建筑产业现代化的发展方向。

在推进住宅产业化的过程中，大量的各类型企业为住宅产业化的发展做了重要的基础建设工作。住宅建筑标准化工作启动并拿出了多套标准方案，一批适合住宅产业化生产用的新型材料与制品纷纷涌现。如北京和上海的厂家推出轻钢轻板型住宅，海尔、远大等厂家研制生产出整体浴室和组合式整体厨房，一些新型材料和设备生产厂家，如北新建材、北京振利节能环保科技公司等研制出轻质、保温、易于拆装的内隔墙用材料和相应制品，还有大量工厂化生产的标准型构件和门窗、力诺瑞特太阳能等。许多有关住宅产业化方面的研究和产品开发也在紧张而有序地进行，每年一大批工业化项目投入建设。许多材料和产品在研究开发之初并不是以发展住宅产业化为其初衷的，但在客观上却起到了为住宅产业化发展提供基础条件的作用。有几家具有代表性的企业在住宅产业化方面的做法引人注目，成为我国住宅产业化的亮点，具体如下：

1. 青岛海尔的整体厨房和整体卫浴

海尔住宅设施有限公司是海尔集团的大型骨干企业，是亚洲最大的整体厨房、整体卫浴产品生产企业之一。公司依托海尔家电的雄厚实力，引进世界先进的技术和设备，在设备与建筑配套的关键技术上取得突破，研制开发了国内第一家集储物、保鲜、速解、烹饪、净化、热水供给六大功能于一体、家电一体化的整体厨房、整体卫浴系列产品。使海尔厨房实现规格化、模数化、系列化、通用化；并保证海尔厨房设备数十年不变形、不起皱、不褪色、不过时。同时，以海尔国际星级一条龙服务为基础的整体设计、整体制作、整体安装、整体服务的服务模式，满足了社会各界"名牌房产配名牌住宅产品"的要求，得到国家建设部的充分肯定。海尔厨房产品有四大系列100多个单元，可任意组合，适合各种房型，设有多种功能单元，具有欧、亚、美不同风格，形成高中低价格层次，满足不同消费者需求。

海尔整体厨房、整体卫浴已被住房和城乡建设部列为高新技术开发项目，首批通过"小康"商标认证，并成为"住房和城乡建设部城市住宅小区试点推荐产品"、"国家小康住宅建设推荐产品"。目前海尔以"家居集成"的新理念，与房地产开发商、营销策划企业和物流供配企业等结成产业联盟，共同开拓住宅产业的广阔空间，如图2-2所示。

2. 上海城建集团

上海城建集团拥有发展住宅产业化的独到优势。作为住宅产业化的关键环节，上海城建集团的混凝土预制构件设计、生产从20世纪90年代起步，是目前上海最大的PC出口加工和国内配套供应的专业化PC制造工厂，在本地区PC构件市场占有率达50%。它是通过日本PC质量认证和美国PC1认证（中国唯一）的专业PC工厂，产品出口日本、美国。

通过整合隧道股份、物资公司、城建设计院等优势资源，上海城建集团在PC住宅方面形成了集投融资、住宅设计、建筑施工、建材与部品制造、开发经营和物业管理等"全产业链"的住宅产业化业态。上海城建集团集中了4家甲级勘察和设计院，具备专业门类齐全PC住宅研发及深化设计的实力，承接住宅产业化省部级科研支撑项目5项，其中国家级2项。拥有2家特级资质的总承包企业承担PC建筑的建造工作，具有与PC构件拼装工艺类似的预制盾构管片拼装核心技术，如图2-3所示。

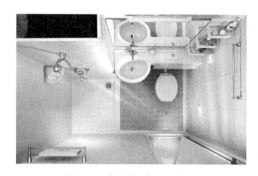

图2-2　海尔集成卫浴产品

图2-3　上海城建市政集团吊装PC结构房屋预制板

3. 万科集团

万科自从2003年开始标准化、工业化和产业化的研究以来，在学习国外优秀经验的基础上，结合我国国情和技术规范现状，逐渐摸索出了一条解决市场需求、符合行业发展水平、具备行业领先性的建筑产业化之路。总体而言，万科建筑产业化发展经历了以下五个阶段：

（1）自主研发阶段：2002~2005年，为解决万科跨地域发展导致的人员稀释、工程质量不稳定以及下一阶段规模化发展的需求，在尝试对比了各种结构体系后，万科选择了预制混凝土来实现"像造汽车一样造房子"的理想。在3年的时间内自主研发了三栋实验楼，尝试了装配式框架结构、装配式梁柱三维预制构件、整体式预制厨房、卫生间等体系的设计和建造。初步建立了装配整体式的概念，形成了包括设计、生产和施工等合作单位在内的一批长期稳定的合作团队。

（2）引进发达国家技术阶段：2006~2007年，鉴于国内"混凝土结构高层建筑为主流"、"结构体系抗震要求较高"等实际情况，学习发达国家成熟的工业化技术体系、部品体系和管理体系，引进国外建筑领域内的专家和万科共同组成研发团队，完成了以18层住宅为原型的，预制率接近90%的"青年之家实验楼"。从此奠定了万科工业化的技术基础。

（3）中试应用阶段：2007~2010年，2007年上海万科新里程1.3万平方米工业化住宅项目的开工，标志着工业化正式进入市场的中试阶段。在这个过程中，上海、深圳、北京、沈阳等城市也逐渐开始尝试探索适合本地客户市场、劳动力水平和技术能力的预制混凝土体系。与此同时，万科集团开始研究如何降低预制化率以获得更大程度的推广。在2008年和2009年分别完成了预制率40%、20%的第五、第六号实验楼，这两栋楼成了到目前为止万科集团内工业化项目主体技术体系的标准定型模板。

（4）全面推广阶段：2010~2015年，在2013年万科明确了工业化推广的"两提一减（提高质量、提高效率、减少对用工的依赖）、可复制、可推广"原则，追求均衡发展，不片面追求预制率指标，并将装配式内隔墙、免抹灰技术、定型模板、整体提升外爬架、穿插提效、市政先行等技术和管理工具与预制技术相结合，再加上集团从2009年开始的对于质量的"实测实量"和"交付评估"管理工具的应用，各一线公司逐渐开始主动积极地开展工业化项目的推进，以2015年为例，万科集团在全国40余个城市，约1500万平方米项目中应用了工业化技术。与此同时，工期也大幅提效，以2016年为例，通过实施"两提一减"的工业化技术和管理体系，55%的项目普遍提效都在20%以上。

（5）工业化2.0阶段：自从2010年万科开展全面精装修交付，万科的研发团队开始将工业化技术体系从主体扩展至内装，在SI分离的原则下进行土建内装一体化的工业化实施方案，在实验楼里实现了最快7天完成工业化内装的尝试，如图2-4所示。

图2-4　上海万科新里程的预制外墙、预制楼梯、轻质隔墙板和架空地板

4. 卓达集团

卓达是以新材为依托，以研发模块化组装墙体为突破口进军住宅产业化建筑的，充分体现了建筑的革命首先是建材的革命。"卓达新材"以无机胶凝料为基础固化料，利用工业、农业、建筑垃圾等废弃物的资源化综合利用技术，完全吻合国家"十二五"提倡的"生态材料"、"环境友好"、"创新技术"、"循环使用"、"可持

续发展"。

卓达新材基本特征是绿色、低碳、环保。实现低碳材料→低碳生产→低碳营造→低碳建筑→低碳使用→实现绿色生活。卓达要实现从新材原料→新材生产→部品生产→建筑设计→建筑安装→建筑使用→建筑回收全周期的绿色低碳。

虽然卓达新材可表现出其产品的多样化,但作为主攻住宅产业化战略而言,卓达则以房屋建筑的"三板体系"(墙板体系、楼板体系、屋面板体系)作为重点研发及推广对象。卓达最终的研发成果是与卓达新材三板体系配套的高层钢结构模块化建筑体系,届时加上卓达新材系列内外装饰部品在内,其地面以上建筑的组装率几乎达到90%以上。

卓达主张卓达新材装配式墙体与装配式钢结构匹配,最大限度地减少水泥用量、基本实现施工现场无湿作业。以达到减少整个中国的水泥生产及水泥使用时对大气的污染。此宏观治理污染的指导理念已达到国家级层面,因而也将卓达产业上升为事业,如图2-5所示。

图2-5　卓达新材在2015年上海建筑工业化展会现场快速装配的模块化别墅

5. 黑龙江宇辉集团

黑龙江宇辉建设集团是集房地产开发、建筑施工、新型建材、商品混凝土生产为一体的综合性建筑企业。从2005年开始,宇辉集团瞄准住宅产业化发展方向,坚持走产学研相结合的创新之路,依托哈尔滨工业大学的科研力量,投入研发经费几千万元,开展对预制装配整体式混凝土剪力墙结构技术的研究。几年来,通过哈尔滨工业大学近百次的混凝土预制构件试验和结构整体分析论证,取得了50多项技术专利成果,自主研发了预制装配整体式混凝土剪力墙结构技术,以及相配套的构件设计、构件预制、构件装配和施工工艺,主编了《预制混凝土剪力墙结构技

图2-6 黑龙江宇辉集团

术规范》省级地方标准。在此基础上，整合企业内部资源，完善产业链，在开发建设的住宅工程项目中基本实现了住宅设计标准化，构件生产工厂化，现场施工装配化，结构、保温、装饰一体化的工业化生产方式，形成了一套完整的产业系统，效益十分明显。2010年3月，黑龙江省宇辉建筑公司被住房和城乡建设部批准为第十三个国家住宅产业化基地，如图2-6所示。

6. 浙江宝业

宝业集团是我国最早推行建筑工业化的企业之一。1992年，宝业集团创建全国首家地市级商品混凝土公司，同时成立构件公司，专业生产各种预制构配件。自此，开始住宅产业化摸索之路。2002年，宝业投资8.7亿筹建占地一平方公里的"宝业住宅产业化浙江制造基地"，形成了商品混凝土、管桩、木制品、各类幕墙、玻璃深加工、钢结构、防火材料等多个住宅部品件流水线，打造设计、制造、施工、销售一体化，此外，还建成了住宅产业化安徽、湖北两个制造基地。2006年，宝业与日本住宅产业化先驱企业大和房屋工业株式会社签约合作，共同研究开发面向中国的工业化住宅。同年，投资1.65亿元成立"建设产业研究院"，对工业化建筑物进行全方位质量、性能指标检测的实验室，填补了该领域国内空白。2009年，建设产业研究院与中国建筑科学研究院合作，经科技部批准正式挂牌成立"国家建筑工程技术研究中心建筑工程与住宅产业化研究院"，致力于提升集成创新能力，争取形成以研究院为龙头，以工厂化生产为核心，以装配化施工为手段，以工业化住宅为最终产品的住宅产业化发展模式。2010年，宝业集团的住宅产业化项目产值已达35.6亿元，出口5300万美元，产品远销印度、苏丹等国家。在绍兴，"宝业"也在旗下公司开发的部分楼盘和酒店中应用了这一项目成果。据介绍，建造同样一所300m²的房子，宝业集团80%的工作在工厂完成，现场安装速度当然快很多，比传统做法缩短三分之二时间，如图2-7所示。

7. 远大住工

作为我国建筑史上的

图2-7　浙江宝业

"革命者"，经过十余年的潜心研发，远大住工就我国住宅工业化发展最为关键的模数协同、产品标准、技术集成、居住空间模块化以及成本工效、工厂化生产、节能环保、质量控制、项目定制、精细商业模式等课题探索了一系列解决方案和思路，管理、建立健全并丰富发展了自主住宅工业化研发体系、制造体系、工法体系、材料体系、产品体系，形成了年产十万套成品住宅的动态产能。远大住工已成为我国第一家具有完全自主知识产权、符合我国住宅建设和消费需求、技术集成优势明显、产品品类齐全、装备制造能力领先，集住宅工业化科研、设计、生产、销售、投资、服务于一体的领跑住宅工业产业集群的龙头企业。

远大住工充分吸收美国、本、德国、新加坡等国家的先进理念与技术，建立健全并丰富发展了自主住宅产业化研发体系、制造体系、施工体系、材料体系与产品体系。成为我国第一家具有完全自主知识产权、符合我国住宅建设和消费需求、技术集成优势明显、产品品类齐全、装备制造能力领先，集住宅产业化科研、设计、生产、销售、投资、服务于一体的真正住宅产业化企业。远大住工于2011年在沈阳兴建的5000套规模的保障性住房-丽水新城，采用住宅产业化的方式，用整体建筑装配方法施工，实现了国内建筑"设计标准化、生产工厂化、装配机械化"的新突破，并得到了前来考察调研沈阳公租房开工与建设工作的温家宝总理的现场盛赞："你们用先进的技术建设保障房，使中国建筑业向新标准迈进一大步。"，如图2-8所示。

图2-8 远大住工兴建的保障性住房——沈阳丽水新城获总理高度评价

上述举措和企业的发展对中国住宅产业化起到了巨大的推动作用。但从总体上说，我国的住宅产业化目前还处于发展的初级阶段，距离真正的产业化还有很长的路要走。

3 住宅产业化的目标与发展方式

3.1 住宅产业化的目标与推进原则

住宅产业化是一项复杂的系统工程,是一个由低级到高级、由局部到整体的长期发展过程。明确发展的目标和途径对于制定正确的政策和策略,加快发展、少走弯路是很有必要的。

3.1.1 住宅产业化的目标

建立科学的住宅建设模式和消费模式,整合住宅建设上下游产业链优势,更好地以标准化设计、工业化生产、集成化装配、信息化管理等现代化手段打造高品质绿色住宅,从而进一步提升住宅品质和质量,提升住宅品质和节能减排性能,提供一个舒适、安全、健康、绿色的居住环境。这应当是整个住宅产业内

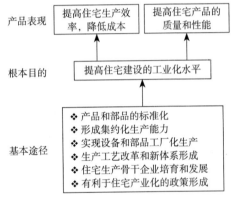

图3-1 住宅产业化的目标层次

部各行业和企业的共同目标,也是实行住宅产业化的根本出发点。同时住宅产业化又是一个发展的过程,不同时期要实现的目标水平也不一样,如图3-1所示。今后我国10~20年的具体目标有以下几方面:

1. 提高住宅质量、性能和生产效率

通过工业化的住宅生产,改善住宅质量水平,显著减少住宅质量通病,提高住宅的安全性、保温节能、健康、适老和居住舒适性等性能,同时促进住宅建设生产效率的提高。

2. 形成住宅标准化体系和工业化建造技术体系

根据我国实际情况,建立和形成住宅建筑标准化体系,形成标准化、系列化的住宅构配件、设备部品和住宅建筑产品。实现主要住宅建筑设备、构配件和部品的

标准化和工业化生产，不断引进技术或改造原有的生产工艺或设备，开发新产品，适应住宅产业化的需要。

3. 新技术、新材料、新工艺的普遍应用

加强墙体、防水隔热材料等新材料，干湿分离、模块化施工等新工艺方法，BIM、物联网、智能家居等新技术的研发和应用。

4. 建立和完善绿色建材、优良部品、优良住宅的生产与认证制度

从住宅建设的源头进行规范和监督，逐步淘汰不利于环保、有害健康的建材，鼓励研发质量高、绿色环保的新型建材和部品，对住宅应用的新材料、新工艺的水平进行综合认证。

5. 构建一批一体化生产经营的住宅产业集团

根据当地情况，重点扶持并组建一批一体化生产经营的住宅产业集团，并以此为龙头，形成一批住宅产业基地和典型工程项目，促进住宅产业的专业化与综合协作。

6. 形成有利于住宅产业化发展的系统化产业政策

形成一系列有利于住宅产业化发展的系统化、科学化的产业政策，充分发挥住宅产业化技术的潜力，保证住宅产业的健康发展。

3.1.2 住宅产业化发展的基本原则

3.1.2.1 市场化原则

住宅产业化是以科技为先导，市场化运行的产业，要坚持以市场为导向，依靠产业化住宅产品的质量、性能和价值来赢得市场和用户。要深刻理解"用户至上"思想，尊重客户对技术、产品的选择权。当然国家在发展之初给予适当的政策减免和扶持是应该的，但企业不能完全依靠国家政策扶持。为此要形成住宅产业化的市场化运行体系和长效机制，让市场来验证住宅产业化的生命力和产品的价值，要把发展住宅产业化变成企业的自主行为和住宅产品用户的自主选择。

3.1.2.2 渐进性原则

住宅产业化是一个历史性的发展过程，它需要有一定的物质基础和社会环境。目前中国的经济基础和经济发展水平还不足以承担大规模住宅产业化发展的重任。住宅产业化既可以促进经济的发展，同时又是经济发展中的组成部分。住宅产业化发展需要与中国的经济发展相适应，脱离经济发展水平的实际，不顾技术与管理水平的差距，一窝蜂地上项目，盲目追求住宅产业化的高水平、高速度、高档次、高规格的经济发展是不切实际的。

3.1.2.3 立足现有条件改造和重新建设相结合

立足现有条件，通过原有企业的重新组合、兼并、联合等方式组建住宅产业集团，对原有的技术设备进行更新改造，对住宅相关产业的人员进行住宅产业化技术培训，形成适应住宅产业化的技术结构和组织结构，这应该是我国发展住宅产业化的基本方针，这能够以最小的代价取得较好的效果。同时鼓励新建在技术或管理组织机构上具有创新意义、具有样板作用、引导产业发展方向的新项目，这样的项目常带有示范性质，可以为住宅产业今后的发展提供许多宝贵的经验和借鉴，应该给予支持。但新建项目不可过多，还要布局合理。

3.1.2.4 立足本国与引进国外先进技术设备相结合

国外发达国家的住宅产业化发展已经有五六十年时间，而我国刚开始不久，与国外先进水平差距较大，因此有选择地引进国外先进的设计技术、构配件生产技术、部品生产技术设备和管理方法对于加快我国的住宅产业化进程、推进住宅产业的形成与发展是非常必要的。同时住宅产业化工作量大面广，地区性强，必须立足本国国情。因此，要把立足本国发展住宅产业化与引进国外先进技术设备结合起来，把引进的先进技术和管理消化吸收好，并在此基础上创新发展，推广应用。

3.1.2.5 普遍推广与重点开发、远期目标与近期目标相结合

住宅产业化需要相当的条件支持。对于住宅产业化发展条件尚不具备或不成熟的地区、企业，要不等不靠。应该在加紧进行新产品、新技术、新材料、新工艺研

究开发的同时，一方面完善住宅产业化的基础工作，如标准化、部品化、政策研究等，为住宅产业化打好基础；另一方面将已成熟的技术与方法在实践中推广应用，并根据地方情况，把工程质量、墙改与建筑节能、改善住宅功能与环境等作为工作重点来整体推进，把住宅产业化的长远目标与近期要开展的工作结合起来。

3.2 住宅产业化的进程与定位分析

3.2.1 住宅产业化发展的进程分析

在笔者2000年前后发表的论著中，根据罗斯托的经济"起飞"阶段理论，对中国住宅产业化的发展进程进行了分析预测，划分为准备时期、初步发展时期、快速发展时期和成熟时期四个阶段，结果如图3-2a所示。如今已经过去快20年了，实际发展情况不如所愿，从2000到2010年的10年间，住宅产业化发展处于徘徊期，2010年以后进入快速发展期。为此进行了新的预测，新的预期曲线如图3-2b所示（曲线的后半部分是预测）。两种情况的发展曲线形态相似，基本符合"S型成长曲线"。

3.2.1.1 认识与准备期

认识与准备期进行住宅产业化的基础建设工作，如开始研讨与思考前述的住宅产业化的组织、政策、技术与标准研究和示范、技术改造与技术引进等，也包括对住宅产业化的认识与理解。而此时住宅产业化的产品尚未形成，住宅产业发展尚处于酝酿时期。我国已经走过了这一阶段。

3.2.1.2 徘徊与再认识期

由于外部环境及认识等原因，住宅产业化没有延续原来的发展态势，进入徘徊期。这一时期只有少数企业进行产业化的研究开发和推广工作，而以节能环保为主的示范推广工作有一定进展，业界人士在思考工业化方式是否适合中国，节能环保与产业化的关系，工业化与信息化的关系，住宅标准化与多样化的关系，住宅产业

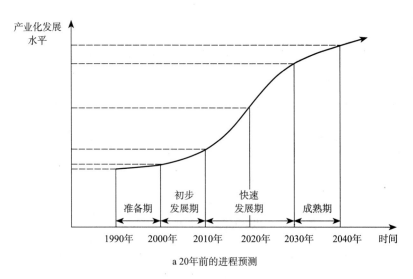

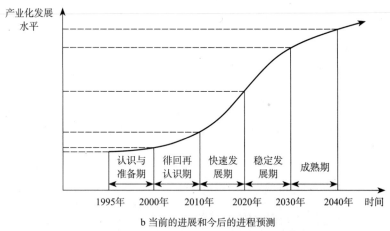

图3-2 住宅产业发展进程分析图示

化与建筑业人口就业的关系，住宅产业化与建筑业转型升级的关系等。产业化有一定进展但低于原来的预期。

3.2.1.3 快速发展期

2010年以后，住宅产业化突然提速，超越初步发展期直接进入快速发展期。大量的企业进入这一领域进行研发和生产推广，各种建筑结构体系不断涌现，尤以预制装配式建筑异军突起，快速发展，还带来了大量的混凝土预制工厂建设、全装修、BIM应用等。各种组织、机构、联合体、协会学会等迅猛发展，各种概念和思潮如住宅产业、住宅产业化、住宅产业现代化、建筑工业化、新型建筑工业化、建筑产业化、建筑产业现代化、现代建筑产业等纷纷涌现，住宅产业化进入空前的活跃期，预定初步发展期没有完成的很多工作在这个时间快速地完成。当然这其中也夹杂着混乱的、偏颇的、急躁冒进的因素。

3.2.1.4 稳定发展期

在经历若干年带有混乱程度的快速发展后，进入住宅产业化的企业和产品会产生分化，成功者和失败者都会出现，这时业界一定会反思住宅产业化到底应该走什么样的路，应该如何把控发展的节奏和脉络，应该如何使生产与市场完美对接等，从而调整发展方向和规模速度，使住宅产业化向着稳定健康可持续的方向发展。

从带有混乱程度的快速发展到理性的稳定发展，或许这是市场经济条件下任何一个新思潮新发展方向进入市场都要经历的一个过程。

3.2.1.5 成熟期

成熟阶段住宅产业化的技术与产品发展成熟，发展速度放缓，住宅产业进入稳定发展期。此时期要想加快发展，必须要有更高层次的技术创新。

3.2.2 各发展阶段的定位分析

按照我国制定社会经济发展计划的习惯，将住宅产业化发展的阶段又可分为近期、中期、远期。近期为5年左右，中期为5~15年，远期为15~30年。在各不同的发展阶段，其发展目标、技术、组织结构、产品与市场等有不同的定位。

3.2.2.1 目标定位

住宅产业化发展的长远目标是通过工业化的生产方式提高住宅建设的劳动生产率。20世纪五六十年代，世界各国发展住宅产业化时的主要出发点都是解决房荒与劳动力短缺的矛盾。我国的情况则不同。过去住宅产业化发展的近20年间，中国的劳动力就业状况发展了巨大改变，从2000年前后的大量人口就业压力巨大到今天建筑业面临巨大的劳动力短缺，住宅产业化的目标定位也将发展重大变化。原来制约住宅产业化的人口就业问题不存在了，也为推进住宅产业化提供了充足的理由。

我国有关部门把住宅产业化的近期目标定位在提高住宅的质量与性能上，旨在解决我国住宅长期存在的质量低、性能差，不能满足居民日益增长的物质文化需要的问题，这是有其深层原因的。另外优良的质量和性能能够对冲住宅产业化初期的较高成本，为市场接受新的住宅产品提供条件。以工业化提高生产效率作为远期发展目标没有问题，但近期工业化的发展规模不会太大，应注重于提高技术、积累经验，为未来的发展指明方向和目标，并储备足够的技术积累。

目标定位对技术、组织结构等的定位起着决定性的作用。有必要对每个时期的住宅产业化进行SWOT分析，以对住宅产业化发展所面临的优势、劣势、机遇与挑战有全面的掌握，在此基础上，做出技术、组织、产品、市场、创新等的定位。

3.2.2.2 技术定位

按照住宅产业化目标定位的要求，我国住宅产业化的技术定位近期远期也有不同。近期应注重于在现有的基础上发展新技术、新材料、新设备的推广应用，将建筑、建材、设备部品等各领域先进成熟的技术引进到住宅中，提高住宅质量，改善住宅保温防水等性能和居住环境质量，改变住宅产业粗放落后的面貌。这种技术既是原有技术的延伸，也为研究推广住宅工业化技术奠定基础。同时着手研究开发住宅工业化生产的成套技术，包括住宅标准化技术、构配件、部品工业化生产技术、现场装配施工技术与相应的管理技术等，为中、远期住宅生产工业化提供技术基础。中期住宅工业化生产技术基本成熟，进入推广应用时期，在此期间应注重于完善技术，总结经验。远期住宅工业化生产技术完全成熟，开始大量进入生产和消费。此时绝不是不考虑住宅性能质量问题，而是在工业化生产这一更高层次上解决这些问题。

3.2.2.3 组织定位

组织定位是指承担住宅产业化发展任务的产业主体的定位。我国现有的住宅产业组织结构分散单一，独有的主体已出现但很少，企业数量多且规模相近，不利于规模化发展。住宅产业化将导致住宅产业结构重组和专业化分工协作加强，向综合化和专业化两个方向发展。根据我国具体情况，近期应优先扶植一批专业化的住宅产业骨干企业，主要是住宅新材料、新技术、新设备企业，通过这些企业的示范带动作用，促进产业发展。之后随着这些企业在竞争中发展，实力不断增强，个别企业会逐步向综合性的住宅产业集团方向发展。而专业性较强的分部分项工程施工、装饰工程、建筑设备部品生产供应、商品混凝土、机械设备租赁等要向着专业化、社会化、商品化方向发展。产业主体的发展演变是与住宅产业化长期发展过程相伴的。

3.2.2.4 产品定位

住宅产业化的产品是新型住宅或住宅构配件、部品。由于住宅产业化的产品技术含量高，质量性能优于现有住宅，故此类住宅近期将定位于高端市场，属于住宅中的高档产品，如已经有的工业化住宅、整体厨房浴室等。随着技术的普及应用，这类产品逐渐向中、低端发展，并在远期定位于普通的住宅产品。一般技术含量高的产品都具有这种特点。当然随着产品规格数量的增多，在发展过程中也可能会出现一些直接面向中、低端的产品系列，如保障性住房等。

3.2.2.5 市场定位

由于近期住宅产业化的产品技术含量较高，质量性能优于现有住宅，其价格也会高于一般的住宅产品，因此近期内其市场定位将面向对住宅质量性能要求较高的高收入阶层。随着技术逐步成熟和产品普及，这些高档产品价格逐步下降，逐渐被中、低收入者接受，进入普通百姓家庭。但住宅产业化产品的对象即使远期也将是中等收入以上阶层，为最低收入者提供现代化的住宅是不切实际的，也是不公平的。当然对于处在研究开发阶段及推广初期的住宅产业化技术和产品，可以用低端的保障性住房作为其"实验田"，在这个"实验田"里不断的研发、实验、改进、再实验、再改进，既解决了保障性住房的建设问题，也为向中高端发展提供技术积累，为最终进入商品住房市场打好基础。

将上述各定位归纳起来，见表3-1所列。

中国住宅产业化发展的定位综合表　　　　表3-1

时期 定位	近期（5年内）	中期（5~15年）	远期（15~30年）
目标定位	提高住宅质量、性能	提高质量、性能与效率并重	提高劳动生产率
技术定位	新技术、新产品开发应用	向工业化技术过渡	工业化、现代化技术
组织定位	住宅产业骨干企业	骨干企业向集团发展	住宅产业集团等
产品定位	高档住宅产品	中档住宅产品	普通住宅产品
市场定位	高收入者	中高收入者	工薪阶层

3.3　住宅产业化的发展方式

由于住宅产业化涉及面广，产业链长，因此发展住宅产业化的形式也多种多样。按照企业实施住宅产业化采取的不同方式，将其划分为七种，即装配建筑、现场工业化、工业化全装修、新技术推广应用、产业链集成、专业化配套集成、物流集成。这些方式目前国内都有企业在实施。

3.3.1　装配式建筑

装配式建筑是指建筑的部分或者全部构件在预制工厂生产完成，然后运输到施工现场，采用可靠的安装方式和机械将预制构件组装成整体，形成具有使用功能的建筑物。装配式建筑是一种以工厂化生产构配件为基础的工业化的建造方式，是传统建筑工业化的主要表现形式之一。目前装配式建筑的主体结构建造方式有预制混凝土（PC）、木结构和钢结构等。其中PC技术是国内住宅产业化代表性企业所采用的主要技术，这种体系由日本的住宅产业化发展演化而来。在国内形成了众多PC体系，刘幸坤等总结了国内代表企业以及相应的技术特征，见表3-2所列。

我国PC体系代表企业及技术特征　　　　表3-2

代表企业及技术	主要特征	优缺点	适用范围
长沙远大住工（内浇外挂、预制装配整体钢筋混凝土结构体系）	预制装配式混凝土结构，预制楼梯等构件	建设速度快，施工程序简便；建筑自重稍大	高层采用装配整体混凝土结构体系；多层采用全装配预制混凝土结构体系
万科（内浇外挂、预制整浇式结构）	外墙板、楼梯、阳台等进行预制；整体卫浴橱柜	日本模式有误差积累，对生产安装要求较高；我国香港模式可消除误差	适用于大开间大跨度的公共建筑；我国香港模式适合住宅
合肥西伟德（预制叠合剪力墙）	桁架钢筋叠合楼板与剪力墙	构件质量好，生产效率高，造价较高，产品单一	适合高层建筑
南京大地普瑞（世构体系）	专业工厂生产预制柱、梁，预应力板	缺少墙体楼梯等构件，产品单一	适合商场写字楼等建筑
黑龙江宇辉（预制剪力墙）	预制剪力墙、外墙板，剪力墙钢筋搭接浆锚系统	构件精度差，成本较低，安装有误差积累	缺乏建筑主体的技术，只能做配套

装配式建筑是相对于传统的混凝土现浇方式而言的。作为一种建造方式，装配式建筑方式通常是针对建筑物的主体结构的建造方式而言的，当然它的含义现在有扩展，可以包含对非承重的部品、设备、装修的装配，材料也不限于混凝土、钢材和木材，也可以是陶瓷、塑料、玻璃等。

装配化的优点是工业化程度高，现场用工省，施工速度快，缺点是成本较高，必须大批量连续生产才能降低成本，还容易造成只顾数量，不顾档次和多样化的问题。装配式混凝土结构建筑较之现浇混凝土建筑的优势是可以提升建筑质量，提高效率，节约材料，节能减排环保，节省劳动力并改善劳动条件，缩短工期，方便冬季施工等（当然实现这些优势还必须技术成熟配套并管理过关才行），缺点是不利于个性化，不利于复杂立面，而且不利于小规模生产。我国20世纪五六十年代曾走过混凝土预制装配化为主的住宅建筑工业化道路，由于在当时的技术经济条件下性能质量不高而成本较高，综合效益不好，结果以失败告终，我们今天发展住宅产业化一定要牢记历史教训。

发展装配式建筑要具备相应的基本条件，主要有：

（1）装配式建筑本身的生产技术水平达到可建设生产的标准；

（2）各相关方信息充分共享，信息共享平台得以搭建并实施；

（3）施工技术人员具备装配式建筑施工的专业化水平；

（4）专业操作人员具备较高的管理素质以适应复杂施工模式条件下的各方沟通协调；

（5）具备适应装配式建筑施工的供应链系统；

（6）部品构件生产商可以与施工方有效对接；

（7）整个产业链人才匹配与组织管理模式调整创新；

（8）标准化的实现；

（9）配套软件的研发及市场规范；

（10）装配式建筑工厂化生产与流水式施工的安全规范与保障。

3.3.2 现场工业化

现场工业化是在建筑生产现场用工业化的方式对建筑生产对象本身进行工业化生产的方式，在整个过程中采用通用的大型工具（如定型钢模板）和生产管理标准组织生产。它的优点是省去了预制构件的工厂生产和构件运输环节，比预制装配方式一次性投资少，适应性大，结构整体性强。但现场用工量比装配式大，所用模板比预制的多，施工容易受到季节时令的影响。中建八局的"六化"和碧桂园的SSGF体系是当今现场工业化的典型代表。

中建八局提出了对现场施工工艺和装备进行工业化改造并概括为"六化"的新型现场工业化方式。"六化"即材料高性能化、钢筋装配化、模架工具经化、混凝土商品化、建造智慧化、部品模块化。碧桂园的SSGF体系集成了模具标准化设计、现场工厂化生产、内墙配置化施工、现场一体化装修、流程穿插化组织、人类智能化应用、移动信息化管理等一系列新建造技术，核心技术思想是以施工现场为中心的建筑工业化，是对建筑工业化拓展和深化。

现场工业化是在传统现浇生产方式基础上的工业化改进，是对施工技术的创

新。实现现场工业化的技术手段有很多,包括以下几种:

1. 定型大模板

定型大模板通常由平面模板、连接配件共同构成,可以通过组合拼装的方式在施工现场进行组合调整以适应不同施工要求。通常有定型组合钢模板、定型木质大模板等。

定型大模板的技术优势:实现了组合拼装定型,提高了作业效率;整体刚度高,拼缝严密,可保证清水混凝土要求;单块板设计重量较轻,可以通过人工拆卸转移,减轻超高层建筑施工过程中的垂直运输压力;由于模板板面实行全覆膜封闭,可有效保护面板不受损坏,大大提高了模板的周转性能,从而大大降低了模板的摊销费用。

2. 铝模

铝模板,全称为建筑用铝合金模板系统。它是继竹木模板、钢模板之后出现的新一代新型模板支撑系统。铝模板系统在建筑行业的应用,提高了建筑行业的整体施工效率,包括在建筑材料、人工安排上都大大地节省很多。

铝模板体系组成部分需要根据楼层特点进行配套设计,对设计技术人员的能力要求较高。铝模板系统中约80%的模块可以在多个项目中循环利用,而其余20%仅能在一类标准楼层中循环应用,因此,铝模板系统适用于标准化程度较高超高层建筑或多层楼群和别墅群。在城市化程度较高的地区尤能体现以下技术优点:施工周期短;重复使用次数多;平均使用成本低;施工方便、效率高;稳定性好、承载力高;应用范围广;拼缝少,精度高,拆模后混凝土表面效果好;现场施工垃圾少,支撑体系简洁;标准、通用性强;回收价值高;低碳减排,如图3-3所示。

图3-3 铝模板

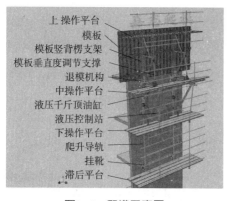

图3-4 爬模示意图　　　　　图3-5 智能爬架

3. 爬模

爬模是爬升模板的简称，国外也叫跳模。它由爬升模板、爬架（也有的爬模没有爬架）和爬升设备三部分组成，在施工剪力墙体系、筒体体系和桥墩等高耸结构中是一种有效的工具。由于具备自爬的能力，因此不需起重机械的吊运，这减少了施工中运输机械的吊运工作量。在自爬的模板上悬挂脚手架可省去施工过程中的外脚手架。综上，爬升模板能减少起重机械数量、加快施工速度，因此经济效益较好，如图3-4，图3-5所示。

4. 钢筋工厂化加工配送

建筑钢筋加工配送技术是指在非施工现场的固定场所，采用成套自动化钢筋加工设备和信息化生产管理系统，实行工厂化生产，将钢筋加工成为工程所需钢筋制品，并配送到施工现场的钢筋加工应用模式。简单而言，就是将传统施工现场手工或采用简单设备加工成型钢筋的方式转移到专业加工场内，采用先进加工工艺设备和质量控制体系实现钢筋成型加工的方式。

该钢筋加工配送技术具有装备工艺自动化、人员水平专业化、生产管理信息化、质量控制标准化、加工配送产业化五方面特征。

建筑钢筋加工配送技术的优势：能够解决建筑钢筋加工质量通病；能够实现钢筋加工质量监管追溯；能够降低建筑钢筋加工损耗；能够提高建筑钢筋人均加工效

3 住宅产业化的目标与发展方式

图3-6 传统钢筋加工

图3-7 自动化钢筋加工

率；能够降低施工现场安全文明管理成本；能够克服现场钢筋加工条件限制；能够减轻建设施工单位资金压力，如图3-6，图3-7所示。

5. 预制高性能混凝土

预制高性能混凝土也称作预制活性粉末混凝土，是基于最大堆积密度理论及纤维增强技术发展形成的一种具有高模量、高抗拉强度、超高耐久性、低徐变性能等优点的水泥基复合材料。预制高性能混凝土不在施工现场浇制，可以通过成品的形式满足现场工业化的要求。

预制高性能混凝土的技术优势：具有尺寸多样性、形状多样性的优点，并且可以因地制宜的配比，满足不同情况下预制装配的要求；具有抗碳化、抗氯离子渗透、抗冻、耐磨等优异性能；具有良好的发展前景，如无需高温蒸养的预制高性能混凝土、绿色生态型高性能混凝土等均在研发中，可以推动未来住宅产业化的发展。

6. 空中造楼机

工业化智能建造新技术"空中造楼机"是我国自主研发的设备平台及配套建造技术。空中造楼机及建造技术是以机械作业、智能控制方式，实现高层住宅现浇

图3-8 空中造楼机

钢筋混凝土的工业化智能建造。它的明显特点是将全部的工艺过程集中、逐层地在空中完成。如图3-8所示。

该设备平台模拟一座移动式造楼工厂,将工厂搬到施工现场,采用机械操作、智能控制手段与现有商品混凝土供应链、混凝土高空泵送技术相配合,逐层进行地面以上结构主体和保温饰面一体化板材同步施工的现浇建造技术,用机器代替人工,实现高层及超高层钢筋混凝土的整体现浇施工建造,是高度工业化的现场建造方式。"空中造楼机"作为一种创新的思维方式,目前该技术还在研发中。

现场工业化方式和装配式建筑方式同属建筑工业化的方式,但二者截然不同。施工机械化方式由于不太强调上下游产业以及施工过程间的关系,因此不把它视作产业化的形式。

3.3.3 工业化全装修

工业化全装修是指通过工业化生产与装配的方式完成全装修住宅,通过工业化全装修,交付给用户已经完成基本装修的成品房。基本装修包括墙面粉刷、地面铺装以及基本设备的安装等。购房者只需购买所需家具及饰品进行装饰即可。工业化全装修是住宅建造的一部分,全装修并不包含装饰部分,消费者依然可以通过不同的室内装饰形成多样化的室内环境。

住宅的工业化可分为建筑结构工业化和内装工业化两大部分。在无法对整个住宅实现产业化的情况下,对住宅装修部分率先实现产业化既是必要的,也是可行的。住宅的工业化内装体系则包含两个部分,第一部分是内装部品体系,第二部分是工业化内装的各部分工法体系。内装部品体系确定住宅内装的种类和内容,工法体系确定工业化内装的施工方法及相应的技术要点。

1. 工业化内装部品体系

工业化内装部品体系主要包括设计、生产、安装、维护四个子体系。设计体系反映了部品体系的主要内容，具体有包括整体式厨房、整体式卫生间（图3-9）、内隔墙及墙地面、整体收纳、集成家居、白电系统（设备、管线等）；生产体系是指以部品模数化和接口标准化为基准进行部品生产；安装体系主要包括部品分项协调及部品集成技术；维护体系主要包括部品技术性能认证体系、部品维修与维护管理。

2. 工业化内装工法体系

工业化内装工法体系主要包括墙体与管线分离技术（具体包括架空地面技术、天花吊顶技术、双层贴面墙技术）、公共管井与板上同层排水技术、冷热水分水器技术、常检修维护的技术、24小时新风负压式换气技术、轻质隔墙技术（图3-10）、厨房横排烟技术、内保温技术、干式地暖技术、无障碍设计等。

工业化全装修的优点：提高住宅建设的整体科技水平，推动住宅产业化的发展；有利于解决装修质量通病，以工业化生产装配的方式全面提高住宅建造质量；有效减免了重复低效的人工装修带来的重复劳动，提高了建造效率；有利于推广绿色环保节能材料，降低劣质建材对人体带来的伤害，符合以人为本的建造发展理念；有利于装修行业各参与主体行业水平的提高。可能存在的问题：工业化全装修

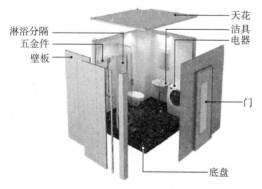

图3-9 整体式卫生间

图3-10 ALC轻质墙板施工安装

操作环节复杂、实施难度大、管理成本较高；消费者会担心工业化全装修会使个性化装修需求遭受一定程度的损害，限制了装修个性化追求的发展；材料质量难以得到有效控制，施工多为隐蔽施工，增加了不确定性的隐患。

3.3.4　新技术推广应用

住宅产业化的发展需要新技术的推广，通过新材料制品、节能环保新技术、新施工工艺、新机械设备、BIM技术及电商技术等新兴技术信息手段，为住宅产业化的发展提供技术保障。住宅产业化进程中，建筑业、制造业等相关产业与平台的技术手段不断整合创新，共同促进住宅产业化的发展。

1. 新材料制品

住宅产业化的推广离不开新型材料制品的运用，区别于砖瓦砂石等传统建材，产业化进程中兴起了新型墙体材料、新型防水密封材料、新型保温隔热材料和新型装修装饰材料等新型材料制品，具体到施工运用中，轻质干挂式外墙保温装饰挂板、BY灌浆料、液体壁纸、金属雕花板、天然无水粉刷石膏等新型建材制品均在不同程度上促进了住宅节能减排与绿色环保，推动了住宅产业化的发展。

2. 节能环保新技术

当前兴起的节能环保新技术主要有高效保温隔热外墙体系、高效门窗系统与构造技术、遮阳系统、房屋呼吸系统、绿色屋面系统、屋面雨水系统、天棚采暖制冷系统、太阳能系统、小区智能化系统等，通过节能环保新技术的应用，促进产业化住宅的节能减排和绿色环保如图3-11，图3-12所示。

3. 新机械设备

在建造过程中采用新型机械设备，可以提高施工效率，减轻人的体力劳动并提高施工的精度和质量。如新型钢筋加工设备、一些小型化的挖掘机、装载机、测量设备、手工操作的工具和器具、自动升降平台等新机械设备的运用极大提高了建造效率，推动了建造产业化的发展。

图3-11 住宅阳台外挂太阳能集热板　　图3-12 外墙长满绿色植物的住宅

4. BIM信息技术的应用

通过BIM信息技术的应用,在建造过程中可以进行深化设计,有效减少设计施工中专业冲突,进行施工模拟分析和模拟技术交底,精确统计工程量并提供精确图纸,从多方面对产业化建造提供技术支持。

5. 电商技术

在当今信息化时代,电商技术也应用到了住宅建造领域。互联网垂直电商对接平台主打自建房屋及房屋周边服务,为建房者、设计师、房屋生产商、建材商、监理商等提供展示、互动平台,涵盖房屋建造、装饰装修、智能家居等领域。

通过新技术的推广,住宅产业化将催生出绿色住宅、智能住宅、适老型住宅等现代化住宅产品。这些现代化新型住宅的建造与维护,都需要新技术的推广与应用,同时又反作用于新技术,促进新技术的发展。

3.3.5　产业链集成

住宅产业链是由住宅相关的不同产业部门的企业,按照产品、价值和知识在企业间的分布状况,以价值增值为目的而形成的产业间动态网络状组织结构体,涵盖住宅生产全过程的设计、部品生产、施工建造、销售和后期维护等诸多环节的完整产业链系统,如图3-13所示。产业链上的各主体通常状况下都各自独立地、分散地存在于各产业中。将产业链的各主体依靠技术、资产、组织、信息等纽带有机地集成到一起，就是产业链集成。通常这种集成是以拥有技术和资本优势的核心企业为主导，通过竞争与协作的方式不断优化产业链上的资源配置。很多企业最初都是采用这种方式进行产业化的。

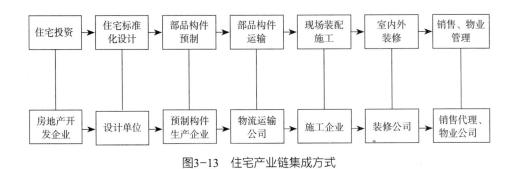

图3-13　住宅产业链集成方式

住宅产业链很长，要把住宅产业链上所有环节都集成起来是很困难的，因此通常把两个以上集成的方式都称作产业化方式，如设计—施工的集成、开发—装修的集成，或者施工—物流采购的集成都可以是产业化的一种表现形式，如南京栖霞建设集团的开发—建设集成、大有房地产公司的开发—装修集成、黑龙江宇辉建设集团的设计—建造—构件生产集成等，都是发展住宅产业化的形式。这种方式主要出现在房地产开发公司或施工企业中。

住宅产业化的集成可分为实体集成和虚拟集成，因此对应的产业链集成也有实体产业链集成和虚拟产业链集成两种形式。上述集成主要是实体集成，而依靠信息技术虚拟集成大量的研发设计、施工建造、部品生产、物流信息等社会资源，将产业链上各企业联结在一起，为客户提供所需产品和服务的企业与运作方式也是一种住宅产业化方式。房谷网（http://www.fanggoods.com/）、住宅公园（http://www.housepark.com）（后文称为集成敏捷型住宅企业）以及虚拟住宅企业等都属于这种产业化方式。

3.3.6 专业化配套集成

住宅建设过程中除需要钢材、混凝土、砖石外,还需要大量的厨卫设施、管线、设备、内隔壁、装饰装修材料等,其价值占到住宅造价的约三分之一。这些部品或设备通常由住宅的配套厂商以专业化生产方式提供。这些生产厂商要把原材料进行加工,制成具备一定功能的住宅部品,如门窗、坐便器、浴缸、洗手盆等,同时还要求这些设备部品能够和住宅结构空间实现完美的搭配协调,在现场无需任何加工(或简单加工)就可以安装好,从而充分发挥部品功能,提高生产效率并保证质量。

这种方式要体现在住宅的配置生产厂商上,如生产整体卫浴设备的青岛海尔,苏州科逸,生产木业板材、石膏板、玻璃纤维的北新建材,生产与建筑一体化太阳能设备的力诺瑞特,生产电器开关的正泰电器,生产节能门窗的浙江雅德居节能环保门窗有限公司等。专业化配套厂商数量巨大、种类繁多,是住宅产业化实现的重要产业基础或必备条件。这些专业化配套厂商需要提高企业的标准化、系列化、工业化以及工程化水平,并积极延伸产业链。其中一些厂商可以发展成为集成商,也是这些配套厂商走住宅化道路的一种方式。

3.3.7 物流集成

住宅建设需要将大量的物资(材料、构配件、部品、设备等)从四面八方运到住宅建设现场,减少库存和损耗,并且保证各种部品间的标准协调,物资运输也就成了住宅建设中的一个重要环节。物流集成也叫一体化物流,是配合网络电子商务发展起来的一种对物流供配进行集成化、一站式、仓储运管结合的运作管理方式,通过快速厂家供货、一站式采购,实现住宅部品品种齐全、质量可靠、价格合理,送货安装调试、售后服务等环节一贯制完成的物流方式。

物流集成化有多种表现形式,如以大型货栈方式,如宜家、百安居、东方家园等,或者是专业从事货物供应与配送的物流企业,或者网络电子商务网站企业。它们分别以不同的组织与运作形式保证按照客户要求将所需的部品快速及时地送到客户手上，并实现各自价值。

3.3.8 住宅产业化发展方式的选择

将前述我们总结的各种发展方式的表述用图来表示，如图3-14所示。

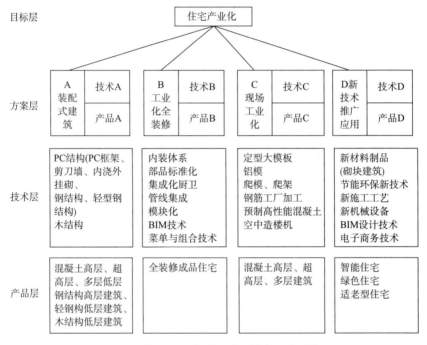

图3-14 住宅产业化多种方式及技术、产品的图示

以下列出的住宅产业化几种形式是通过对我国企业的发展实践梳理总结出的，随着住宅产业化理论与实践的发展，还会有新的发展方式呈现。

住宅产业化对应多种方案，而多种方案对应有各自的技术和产品。每个企业在进入住宅产业化这一领域时都会面临决策和选择。各企业应根据各自所从事的行业、所具有的比较优势和今后的发展趋势等来选择适合自己的发展道路。这几种方案是相对独立的，但不是互相排斥的，可以兼顾选择。如装配式与工业化全装修、新技术推广应用都可能同时选择并实施。

采用的方案是不是很好，要设定一些评价指标，如质量、性能、成本、安全、效率、节能环保等进行综合评价。通过评价分析能找到一个比较可行的方案，但也可能会发现：目前的上述几种发展方式各有优缺点，都不是最适合的选择。如果这样，就要考虑是否还可以有其他的方案：

- 现有方案能通过改进技术与管理等有所改进吗？
- 现有方案的交叉组合会更好吗？
- 还能够研究或找到更好的新方案吗？
- 传统建造方式通过改进后会成为可选方案吗？

为此要进行持续的研究与开发，或者努力打造各种方案实施需要的基础条件。而进行方案评价时要考虑的选择基准不是何种方案最佳，而是何种方案最差，将这种方案找出并淘汰掉。可行的方案不只是一种两种。

还可以通过技术与市场等指标进行方案实施风险的评价。例如，按现有技术水平和实施难度以及社会可接受程度，确定某住宅产品的基础及以下施工以机械化为主，主体结构施工以现场工业化为主，辅之机械化和装配式，而内墙及以后的装修施工以装配式为主，辅之以现场工业化，如图3-15。这是现阶段一种看起来技术改进不太大，工业化水平不太高，但技术与市场风险较小的稳妥型的发展途径。

此外，由于评价主体关注的侧重点不同，站在政府、企业、用户等不同角度上得出的评价结果也会不同。市场经济条件下应该以用户的评价结果作为决策的首要依据。

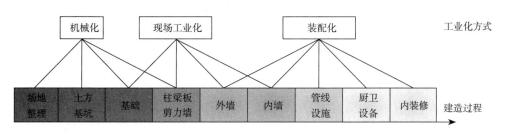

图3-15 现阶段一种技术与市场风险较小的发展途径

3.4 住宅产业化的关键和存在问题分析

3.4.1 住宅产业化发展的关键

住宅产业化成功的根本在于用产业化方式生产出的住宅能否得到社会的认可。这个问题又与企业内部的生产技术水平、产业化规模、人才劳动力素质、产品质量、档次、品种、价格等因素和企业外部的社会经济环境、市场需求、社会协作和政策导向等因素有着密切而复杂的关系。在发展住宅产业化时要抓好以下几个主要方面。

3.4.1.1 科技进步，这是住宅产业化的基础和关键

住宅产业化关键在于依靠科技进步，走科技兴业之路，将原来粗放经营转向集约化经营，逐步将住宅产业发展成为科技先导型产业（类似电子信息产业）。科技进步是住宅产业化诸问题中的重中之重，发展住宅产业化必须把技术进步放在首位，以技术进步为基础，加速科技成果转化为生产力，全面提高住宅质量、功能和环境水平，减少资源消耗，大幅度提高住宅建设生产率，并通过住宅这一最终产品的科技进步带动建筑材料、建筑设备部品的更新换代和技术进步，促进经济向高层次发展。

促进住宅产业技术进步首先要通过调查研究找出影响住宅产业发展的各技术环节，制定推进住宅产业技术进步的技术政策和技术发展整体规划，然后组织科研人员对影响住宅产业发展的主要技术环节进行科技攻关，通过研究开发新技术、新材料、新工艺，解决技术上的一些关键问题，形成足够的技术储备。通过试点研究应用，形成全面完善的研究成果，并尽快在标准化规程制定、规划设计、住宅设备部品生产供应、建筑施工等领域推广应用。为加快技术发展步伐，可以适当引进国外先进的技术、设备或项目，通过充分消化吸收，并根据我国基本情况加以改造和创新，形成适合中国的住宅产业化技术。

在住宅产业化的技术路径上，我国20世纪五六十年代曾走过装配化为主的时

代，20世纪七八十年代走过建筑体系化为主的时代，现在新一轮建筑工业化的标志将是构配件部品的标准化、商品化。这种发展过程也是与整个世界的发展过程基本一致的。

装配化的优点是工业化程度高，现场用工省，施工速度快，缺点是初期成本高，必须大批量连续生产才能降低成本，易造成只顾数量，不顾档次和多样化的问题；建筑体系化优点是以最终产品为目标实现一贯制生产，缺点是体系开放性差，互换性和通用性不好，易造成单一性；构配件部品标准化、商品化的优点是灵活多变，适应性强，利于组合出多样性的住宅，缺点是会降低工业化生产住宅的效率。

我国新时期实施住宅建筑工业化时应该综合性地考虑上述三种途径。首先根据住宅建筑的居住水平、环境水平，从住宅构配件、部品生产工业化的角度制定实现的建筑结构标准，再根据此标准确定标准化、系列化的构配件、制品。在具体实施时按照相反的方向，用标准化、系列化的构配件、制品去组合出各种各样风格各异的住宅。因此在构配件制品的标准化、系列化、通用化的基础上实现装配化的工业化住宅建筑体系是今后我国住宅建筑工业化的主要技术途径。这种途径的出发点就是在适当考虑住宅建筑多样化的前提下实现标准化和工业化。按照这种途径发展，首先是实现构配件、部品的标准化，生产供应产业化、规模化，在此基础上实现整个房屋的产业化。

在住宅建筑体系方面，推进住宅产业化的技术手段是：建立住宅技术保障体系，建立符合住宅产业化的住宅建筑和部品体系，建立完善的质量控制体系，建立住宅性能综合评价体系等。住宅建筑体系还有通用体系和专用体系之分。

（1）全力推行通用体系。国际上普遍认为推行住宅通用体系可以实现部品的专业化、批量化、标准化的生产，社会化的供应方式，整个行业形成丰富的产品系列，设计人员可以从大量的产品目录中挑选适合的产品，营建丰富多彩的建筑。

（2）发展专用住宅体系。住宅工业化的另一个重要方面是全面推行以某种结构形式或施工方法为特征的专用住宅建筑体系。这是一种以功能目标为主，市场为导向的一种完整的生产体系。主要特征是把规划和设计、生产和施工，销售和管理融汇在一起，用现代的居住理念、高科技的生产手段和集成化系统的管理方式形成配套的整体工业化体系技术。

第二次世界大战以后，住宅专用体系由于能够高效、快速、经济的供应大量的住宅，为解决房荒做出重大贡献。国际发展住宅产业的经验告诉我们，发展工业化住宅专用体系，扩大体系的适应能力和通用能力，用高科技含量加以保证，是体系的生命所在。专用体系是通用体系的基础，是住宅工业化发展中必然要经过的一个阶段。发展到一定时期后应向通用体系演化。

还要重点研究住宅体系配套的成套实用技术。工程建设中通常要遇到各种专门化建造技术，如防水技术、排烟通风道技术、轻质隔墙技术、保温墙体技术等，营造技术成套化，预示着质量、效率和低成本的进一步发展，也是住宅体系发展的必备因素。在发展体系技术的同时必须加强建造技术成套化研究和发展。比如研究住宅厨房、卫生间整合设计标准化问题，在综合考虑住宅平面布局、面积尺寸、设备配套、管道布置、除油烟排气、装饰装修等多种因素外，使住宅依照档次不同，实现定型化和标准化。采用社会协作化生产，集装箱式配套，集成化施工。设计人员只要注明采用哪一类厨卫，全部生产组织程序就可以完成，达到了高效和高质的成效。

加速住宅产业科技进步，还需要加大对住宅科技和教育的投入，鼓励优秀人才投身住宅科技研究和教育事业，加大对人才的培训和教育力度，提高住宅产业从业人员的整体素质和水平。这也是住宅产业化长远发展的根本所在。

3.4.1.2 质量、功能、价格，这是住宅产业化的生命力

产业化住宅产品能否被市场认可，在很大程度上取决于该产品的质量、功能和价格。随着人民生活水平的提高，对住宅的质量与功能的要求也越来越高，满足居民的对住宅质量功能要求也正是实现住宅产业化的初衷之一。如果用产业化生产的住宅在质量与功能上达不到预想的效果，产业化住宅就很难在市场竞争中站稳脚

跟。产业化住宅的质量功能与很多因素有关，如设计水平、构配件、设备部品的质量、施工水平、管理水平等，必须通过提高技术水平，加强管理、实施质量功能认证和保证制度等措施保证产业化住宅的优质与高功能。住宅作为一种特殊商品，价格一直是市场上起关键作用的因素。要使产业化住宅的价格能够让居民接受，就不应过高，但过低价格也不现实（尤其发展初期）。而且产品的价格最终应当取决于价值，产业化住宅优良的质量功能在很大程度上决定了该产品具有较高的价值，因此价格也不应该过低。从这种意义上说，产业化住宅追求的不是纯粹的高质量功能或者低价格，而是最佳的质量功能价格比。或者说产业化住宅与普通住宅这两种不同水平的产品之间应该有合理的比价关系。只要产业化住宅产品在比价关系中占有优势地位，而且价格不过高，这个价格就是合理的，可以被某些用户接受的。但企业后续还必须要在降低成本方面下功夫，这样才能随着技术改进和规模化的生产使价格有所降低，市场进一步扩大。

3.4.1.3 规模效益和社会化协作，这是住宅产业化的集中体现

和其他工业生产一样，住宅产业化作为社会化大生产的生产经营形式，其优势集中体现在规模效益和社会化协作上。住宅产业化的规模化生产主要体现在住宅设备部品的规模化生产和住宅企业的标准化、定型化体系住宅的规模化生产上。而住宅构配件由于体型大、重量大、承重不一，一般是在工厂里以定制方式生产供应，不容易标准化，其规模效益远低于住宅设备和部品。在保证住宅质量与功能的基础上，通过提高技术设备水平，大幅度提高产量，实现规模化生产，就可以大幅度降低生产成本，从而降低价格，提高质量和效益，并大大提高产品的市场竞争力。产业化住宅产品的最佳质量功能价格比在规模化生产的条件下才能体现出来。因此，上档次、上规模是住宅产业化的必由之路，但要注意不要走进规模不经济的误区。

社会化大生产离不开社会化协作。住宅产业的各企业间由于产品的相互关联性，在相当大的程度上具有相同的利益，因此，整个产业都应该在为用户提供最满意的产品与服务的思想基础上，实行专业化分工协作。以大企业为核心，实现技术

上、产品上或资金上的优势互补或联合，以大局为重，互相支持配合，减少中间环节上的摩擦和利益纷争，以充分发挥产业化的优势。

3.4.1.4 市场，这是住宅产业化的先决条件

住宅产业化是从生产经营的角度来研究提高住宅建设的规模、水平、效益问题，它并不直接涉及住宅销售市场。但我国现在实行的是市场经济体制，大量推出的住宅产业化的部品、技术或产品能否被市场认可、消化，将决定住宅产业化的命运。因此，市场就成为住宅产业发展的先决条件。一方面住宅产业化要求市场要有充足的、稳定的、合理有效的需求，这既要靠政府的政策引导，还要靠企业对市场的开拓，住宅企业应加强市场营销，形成完善的住宅销售网络，积极培育和营造自己产品的市场。另一方面市场也要求住宅产业化提供优质、高性能、价格适宜的产品或技术，从而提高住宅产业化产品的市场竞争力。住宅生产企业可以利用已建成的高质量、高水平、高功能的产业化住宅在居民中产生的示范作用，使居民认可、接受这种住宅，进而对产业化住宅产生向往，成为生活中追求的目标，并最终导致其成为产业化住宅的消费群体。企业还应努力降低住宅成本和价格，以利于扩大市场。除此之外，转变居民的生活消费观念，提倡优质生活，也是产业化住宅市场发展的潜在诱因。

3.4.1.5 政策，这是住宅产业化的重要保证

住宅产业发展在世界各国历来都是以全面合理的政策作为保证的。住宅产业化发展的全过程极其复杂，它涉及很多的技术内容，更与很多的政治、经济、社会、自然、历史、文化、风俗等内容相关，因此，需要政府以住宅产业管理者的身份制定产业发展的各项方针政策，包括住宅产业化发展的技术政策、住宅投资融资政策、住宅市场政策、住宅产业组织政策、住宅质量政策、住宅价格政策、住宅用地政策、城市建设与开发政策等，依靠政策造就和调控住宅消费市场，并引导企业提高技术水平、开发和生产优质住宅产品，提高质量和服务水平。尤其在发展初期，政策的推动作用尤其重要。制定政策时要本着公开、公正、公平的原则，在充分调

查研究的基础上，理顺各方面的经济利益关系，保障住宅产业化的顺利实施。

3.4.2 住宅产业化发展可能遇到的问题

3.4.2.1 技术水平不先进、不成熟、不配套

这是住宅产业化发展中首先遇到的问题。由于研究开发不够，使得技术水平不先进、不成熟、不配套，造成生产出的住宅产品质量不过关，或者价格过高，难以被用户接受。技术是产业发展的基础和关键。如果技术水平不先进，不能从根本上解决技术工艺落后的问题，产业质量档次也是难以提高；技术不成熟，则会造成产品质量不稳定，产生新的质量问题；技术不配套，则不能把技术的优势最大限度地发挥出来。技术不过关将使建造的住宅质量达不到设计要求，产品品种单一，成本也不容易得到控制，也说明该产品还处于研究、试验和试制阶段，还没有到大规模生产的地步。技术研发是一个从无到有、从有到优、从优到精的过程，必须要持续的投入和改进。而且一项技术从产生、发展到成熟，总是需要一定时间的，在这段时间里，应把重点放在技术的研究和改进、完善方面，不要急于进行大规模的推广应用。

住宅产业化生产技术涉及面广、内容丰富、技术难度较大、协作关系复杂的技术，加上这方面的技术储备很少，需要很长时间的反复研究与试验。像汽车、电子工业一样，走引进国外技术设备，然后学习、改造、再创新的路子，这是掌握住宅产业化技术的一条捷径。

3.4.2.2 资金、人才缺乏，设备水平低、数量少、不配套

住宅产业化意味着要提高住宅生产中的资本有机构成，采用工厂和现场机械设备代替人的劳动，而减少人员，提高人员素质，从而提高劳动生产率。而人才、技术、土地、厂房、设备购置的资金问题将是住宅产业长期发展的重大制约因素。由于设备水平低、数量少、不配套，使得生产的技术水平、质量水平、生产效率受到影响，产品达不到原设计的要求，发挥不出住宅产业化的生产效率，影响住宅产业

化的发展。

3.4.2.3 组织管理协调不利

住宅产业化作为社会化大生产的形式将面临庞大复杂的系统化管理工作，涉及组织体系、商业模式、管理创新、沟通协作等，必然对各企业、各部门之间相互协作的关系提出较高要求，对社会化大生产和大型企业的组织与管理提出更高的要求。如果由于政策、技术、人员、资金、物流等问题造成组织、管理、协调等方面的不利，就会造成巨大的混乱，产生各种矛盾和问题，直接影响住宅产业化的发展。

3.4.2.4 产业化的方案与路径选择不当

住宅产业化是一条科学长远的发展道路，但这条路不是现成的，没有成熟的定论，需要研究与探索，同时也是一个非常复杂的社会化大生产体系，参与主体多，涉及面广，时间跨度大，加上社会各方对住宅产业化的认识不一，发展初期会面对各种技术、各种方案、各种产品、各种商业模式和管理模式等混合交织在一起的局面，会使实施产业化的企业或者国家（地区）陷入艰难而痛苦的选择。选择实施方案或发展途径时一定要认真思考和研究，取得全面的认识，再采用科学的方法和积极的风险防控措施谨慎实施。否则基于自身不全面不科学认识的选择结果往往不是最佳方案或途径，甚至会误入歧途，造成巨大损失，导致失败。勇于探索是无可厚非的，但要防止头脑发热或人云亦云。保持冷静、科学的头脑和科学的方法最重要。

3.4.2.5 住宅产业化综合效益不明显

综合效益不明显的问题在我国以往的建筑工业化发展过程中表现非常突出。一方面由于整个建造过程主要实现了主体结构的工业化，而基础和装修、设备等工期长的部位仍以手工操作等原有的生产方式进行，因而工期缩短有限，工业化的高效率得不到充分发挥，另一方面多层工业化住宅的使用面积系数一般比砖混结构住宅增加5%~10%，但按建筑面积计算的造价则大多超过砖混住宅，而且保温节能防水等性能不佳。如今住宅产业化同样存在这个问题。影响住宅产业化综合效益的因素有很多。如果住宅产业化发展过程中只注重于主体结构的工业化而忽视装修、设备等配套工程的工业化，如果工业化住宅建设不能充分发挥出社会化大生产规模经济的规模效益，如果住宅生产的技术与管理不能适应产业化的需要，如果产业化住宅的性能质量没提高而建造成本提高，合作各方利益严重不均衡，势必会重蹈以往建筑工业化的覆辙，并且会产生"做住宅产业化还不如不做住宅产业化"的思想，动摇发展住宅产业化的信心。因此无论企业还是国家，提高综合效益是住宅产业化发展的根本着眼点，也是市场机制发挥作用的动力所在。

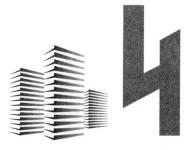

住宅产业化
发展的影响
分析

4.1 住宅产业化对社会的影响

4.1.1 住宅产业化对生产方式转变的影响

在全球性的产业发展过程中,生产方式的演变既是推进产业转型的内容,也是产业转型的主要动因。由于生产方式的演化与变革,推动着全球范围内产业结构的调整、升级与转型。同样,住宅产业化作为生产方式的变革,也推动着住宅建设的升级与转型。

4.1.1.1 现场手工操作向工厂化、机械化、自动化生产转变

长期以来,我国传统的住宅生产方式以现场砌筑、湿作业为主,传统的住宅建造方式对住宅产业的制约日益凸显,集中表现在工业化水平低,以现场手工操作或半机械化施工为主,工人的劳动强度大,生产条件差,劳动生产率低。粗放的手工操作或半机械化施工既不能保证住宅项目质量、进度、成本等目标的实现,更严重阻碍了住宅产业的现代化发展。

在汽车行业,福特公司首创世界上第一条大规模流水作业生产线,实现了美国工业由手工作坊向工厂制造生产的过渡,为现代发达的工业生产奠定了基础,这就是汽车业的"福特革命"。住宅产业化早期的核心内容是标准化和大规模工业化生产,它在全球生产方式演变中的对应形态是福特生产方式。鉴于汽车产业在生产方式变革中的先导作用,有人形象地说,住宅产业化就是像生产汽车一样生产住宅。

住宅产业化是先进生产方式在住宅产业中的扩展和延伸,犹如住宅产业的新技术革命,住宅产业化生产方式大大减少了对人为技术的依赖,它将住宅按模数拆分成各个部品与材料,通过机械化、自动化的流水线在工厂进行现代化批量生产。因此在建筑质量、进度、成本上实现了三大可控。西方国家的建筑工业化及相关产业已经相当成熟,在美国有一种大型超市(HOME DEPOT),可以实现很多标准建筑、所有的建筑材料和工具的"一站式"购买,并且用户可以根据个体喜好自行组装。

目前，我国现有的住宅产业化先锋企业离日本等住宅产业化先进国家仍然存在一些差距。但在生产方式上，较传统现场生产方式已经有了质的飞跃，基本实现了从手工操作为主向工厂化、机械化、自动化生产转变。

4.1.1.2 劳动密集型向科技密集型转变

我国住宅建设方式受计划经济体制及生产力落后的影响，住宅建设的工业化程度低，施工仍以现场手工湿操作为主，生产效率低。依靠大量的人力来完成施工，使得工程质量、进度、成本无法得到有效控制，从总体上看，属于劳动密集型行业。

住宅产业化是在工业化的基础上，采用新技术、新材料、新工艺、新设备，提高科技进步对住宅产业的贡献率，全面改善住宅的使用功能和居住质量，满足节能、节水、节材、节地和环保（四节一环保）需求，高速度、高标准、高效率地建设符合市场需求和现代生活方式的高品质住宅。因此，推行住宅产业化，对于转变以往传统落后的住宅生产方式、提高我国住宅产业的科技贡献率是十分切合实际的，也是势在必行的。

根据万科的实验数据，与常规建造方式相比，当前的工业化造房技术节约80%劳动力，生产效率提高2~3倍。建筑劳动力的节约与效率的提高，一部分是得益于劳动力素质的提高，但大部分源于生产方式转变带来科技的参与度更高这一根本因素。住宅产业化采用集成化管理方式，能够最大限度地吸收资本、科技等要素资源。在住宅产业化方式下，住宅建造过程在尽可能减少劳动力的同时，还能通过融入制造业、信息业的生产方式和资源，实现住宅产业由劳动力密集型向科技密集型转变。根据我们的统计研究，采用工业化建造方式平均可以减少现场用工50%以上。

4.1.1.3 单件定制向大规模定制转变

国内现有大部分住宅建造通常采取的是定制性的单件生产方式。这种生产方式优缺点均十分明显，其优点是可根据客户的要求设计生产，产品具有唯一性，可满足用户的个性化需求。缺点是不能进行大规模生产，不能满足市场对住宅的大量需求，也没有规模效益。

住宅产业化初期，由于采用了以福特制为特征的标准化设计和工厂化生产，得以高效率、大规模地生产住宅，但却以丧失住宅产品的多样性为代价，住宅产品造型单一，结构相似，功能雷同，不能满足客户的个性化需求，在宏观尺度上，则损害了建筑所承载的美学与文化功能。20世纪后期兴起的温特制的新变种——大规模定制生产方式，则可把单件定制与大规模生产的优点兼收并蓄，将这两种看似对立且长期竞争的生产方式综合起来，以大规模生产的效率和价格，实现新产品多样化和个性化的定制生产。

大规模定制能以接近大规模生产的效率来为顾客提供极具个性化的产品和服务，从而实现企业和顾客的"双赢"。企业可以凭借极具个性化的产品实现更大的销售额和利润，而顾客也能以较低的价格满足自己的个性化需求。住宅产业实现大规模定制，既可与工业化、社会化大生产方式协调，在提高住宅质量、降低成本、提高住宅产业生产水平，又可以最大限度地满足客户对住宅产业的个性化、多样化需求。

4.1.1.4 资源粗放型向环境集约型转变

当前我国住宅建造方式还是以现场砌筑，手工作业为主，劳动生产率低；住宅建设中能源、原材料、土地资源消耗大大高于发达国家。如住宅建筑能耗为相同条件下发达国家2~5倍，建筑用钢比发达国家高出10%~25%，每拌和1m³混凝土要多消耗80kg水泥。资源没有得到集约化利用，严重影响了可持续发展。

中国建筑业市场中，传统建筑方式依然比比皆是，建筑工地在人们心目中是脏乱差、扬尘噪音污染的代名词。我国现有城乡建筑面积400多亿m²，其中95%左右是高耗能建筑。建筑垃圾也是建筑行业难以清除的顽疾。工业和信息化部2010年的综合调查显示，我国每年产生的建筑垃圾达到了15亿t以上，建筑垃圾占垃圾总量至少50%以上，建筑能耗每年达到了1.2万亿度电和4.1亿t标准煤，加上建材生产过程中的能耗,约占全社会能耗的46.7%。房屋建筑大量的能耗迫使人们重新审视住宅建设的生产方式和增长方式。住宅产业化的实施效果非常明显,工厂化的生产方式使住宅的建设过程和住宅产品更加环保,资源利用更加合理。据调研数据显示,通过工厂化的生产,现场的垃圾将减少83%,材料损耗减少60%,可回收材料占66%,建筑节能50%以上。

住宅产业的生态化是住宅产业的反生态性特征日趋削弱、生态性特征逐渐加强的过程,具体来说就是实现节能、节水、节材、节地和环保(四节一环保)。住宅产业的生态化转向,类似于汽车业由福特制向丰田制的演进。丰田制是以消除浪费、降低成本为目标,这种集约式的生产方式,更加适应资源紧缺的时代背景,得到了世界范围的广泛认可,同时也渗透到包括住宅产业在内的诸多产业之中。随着时间的推移,绿色制造成为丰田制的新内涵,不仅强调制造过程的材料节约和效率提升,还强调产品使用过程中的资源节约,也就是综合考虑环境影响的现代生产方式。

住宅产业化的这次生态化转型,是全球产业转型中的一个组成部分。作为产业发展适应能源紧缺、资源枯竭、环境污染、土地减少等外部环境的限制和制约所形成的应变策略,能够在自然系统承载能力内,对产业系统、自然系统与社会系统之间进行耦合优化,将产业系统纳入自然生态系统的运行模式中,逐步实现由线性系统向循环系统转变,协调自然、社会与经济的持续发展。

4.1.2 住宅产业化对管理方式转变的影响

住宅产业化不仅使得以住宅为主的建筑业在生产方式上发生根本性转变,更带来管理方式的重大变革。住宅产业化掀起了一场建筑业的"工业革命",它将以住宅为主的建筑业推向更现代化、集约化、生态化生产方式的同时,也对住宅产业的管理方式产生了巨大影响。

4.1.2.1 住宅产业化平台可以引入工业生产管理方式

住宅产业化是以大规模和工厂化生产为基础的生产方式,因此与制造业有很多共通之处。住宅产业化对管理方式最大的转变就是通过产业化平台，可以将工业生产中许多先进的管理方式引入到住宅产业中。工业化生产平台，即以工业生产方式代替过去分散的、落后的手工业生产方式，达到住宅建筑标准化设计，住宅部品工厂化生产、系列化供应，现场机械化施工。以工厂式流水作业，大大提高住宅质量与生产效率，同时降低成本和能耗。

长期以来，我国建筑业一直是劳动密集型行业，主要依赖低人力成本和以包代管的生产经营模式。改革开放30多年来，我国其他门类工业都发生了根本性变革，现代化水平越来越高。比较而言，建筑业发展缓慢，分散的、低水平的、低效率的传统粗放手工业生产方式仍占据主导地位，传统模式积累的问题和矛盾日益突出。现阶段，城乡建设的传统发展模式与生产方式仍具有较强的路径依赖性，在技术、利益、观念、体制等各方面都顽固地存在着保守性和依赖性。许多优势资源尤其是专业技术、先进的管理方式等不能很好地应用到项目管理中。例如先进的精益生产与六西格玛管理等理念，很难在传统项目中施展开来，而这些管理方式，在制造业已很普及。

在产业化这个大生产平台上，能够将先进的工业生产管理方式应用到现场，部品化使得施工现场更加集约化，可以实现精益管理，更重要的是，许多现场施工的工序转移到工厂完成，部分的建造业变成了制造业，依托工厂化管理，可以将工业生产管理方式引入到平台中。在远大住工，许多以往用人工方式操作的都变成现代化设备控制，在工厂内部，各构件堆放也更加整齐有序，工厂环境整洁、舒适，并且在每一个工位旁都有工位说明，在许多重要的工位还实行"看板管理"。

此外，我国许多产业化集团也将一些电子信息技术应用到预制构件中。在制造业内很常见的条码、二维码和属性标签，在工业化预制构件中都很好地实现了局部信息化。例如，在远大住工的每个预制构件中，都粘贴了带有构件代码、尺寸、生产日期等信息的属性标签。这在传统的住宅项目构件与管线设备中是很难实现的，住宅产业化在实现生产方式转变的同时，也为信息化提供了更好的平台。

4.1.2.2 住宅产业化使得建筑生产管理更加集成化

建筑生产管理集成化是将建筑产品作为管理对象，将建筑产品生产全过程区分为不同档次或类型的子系统，在标准化的基础上，建立相应的单元管理模块，进而集成为整体管理系统的一种经营管理方式。

建筑生产管理集成化是依据"权变管理理论"的思想，综合运用系统论、控制论、信息论的基本原理，借用集成电路的"集成"概念，研究多品种、多批量的生产经营管理规律和办法。它重视来自业主的信息，全面准确掌握生产经营条件，并据此适时地做出灵活机动的反应，以发挥管理的作用，提高企业的整体功能。建筑生产管理集成化的特点是：应变能力强、生产周期短、标准化程度高、管理覆盖面宽。

建筑生产集成化在住宅产业最集中的体现就是组织的高度集成，从而实现技术、管理等要素的最优配置。集成化的住宅产业化组织可以分为两类：住宅产业集团和集成型敏捷住宅企业。通过组织的集成化，住宅产业化使得一些原本独立的管理变得更加密切且需要更高效无缝地配合，这样就达到了建筑生产管理集成化。

4.1.2.3 粗放式管理向集约化管理转变

受计划经济体制及生产力落后的影响，我国住宅建造水平一直以劳动密集型方式缓慢不前，自我国从20世纪80年代引入项目管理以来，各地也纷纷学习并应用到住宅建造上。但直到现在，我国的项目管理水平仍然是低水平、粗放型的，与国外有较大差距。许多住宅建造存在多级分包现象，项目很大程度上由"一级单位中标"变成了"农民施工队"，而这样的队伍往往是依靠经验，缺乏管理水平。由此导致我国现在住宅项目对管理的依赖程度并不高，依旧在沿袭传统的粗放式管理过程。

目前，我国建筑企业达6万家，全行业从业人员超过4000万人，但是约有3200万人是农民工，占从业人员的80%。而这其中取得职业技能岗位证的农民工不足4%，接受过短期培训的不足8%，与国家要求的农民工100%接受短期培训有很大差距。另外专业技术人员的素质也有待提高。建筑业从业人员整体素质不高严重影响了劳动生产率的同时，也使得建筑业的管理水平难以提升。

技术发展到一定阶段，管理将是决定行业发展的主要因素。建筑业技术创新除了设计、施工技术创新外，尤其要重视管理的技术创新，比如计算机网络管理技术、精益生产技术等。据测算，在我国建筑业经济效益的增长中只有25%是依靠技术进步获得的，而在我国其他一些行业则达到了50%以上。管理水平的落后一方面是受人员素质、行为习惯的影响，另一方面也跟我国建筑业落后的生产方式有关。

住宅产业化以住宅市场需求为导向，以科技进步为依托，以科学的组织和现代化的管理为手段，通过将住宅生产全过程的开发、设计、施工、部品生产、服务和管理等环节联结为一个完整的产业系统，实现住宅建设从粗放型管理向集约型管理的根本转变。而转变增长方式的首要推动力是科技进步。技术的进步不能缺少人员素质与管理方式的同步提升。在产业化方式下，现场农民工为主的工人将变成工厂的产业工人与一部分技术型的操作工人，项目管理人员也将处理更多的协调、计划工作，人员的素质大大提高。同时，施工对项目管理的依赖程度提高，以往粗放式的经验管理不能适用产业化住宅的建造过程。因此，住宅产业化方式对现场人员素质提高与对项目管理依赖程度提高，势必带来住宅建造过程的集约化管理。

4.1.2.4　政府管理由鼓励竞争向鼓励合作转变

在传统住宅建造业由于工作的差异性较小，使得同一专业领域中的大部分企业是对立竞争关系。在不同行业中，由于各种利益关系，各专业分包企业的合作程度很低，基本上是靠业主进行协调。而政府对住宅行业管理一直采取的是鼓励各企业通过相互竞争、相互制约，以维持住宅建筑市场的发展和质量、进度目标的实现。

住宅产业化的推行，使得建设项目的参与方更多、涉及面更广，对产业利益分配格局产生了巨大影响，带来新的分工协作体系。相应的，政府对住宅产业的管理也将随之变化，体现为政府管理由鼓励竞争向鼓励合作转变。

住宅产业化发展倡导综合化加专业化的协作体系。随着大型综合化的企业不断发展，形成主业突出、核心能力强的大型企业或企业集团，可以提高产业集中度、专业化水平、产品开发能力和整体经营水平，能够实现资源、技术、成本的有效利用，从而快速响应市场需求，满足用户的需要，进而推动建筑工业化的快速发展。同时，中小企业可以利用"专、精、特、新"的特点，发展社会化生产、专业化协作和商品化供应，带动整个产业发展。

因此，综合化分工协作体系与专业化分工协作体系各有其特点和适用范围，在住宅产业化发展过程中都可以发展其作用。为使得住宅产业高效有序发展，政府管理在鼓励各企业进行适当的竞争之外，更加鼓励企业之间在分工之间进行无缝对接，这当然需要企业与企业之间进行广泛的交流与合作。

4.1.2.5 项目管理由现场管理向现场与工厂协同管理转变

传统住宅项目建造过程除一些设备材料在工厂进行生产之外，剩下的大部分是在现场进行施工生产，因此湿作业较多，现场环境较差。而在住宅产业化方式下，由于采用工厂预制构配件和部品，因此现场施工的主要工作是使用起重运输机械将这些构配件安装就位，再进行连接和固定，而人工则起辅助作用。因此，承担这些施工的事务所（或企业）规模不大，人数不多，人员主要由从事建筑安装工程的木工、机械工、结构安装工、电焊工、装修工、水电设备安装工等组成。

对工业化住宅，现场生产是工厂生产的延伸，因此，现场生产的管理与工厂生产的管理是紧密联系在一起的，协调好两者的关系，才能既减少库存和资金占用，又合理组织安排现场。在这样的生产方式下，管理方式也由原来的现场管理向现场与工厂协同管理转变。

为充分发挥工业化、装配化施工的高效率，现场施工要有一整套健全完善的技术服务体系，如商品混凝土、定型化模板、支护设施、临时房屋、小型机械等，由一些专门从事现场技术服务的公司以送货上门或租赁的方式协助完成，这些公司按照现场的要求，及时地将这些材料或器材送到现场并负责安装调试，租赁的器材在使用完后由该公司收回。这需要社会有较完备的技术服务市场体系并能提供及时周到的服务。

同时，在连接工厂与施工现场的环节中，也就是物流运输环节，需要工厂与施工现场协同配合进行，才能根据准确的信息实现精细化。例如，如果运输部品的车辆在施工现场没有空闲场地的情况下贸然进场，将会造成施工现场的拥堵和混乱。

4.1.3 住宅产业化对住宅质量的提升

"楼脆脆"、"楼歪歪"成为流行词，住宅漏水、开裂等质量屡现报端，住宅质量问题已经成为民众的心头之痛。众所周知，工厂标准化生产出来的家电、汽车有质量保证，用得放心。而住宅产业化就是像生产家电、汽车一样，通过建立部品体系、技术保障体系、建筑体系、质量控制体系、性能评价体系等，对住宅的建造过程标准化系列控制，误差以毫米甚至更小的单位计算，进而保证住宅质量。

采用传统方式建造的住宅，由于使用材料要求较低、施工人员操作水平有限、施工现场环境复杂、管理混乱以及质量控制不到位等原因，使得现场施工质量难以达到标准要求，导致建筑物的质量无法得到保证，渗漏、开裂、空鼓、尺寸偏差大等质量通病频繁出现。其根本原因在于施工材料种类较多但质量有缺陷；现场环境较差，混凝土振捣、养护等施工质量达不到规范要求；现场涂刷等施工作业不到位；施工过程中的基层处理不彻底等。而住宅产业化将住宅分解为不同部品，对部品进行加工制造，在现场组装成为建筑实体的住宅建造方式，能够有效地改善建筑物中经常出现的质量问题，经过总结，住宅产业化在改善质量方面有以下的优势。

1. 材料优势——住宅部品与成套技术的质量保证

住宅部品是构成住宅的基本单元或附属品，具有相对的独立性，可以单独进行设计、制造、调试、维修和存储，便于不同的专业化企业分别建造住宅产品。住宅部品的主要特征：一是标准化、系列化、规模化、通用化；二是材料制品配套、施工机具配套、技术文件配套形成成套技术，做到部品有标准限制、设计方便有依据、施工快捷易于保证质量；三是注重节能、节水、节材和环保，促进住宅的可持续发展。同时住宅由具有不同功能和寿命的很多部品构成，当有些部品老化、腐朽或损坏时，可随时更换，因而部品化是提高住宅质量和寿命的重要手段。

住宅部品均在预制构件厂内进行制造，可控的工厂生产环境能够保证混凝土的养护效果，从而保证建筑结构件的质量达到标准要求；住宅部品采用的是工业化的生产方式，因此构件制造过程中对材料的要求较高，这也为构件的生产质量提供保证；工厂制造有利于新技术、新材料、新工艺的应用，而技术、工艺、材料性能的提升是改善住宅质量的有效途径；工厂化流水线生产方式，机器生产取代了传统的现场施工人员手工作业，消除了施工人员操作水平对于构件及住宅质量的影响，并且提高了制造速度；工厂内的生产环境便于进行全面的质量管理，有利于对构件进行质量检验，并且制造过程中的质量控制措施详尽，能够充分保证构件出厂时的质量达到标准要求，从而确保住宅整体的质量。

住房城乡建设部住宅产业化促进中心组织专家对近些年用于住宅建设的技术成果进行梳理，归纳了如下成套技术体系，如外墙保温成套技术、节能门窗成套技术、屋面成套技术、非承重内隔墙成套技术、太阳能利用成套技术、建筑遮阳成套技术、水资源利用成套技术、生化垃圾处理成套技术、采暖与新风系统成套技术、智能化管理成套技术、成品房装修及厨卫成套技术。这些高技术集成度的成套技术具有先进性、成熟性和适用性，在良好的生产环境中工厂制造，采用制造流程精细的先进生产线，通过全面质量控制及严格质量检验，能够最大限度地确保技术体系的质量，从而在材料上保证产业化住宅的质量。

2. 先进生产方式的优势

目前国内普遍采用的钢筋加混凝土、砖加砂浆的现场湿式生产方式。这种方式现场手工操作多，操作离散性较大，使得现浇结构的质量不稳定。特别是在现浇结构的钢筋工程中，全凭工人们的手工操作完成，其中成品质量的离散性很大，熟练工人和不熟练工人的绑扎安装质量相差甚远，加之现浇部分在制作过程中各工种之间的安排始终有不可避免的错误，每次在浇筑混凝土前都要面临大量的返工整改，加上浇筑工的操作面和责任心问题，总要出现钢筋工程成品再次被破坏的局面。

住宅产业化的生产方式通俗地说就是像制造汽车那样造房子。住宅产业化是以模块化为基础的大规模定制生产，住宅的构件部品在工厂成批量生产，通过住宅设计标准化、住宅构件部品化、部品生产的工厂化、现场施工的装配化，可以大大缩短设计和现场施工的时间，加快建设速度，并大量减少人工成本。特别是通过大量采用机械设备替代手工现场作业，较好地避免构件尺寸不符合设计要求、裂缝、厨房卫生间漏水和窗台板、外墙渗水，水电管线及消防设施存在安全隐患等传统施工方式存在的通病，全面提高住宅的品质。

今后的住宅建设会改变以前现场为中心进行加工生产的局面，逐步采用大量工厂化生产的部品进行现场组装作业。如经过配套生产、组装完善的整体卫生洁具产品、整体卫生间等，运到建筑工地就可以直接整体地安装在建筑物上。在这方面已经有一些厂家走在了前面，例如海尔集团的整体厨卫系统，用科技密集型的规模化生产取代劳动密集型的手工业生产，推行了整体厨卫的多档次、系列化的多样设计。按照万科的实践，将房子按墙体、门墙、阳台、布线、内装等结构进行零件化拆分，以工厂预制、再运输至工地进行组装的形式进行建造，这样建造的房子比传统住宅具有更高的品质。

全国首家超20万m^2的工业化住宅——深圳龙华0008地块保障房项目2012年底全部完工交付使用，该项目由万科总承包，中建三局一公司运用代表建筑工艺发展新方向的PC整体装配工艺，以惊人的速度和近乎完美的质量完成。由于所有的结构构件在工厂预制、现场装配化施工，基本消除了墙体常见的渗漏、开裂、空鼓等质量通病。其中约10%建筑面积达到国家三星、深圳市铂金绿色建筑标准，90%建筑面积达到国家一星、深圳市铜级绿色建筑标准，成为工业化住宅生产新的标杆和典范。

上海市在对住宅产业化全装修成品房的客户满意度调查研究中，业主综合满意度指数75.98，隐藏工程满意度为71.14，后续维修服务满意度77.05，成品保护满意度67.05，户型与功能设计满意度74.40，得出了产业化装修相比传统方式的客户满意度有很大的提升，为住宅产业化的长远发展提供方向。

4.1.4 住宅产业化对住宅性能的提升

住宅性能是指住宅满足人们居住、生活和社会活动需要的特性和功能。住宅的性能及其发展水平，集中体现了人类社会的进步和社会生产力水平，并与不同时期人们的设计思想、规划水平、施工能力、建筑材料、地理环境、文化习俗及社会经济条件等有着密切的关系，住宅性能是住宅品质的综合反映。现阶段，随着经济的快速发展和生活水平的不断提高，现代人对于居住环境提出了更高的要求，即在保证房屋质量的前提下，要求住宅建筑具有一定的性能优势。并且，对于住宅性能的要求也不再局限于住宅的经济性，而是全方位的性能要求，涉及安全性、舒适性、灵活性、耐久性等多方面。但是传统的建造模式因现场施工的特点，不但使房屋的质量难以保证，而且住宅的各种性能优势也无法得到充分体现。而住宅产业化改变了传统住宅建造方式和施工作业形式，能够有效地避免由于作业环境和作业水平等限制而导致的住宅性能缺陷，切实提高了住宅各方面性能，对于改善目前住宅性能普遍较低的现象具有重要的现实意义。下面从几个方面分析住宅产业化对于住宅性能的提升情况。

4.1.4.1 住宅的长寿化

据报道，中国目前大量拆除的住宅的平均寿命大约为30年，而欧洲国家的平均年限在 80~90年，法国102年，差距巨大。而产业化住宅建设，由于采用了集成技术和工厂化、模数化、标准化的建造方式，大幅度地减少了现场的作业量，并且能够在确保产品质量的前提下，最大限度地延长住宅的使用寿命。

目前我国推行的百年住宅，即CSI住宅体系，提倡将住宅的结构体和填充体进行分离，其中结构体因采用工业化建造的方式使其具有较好的耐久性，而住宅内部的填充体可以通过及时的更新和改造来保证各部件的使用性能，从而能够从整体上延长住宅的使用寿命，由原来的30年延长至100年，因此，住宅产业化能够为我国解决住宅寿命短的问题提供有效的办法。

4.1.4.2 住宅的安全性

传统住宅的管线布置混乱、日常维护和更换困难等问题，导致各种管线在使用过程中存在较大的安全隐患，容易因为管线的年久失修而引起火灾等安全事故的出现，使得住宅的使用安全难以得到保证。而预制装配式房屋采用的则是相对集中的方式进行室内各种管线的布置，即通过将室内的地板制作成两层地板的方式，将内部的管线集中布置在两层地板的夹层中，并且对各种管线进行合理的划分，在实现管线和结构体分离的同时保证各种管线的有效分区，以此方便管线进行日常维护和破损时的及时更换，避免由于管线的年久老化而出现使用安全问题，从而达到提升住宅建筑使用过程中安全性的目的。

4.1.4.3 住宅的舒适性

目前的住宅建筑的户型设计样式较为单一，一般情况下通过设计院进行某个小住宅楼或住宅小区的户型设计，制定若干个设计方案，绘制若干张标准层的户型设计图，经过各种设计方案的比选，选择出最优的设计方案，然后按照最优方案的标准层设计样式进行住宅的建设，由此导致房屋建筑的异层同户型、同层对称型现象的普遍存在，难以满足客户对于住宅个性化的要求。除此之外，传统住宅的空间布局也较为固定，难以更改，仅考虑了为房屋建筑提供有效的使用功能空间，而没有关注居住的舒适性和住宅本身的灵活性。而住宅产业化采用预制部品现场组装的方式进行住宅建设，不仅能够确保住宅在建设过程中的个性化布置，同时能够实现日后使用中空间样式的合理变化，从而弥补了住宅形式单一的缺陷，满足了人们对于住宅的多样性要求，并且提高了住宅使用中的灵活性和舒适性。例如整体卫浴、整体厨房等产业化部品的出现，充分体现了住宅产业化对于住宅使用中的舒适和灵活性能的提升。

4.1.4.4 住宅的保温隔热性

工业化生产的预制构件由于采用新的保温板材，具有良好的保温性能，由此组装而成的建筑物相较于传统建筑的保温性能有大幅度提升。如吉林省佳和集团采用的轻质复合板的保温隔热性能就很好，120mm厚轻质复合板的传热系数小于等于0.48W/（$m^2·K$）；安徽罗宝应用的外墙保温装饰系统集聚氨酯的高效保温隔热功能和铝板的装饰性能于一体，是市场上性能优异的外墙保温装饰系统。上海城建采用的无机夹心保温与结构一体化预制墙板，在满足舒适节能、安全不燃的基础上，真正做到保温与建筑同寿命。

4.1.4.5 住宅的耐火性

目前的房屋建设由于环境、技术水平等多方面的限制，使得新材料在工程建设中应用困难，无法发挥其技术优势，导致房屋性能无法提高。而产业化工厂式的制造环境为各种新材料的应用提供了有利机会，如耐火新材料在住宅部品制造中的应用有效地提升了住宅部品的耐火性能，从而增强了住宅整体的耐火性能，为火灾发生时有效地阻断火源提供帮助，避免了因材料的耐火等级不合格而导致火势大范围蔓延的情况发生。吉林省佳和集团采用的轻质复合板内侧为整体复合轻质混凝土层，外侧为整体包覆玻纤网格布聚合物抗裂砂浆层，经测试具有较高的耐火性。例如，100mm厚轻质复合板的耐火时限大于1h；120mm厚轻质复合板的耐火时限大于1.5h。

4.1.4.6 住宅的防水性

传统住宅由于防水材料和施工做法的限制导致房屋的防水性存在不同程度的缺陷，而装配式房屋由于构件均在工厂预制，材料性能好、工法正确以及新工艺、新技术的应用，使得防水性能大大提升。如远大住工应用瑞士西卡提供的建筑防水全面解决方案，已实现集成建筑全方位的防水抗渗。幕墙结构式柔性连接外墙，隔绝墙体渗漏；工厂PC生产时预留窗洞，精密模具控制尺寸精度，避免窗户渗水；整体浴室底盘一次性模压成型，解决卫生间漏水顽疾。上海城建采用的三重外墙防水措施，由外至内分别采用硅胶填缝、减压空腔、橡胶止水条，加上施工过程中的精密控制，可以最大限度地提高房屋的防水性能。

4.1.4.7 住宅的隔音性

除了住宅的保温、防火、防水等性能外，住宅的隔音效果也越来越受到人们的关注，因为房屋隔音效果好不但能够保证人们日常休息的质量，同时也能保护人们的生活隐私。装配式住宅在充分考虑房屋隔音效果的基础上，对住宅建筑进行了一系列的隔音设计，有效地提升了房屋的隔音性能。如远大住工采用的三层隔音措施，即三层中空玻璃、隔音墙板、加厚隔音楼板，有效隔离声音污染。万华集成房屋采用的硬泡聚氨酯材料，具有封闭的泡孔结构，闭孔率超过90%，隔音效果良好。

4.1.4.8 住宅的抗震性

工业化住宅的整体抗震性能也优于传统住宅。上海城建集团采用的钢筋套筒灌浆连接技术，球墨铸铁套筒配合无收缩高强灌浆料，套筒连接强度达到I级，配以多螺旋箍筋柱，箍筋的强度为传统式箍筋的两倍，有效地提高住宅的抗震性能。万华集成房屋有限公司的集成房屋可针对不同地区的地质条件进行产品的防震、抗冲击设计，防震强度可达9级，抗冲击强度可达10焦耳级。

4.1.5 住宅产业化对施工安全的改善

建筑施工作为危险性较高的从业领域，安全事故频频发生，仅2013年前三季度，全国发生了384起事故、478人死亡，建筑业施工安全问题不容忽视。我国80%以上的事故是由于人的不安全行为引起的，而产业化建造模式能够减少现场人员50%以上，则安全事故发生的概率也会减少50%，进而提高现场安全性能约40%。除此之外，生产工艺的转变也能提高现场的安全性，根据事故的不同类型对全国约160起安全事故进行了统计分析，得出由于生产工艺的改变可以至少提升施工安全性20%，因此，综合人员以及生产工艺两种重要因素的改变情况，住宅产业化至少可以整体提升施工安全性60%。

4.1.6 住宅产业化对施工效率的提高

传统住宅生产方式与管理水平的制约，使得我国住宅建设效率一直落后于欧美发达国家。在进度效率方面,建造一栋300m²的别墅,我国需要5~7月,并且交付的大多是半成品的"毛坯房"(也称"清水房");而欧美等发达国家只需1~2月,且交付的是成品房。在劳动力效率方面,我国建筑业对劳动力数量依赖性很高,传统住宅生产方式前后需要泥瓦工、架子工、模板工等各类工人几百人才能完成一个六七层高的小型建筑工程。目前我国建筑业人均年竣工建筑面积约28m²,约为美国和日本的1/4至1/5;建筑业增加值仅为美国的1/20、日本的1/42。

经过我们的调研与计算,住宅产业化对综合效率的提升作用是明显的。在工期效率方面,选取了6个产业化住宅案例,计算得到在住宅产业化生产方式下标准层的层均工期为5.4天,比一般现浇混凝土住宅层均工期7天缩短了1.6天,工期缩短比例为22.8%(约1/4)。在劳动力效率方面,根据国外数据以及国内调研数据,计算得到我国当前采用住宅产业化建造方式可节约现场劳动力46.2%(为方便记忆,一般可取50%);未来可以实现节约现场劳动力70.38%(为方便记忆,可取70%)。

以此工期缩短比例与节约现场劳动力比例计算结果为基础,用两种不同方法计算得出我国现阶段住宅产业化方式能提高综合效率150%。根据国外数据,住宅产业化方式的效率一般为传统方式效率的3~5倍,根据结果比较可以得出:我国住宅产业化还处在较低水平,但与传统方式相比,效率已经有了显著的提升。

4.2 住宅产业化对住宅产业链整合影响

4.2.1 住宅产业链

国内外经验表明,住宅产业对经济增长有敏感性、超前性和关联性。我国前几年沿海经济的迅速发展和整个国民经济的高速增长,都是以房地产业、住宅产业的高速发展为主要内容的。住宅产业关联链条长,具有较强的扩展能力。据统计,与住宅建设关系密切并受到住宅建设带动作用的行业有10多个,有专家将带动关系作了扩展,计算出受到住宅建设带动的行业约有50个,可以带动房地产、建筑、建材、轻工、冶金、农林、建筑设备、机械、家电、家具等相关产业的发展,同时带动金融保险、财政税收、中介服务等第三产业的发展,保证社会稳定繁荣。住宅产业化实现了住宅的集约化生产、规模化经营、资源优化配置,可以以较少的投入,实现住宅建设数量与质量的高产出。本节将从房地产业、建筑业、建材业、装修业、设备、部品制造业、钢铁水泥产业、汽车产业及新兴行业的产生几个角度进行分析。

1. 房地产业

住宅建设投资一直是房地产投资的主要部分,占70%~80%。住宅产业化催生了住宅产业集团,住宅产业集团兼有房地产开发职能,从而为房地产市场引入了一个强大的竞争者。由于住宅产业集团具有强大的开发建设能力与一体化生产经营优质适价住宅产品的优势,将占领较大的市场份额,足以挤垮或替代众多的小型房地产开发公司,从而在区域内形成一种新的产业格局——规模大、实力强的房地产公司可以在与住宅产业集团的竞争中生存下去,而规模小、实力弱的房地产公司既无生存的能力,也无生存的必要,将被逐渐淘汰。房地产业的进入"门槛"被提高,按原有方式组建的房地产公司由于无任何优势,因此进入房地产业也将极其困难,进而促进房地产业向规模经营方向发展。曾有过的同城千家房地产公司的情形将不复存在。

2. 房屋建筑业

房屋建筑业历来是完成住宅建设设计施工任务的主干行业,住宅建设的产值占房屋建筑总产值的一半以上,住宅产业化对建筑业的发展是挑战与机遇并存。一方面住宅产业化会给建筑业带来严峻挑战。住宅产业化将会大量使用标准化的设计,因此将会给住宅设计市场带来巨大冲击,住宅产业集团也会成为住宅设计市场的重要竞争力量。住宅产业化以工业化的生产方式生产出大量优质适价的住宅产品,会以自身的优势逐渐占领住宅生产领域的大量市场，会对原来以承包住宅工程施工为主的中小型建筑企业带来很大冲击，使建筑业进行结构性调整，逐步形成大公司靠技术与管理实力承包大工程，中小企业做分包，小公司出劳务，有名无实的公司被淘汰的格局。另一方面住宅产业作为建筑业的相邻产业，其较高的技术与管理水平也会对建筑业产生很好的触动和示范作用，建筑业可以从住宅产业学到许多先进的技术与管理经验，促使建筑业生产方式的逐步改变，刺激技术与管理水平的提高。另外如果以建筑企业为基础组建住宅产业集团进入住宅产业的话，则会直接地作用于建筑业，使建筑业步入一个新的发展轨道。因此，从长远看住宅产业化对建筑业提高水平和效益，向高层次发展是有利的。

3. 建材业

住宅产业化将对建材业的发展带来契机。建材和制品是住宅建设基本的物质基础，住宅产业化对建材和制品无论数量、质量、品种、规格都将提出新的更高的要求。为了提高构配件的装配能力和施工质量速度，必须提高工厂里生产构配件的精度，必须使用轻质高强、易加工、易成型的新型建筑材料；为提高住宅的功能，要使用保温防水隔音效果好的材料。为适应这种转变，建材行业必须进行相应的技术改造，更新技术与设备，调整产业结构和产品结构，提高建材生产的技术与管理水平，提高产品质量与技术含量，由粗制初级产品向精细加工的半成品成品方向发展。调整的结果将会在建材行业内部形成一些新兴的或独立的行业或专业，促使建材生产向专业化分工更细、协作化要求更强方向发展。另外一些生产新型建筑材料的企业可能在住宅产业化过程中领先迈出更大步伐，即以本身的材料生产为基础，向住宅设计和施工延伸，成立设计、构配件生产、施工一体化的住宅产业集团，直接进入住宅产业，从而为建材行业的发展找到一条潜力巨大的新路。可以说，建材业（尤其新型建材行业）将是住宅产业化发展中的最大受益者，也是起决定作用的行业。

4. 住宅装修业

住宅二次装修具有灵活和适应性强的优点，但也有随意性大、浪费严重、影响住宅整体结构和质量水平不容易保证等缺点，因此二次装修不会是长远的发展方向。住宅产业化使住宅产品向着结构与围护分离、装修与围护在工厂中合一完成或者装修集成化生产的方向发展，因此实现住宅产业化将使现有的住宅二次装修市场逐渐萎缩。即使围护与装修不分离，住宅产业化企业也可以"菜单式"服务的方式为用户提供超过住宅本身标准价格的设备和装修，一般的开发建设企业也将会逐渐将室内细致装修在施工中一次完成，因此住宅产业化的发展将会使装修行业发生结构调整。但这种转变需要较长的过程。

5. 设备、部品制造业

住宅产业化的发展会带动与住宅相关的水暖电器设备、卫生洁具、厨具家具等众多行业的发展与繁荣，也会使这些行业发生结构变化，产生或分化出专业生产适应住宅产业化要求的设备、部品的行业，给这些行业的发展带来契机。

住宅产业化作为住宅建设生产方式的重大变革，必将对与之相关的各行业产生巨大而深刻的影响，除上面提到的以外，还将对我国的基础工业如钢铁（发展钢结构装配住宅）、轻工及农林（装修材料等）部门等产生影响，对于住宅金融业、保险业等第三产业也将产生较大影响；而大量的住宅建设还会增大对家电类产品的需求，有助于这些行业的发展。

6. 新兴产业

除了上述的传统住宅相关产业外，住宅产业化还会使物业管理、投资咨询、工程监理、设计、评估等新兴的、专业性服务行业应运而生。从另一个角度来看，新兴行业的产生使得技术含量更加专业化，有利于相关技术的创新。同时增加了更多的就业机会，创造了更多的就业岗位，使尽可能多的人获得了就业岗位。

由以上的分析可以看到，住宅产业化作为住宅建筑生产方式的重大变革，必将对与之相关的各行业产生巨大而深刻的影响。除上面提到的以外，还将对我国的基础工业,如轻工、化工及农林部门等产生影响;还要求建筑、建材等行业加大对住宅工业化、产业化技术研究的投入,对建筑教育、人才培训的方向、内容等也会产生一定影响。

4.2.2 住宅产业化对产业链的整合

在新的形势下,我国的住宅市场将会调整,产业也面临转型提升。在这一过程中,住宅产业链也随之会发生一些变革。

1. 产业链将随着住宅产业化的发展而加快整合,提升行业集中度

在现行住宅链条的运行过程中,还有很多资源没有得到共享与整合,由此导致产业链提升较慢。可喜的是,住宅市场发展到今天,产业集中度已经并将持续得到提高。同时,住宅与金融业的结合也将日益紧密。在此市场趋势下,为了产业的持续发展和企业的良性运转,产业链整合势在必行,表现为上下链之间与链内部的整合。上下链之间的整合将主要表现在诸如开发商对于建筑企业的并购与战略联盟,这将有利于资源共享和节约成本。链内部整合则表现在同节点间公司股权转让或大企业对中小企业的并购上,目前这种趋势已经非常明显。

2. 各环节分工将愈加明细,专业化程度将进一步提高

市场化进程的不断深入必然导致传统意义上的集团作战发展模式被专业化的开发模式所取代。住宅产业链的各环节分工将愈加明细,专业化程度将得到很大提高,主要表现在产业专业化、产品专业化和人才专业化。这种分工细化的趋势既有利于专业化程度的提高,也能加速产业链的提升发展。

3. 房地产企业将培育规划设计的核心竞争能力

规划设计阶段在住宅开发建设过程中处于龙头地位,该阶段是否进行了准确定位、能否有效满足顾客需求,决定了住宅产品日后的市场走势。

4. 房地产企业将建立与大规模住宅开发模式相适应的采购体系

随着住宅产业化的发展,原来需要现场建造的施工作业逐步实现在工厂内的制

造，扩大了企业物资采购的范围；同时随着行业集中度的增加，出现了跨区域开发的企业集团，单项目操作的公司将因成本过高而逐步被市场淘汰；随着产业的迅猛发展，使得企业建立基于互联网的集中采购成为可能。与成熟的产业相比，中国住宅产业还有许多路要走，而一个成熟的住宅产业链需要多方的密切协作、良性循环、平稳创造价值、利益合理分配，居于产业链核心地位的房地产企业需要培育规划设计和采购体系，进行产业链的集成和优化，同时各链条环节有条不紊地严格遵循一套完整规范的市场游戏规则，才能保证产业的稳定和繁荣。

5. 推动产业链上的三个集成

这三个集成是：技术标准的集成，部品构件的集成，全产业链的集成。大到部件产品，小到厨房间的吸烟机，这都是产业链上很好的集成，由于各个行业标准不统一，很容易发生对接问题。住宅就是很大的载体，住宅产业化能推动全产业链进行很好的集成。

6. 推动延伸产业链

住宅产业化将推动精装房和低碳建筑的建设，通过精装房和低碳建筑的推广，住宅产业链将会得到延伸，房地产商将会整合上下游企业，形成一个更延伸化的产业链。

4.3 住宅产业化对产业结构的影响

4.3.1 住宅产业组织结构目标模式

住宅产业在产业化的目标下发展，将要达到的组织结构目标模式是：以住宅部品或最终住宅产品为目标，形成一批一体化生产经营的住宅产业集团，并以此为龙头和核心，以众多专业化协作企业为基础，以资产、技术或合同为纽带，形成产供销一条龙的产业群体，使各级各类企业分层竞争，促进整个产业集约化、规模化程度的提高。

住宅产业目标模式下的产业组织结构如图4-1所示。

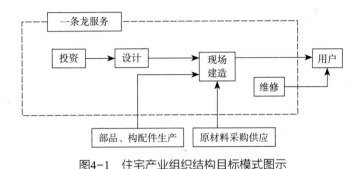

图4-1 住宅产业组织结构目标模式图示

4.3.2 住宅产业结构调整演变

住宅产业发展过程中,将导致住宅产业结构重组和专业化分工协作加强。即随着住宅产业化的发展,住宅产业将向综合化和专业化两个方向发展,即实力强大的企业会逐步组建为集设计、部品制造、部品采购、住宅建筑施工、销售和售后服务一体化生产经营,具有集团性质的综合性的住宅产业集团,而专业性较强的分部分项工程施工、装饰工程、建筑设备部品生产供应、商品混凝土、机械设备租赁等要向着专业化、社会化、商品化方向发展,如图4-2所示。

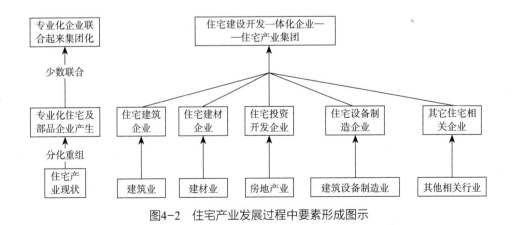

图4-2 住宅产业发展过程中要素形成图示

在住宅产业中，大规模、综合性的住宅产业集团数量极少，大量的是专业化的、为住宅产业集团提供部品或服务的中小企业。大、中、小企业形成正金字塔形，其中少数住宅产业集团处于塔尖，是住宅产业化的龙头，处于塔底的是数量众多的专业化协作生产企业。各企业之间以产品为纽带，以服务为宗旨，形成分工明确、互相配合，长期合作、休戚相关的联合体，从而使住宅产业真正成为一个整体性强、关联度大的产业。

在住宅产业结构重组过程中，还将存在一个中间性的结构模式，即前述的"准产业化"形式，就是将现有的房地产公司、建筑公司与设计部门联合起来形成的"房地产开发建设总公司"形式，如图4-3所示。

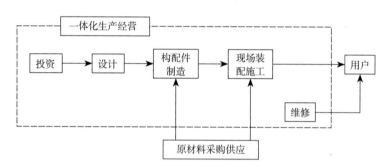

图4-3 住宅产业组织结构中间模式图示

因此，住宅产业的发展将是产业组织结构升级的过程，逐步从现有的非产业化模式，经准产业化模式向产业化的模式发展，在发展过程中，还要经历相当长时期的各种模式在竞争中共存共荣的阶段。

4.3.3 住宅产业"微笑曲线"

将上述不同规模数量、处于不同生产环节的企业按照技术含量和附加值，绘制成一条曲线，如图4-4所示，即为住宅产业"微笑曲线"。该曲线的形状、含义与宏基总裁施振荣先生的信息产业"微笑曲线"基本相同。

4 住宅产业化发展的影响分析

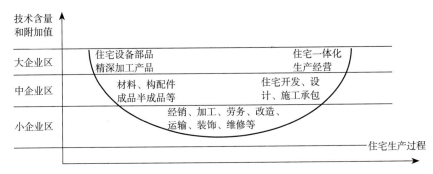

图4-4 住宅产业"微笑曲线"

图4-4 中各阶段产品及企业的含义如下：

1. 住宅设备部品及精深加工产品企业

处在住宅产业的最上游，专业生产建筑陶瓷、五金制品、厨房卫生间设备及整体厨房浴厕等住宅用设备的企业，如目前的唐山陶瓷、海尔等企业。这些企业处于大企业区，生产规模大、集中度高，产品技术含量高、水平档次高、质量好、覆盖面广、附加值也高，因此，这类企业能充分体现并发挥住宅产业化的规模效益。

2. 材料、构配件、成品半成品等生产企业

这类企业通常生产住宅本体使用的各种材料部品、构配件（墙板、楼板等）、成品或半成品（铝合金门窗、石膏板等）等。这些产品区域性较强，因此企业规模受到一定限制，通常属于中型企业。其产品的技术水平、质量、覆盖范围和附加值低于住宅设备生产企业。

3. 运输、经销、加工、劳务、装饰、改造、维修等企业

这类企业是住宅产业的中间环节，起着联系设备、部品、构配件生产厂家和使用者的作用。这类企业通常不提供产品，主要提供劳务和服务。企业规模小，数量多，其生产的技术水平较低，附加值也最低。

4. 住宅开发、设计、施工承包等企业

这类企业处于住宅产业下游，是住宅最终产品的完成者，承担住宅的投资开发、建筑设计和施工承包等工作。由于住宅建筑产品的区域性，企业规模受到一定

限制，通常亦属于中型企业。其产品的技术水平、质量、覆盖范围和附加值适中。

5. 住宅一体化生产经营企业

这类企业将上述各环节的活动集成化，形成一体化生产经营的格局。此类企业国外称House Maker，日本称××ハウス，我国称为"住宅产业集团"。住宅产业集团是构成住宅产业的基本主体，是住宅产业实行一体化生产经营的主干和龙头，是住宅产业化实现与否的重要标志。目前我国该类型企业还处在发展之中，估计今后五年左右会逐步形成。住宅产业集团对于住宅产业化发展是绝对必要的。

上述各组产品和企业的划分不是绝对的，常常是相互交织，错综复杂的。但上述"微笑曲线"基本上可以描述出住宅产业发展成熟后的产业组织结构状况。

4.3.4 住宅产业结构演变与微笑曲线的推移

伴随着住宅产业化发展，住宅产业结构也将发生改变，呈现明显的"双向演进"趋势。即住宅产业结构向综合化和专业化两个方向发展。在产业结构演进的过程中，"微笑曲线"的形状也将发生一定的改变。一般在产业化发展初期，"微笑曲线"上凹深度较浅，如图4-5中A曲线所示。在这一阶段，综合化的中型企业较多，专业化程度不强，精深加工产品较少，而集成化的大型企业尚未发育完全，因此，该阶段的"微笑曲线"常常不够完善。随着产业化发展，产业结构"双向演进"的加剧，"微笑曲线"的上凹深度逐渐增加，从图4-5中的A曲线向B曲线发展。表明产业结构逐步高级化。

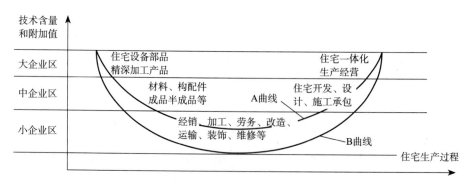

图4-5 住宅产业结构演变对应"微笑曲线"的推移图

4.4 住宅产业化对节能减排的影响分析

住宅建设不仅具有投资数额大、参与主体多、施工周期长等特点，而且消耗大量的资源、能源，产生有害气体，给生态造成压力，并引发一系列环境问题和社会问题。据粗略统计，我国住宅建设耗用的钢材占全国用钢量的20%，水泥用量占全国总用量的17.6%，城市建成区用地的30%用于住宅建设，城市水资源的32%在住宅中消耗，住宅能耗占全国总能耗的20%左右。住宅产业化发展将对社会环境发展产生重要影响。

4.4.1 发达国家和地区研究现状

根据对发达国家和地区住宅产业化建设的调研分析，发达国家对于产业化住宅建设阶段的研究主要集中在材料节约和废弃物减量两个方面。据不同国家的多位学者对不同的建筑结构和施工工序的研究，在材料节约方面，工业化建造模式的优势主要集中于混凝土、钢材、施工用水和模板四类材料的节省上。与传统现浇方式相比，发达国家预制混凝土技术的使用可以节约混凝土30%~60%，节约钢材45%~65%，节约施工耗水40%，节约模板70%。通过对工业化建筑施工过程中主要工种的测算，工业化建造模式比传统模式减少50%~100%的废弃物，且其规范可控的管理方式可以有效促进废弃物的回收和循环利用。此外，预制混凝土技术在降低大气污染、减少温室气体排放和节约化石能源方面的成效也得到印证。

由于发达国家和地区产业化住宅发展较早，大量的产业化住宅已投入使用，因此，产业化住宅在使用阶段的节能减排优势也得到了印证。1990年，美国对其产业化住宅与传统住宅在使用阶段的采暖与制冷耗能和冷热水供应能源消耗状况进行了调研比较，得出产业化住宅较传统住宅节能25%的结论。据美国能源机构预测，到2030年，其产业化住宅将比传统住宅节约能源1.2×10^{19}焦耳。Doyoon K通过对工业化住宅和现浇住宅使用过程中能源效率的对比研究发现，由于工业化住宅能够实现对混凝土热效应的最优控制，能够比现浇住宅降低7%的供热和制冷能源消耗，减少3%的温室气体排放。

4.4.2 国内研究现状

我国自实施住宅产业化建设模式以来，相关的科研工作主要围绕结构安全、技术改进、成本控制以及产业组织模式等方面展开。近几年有关产业化住宅节能减排及环境影响方面的研究也开始引起各方重视，并取得了初步的研究成果。通过对我国推行住宅产业化的先锋企业进行调研访谈，结合文献查阅，并通过选取具有代表性的产业化住宅案例进行详细的节能减排效益评估和综合环境影响评价，得出产业化住宅在节约水、木材和保温材料等资源，节约用电、用油等能源，减少施工废弃物方面较传统现浇建造方式有着明显优势。

近几年，我国推行住宅产业化的先锋企业，也根据自己企业的实施情况，对产业化建造模式进行了节能、减排降耗测评。

远大住工集成建筑采用工厂制造与装配式作业，提高工业设备环保技术水平，大量减少现场作业，无粉尘、噪声、污水污染；集中装修，无二次装修的大量建筑垃圾污染；每百平方米建设面积可减少约5t建筑垃圾。通过对建筑实现的全流程绿色设计和控制，做到"四节一环保"：干法施工为主，基本无湿作业，节水达到80%；从生产、施工到使用过程，综合节能70%；集中制造、一体化精装，最大限度减少了材料的损耗和浪费，节材20%；通过设计优化，提升空间和土地使用率，节地20%。

镇江威信广厦模块建筑有限公司研发的模块建筑体系采用工业化建造方式，与同等规模的钢结构建筑相比，节约钢材15%以上；与钢筋混凝土结构相比，节约混凝土80%以上；现场施工节电70%，节水70%，减少建筑物垃圾85%，其中95%的建筑废弃物可回收利用。

宇辉集团自主研发的预制装配整体式混凝土剪力墙结构体系，预制率达到85%

以上，施工现场模板用量减少85%以上，脚手架量减少50%以上，钢材节约2%，混凝土节约7%，节水40%以上，节电35%以上。按18万m³PC部品计算，换算成节能指标，节煤1.404万吨，节地158.04亩，减少CO_2排放3.744万吨、SO_2排放0.84万吨、NO_2排放126.6吨。

卓达新材使用新材料制造模块化绿色建筑，新材模块化建筑体系自重轻，用新材料所建6层楼只相当于传统房子的一层，其节能降耗非常明显。以32层建筑为例，经测算，许多工序在工厂内完成，减少湿作业，节水80%以上；集中工业化生产，综合能耗节约70%；工厂规模化生产，优化集成，最大限度减少材料损耗，节材30%；更小面积实现同等功能，提高土地利用率，节地20%。

通过对多个案例的综合评价分析，得出产业化住宅在建设过程中较传统住宅存在如下优势：节约钢材10%左右；节约木材80%左右；节约模板50%左右；节约水资源50%左右；节约施工能耗30%左右；减少施工废弃物约70%。此外，相关研究人员通过对代表性的工业化住宅和传统住宅施工过程进行系统的、综合的环境影响评价，测算出单位平方米的工业化住宅施工比传统现浇住宅施工降低23%的资源消耗、3%的生态破坏和7%的健康损害。

4.4.3 典型案例分析

2011年，北京万科委托清华大学建设管理系对其长阳半岛项目的工业化住宅和传统住宅进行环境影响测评[①]。该项目位于北京市房山区长阳镇起步区1号地，分为1-1、1-3两个标段。1-1标段的住宅采用传统现浇建造模式，1-3标段的住宅采用产业化建造模式，两个标段位置紧邻。项目1-1标段为传统现浇模式住宅，包含1~7号共七栋住宅楼，总建筑面积为117845m²，采用框架剪力墙结构。该标段

---

① 曹新颖. 产业化住宅与传统住宅建设环境影响评价及比较研究[D]. 北京：清华大学建设管理系. 2012.5.

所有住宅楼全部采用钢筋混凝土现浇形式,外墙保温采用外保温体系,粘贴90mm挤塑聚苯板。

项目1-3标段为产业化建造模式住宅,包含4~7号共四栋住宅楼,总建筑面积为48348m²,采用装配整体式剪力墙结构。该结构的核心筒墙体、内部承重墙、外墙边缘节点等主要受力结构和重要部位采用现浇形式。外墙采用预制装配外墙板,外墙保温、饰面砖在构件制作时一并完成,楼板采用预制装配叠合板,阳台采用预制叠合阳台,楼梯、飘窗、空调板和阳台装饰板采用全预制。预制墙板和现浇墙体、暗梁、暗柱通过加大的现浇节点连接成整体,穿楼板钢筋采用灌浆套筒锚入上层墙板的下部,墙板左右两侧预留U形钢筋锚入现浇混凝土结构中。外墙预制装配化率为76%,整体预制装配化率为38%。

通过对产业化住宅和传统住宅多个标准层构件生产、材料加工、施工安装和外装修过程的调研,得出两种不同建造模式的住宅标准层单位建筑面积各类主要材料的消耗量、能源消耗量和废弃物产生量对比结果,分别见表4-1、表4-2和表4-3所列。

传统住宅与产业化住宅资源消耗对比 表4-1

	传统住宅	产业化住宅	节省量	节省率
钢材(kg/m²)	52.46	51.98	0.48	0.91%
混凝土(m³/m²)	0.37	0.41	-0.05	-13.42%
木材(kg/m²)	13.76	4.00	0.01	70.93%
水(m³/m²)	0.74	0.55	0.19	25.81%
砂浆(kg/m²)	16.20	2.68	13.52	83.46%
保温材料(kg/m²)	3.06	1.55	1.51	49.35%
粘结材料(kg/m²)	8.10	1.34	6.76	83.46%

由表4-1可看出:在钢材、木材、水、砂浆、保温材料及粘结材料用量上,产业化住宅较传统住宅存在优势;但是产业化住宅单位建筑面积混凝土用量要高于传统住宅。具体比较和原因分析如下:

（1）钢材消耗。产业化住宅较传统住宅节约优势并不明显。虽然产业化住宅在施工过程中使用的措施钢筋少于传统现浇住宅，但是，调研中发现预制构件在制作和安装过程中需要大量的预埋件、钢质模板和支撑杆件，增加了产业化住宅的钢材用量。若进一步提高产业化住宅构配件标准化水平，提高构件厂的钢质模板的周转次数，可有效降低产业化住宅钢材消耗。

（2）混凝土消耗。产业化住宅较传统住宅节约并无优势。根据对各主要施工过程的分析，主要问题在于产业化住宅外墙采用夹心保温，根据结构设计要求，比传统住宅外墙增加了50mm的混凝土保护层，而在传统住宅中，外墙外保温采用10mm砂浆保护层，由此导致了产业化住宅单位建筑面积混凝土用量较传统住宅高。

（3）木材消耗。产业化住宅较传统住宅存在较大优势。主要是因为其预制构件在生产过程中采用周转次数高的钢模板替代木模板，同时预制叠合板在现场施工过程中也可以起到模板的作用，减少了楼板施工中木模板的需求量。若能提高构件预制率，可以进一步节省木材的使用量。

（4）水消耗。产业化住宅较传统住宅节约存在优势。分析原因，主要是产业化预制构件在生产过程中采用蒸汽养护，管理措施严格，水用量控制严谨，而施工现场采用浇水养护，受天气、施工条件和人为因素影响，水资源消耗量大。

（5）砂浆消耗。产业化住宅比传统住宅节约80%以上。主要是因为两类住宅的外墙粘贴保温板的方式不同，产业化住宅的预制墙体采用夹心保温，保温板在预制构件厂内同结构浇筑在一起，不需要使用砂浆及粘结材料。若能提高外墙的预制率，还可进一步节省此类材料的使用量。

（6）保温板消耗。产业化住宅较传统住宅存在较大优势。原因是目前产业化住宅的外墙夹心保温可实现与结构设计使用寿命相同，为50年，而传统住宅外墙外保温的设计使用年限只有25年。另外，产业化住宅的外墙夹心保温采用XPS板，其设计厚度（50mm）也低于传统住宅外墙外保温EPS板的厚度（80mm），亦能在相当程度上节约保温板的用量。

传统住宅与产业化住宅能源消耗对比　　　　　表4-2

	传统住宅	产业化住宅	节省量	节省率
耗电量（kwh/m^2）	7.29	4.30	2.99	41.02%
耗油量（MJ/m^2）	15.78	7.60	8.18	51.84%
耗煤量（kg/m^2）	0.00	1.19	-1.19	-100.00%
折合标准煤（kg/m^2）	3.48	2.85	0.63	18.10%

由表4-2可以看出，产业化住宅在节电和节油方面较传统住宅存在较大优势。将上述三种能源消耗量换算成标准煤，可得到产业化住宅较传统住宅单位建筑面积节约0.63kg的标准煤，节省率达18.10%。具体分析如下：

（1）电耗。电耗主要来自钢筋工程、模板工程中各类材料的加工，混凝土工程中空压机和振捣器的使用，运输工程中塔吊的使用，以及外保温施工中电动吊篮的使用等环节。根据施工现场的电表测量，电耗差异最主要的来源为运输工程的塔吊的使用。由于产业化住宅多是大型构件的吊装，而在传统住宅施工过程中，往往是将钢筋、混凝土等各类材料分多次吊装，因此，产业化住宅塔吊用电量较传统住宅明显减少。

另外，外保温工程中用电量差别也较大，主要是因为产业化住宅预制外墙采用夹心保温，保温板在预制场内同结构浇注为一体，不需要使用电动吊篮。模板工程中耗电量的差别主要是因为传统住宅较产业化住宅木模板的使用量较大，且木模板的周转次数远低于钢模板，导致加工能耗的增加。混凝土工程中的耗电主要来自空压机和振捣器的使用，由于产业化住宅混凝土消耗量较传统住宅高，因此空压机和振捣器工作量大，由此耗电量增加。

（2）油耗。产业化住宅较传统住宅节约有较大的优势。油耗主要来自施工现场混凝土泵车的使用。在传统住宅中，混凝土的浇筑使用泵车进行垂直向上浇筑，要消耗大量的柴油；而对于产业化住宅，预制构件在生产过程中，并无垂直运输，到现场后使用吊车吊装，则主要消耗电能。

（3）煤耗。煤耗主要产生在产业化住宅构件制作过程中，来自预制构件蒸汽养护中的锅炉运行消耗，传统住宅采用现场自来水养护，则不存在煤的消耗。

传统住宅和产业化住宅废弃物对比　　　　　　表4-3

	传统住宅	产业化住宅	减少量	减少率
砂浆（kg/m^2）	0.16	0.03	0.13	81.25%
保温材料（kg/m^2）	0.31	0.14	0.17	54.84%
钢材（kg/m^2）	1.04	0.66	0.38	36.54%
混凝土（kg/m^2）	13.69	10.28	3.41	24.91%

由表4-3可以看出在测算的四种废弃物减少量方面，产业化住宅均较传统住宅存在较大优势。其中废弃混凝土块的减少量最高，为$3.41kg/m^2$，减少率为24.91%；废弃砂浆的减少量为$0.13kg/m^2$，减少率为81.25%；废弃钢材减少量为$0.38kg/m^2$，减少率为36.54%；废弃保温材料的减少量为$0.17kg/m^2$，减少率为54.84%。合计计算，产业化住宅单位建筑面积的施工废弃物比传统住宅减少4.09kg，减少率为26.91%。

日本是世界上住宅工厂化生产最发达的国家，目前日本的预制装配式混凝土结构在建筑中所占比例超过50%，其产业化住宅的节能减排优势非常明显。将该工程的产业化节能减排水平对应的指标与日本进行比较见表4-4所列。

样本工程与日本产业化节能减排水平比较　　　　　　表4-4

项目	日本产业化	样本工程产业化
施工能耗（标准煤）	降低约20%的施工能耗	降低约18%的施工能耗
施工用水量	减少约60%的用水量	减少约25%的用水量
混凝土损耗	减少约60%的混凝土损耗	增加约13%的混凝土损耗
钢材损耗	减少约60%的钢材损耗	减少约1%的钢材损耗
木材损耗	减少约80%的木材损耗	减少约70%的木材消耗
施工垃圾	减少约80%的施工垃圾	减少约27%的施工垃圾
装修垃圾	减少约80%的装修垃圾	未做调研

表4-4数据表明，在施工能耗和木材损耗上，样本工程的节能减排水平与日本基本持平，但是在施工用水量、混凝土损耗、钢材损耗和施工垃圾几个方面，样本工程与日本仍存在较大的差距。通过对施工过程分析，施工用水量、施工能耗、木材和钢材消耗量与预制化率存在密切关系。由于样本工程预制化率较低，导致多种资源、能源的消耗并未充分体现出产业化建造方式的优势。随着我国今后产业化住宅预制化率的提高，通过优化设计和改善施工方法，可以增加周转材料的循环利用次数，进一步减少木模板和钢模板的损耗，减少水资源的利用和施工垃圾的产生，降低施工能耗水平。

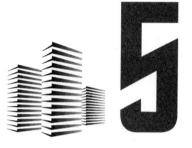

5 适合住宅产业化的住宅体系和产品

5.1 住宅性能与住宅产品

随着社会的发展人类的进步，人们对住宅的性能要求也必然会发生改变，因此，工业化住宅、集成化住宅以及绿色环保住宅等便在一定程度上满足并迎合了人们和社会对住宅的不同需求。那么工业化住宅又有何性能要求呢，这些要求又是如何得以实现的呢？

5.1.1 对住宅性能的要求

住宅性能描述住宅产品所具有的满足用户使用需要的功能。由于20世纪生活水平提高、城市化进程加快、生活结构变化等都将增大对住宅数量的需求，居民对住宅的质量、功能要求也会提高。而站在不同的角度，对住宅的性能要求也是不同的，从而构造出一棵住宅产品全性能树，包括技术性能、经济性能、使用性能和社会性能四个方面，如图5-1所示。

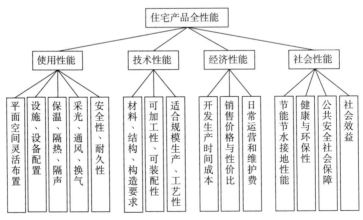

图5-1 住宅产品全性能树图示

（1）使用性能

住宅产品的使用性能包括住宅的平面空间布置、新型建筑结构体系、厨卫设备体系、管线技术体系、节能产品与技术的应用等，体现住宅设计的质量，反映了住宅建设的整体水平。而安全性和耐久性也是住宅使用性能中最基本的部分，关系到住宅寿命期内能否正常使用的一个重要性能。

（2）技术性能

技术性能包括住宅材料、结构、构造的技术特性，可加工性、可装配性，是否适合规模化生产和工艺性等。

（3）经济性能

经济性能指产品开发生产到交付使用的时间、设计建造费用及其使用维护费用等。

（4）社会性能

考虑产品使用时对人体健康的影响、对环境的污染、对资源的节约使用，满足绿色生产的要求，以及有利于公共安全和保障基本生活要求。

5.1.2 住宅性能的实现方式

住宅性能最终是附着在住宅结构载体上的。按照住宅满足用户使用要求的属性，可以将住宅按照构成进行分解，按照产品系列，分解成住宅、组件、部品、零件等，形成住宅产品的结构层次树，如图5-2所示。用户所需要的不同住宅的形式和性能通过大量零配件、部品的有机排列组合，形成组件及最终住宅产品体现出来。在实际实现过程中，首先体现在产品设计上。

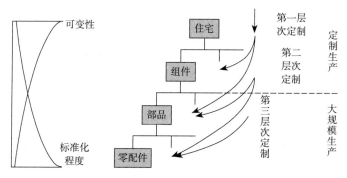

图5-2 住宅的结构层次、可变性与定制层次分类

住宅和组件由于用户的不同个性化需求和建筑结构需要而体现多样性和可变性，通常适合定制生产；而底层的零件和部品通常具有相对固定的特性和构成，标准化程度较高，可以按照标准进行大规模生产，当然也可以有一部分产品依用户的要求定制生产。

5.1.3 适合产业化的住宅产品

与人类以往的住宅产品相比，适合产业化的住宅产品无论是从其生产过程来看还是其从最终的建筑产品的功能都必须体现巨大的优越性。从生产过程来看，适合产业化的住宅产品要实行模块化、高度的标准化和机械化生产，施工过程中要尽量减少粗放劳动和湿作业，在一定程度上将人类从繁重的体力劳动中解放出来，改善了人们的工作环境；从最终的建筑产品的功能来看，适合产业化的住宅产品必须具有更多的智能化功能，它借助于计算机网络技术、通信技术等使得人们的生活变得更加舒适，而且它还注重人类身心健康和生态环境的保护，把人、建筑与自然有机地融为一体。

为此，工业化住宅、集成化住宅将会是适合住宅产业化生产方式的住宅产品，而智能住宅和绿色生态住宅则是未来住宅（不管是否工业化住宅或集成化住宅）的更高发展方向。这四种住宅产品在一定程度上相互融合，相互渗透。所以在未来一座住宅从不同的方面来看它可能属于不同类型的住宅，也就是说同一座住宅有可能既是工业化住宅或者集成化住宅，还可能是智能住宅或者绿色生态住宅。

5.2 工业化住宅、集成化住宅、智能住宅和绿色住宅

5.2.1 工业化住宅

工业化住宅的主要结构部分（墙、柱、地板、栋梁、屋面、楼梯等，不包括隔断墙、辅助柱、底层地板、局楼梯、室外楼梯等）均为工厂生产的规格化部件，并

采用装配式工法施工而成。这些住宅应是：以批量生产工法生产且质量稳定、价格适中，为一般国民所能购买；符合于建筑基准法等法规和规范。工业化住宅一般是3层以下的独立式住宅、联立住宅、上下层分别设置出入口的住宅，或者2层以下的公寓式住宅。

5.2.1.1 工业住宅的特点

工业化住宅产品由于其先进的生产方式，使之具有与现在的住宅不同的特点。

1. 质量、性能满足将来居民对住宅日益提高的要求

工业化住宅具有优良、可靠的质量和全面完善的性能，以满足居民生活水平提升对住宅日益提高的要求，这是工业化住宅产品能否被市场认可的关键，也是实现住宅产业化的初衷之一。否则工业化住宅就很难在市场竞争中站稳脚跟。

2. 适应未来生活变化的要求

工业化住宅便于更新改造。居民随着家庭生活条件、家庭人口、年龄构成等的变化，对住宅居住空间的要求也会发生变化。如果不更换住宅，就需要对原有住宅进行更新改造，重新划分室内空间，更换建筑设备和部品。工业化住宅会比一般的住宅建筑更有利于适应这种改变。

3. 有利于住宅的工业化生产

工业化住宅有利于住宅的工业化生产，这是它的最主要特点，这样才能提高住宅建设的效率。日本积水化学工业公司在最初做住宅产业化发展时提出的基本方针是：以大量生产、大量销售为前提生产住宅；在住宅生产中引入以毫米为单位的精度和质量管理；提供给用户性能价格比高的住宅产品；在住宅的销售中引入市场化方法。

4. 节能节地节资源，有利于保护环境

从保护环境和可持续发展角度看，工业化住宅具有优良的保温性能，整体用料省，消耗资源量少，使用不对环境造成破坏、不破坏土地或少破坏土地的材料。

5. 适应当地实际情况

由于住宅本身的特点，工业化住宅也会考虑当地的资源状况、土地与环境状

况、原材料生产供应状况、经济发展水平、技术管理水平、交通运输、当地的生活习惯、风土人情、历史文化传统等因素。

根据我国国情，我国发展适合产业化的住宅产品，应以建造中低层（4~7层）集合式住宅为主，辅之以高层（10层以上）公寓式住宅和低层（1~3层）独立式住宅，住宅建筑的技术与管理都应该与此相适应。北新建材集团与日本新日铁合作生产的轻钢薄板体系工业化住宅也已面世，标志着中国的工业化住宅时代已开始来临。

5.2.1.2 工业化住宅用设备部品

住宅用设备的水平是住宅水平的重要标志。工业化住宅用设备和部品也要体现工业化特色。尽可能使用工厂化生产的、整体性的功能单元，像整体厨房、整体卫浴等，以提高工作效率，保证质量。工业化住宅可以依用户需要，用菜单方式提供室内设备和部品，并全部安装到位。各种水暖电等设施也最好一次性完成，并且保证：

（1）各种管道和电线（给排水、暖气、空调、热水、消防用水、电线、电话线、有线电视电缆等）均在施工时一次完成，"三表"在室外。

（2）为整洁美观，室内各种管线全部隐蔽地安排在地板下或吊顶内，表面上看不到零乱的管线，同时不应该过多地牺牲空间，房间的有效高度不应降低过多。

（3）厨房、卫生间的设备，包括电灯、燃气炉具、壁柜、抽油烟机等均在施工时一次性完成，居民入住时即可立即使用，而且这些设备应该具有较高的质量和档次，组合搭配合理，充分利用空间。

（4）厨房、卫生间、淋浴间、壁橱、洗衣间等附属设施的面积占总面积比重适当，一般应为1/3左右，应根据当地居民的居住水平和卫生习惯确定。

（5）地震、火灾、防盗等安全防灾避难设施齐全完备。

（6）设计时考虑到今后使用中的维护管理，形成一整套完整的住宅区运营管理体系，运用先进的手段，最大限度地为居民提供完善的住宅管理服务。

近十几年我国在住宅建筑设备的标准化和工业化方面已经取得了可喜的进步。海尔集团、苏州科逸等在"整体厨房、整体卫浴间设备、管线技术"等方面取得突破，通过引进国外先进技术设备，并结合中国国情而进行深入的研制开发，海尔厨房在产品设计上遵循模数协调原理，设备具有协调性、通用性和互换性，可与住宅厨房建筑设计较好地协调。海尔整体卫浴间针对卫生间的不同尺寸和面积，按统一模数进行设计，实现了规格化、通用化、系列化，并可以任意组合。这些研究与开发将改善和提高住宅质量与性能，提高住宅产业化水平，并对今后中国住宅产业化的发展方向产生一定影响。可以说，厨卫标准化和工业化是住宅产业化进入发展期的重要标志。

5.2.1.3 工业化住宅生产工艺过程

工业化住宅生产工艺过程主要有构配件工厂生产和现场安装两部分。

1. 构配件的工厂生产

构配件的工厂化生产不是简单地将现场的工作移到工厂里进行，而是在工厂的生产线上，依靠大规模机器生产来进行，辅之以相应的技术人员、管理人员和操作技术工人。对于80%以上的构配件都在工厂里制造的住宅来说，基于生产线的生产管理系统对于保证质量、提高效率是非常重要的。

构配件制造的全部过程由很多工序构成，图5-3所示为日本积水化学工业工厂生产住宅的主要工序。

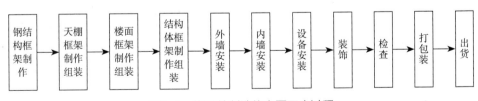

图5-3　构配件制造的主要工序过程

图5-4为日本积水化学工业采用北美进口的2×4断面材料生产住宅（Two-U Home）的生产线示意图，可以在生产线上生产出工厂化率80%以上的高质量、高性能、低成本、短工期的住宅。

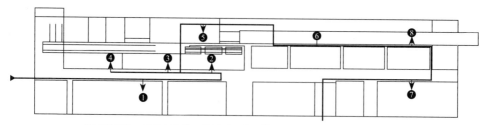

❶墙壁组装；❷楼板组装；❸单元组装；❹内装修、隔断；❺油漆、干燥；
❻内装修、设备安装；❼检查、打包装；❽屋顶单元组装

图5-4 积水化学工业的Two-U Home生产线示意图

2. 现场安装生产

由于住宅构配件的工厂化生产，使得现场的作业负担大大减轻，从而易于实现标准化的、高精度的现场施工。根据国外的经验，独立式小住宅基础以上部分的工期只有传统施工方式工期的1/3，施工速度大大加快，所用人工也少得多。

现场的安装生产分为基础施工和主体施工两个阶段。

（1）基础施工

基础施工由于各不同地基状况施工方法不同，因此较难采用标准化的预制构件施工。但由于住宅上部荷载基本变化较小（尤其独立式小住宅），加上安装上部结构必须在基础中预埋相应的预埋件和连接件，因此，基础型式的标准化程度也较高。图5-5为日本大和房屋工业株式会社常用的一种基础型式，其他各公司的基础型式也与此相近。

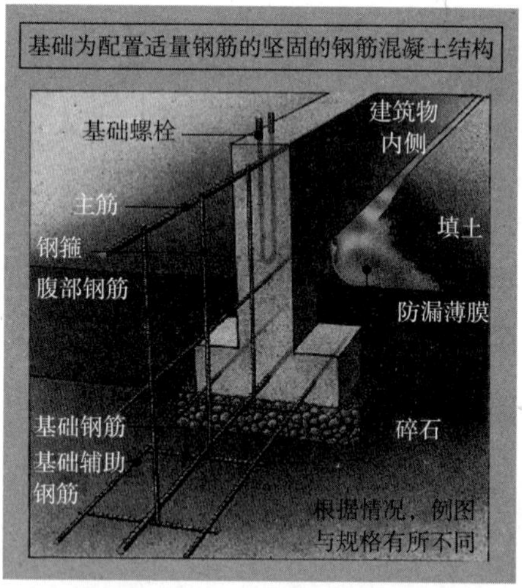

图5-5 大和房屋的基础型式

（2）主体施工

主体结构施工时，将在工厂里生产出的主体构配件（梁、板、柱、墙、结构单元、盒子间等）用特制的运输车辆运到现场，使用起重机械将构配件吊装到指定的

位置，组装完成后用螺栓或焊接连接。各构件的结合部填充后发泡塑料，并用橡胶类的夹在缝隙处进行防水处理。整个施工过程如图5-6所示。各种不同的结构型式，其施工方法有很大不同。

图5-6　工业化住宅建造过程图示

对于多层工业化住宅，施工装配过程比独立式要复杂。下面以日本钢结构多层工业化住宅为例，介绍现场装配施工的HPC工法。

HPC工法是柱子用H型钢，梁和楼板、隔户墙（兼做耐震壁用）使用预制构件，然后将预制构件在现场组装好的工法。柱子表面一般在现场现浇混凝土，形成劲性钢筋混凝土结构。外墙根据建造地点，采用工厂制造的墙板。楼板为保证水平刚度，采用预制构件上面现浇混凝土的组合楼板。兼做耐震壁用的隔户墙一般使用带梁的钢筋混凝土预制墙板，现在也有用内藏钢架支撑的预制墙板。本工法的预制工程比现场装配更重要。

本工法的特点是：①适合中高层住宅施工；②预制构件与现场浇筑混凝土两种不同的作业方式并用；③构件间的连接用高强螺栓或现场焊接及机械连接；④耐震壁和梁复合制作，使预制构件大型化；⑤构配件和部品高度加工化，减少劳动力使用，缩短工期，能够保证主体工程的高质量。

许多公司在实际应用这种工法的过程中，又对该工法进行了修正和完善，衍生出了HP-R工法（鹿岛建设）、N-HPC工法（清水建设）、OH-PR工法（小田急建设）、MCS工法（三井建设）等新的工法。

5.2.1.4　日本工业化住宅示例

本例是日本大成建设株式会社于1995年获得日本建筑中心工业化住宅性能认定的住宅，产品名称为"珍珠岩混凝土集合型住宅"，如图5-7所示。该住宅的特点是：

（1）外墙和隔户墙采用热容量大的珍珠岩混凝土建造，轻质、保温、隔音性能好；

（2）采用预制大型混凝土板组合方法，比一般结构施工工期短；

（3）耐火性能和耐久性能优良，维护费用少；

（4）该结构房屋既可以建成一层、二层、三层的独立式小住宅，也可以通过平面组合，建成多层集合型住宅，每户面积33～500m²，每栋面积则可以达到1500m²甚至更多。该住宅的现场组装过程如图5-8所示。

图5-7　珍珠岩混凝土集合型住宅外观

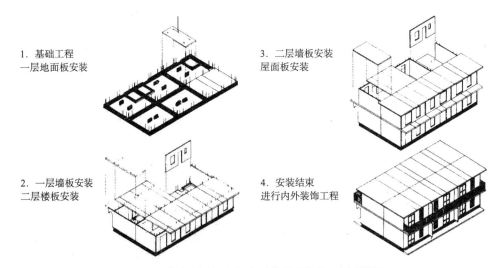

图5-8　珍珠岩混凝土集合型住宅现场施工过程图示

该住宅的标准价格(不包括基础部分)为23.6万日元/m^2,若以最少每户建筑面积33.12m^2计算,为781.6万日元。该标准价格中包括的各种构配件、室内厨卫浴部品、管线、阳台等,以及不包括在标准价格中的特殊部品,还有售后服务、投诉受理机制等,均在购销合同中明确指出。

像这样的工业化住宅,日本人的评价很好,通过调查,用户满意的占37%,基本满意的占57%,不太满意的占5%,不满意的只有1%。日本人认为其具有的优点见表5-1所列。

日本人评价其工业化住宅的优点及原因　　　　表5-1

	优点	原因
1	放心	大企业的产品,设计和工程管理有保证
2	工期短	很快就可以建成使用
3	结构可靠	结构通过严格计算设计,抗灾害能力强
4	感觉很现代化	由于使用的材料和设计是现代化的
5	适合解决住宅不足问题	由于可以在工厂内大量生产
6	使用的材料是均质的	在工厂生产的产品,不好的材料一般不用
7	工程价款金额事先确定好,一般不增加	建设费用采用预算组合方式,计算容易,事后结算增加少,且费用包含的内容明确
8	价格较便宜	由于大量生产使成本持续下降
9	能制造出尺寸、精度好的产品	由于构配件在工厂里生产
10	有各种研究作保证	在公司内进行研究,在公共实验室做试验
11	可居住性好,舒适	是使用材料和研究的成果
12	对住宅生产现代化起作用	住宅生产进一步合理化
13	住宅平面设计比较自由	可以选择适合自己的设计
14	维护费用少	由于性能提高,供热和空调的费用节省

5.2.1.5　我国的工业化住宅产品示例

目前我国也已经有个别地区研制开发出了工业化的住宅产品,但目前还处于研究开发的初期阶段,尚未成熟,不具备大量推广的价值。本书仅举上海现代房地产公司轻钢轻板住宅例子简单说明。

1. 构思

本住宅设计成一种完整的整体结构,是各种优良材料、结构构件与建筑设备的优化组合。构配件等由工厂制造,现场负责组装,可以大幅提高建筑速度,降低现场制作的工作量,按图纸拼装就可以组装成为一栋漂亮又坚固的住宅。

2. 结构

结构采用耐火、耐腐蚀性强、强度高的合金钢冷弯成的各种型钢,综合采用木结构、钢结构、混凝土结构的各种优点,制成一个钢外包混凝土的框架结构,其垂直承载能力比混凝土提高几倍,抗震能力强,安装程度为一天几层,现场清洁。

3. 墙体

外墙采用复合墙体,可以按不同地区、不同要求进行组合设计。基本层采用6cm稻草和纸面石膏板,表面贴TBL防水卷材,外装饰可以选择玻璃板、金属板、PVC挂板及其他无机玻璃钢板等。安装采用插接式,施工简单方便。本外墙体的导热系数K值可达到0.3(砖墙为2.2),节能效果明显,防火可达到117分钟,隔声可达60分贝,墙体重量每m^2只有50kg,墙体内有一定的空隙,可作为管线通道。

内隔墙完全采用组装式,灵活隔断悬挂式分隔墙,居民可以按自己的要求随意、灵活组装,而且拆装方便,完全是干式作法。

4. 楼板

楼板采用组合楼板、连续浇筑,用压型钢板作为受力模板,在上面现浇轻骨料混凝土。这种楼板每平方米自重下降到35kg左右,可降低自重60%以上。

5. 给排水

分户墙采用隔层作法,隔层内为空腹作为管道层,每层有几个三通出口,由用户自行选择。分户墙为双面墙,各家一层使用悬挂式隔墙,维修时可以自由搬移。下水和上水管线置于家腹墙内,卫生间采用全部盒子式装置,厨房地面也采用整体装置,为满足居民多样化需求创造方便的条件。

6. 通风采光

长外廊板式结构住宅外走道落低0.8m，使走道上空腾出1m高的设备层，可作为单元式中央空调房及南北通风口，有利于户内直接通风。加宽外走道的公共空间，使之更宽敞、明亮、通风良好。

7. 防火防盗

由于各种管线都装入墙体内的空腹中，因此走道加宽，可以安放消防栓和各种消防器材，还可安装防盗报警装置及水电燃气等计量和传感装置。

8. 造价分析

采用传统方式建造几万m^2的高层建筑或几十万m^2的小区开发，周期一般为2~3年。而轻钢轻板结构建筑的周期一般为6~12个月，相比可节约贷款利息。另外，轻钢轻板结构住宅在进行旧区改造时，可减少前期动迁费用。

建造18层以下轻钢轻板住宅可不打或少打桩，可节约地基处理费用。

由于墙体厚度减薄，室内使用面积比传统砖混住宅增加4%~8%。

轻钢轻板用钢量比混凝土框架用钢量少20%，但钢管单位造价增加，相比之下造价略增，但混凝土用量下降50%。

复合墙体造价比黏土砖墙造价提高几倍，但复合墙体的各项性能指标均大大提高，从长期使用看，其综合经济效益优于黏土砖墙。

目前总体上说，轻钢轻板结构住宅的造价还高于普通砖混住宅30%以上，比钢筋混凝土结构也要高10%以上，但从长远看，轻钢轻板结构住宅会随着技术水平的提高和工业化生产技术的完善，有望成为今后住宅产业化的主导性产品。

5.2.2 集成化住宅

集成化住宅亦称体系住宅，是指住宅建设的安装生产过程中摆脱了传统的水、灰、砂、石、手工式的粗放劳动和湿作业现场生产，主要由工厂生产不同住宅组成体和部品设备，并在现场组装生产的成品住宅。当然由于集成化住宅的集成化水平不同，集成化住宅的生产安装过程的专业化水平和最终产品的功能也必将存在一定的差别。标准化的集成住宅的部品应该是系列化的、标准化的，并且可以在生产流水线上生产，而房屋则可以是多样化的、丰富的和多档次的，完全可以按照住户的要求由建筑师来设计住宅类型。另外开发商也可以按照市场的需求，由建筑师提供适应住户需要的住宅设计，通过市场供应的方式，为人们提供多样化的住宅。这种住宅基本上可以有效地遏制常见的"跑、冒、滴、漏"现象，使住宅建设的水平达到一个新的阶段。

集成化住宅与工业化住宅还是具有一定区别的。工业化住宅最显著的特征是它是工业化生产的产物，工业住宅的主要部品应该是由工厂机械生产而成，其规格样式完全一致，因此，工业化住宅产品的性能和功能相差无几。工业化住宅便于住宅的大规模生产。集成化住宅与工业化住宅的区别在于它是集成化的，即集成化住宅产品的各部品之间搭配是最优的，是一种最佳组合。集成化住宅体现了住宅产品的个性化，不同的住宅产品其性能有可能一样。当然集成化住宅产品的部品也有可能是工业化生产而成的。在没有技术能力实现工业化住宅生产时期，集成化住宅是一个很好的选择。集成化住宅是住宅产业化发展中的一个重要产品形式。

集成化住宅的集成化程度大致可分为三个层次：家居集成化、装修集成化和结构体系集成化。家居集成化是住宅集成化的一个初级阶段，它采用集约化生产、一体化供应的模式，以解决重复建设、二次装修的能源损耗等问题，同时，也减轻消费者的个人负担，体现住宅的整体性和工业化特征，是住宅产业化、标准化、集约化、规范化、系统化的必然趋势。目前我国的集成化住宅已经实现了家居的集成。装修集成是集成化住宅发展的第二个阶段，装修集成在一定程度上能够降低装修材料成本，并且提高装修效果，实现新的住宅功能。装修集成在我国目前尚处于研究与实践阶段。集成化住宅发展的最高阶段是住宅体系集成化。就目前来看，我国集成化住宅要实现体系集成化还有相当长一段路程要走。

未来的集成化住宅将会具有以下几点特征：

（1）住宅部件标准化、多样化。集成住宅要求不同厂家所生产的相同部件能够相互替代，所以集成化住宅部件应该是标准化的。因此，集成化住宅部件的生产将会以工业化生产为主，只有通过工业化生产才能保证部件的高度标准化、精确化。住宅部件在实现了标准化之后相同部件才能相互替用，进而才能进行顺利组装住宅模块和住宅产品。住宅部件的多样化保证了集成住宅产品的多样化，满足了居民对住宅不同功能需求的要求。

（2）结构部件小型化。部件小是集成化住宅的一大特点。集成化住宅和传统的工业化住宅不同，其结构部件不宜过大，由于部件小所以其加工、运输、吊装轻便灵活。集成化住宅的标准化单元也逐渐从大变小，由空间单元改为梁、柱、板结构，组合的灵活机动性增加了，空间创造的任意性扩大了，应对商品住宅市场的变化能力也不增大了。

（3）空间划分灵活化。集成化住宅的大空间结构增强了其空间分隔与可变化的能力。集成住宅隔墙的轻质化和可拆改化，使得居住空间的大小可以更加灵活地布置，空间组合创造余地也进一步扩大，从而可以最大化地满足住户对住宅功能和设备的高品位需求。

（4）厨房与卫生间部件的整合化。厨房、卫生间是住宅中最为复杂和专业化程度较高的部件，最适宜于工业化、成套化生产和集成式安装。通过整体配置、整体设计、整体施工装修来增加厨房与卫生间的整体感、美感和操作的方便性。厨房与卫生间的整合化不但可以提高本身的功能、降低造价，而且还可以避免日常弊病等。

（5）装修一体化、标准化。在进行建筑设计时把装修问题考虑进去，使装修设计和土建设计同步完成并互相衔接，在住宅建造完工后或接近完工立即进行标准化的装修，这样可以避免二次装修所造成的住宅结构损坏，并且能在一定程度上避免装修材料、设备、构件及人工与时间等的浪费，最重要的是它能够保证工程和装修质量。

5.2.3 智能住宅

人类的生活方式在社会与经济高速发展的驱动下发生了巨大变化，人们对住宅设施的要求也越来越高，正逐步朝着文化教育、休闲娱乐、社交联系等较高层次发展。正是随着社会科学技术的不断发展，人们对住宅功能提出了新的更高层次的要求，于是"智能住宅"的概念才脱颖而出。"智能住宅"是通过一个高度集成化的计算机网络和各种新高科技技术（如现代的控制技术、计算机技术、通信技术以及综合布线等）将住宅中所有物业、服务设施、生活及工作设施连接起来，使住户能够自由、安全地使用住宅内所有服务设施，即通过对建筑物的四个基本要素：结构、系统、服务、管理以及它们之间内在关联的最优化考虑，提出一个投资合理而且收益最佳的方式，使人们获得一个舒适、温馨、便利的环境，并使得人们的生活质量得到明显的改善和提高的一种住宅。从原理上讲智能住宅是将建筑、设备、运行服务及管理等要素进行综合优化，使其发挥多功能、高效益和高舒适性的住宅建筑及运营模式，因此，智能住宅是智能建筑的一种。智能住宅与智能的写字楼、商务中心等是不同的，它是将高科技成果及先进的设备、思想、运行模式及住宅建筑（区）集成设计，并以方便、简易、友好的方式呈现给用户的一种居住模式。

可以用图5-9通俗而形象地描述智能住宅。这四个子系统功能的实现均与其所在社区的公用建筑及物业管理密切相关。HBAS（Electrical household appliances and building automation system）：智能住宅家电自动化系统；HOAS（Home office automation system）：智能住宅办公自动化系统；HCAS（Home communication automation system）：智能住宅通信自动化系统；SAS（Safe automation system）：

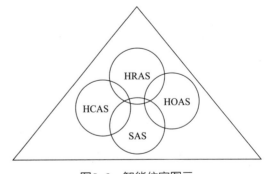

图5-9 智能住宅图示

安全自动化系统。从功能上看，它是指智能住宅家电自动化系统（HBAS）、智能住宅通信自动化系统（HCAS）、智能住宅办公自动化系统（HOAS）与安全自动化系统（SAS）等四个子系统的集成，简称4A系统；从硬件上看，它是指计算机网络系统的公共平台。

安全自动化系统（SAS）包括室内防盗报警系统、消防报警系统、紧急求助系统、出入口控制系统、室外巡更系统、室外报警电话系统和室外摄像等功能。家电自动化系统（HBAS）能在必要时启动和关闭家用电器，这样人们就可以全心地投入到工作当中，因此，家电自动化系统既能节省更多的能量延长家用电器的使用寿命，又能创造一个安全、舒适、温馨的工作和生活环境，从而提高了人们的生活质量与工作效率。智能住宅社区的通信自动化系统（HCAS）包括数字信息网络、语言与传真功能、有线电视等系统，它能够提供高速、双向、全方位、立体的多媒体通讯环境，在通信自动化系统的帮助下人们可以轻而易举地获得各种最新的有价值的信息，包括国内外的政治、经济、文化等，从而使人们在足不出户的情况下与外界保持最直接的紧密联系。智能住宅社区的办公自动化系统（HOAS），能够提供良好的信息服务，它通过会议电视与电子商务系统，可直接面向客户实现远程教学、远程医护与电子商贸等活动，未来还可利用管理信息与辅助决策支持系统使人们依据一定的规则预知未来，从而提高人们的信息管理与决策水平。

智能住宅的特征：

（1）高度安全性。智能住宅由于其智能化的特点使得人们以一种被服务的姿态出现，因此智能化住宅的户主在对住宅安全性方面的意识将会明显低于其他类型住宅的户主，所以在这种情况下危险一旦发生，造成的损失会比正常情况下大许多，这便要求智能住宅应该具有高度的安全性。

（2）便捷的信息获取途径。智能住宅作为一种现代式高档住宅，能够高效便利地获取信息，时时刻刻与世界最新动向保持紧密联系应该是对其最基本的要求。

（3）自动化操作。自动化操作应该是智能住宅最显著的特征，也是智能住宅最大的魅力之所在。智能住宅的自动化系统将人们从繁琐的家务解脱出来，把人们从服务者的角色转变为被服务者的角色，从而使人们在家里能得到更好的休息和享受。

（4）个性化、人性化。住宅的主要服务对象是家庭，虽具有相对稳定的特点，但个性却不相同，在保证4A环境基础上，智能住宅设计具有灵活性，突出强调个性化服务。智能住宅只有具有个性化和人性化的特征之后才能迎合不同人的不同需求，才会具有更广阔的市场前景。

（5）适应性与可发展性。我们生活在一个动态环境之中，一切都随着时间的推移而不断变化，科学技术的飞速发展时不时地影响到人们的生活方式、工作方式甚至是思维方式，所以人们在不同时期对住宅性能与功能的要求必将会有所变化，因此，智能住宅只有在具有适应性和可发展性时才能经过稍微改动便能满足人们在不同时期的需求，才不至于被迅速淘汰，造成资源的浪费。

智能住宅主要是利用计算机网络技术来实现自动化操作的，因此，网络安全和网络维护问题是智能住宅设计中应该首先考虑的问题，网络一旦瘫痪，智能住宅的自动化功能不仅无法得以实现，而且有可能会造成严重的危害。由此可见智能住宅并不是十全十美的，它有独到的优势与特点，同时也具有一定的弊端，所以智能住宅的发展不可能是孤立的，它只能是在吸取其他类型住宅优点的基础上沿着智能化方面前进。

5.2.4 绿色生态住宅

随着人类社会的不断发展，科学技术的不断进步，人类的生活环境却不断地遭到破坏，并且严重威胁到人们的身心健康，于是越来越多的人意识到保护生态的重要性，并逐渐产生了"绿色生态住宅"的理念。然而"绿色生态住宅"并不仅仅是指对生态的保护，更为确切地说应该是根据当地的自然环境，运用生态学、建筑学的基本原理及现代科学手段，合理安排并组织住宅建筑与其他相关因素之间的关系，使住宅和环境等成为一个有机的结合体。"绿色生态住宅"是一个新兴的、动态的和发展中的概念，它将会随着社会的进步，技术的发展而日臻完美。"绿色生态住宅"将成为人类运用科技手段寻求与自然和谐共存，达到可持续发展的理想建筑模式，它将是21世纪人类理想的家园。

绿色生态住宅以可持续发展的思想为指导，意在寻求自然、建筑和人三者之间的和谐统一，即在"以人为本"的基础上，利用自然条件和人工手段来创造一个有利于人们舒适、健康的生活环境，同时又要控制对于自然资源的使用，实现向自然索取与回报之间的平衡。绿色生态住宅的特征概括起来有四点，即舒适、健康、高效和美观。

绿色生态住宅的基本性能可以归纳为以下几个方面：生态型建筑首先善于因地制宜高效地利用周围一切可以运用的因素和自然资源，尽可能采用如太阳能、地热、风能、生物能等自然能源，充分考虑合理的自然通风、日照、交通等；生态建筑要实现资源的高效循环使用，有效地减少能源的消耗（例如采用环保节能型建筑材料，使用家电自动化系统等），并尽量使用再生资源和绿色材料，用长寿性材料木材、竹材等代替不可再生的砖混建材；绿色生态住宅尽量保护原来的生态系统，减少对周边环境的影响，减少废水、废气、固体废物的排放，并采用各种生态技术实现废水、废物的无害化和资源化，使其得到再生使用，做到与自然的发展取得结合与协作，使人的行为与自然的发展取得同等地位；绿色生态建筑要控制室内空气中各种化学污染物质的含量，提高自然通风效率、合理提高热舒适度、光舒适度、声舒适度，保证健康，舒适的室内环境质量；绿色生态建筑要有建筑功能上的灵活性、适应性和易于维护的建筑体系。绿色生态住宅人居环境应做到与自然环境、生态环境统一和谐。可见，绿色生态住宅是资源和能源有效利用、保护环境（无废、无污）、健康、舒适、安全、生态平衡的居住建筑环境。

一座真正的绿色生态住宅无论是其设计、装修，还是最终产品，甚至于施工过程等都应该是与其绿色主题紧密相连的。在策划设计阶段坚持节能环保的原则，施工过程要具有节能、降低损耗、低污染的特征。

5.3 适合产业化的住宅建筑体系

要实现住宅产业化，生产工业化住宅或集成化住宅，必须要建立住宅建筑结构支持体系，即研究适合产业化的住宅建筑体系的特点并设计出相应的建筑体系。

5.3.1 从住宅性能到住宅结构

在住宅性能与住宅结构之间存在某种相关性，但这种相关性不是一一对应的，也不是结构化的，而是一种半结构化的、模糊的关系。在产品性能与结构之间，还存在一个将二者联系在一起的性能结构转换层。它描述了由性能到结构的过程中所使用的解原理（或方案），以及体现该解原理（或方案）的各种约束、分析计算关系和对设计过程的控制等知识。

从住宅产品性能到住宅结构的关系可以用树状结构表示，其中，性能树和结构树的节点之间具有层次关系，同一节点的子节点之间具有逻辑关系（与、或、异）。而转换树只管理基本原理单元，因此节点之间没有层次关系。不同树上的节点之间具有映射关系，一个功能（原理）模块可分别由几个转换（结构）方案独立实现。

图5-10是住宅产品从性能到结构的关系。由于性能反映客户需求空间，而转换和结构反映设计空间，这样就在客户需求空间和设计空间之间建立了关系，使得设计可以直接地反映客户的需求。

5.3.2 适合产业化的住宅结构特点

住宅建筑可分为支撑体和填充体，支撑体是承重结构，填充体是承重结构内的填充物。支撑体是永久性的，而填充体则可以更新换代。支撑体要为填充体的更新

5 适合住宅产业化的住宅体系和产品

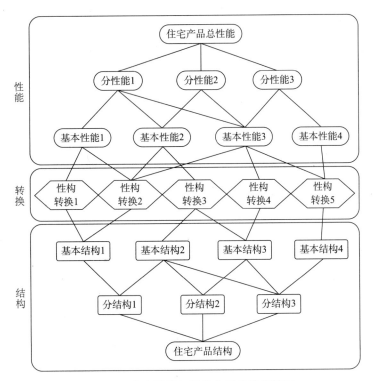

图5-10 住宅性能与结构之间的转换关系

换代创造条件。目前采用最多的砖混结构住宅是支撑体与填充体合一的,因此无法更新,不利于室内空间的重新划分,也不能满足墙改和建筑节能的要求。因此,未来适合产业化的住宅的建筑结构体系和材料、构配件应具备以下特点:

1. 住宅整体模块化、装配化

适合产业化的住宅应能够从生产的角度,分解成多个相对独立的模块,每个模块都有标准化的通用部件,能够在工厂里生产,各模块在现场装配成所需要的住宅产品。

2. 支撑体与填充体(适当)分离

适合产业化的住宅产品要采用支撑体S与填充体I(即结构与围护)分离的形式,以便于填充体的更新换代,同时还可以提供大而灵活的室内空间,并提高住宅的抗震性能。

3. 建筑结构轻型化

适合产业化的住宅产品的梁、板、柱等承重结构和围护、装修等将向着轻型化发展，优点是节省用料、减轻荷载、少占用室内空间并有利于施工。为此结构体应采用轻质高强、易加工成型的材料。钢材是性能最好的结构材料，目前我国价格较高，使用很少。但随着钢铁工业的发展，建筑钢结构的应用会取得相当大的进展。钢筋混凝土（特别是高强钢筋混凝土）作为一种成熟的材料和技术会在建筑结构中取得普遍的应用。我国产业化住宅结构体将以钢筋混凝土为主，辅之以钢结构。究竟何者最佳，应以各种体系材料的技术经济评价为准。

4. 围护体性能优良

以墙体为主的围护体由于与结构体分离，因此自身不需要太高的强度，主要承担自重、装饰物荷载和日后使用中的一些荷载。要求围护体应具有良好的保温隔热、隔声、耐火、防水、轻质等性能，还需要具有较好的易加工和易成型等特点。内隔墙还应该拆装方便，利于更新改造。应将墙体在工厂中制成标准化的墙板，或者使用标准模数的轻质墙体制品（如加气混凝土条板、石膏板等），然后现场组装，以提高效率。

5. 围护与装修合一，或者装修集成化

装修工序多、以手工操作为主，是住宅建设效率提高的难点。因此，工业化住宅可以将围护与装修合一，在工厂中一次性完成，或者在工厂里完成主要装修工作，现场只做些简单的涂刷即可。若不能保证围护与装修合一，也可将装修的各道工序集成化，并在工厂中完成，现场只做些拼装工作即可。近期市面上流行的"集成墙饰"具有质地轻便、防水防潮、防火抗裂、隔热隔音、环保经济、安装快捷、节省人工等特点，很受欢迎。如何提高装修工程的施工效率是提高整个工业化住宅建设效率的关键之一。

近些年我国在新型墙体材料方面发展较快，已经研制生产出一些适合住宅产业化的新型墙体材料和制品。如广州松本建设实业公司生产的高性能建筑用板材广

5 适合住宅产业化的住宅体系和产品

泛应用于各类建筑物上。其引进欧洲技术设备生产的保得板由多种有机和无机物质构成，具有不燃、防火、隔声、保温、隔热、易加工、抗冲击、耐腐蚀等优良特性，是一种质轻、高强、环保的多用途板材，广泛地应用于外墙、室内隔墙、天花吊顶、屋面、防火门窗等。图5-11为将保得板用于内隔墙的构造简图，图5-12是北京振利节能环保科技股份公司开发的节能保温环保外墙板。这类板材若能在产

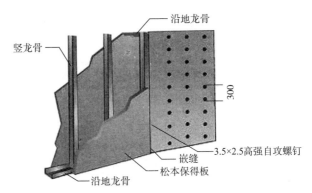

图5-11 松本保得板用于内隔墙简图

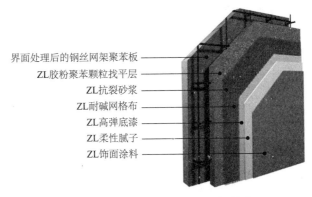

图5-12 北京振利节能环保外墙简图

品应用开发上向标准化、定型化方面努力，会在未来产业化住宅中得到很好的应用。

按照住宅产业化的要求，我国今后研制开发新型墙体材料和制品应该注重于技术与标准、市场开拓、政策支持等几方面，使开发的住宅材料制品真正以成品方式与用户见面，提高用户对产品的可信度，扩大应用范围。

5.3.3 适合产业化的几种住宅建筑体系

当前适于产业化的住宅建筑体系（按结构材料划分）主流仍是钢筋混凝土结构体系，此外还有轻钢结构住宅体系和木结构住宅体系等。砖混结构住宅体系作为一种传统的建筑体系由于其结构与围护合一、不利于改造更新、保温隔热性能差、不利于环保等，是不适合产业化发展的建筑结构体系，正在逐渐被取代。

5.3.3.1 装配式钢筋混凝土结构住宅体系

钢筋混凝土结构具有高强、耐久、防火、抗震抗风效果好、技术成熟、造价适中、施工方便、主材以地方性材料为主等特点，一直是建筑结构的主要材料之一。现有的钢筋混凝土结构在解决了一些技术上的问题后，基本上可以适应工业化住宅在建筑结构方面的要求。钢筋混凝土可以形成很多种各具特色的建筑结构形式，如框架、框架－剪力墙、框架－筒体、筒中筒等，使于形成高耸、大开间、灵活隔断、结构与围护分离、保温隔热、防水隔声等效果优良的住宅。因此，今后装配式钢筋混凝土（特别是高强钢筋混凝土）作为一种成熟的材料和技术会在工业化住宅建筑结构中取得普遍的应用。

（1）装配式框架结构体系中的世构体系（法国）和抗震框架体系（日本、韩国）的装配特点是通过后浇混凝土使叠合梁、叠合板、预制柱形成整体，柱下口通过套筒灌浆，楼梯、阳台采用整体预制，适用范围：一级抗震设防烈度8度，限高45m。

（2）装配式剪力墙结构体系中的L板体系（英国）、大板体系（中国）、半预制体系（德国）、北京万科预制外墙板体系的装配特点是通过现浇混凝土内墙和叠合楼板将预制外墙板、楼梯、阳台等连接为整体，外墙下口可采用套筒灌浆或焊接等方法连接，适用范围：一级抗震设防烈度8度，限高100m。

（3）装配式框剪结构体系中的日本HPC体系、香港预制体系、外墙挂板体系（附属）的装配特点是通过现浇剪力墙和叠合梁板连接预制构件（外墙挂板、楼梯和阳台），柱或楼板也可以采用现浇，外墙可采用柔性连接的外墙板。适用范围：一级抗震设防烈度8度，限高100m。

各种结构体系的选择可根据具体工程的高度、平面、体型、抗震等级、设防烈度及功能特点来确定，其装配特点及适用范围见表5-2所列，图5-13为装配式混凝土结构吊装与临时支撑。

装配式混凝土结构体系的装配特点及适用范围　　表5-2

项目	装配式混凝土结构体系		
	框架结构	剪力墙结构	框架—剪力墙结构
结构体系	世构体系（法国）；抗震框架体系（日本、韩国）；传统框架体系（中国）	L板体系（英国）；大板体系（中国）；半预制体系（德国）；预制墙板体系（日本）；北京万科预制外墙体系；澳大利亚体系	日本HPC体系；美国停车楼体系；香港预制体系；外墙挂板体系
预制内容	叠合梁、叠合板、预制柱、预制楼梯、预制/叠合阳台等	叠合板、预制外墙板、预制楼梯、预制/叠合阳台等	叠合板、叠合梁、预制柱、预制外墙挂板、预制楼梯、预制/叠合阳台等
装配特点	通过后浇混凝土连接梁、板、柱以形成整体，柱下口通过套筒灌浆连接	通过现浇混凝土内墙和叠合楼板将预制外墙板、楼梯、阳台等连接为整体，外墙板下口可采用套筒灌浆或者焊接等方法连接	通过现浇剪力墙和叠合楼板连接预制构件，柱或楼板也可采用现浇，外墙可采用柔性连接的外墙板
适用范围	一级抗震 设防烈度：8度 结构高度：45m	一级抗震 设防烈度：8度 结构高度：100m	一级抗震 设防烈度：8度 结构高度：100m

图5-13　装配式混凝土结构吊装与临时支撑

5.3.3.2　装配式钢结构住宅体系

钢结构住宅在欧美的开发和应用较早，近年在日本的发展也比较快，多为低层住宅和别墅。

钢结构住宅采用高强度的钢柱、钢梁作为承重框架，配以标准化的内外墙板、楼板、屋顶板和水、电、暖、卫设施，是一种新型工业化建筑体系。钢结构住宅具有五大技术特点：一是可减轻建筑结构自重的30%，整体刚性好、强度高、重量轻，变形能力强，提高住宅的抗震性能。二是可增加大约3%的使用面积，户内空间分隔较为灵活。三是具有理想的保温、隔热、隔声性能，采用全封闭式保温隔热防潮系统，温度变化小、热损失低，可节能60%以上。不论冬夏，都具有舒适的居住环境。四是可采用工业化生产方式，实现构件的工厂预制和现场装配化施工；实现技术集成化，提高住宅的科技含量和使用功能。五是可提高劳动生产率和现场文明施工水平，施工用工少，速度快，工程质量可靠，减少施工噪声和粉尘污染，综合效益好。因此，有专家预言：三年内钢结构住宅将脱颖而出，成为建筑现代化的一个重要标志。

钢结构的建筑体系构成包括以下几个方面：

（1）钢结构体系：钢结构体系的型式有多种，但应用于住宅的主要可分为钢框架体系、钢支撑框架体系、钢框架—混凝土剪力墙体系、错层桁架体系、巨型结构加子结构体系等。从构件的截面形式上可分为：热轧H形截面、焊接H形截面、焊接箱形截面、冷弯薄壁方钢管内灌混凝土、冷弯C形截面、圆钢管内灌混凝土等。

钢结构的防火措施主要有：防火喷漆、防火板外包、耐火钢等。

（2）围护结构体系：外围护结构主要采用墙板的型式，如轻混凝土板、太空板、水泥刨花板、夹芯板等。内墙采用轻混凝土板、石膏板、水泥刨花板、稻草板等。

（3）楼板结构体系：楼板的主要型式有：压型钢板与现浇混凝土组合楼板、预制轻混凝土板等。

冷弯薄壁轻型钢结构体系由于构件全部采用工厂化规模生产，构件模块化，现场组装用螺钉连接，建造速度快，现场干作业清洁施工，无建筑垃圾，环境污染很少；由于采用超级防腐镀锌钢龙骨，耐久性高；所用材料主要是绿色可循环再生或易降解材料，再加上集成环保节能技术，保温隔热性能好，因此，轻钢龙骨体系是一种高效节能型绿色建筑结构体系。这种体系只能适用于3层以下的低层建筑（主

图5-14 上海铂派科技公司生产的轻钢结构小住宅

要是别墅),目前综合造价大约在1500~1800元/m²左右(不含装修)。图5-14是上海铂派科技公司生产的轻钢结构小住宅。

我国的钢结构住宅处于起步阶段,由于钢结构住宅价格较高,技术还不成熟,使用很少,还处在试验研究阶段。上海、长沙、北京、天津等城市已建成或正在建设低层、多层和小高层钢结构住宅试点工程,全国已建设了几十个试验工程项目,积累了宝贵的经验。一批新的试验工程和设计导则、标准等正在加紧制订和完善。随着钢铁工业的发展和钢结构住宅研究应用进展,未来十年钢结构住宅会取得相当大的进展。

5.3.3.3 木结构住宅体系

砖木结构和木结构曾广泛用于我国城乡的低层住宅,在尚有木材资源可以建房的地区,特别是在山区和农村仍在采用。用商品化生产的木胶合板和定型木骨架建成的预制装配低层住宅在西方和日本很盛行,我国已有引进。木结构住宅由于结构轻、居住舒适、通风好、加工建造方便等优点,在国外通常用来建造低层别墅式住宅。近几年国内也开始研究应用。由于木结构住宅大量消耗宝贵的木材资源,不利于环保,因此作为一种工业化住宅体系在我国不会大面积展开,但在一定的区域内会有一定的发展空间。图5-15是营口小雨木屋别墅。这样的房子建筑面积121m²包含装修在内的建造费用只需25.5万元。

图5-15 营口小雨木屋别墅

5.3.3.4 SI住宅体系

所谓"SI住宅体系",即将住宅的支撑体(Skeleton)和填充体(Infill)分离。其中S(支撑体)指住宅的主体结构、分户墙和外围护,具有高耐久性,寿命可达百年以上;I(填充体)是指整体厨房、整体卫生间、内隔墙及装饰、架空地板、户内设备管线等部品,这些住宅部品能够实现大批量、高效率、高质量的工业化生产。"SI"的核心理念是将住宅中的支撑体和填充体有效分离,提高S的耐久性和I的可变性。

20世纪60年代,荷兰哈布拉肯教授最早提出住宅建筑新观点,形成所谓开放建筑(Open Building)理论。主要观点是以不同于传统的建筑构成方式建造房屋,而以两阶段供给方式作为主要构成方法,即支撑体系统(Support System)与填充体系统(Infill System)。20世纪90年代初期,日本在其住宅产业、部品技术趋向成熟后,研发出新型开放住宅称作"SI"住宅,即"Skeleton(支撑体)—Infill(填充体)"住宅。SI住宅理念得到了社会各界广泛的拥戴和支持,正得到普及和广泛应用,其干式施工的内装工业化成为住宅内装的主流体系,超高层住宅几乎达到了100%采用SI体系设计与建造。SI住宅可保证住宅在100年的使用寿命中能够较为便捷地进行内装改造与部品更换,从而达到延长住宅建筑寿命的目的,如图5-16所示。

目前国内对SI体系的研究主要是探索国外的先进经验,逐步确立了一种新型的具有中国特色的住宅建筑体系。2010年10月,住房和城乡建设部住宅产业化促进中心发布了《CSI住宅建设技术导则(试行)》。另外一些地方政府建设部门、国家住宅产业化基地以及住宅建设企业进行了SI体系住宅产业化建设的探索,如济南市住宅产业化发展中心研发了CSI住宅部品体系,万科公司在SI体系基础上,结合国

5 适合住宅产业化的住宅体系和产品

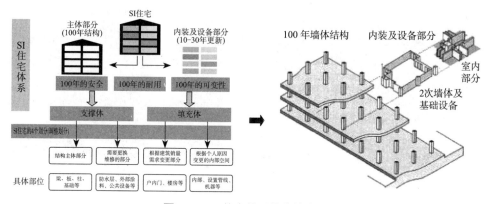

图5-16 SI住宅体系的分体表示

内客户需求和社会资源现状，创新开发出产业化住宅内部装修系统，简称VSI住宅装修体系。

SI住宅体系是以可持续居住环境建设理念为基础，力求通过建设产业化，全面实现建筑的长寿化、品质的优良化、绿色低碳化，通过保证住宅性能和品质的规划设计、施工建造、维护使用、再生改建等技术为核心的新型工业化体系与集成技术，来建设提高长久居住价值的人居环境。其主要的集成建造技术包括：

1. 大型空间结构集成技术

套型内为连续的大空间，减少室内承重墙体，提供大空间结构体系，为户型多样性选择和全生命周期变化创造条件。通过合理的结构选型与设计，采用大空间的结构形式，提高户内空间的灵活性，适应家庭生命周期的使用需求。

2. 户内间集成技术

由轻钢龙骨隔墙、轻钢龙骨吊顶、架空地面构成的建筑内间体系，有着占用空间小、自重轻（抗震性能好）、干法施工、质量可靠、利于管线敷设、便于后期改造等优点，如图5-17所示。

3. 外墙内保温集成技术

采用聚氨酯发泡内保温体系，占用空间最小，保温性能最好，而且整体性好并兼具防水功能，有效解决了旧有内保温体系常见的冷桥、结露等问题，如图5-18所示。

图5-17　架空地板体系　　　图5-18　外墙内保温　　　图5-19　干式地暖

4. 干式地暖集成技术

干式地板采暖具备地板辐射采暖的人体舒适度、节省室内空间等优势的同时，又有效地解决了湿式地暖不易维修、渗漏不好控制等问题，保证了全干式内装的实现，如图5-19所示。

5. 整体卫浴集成技术

用工业化的整体卫浴代替传统装修，比传统湿作业装修快24倍，排水盘和整体墙板的拼装工艺保证不漏水。由于采用了干式施工，不受季节影响，无噪声，无建筑垃圾，节能环保，如图5-20所示。

6. 整体厨房集成技术

整体厨房是将厨房部品（设备、电器等）按人们所期望的功能以橱柜为载体，将燃气具、电器、用品、柜内配件依据相关标准，科学合理地集成一体，形成空间布局最优、劳动强度最小并逐步实现操作智能化和娱乐化的集成化厨房，如图5-21所示。

7. 全面换气集成技术

卫生间废气、厨房油烟直排系统，产权分明，防止户间公共风道串味，并利于户间防火和后期维护。负压式新风技术，利用卫生间和厨房的排风设备为室内制造负压环境，每个房间内的新风口自然为室内补充了新鲜空气。

图5-20　整体卫浴　　　　图5-21　整体厨房　　　　图5-22　综合管线

8. 综合管线集成技术

利用内间系统内部空间敷设备系统管线，使S的结构体与I的各系统管线完全分离，完整地实现了SI的建造体系，同时便于日后维修更换，如图5-22所示。

5.3.3.5　模块化建筑体系

建筑物的模块化建造就是根据模块化理论以及工程项目的实际情况将复杂的建筑物分解成为独立的建筑模块并对各个模块进行独立的设计和制造，最后通过模块整合将具有不同功能的模块组合形成满足某种功能需求的建筑整体。也就是以单个房间作为一个模块在工厂进行预制，并可在工厂对模块内部空间进行布置与装修，随后运输至现场通过吊装将模块可靠的连接为建筑整体。国内以前称其为"盒子建筑"。通过这种分解与整合的过程简化了建设工程项目设计与建造的复杂性，实现了模块生产的标准化和规模化以及最终建筑产品的个性化。

模块建筑体系中的模块指的是为了易于装配或灵活使用而设计的组件单元，在模块建筑中，所有的建筑模块均在工厂进行预制，并且所有的模块构件不仅是一个结构单元而且还是一个空间单元。所有的模块在工厂完成预制后，通过运输设备将模块单元运送到施工现场，然后利用吊装设备对构件进行现场吊装，最后在构件吊装到指定位置后完成构件的现场组装工作。通过现场一系列的吊装组装工作完成整个建筑物的建造。

预制集成建筑模块是根据标准化生产流程和严格的质量控制体系，在专业技术人员的指导下由熟练工人在模块组装工厂车间流水生产线上制作完成，其制作加工精度可达毫米级。由于预制集成建筑模块技术的使用，其厨房、卫生间可标准化定级生产，管线系统高度标准化，室内精装修甚至清洁全部可在工厂完成，现场只需完成模块的吊装、连接、外墙装饰以及市政绿化的施工，施工精度与质量管理水平高于传统的现场作业，如图5-23所示。

图5-23 模块化的住宅建筑体系施工

上述各种体系还可以有机组合，形成复合结构体系。而各种建筑结构体系在施工中还有许多不同的工法。

可以预见，未来中国工业化住宅体系将以钢筋混凝土结构为主，而钢结构将以很快的速度发展，占据一定的市场份额，而木结构也将在某些地区有一定的发展空间。SI体系由于其综合了预制与现浇的各自优势，技术难度低，风险较小，对于初期的住宅产业化具有巨大的优势。

由于建筑体系化存在体系开放性差，互换性和通用性差的缺点，易造成单一性，因此今后发展中不可能认定某一种好的建筑体系就放弃其他体系。每一种建筑体系代表了一种建筑风格，对于讲究多样性的建筑产品来说，每一种体系都有其存在的价值。

采用工业化建筑体系建造的房屋也有低层、多层、高层和超高层之分。目前我国的工业化建筑产品和技术大部分都是面向多层和高层的，这与我国目前的国情密切相关。随着我国经济发展、农业科技进步、城镇化和人口总量与结构变化，低层房屋（别墅）将成为未来的主要产品，那时的工业化住宅也将像欧美日一样将以低层的别墅产品为主，在工厂里生产后运到现场组装完成即可快速入住。

5.4 标准化的部品体系

5.4.1 住宅部品分类

住宅部品是构成住宅本体的基本单元或附属品，是具有相对独立性，可以单独进行设计、制造、调试、修改和存储，便于不同的专业化企业分别进行生产的住宅产品。

住房和城乡建设部住宅产业化促进中心成立伊始，就收集了大量的国外相关资料进行了对比研究，在认真分析日本BL、美国Sweet's、德国的Bertelsmann部品和产品分类体系，根据我国住宅产业化发展的特点，将住宅部品体系分为四部分，见表5-3所列。

中国住宅部品的分类　　　　　表5-3

W：外围护部品（件）体系			
W10：外墙围护	W20：屋面	W30：门、窗	
N：内装部品（件）体系			
N10：隔墙	N20：内门	N30：装饰部件	N40：户内楼梯	N50：壁柜
N60：卫生间	N70：厨房	N80：排烟换气风道	N90：配管系统	
S：设备部品（件）体系			
S10：暖通与空调系统	S20：给水排水设备系统	S30：燃气设备系统	S40：电气与照明系统
S50：消防系统	S60：电梯系统	S70：新能源系统	S80：智能化系统
P：小区配套部品（件）体系			
P10：室外设施	P20：停车设备	P30：园林绿化	P40：垃圾贮置

（1）组成住宅本体外围护的部品、部件，如结构类部品、外围护部品部件等，如图5-24所示。

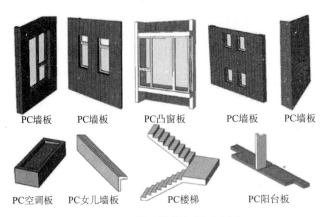

图5-24　外围护类部品示意图

（2）组成住宅本体内部装修的部品，如内门、隔墙、卫生间、厨房等，如图5-25所示。

（3）住宅内部设备和部品、部件，如冷热水、暖、电、燃气、通风换气、电梯、照明、消防、厨卫设备、智能化设备等，如图5-26所示。

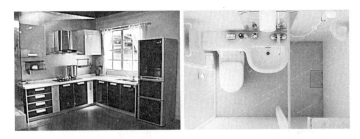

图5-25　住宅内部装修的部品示意图

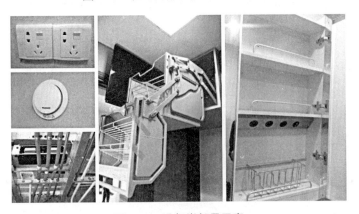

图5-26　设备类部品示意

图5-27　小区配套类部品示意

（4）与住宅生活密切相关的，并且分布在住宅四周的部件，如停车设施、垃圾工具、园林设施、健身设备等，如图5-27所示。

住宅部品的主要特征是：

• 标准化、系列化、规模化生产，并向通用化发展；

• 材料制品配套，施工机具配套，技术文件配套，形成成套技术，做到部品先进有标准，设计方便有依据，施工快捷易于保证质量。

住宅部品化是住宅建设的一个非常重要的发展趋势。今后的住宅建设将会改变以前以现场为中心进行加工生产的局面，逐步采用大量工厂化生产的部品进行现场组装作业，改变住宅生产的面貌。如经过配套生产、组装完善的整体卫生洁具产品，甚至整体卫生间，在工厂里加工制作成完整的门窗等，只要运到建筑工地，就可直接整体地安装在建筑物上。

日本是住宅部品化发展最好的国家。自20世纪60年代中期开始发展住宅部品化，在很大程度上解决了住宅多样化和标准化之间的矛盾，全面有效地提高了整个住宅产业化水平，获得很大成功，效果显著，许多做法值得学习借鉴。

发展部品化是住宅产业化发展的物质基础和关键环节。

5.4.2　部品——大规模定制的基本实现单元

1. 部品化：标准化和大规模生产的基础

通过住宅的部品化，住宅产品构成由几万个零件作为单元发展成为以部品作为单元，部品的数量和规格比零件要少得多。如日本的优良住宅部品认证（BL认证）到1995年底共认证了819家企业、39个品种、1682个型号的部品。由于住宅产品的庞大性和复杂性，部品化是实现标准化和大规模生产的最好途径。

2. 部品化：大规模生产与定制的结合点

实现部品化后，由于部品的标准化，可以自由选用通用部品，很容易将住宅设计成各种形式，既可做到部品的大量生产，又可做到住宅建筑的多样化。对无特殊要求的住宅，只要将通用部件组合在一起便可像搭积木一样建造住房。同时部品化也有利于促进住宅建筑用专用体系和通用体系的发展。专用体系的发展只部分地促进住宅产业的产业化，而部品化的发展却可以促进整个建筑业工业化水平的提高。因此，部品是大规模生产与定制之间的结合点（或对偶点），是解决标准化、大批量生产和住宅多样化、个性化之间的矛盾的重要途径。

3. 部品化：提高住宅质量和寿命的重要手段

由于采用部品化，有利于对部品进行专业化、集约化的生产。这些通用部品可广泛地渗透到各种建筑体系，包括传统建筑体系和施工方法建造的住宅中，可以提高住宅质量，改善现场的劳动条件，使建筑现场和建筑物质量大为改观。

由于住宅是由很多具有不同功能和不同耐久性的部品构成，当有些部品老化、腐朽或损坏时，可随时通过更换这些部品，使该住宅仍然保持良好的使用性能，从而延长整个住宅的使用寿命。

5.4.3　面向大规模定制的住宅部品标准化方法

住宅部品标准化要从产品设计构思入手，围绕通用部品、多功能模块、标准化接口、通用工具、几何尺寸和标准工艺来设计产品，以实现部品的标准化、通用化和系列化。

1. 部品本身的多样性和复杂性

标准化部品的种类、数量越多，越容易提高产品的多样性，从而使可能定制的部品种类和数量减少。但种类过多的标准化部品会使成本大幅增加，因此要将标准化部品的种类和数量控制在一个各方都可以接受的范围内，在这个范围内，标准化部品的成本与定制产品成本之和最小，同时还可以满足用户多样化和个性化的需要。如果上述范围不能被各方共同接受，则企业必须重新审视和定位自己的产品，调整产品战略和市场战略。

2. 部品通用化

部品通用化指通过某些使用功能和尺寸相近的部品的标准化，使该部品在住宅的许多部位和纵、横系列产品间通用，实现跨系列产品间的模块的通用，从而减少部品种类和数目的方法。通过部品的通用化，使得各部品的生产不因其外部产品品种和功能的变化而改变制造工艺，从而减少由改变生产格局带来的生产延误和改变工艺所增加的管理成本，降低产品成本，取得规模效益。同时也有利于充分利用现有的规模生产设备，为各功能模块的规模生产奠定基础。

3. 标准化接口

模块接口部位的结构、尺寸和参数标准化，容易实现模块间的互换，从而使模块满足更大数量的不同产品的需要。应使标准化的接口简便易用、容易区分并保证接口可靠。

4. 机具通用化

要使制造或生产部品的机具尽可能实现通用化，以消除制造过程中重新定位和更换工具等辅助性工作对生产过程的影响。机具通用化的要求将对部品的开发、设计和制造产生重要的影响。在进行部品开发设计时，必须要考虑生产机械和工具是否容易得到、对产品可能带来什么影响等。

5. 工艺标准化

将部品的生产工艺标准化能保证在不大量改变生产系统设置和操作方式的情况下，大规模生产不同类型的定制产品，并避免降低制造柔性。标准化的生产工艺还有利于提高效率和质量、降低成本。

目前我国的住宅部品、设备的开发和试制工作仍处于自发阶段，标准化体系尚不健全，部品种类繁杂，尺寸规格互不配套，住宅部品生产的模数协调工作刚刚开始，住宅部品的生产缺乏规格化、系列化和配套化。住宅部品与住宅，部品与部品之间缺乏相应的连接与配合，接口技术是低水平的和粗放型的，生产技术落后，达不到设计要求。部品市场不规范，缺乏性能和质量的可靠保证，优良部品得不到有效的保护，次品充斥施工工地。住宅部品开发和生产缺乏必要的监督和激励机制，新产品开发和营销阻力很大。

5.4.4 推进住宅部品标准化中要解决的问题

1. 标准单元的确定基准——寻求对偶点

如何确定标准部品单元的划分基准是部品标准化的技术基础。部品划分过粗，会导致部品标准数量少，虽有利于大规模生产但会使最终住宅产品相似或类同，不利于产品的多样性和个性化；部品划分越细，部品标准数量就会越多，虽不利于大规模生产，但会使最终住宅产品的排列组合数量呈指数级增加，有利于产品的多样性和个性化。同时，对同一种部品，标准部品的种类越多，定制部品的种类和数量就越少，这就出现了一对矛盾。标准化的部品单元必须能够兼顾二者的关系，通过寻求到一个划分标准单元的基准点（相当于线性规划中的对偶点），使之能够协调好二者的关系（抑或是双方都能接受的"妥协"点）。该对偶点需要根据具体部品、具体项目和实际问题，通过复杂的计算和检验才能得出，如图5-28所示。

2. 建立部品审查、认证和推荐体系

建立专业化、权威的住宅部品审查和认证机构，负责住宅部品标准制定、产品审查、认证，向社会推荐合格的优质住宅部品。日本和法国的住宅部品审查认定做法值得借鉴。我国也已初步建立了"国家康居示范工程选用部品与产品目录"和"商品住宅性能认证"体系。

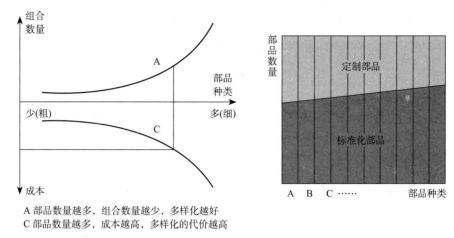

A 部品数量越多，组合数量越少，多样化越好
C 部品数量越多，成本越高，多样化的代价越高

图5-28 部品种类与多样化及成本的关系

5.5 实现住宅产品多样化的途径和方法

由于不同的人、不同的社会群体对住宅产品的功能、性能及其外观结构的要求必然会有所不同，因此适合产业化的住宅产品应该是多样化的。实现住宅产品多样化的途径和方法大致上有以下三种：

5.5.1 构建模块化产品体系

将部品根据模数进行有机组合就形成了模块，建立模块化的产品是实现住宅产品多样化的最有效途径和基本方法。

模块化产品是实现以大批量的效益实现单件生产目标的最佳方法，也是支持用户自行设计产品的一种有效方法。产品模块是具有独立功能和输入、输出的标准部件。在进行产品设计时采用柔性的、模块化的产品设计方法，产品的功能和性能可以根据用户的需要进行改变，很容易得到新的功能和性能，可以实现产品成本与批量无关。从产品看是单件生产，而从具体的设计和制造部门看，却是大批量生产。住宅产业的模块化产品主要指部品及其部分组件。

按照B. Joseph Pine II的论述，模块化分为六种情形：共享构件模块化、互换构件模块化、"量体裁衣"模块化、混合模块化、总线模块化、可组合模块化。这些模块化方法几乎都适用于住宅产品的模块化定制。

模块化产品设计方法的原理是：在对一定范围内的不同功能或相同功能不同性能、不同规格的产品进行功能分析的基础上，划分并设计出一系列功能模块，通过模块的选择和组合构成不同的顾客定制的产品，以满足市场的不同需求。这是相似性原理在产品功能和结构上的应用，是一种实现标准化与多样化的有机结合及多品种、小批量与效率的有效统一的标准化方法。

5.5.2 生产体系的延迟策略

延迟（Postponement）是为减小预估风险，适应产品多样化生产而采用的一种技术，通过延迟的运用实现产品多样化，满足个性化定制的需要。它的核心内容是：企业在整个生产流程中将不同产品需求中相同程序制作过程尽可能最大化，而对定制需求或最终需求（体现个性化需求的部分）的差异化制作过程尽可能被延迟。

住宅产业的延迟策略包括四种情况，分别对应住宅产业生产供应链上的四个时点，如图5-29所示。

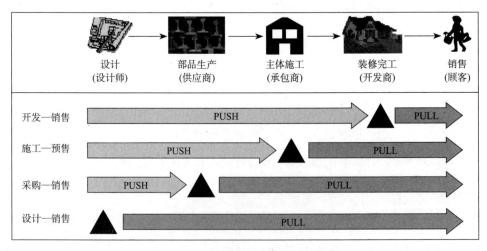

图5-29　住宅产业延迟策略的四种情况

1. 开发—销售方式

第一种延迟策略是分界点处于房屋已完成阶段的情况。这是住宅建设的传统方法。虽然它没有应用延迟的原理。房屋是在预期订购的基础上设计和建造的。它是在顾客对已建房屋感兴趣的基础上给他们提供选择，这样的选择最终取决于房价、地理位置、设计、房子空间大小。这样类型的房屋不能提供顾客定做的服务，其结果使市场竞争主要取决于销售价格。所以设计和建筑过程必须尽可能的经济，从而减少成本。在分界线的另一边，房屋交易期间，理想的战略是尽可能地"敏捷"，从而减少交易时间来满足顾客的要求，并提高投资回收速度。实际过程中，在工程完成之前像这样交易引起的资金流动在好多情况下通过押金的形式就已经开始了。

2. 施工—预售方式

第二种延迟策略是"施工—订购方式"。在这种情况中分界点在生产供应链中向前移动了一个阶段。按照预期需求房子结构已经设计好并建成了。顾客对相应的房子结构和地理位置进行选择，而且一旦做出了选择就指明他们要求的装修样式，顾客有一定的自己定制装修和设施的权利。价格仍然是竞争的主要驱动力，但全过程是通过顾客定制的程度来实现。

3. 采购—销售方式

第三种类型是"采购—销售方式"。在这种情况下，分界点位于结构构件采购供应阶段。构件的设计和安装是根据预期需求进行的，而基础、结构构件的使用等都是按照顾客特定的定制要求来进行的，因而顾客有很大的自主选择范围。他们能够为一个给定地点的建筑指定最符合他们要求的结构样式和外部装修。这和现在大多数的房产开发商的实际操作是不一样的，他们在一个预订好的开发平面上给顾客提供可选择的建筑结构，所以顾客可能会因为在一个已给定的地方上因没有按照他们所期望的结构框架而不得不在建筑地点上做出妥协。

4. 设计—销售方式

第四种类型是"设计—销售方式"。它的分界点位于设计阶段。整个住宅的设计和建造过程全是按照顾客的定制要求来进行的，没有一点预期的成分。在资金允许的情况下，顾客拥有全过程选择权利，他们能明确地设计他们需要的房屋类型。这样一来，顾客定制成为主要的竞争优势，价格变成第二位的因素，当然它仍很重要。整个过程需要尽可能地"敏捷"，从而可以满足顾客时间上及不同的其他要求。自行建造的房屋属于这种类型。

5.5.3 生产体系柔性和敏捷性

生产体系柔性是生产体系快速适应产品变化的性能。建筑业是现场手工操作为主的产业，不使用定型的流水线和生产设备，因而建筑业具有极大的柔性。但住宅产业由于向工业化方向发展，因此其柔性有所降低，而从住宅产品的多样化、个性化角度，住宅产业的生产体系又必须要具备相当的柔性才能适应用户需求。

住宅产业生产体系的柔性主要是指大规模生产住宅部品的生产系统要具备相当的柔性，既要适合大量的标准化部品生产的需要，又要满足多品种、小批量部品生产的需要。这可以通过工艺柔性、设备柔性、产品柔性、扩展柔性、运行管理柔性等来实现。

敏捷性实质在于响应时间的快速与跟踪变化的能力，企业决策者、生产指挥人员不仅必须关心在一个时间段内的任务安排，同时还要关心近期在制品状态、设备负荷、物料状态以及实时任务等，正因此"以时间为关键的制造"（Time Critical Manufacturing）愈来愈为现代企业所重视。"以时间为关键的制造"核心是利用各种实时信息做到及时的计划调整和调度。

5.6　工业化住宅的设计与管理

5.6.1　明确住宅产品的设计理念

要实现工业化住宅的大规模定制生产，就要在进行住宅设计时，首先要求企业真正建立顾客至上的经营理念，时刻考虑顾客的各种需要（尤其是个性化需求），将"全面顾客满意"、"为顾客创造价值"作为自己的经营目标。其次是企业为实现顾客满意目标，要采取一系列措施和途径。要在住宅产品设计理念中充分体现这一思想。

1. 高度重视住宅设计

顾客对住宅产品的要求主要有质量（Quality）、性能（Performance）、成本（Cost）、工期（Time）和服务（Service）五个方面，其中住宅性能好坏，主要体现在住宅设计上，并且住宅产品的总成本的70%以上都是在设计中决定的，而住宅设计本身所需要的费用仅占总成本的5%左右，质量和工期与住宅设计也存在相当大的关系，设计不合理所引起的产品性能和经济性方面的先天不足是生产过程中质量和成本措施无法挽回的，产品设计定型后再进行价值分析已经为时太晚。因此住宅设计是保证住宅产品质量、性能和成本的关键环节，也是企业生产经营目标实现和顾客满意的焦点，必须要高度重视，并加大气力做好。

2. 顾客至上，全面了解顾客需求

将顾客视为上帝，不能只是企业挂在嘴边的华丽辞藻。真正要把顾客当作上帝，企业就必须从心底承认并且欣赏顾客的个性和自我表现欲望，并且在产品的设计上尽可能去满足。这需要在设计时采取一系列的技术组织措施来实现。在住宅产品设计之初，通过对当地经济发展状况和产业结构变化趋势的判断、预测，在进行广泛的市场调查基础上明确项目的定位，发掘有效的市场需求，对个别需求、个性需求见微知著的分析、评价，按职业、年龄、受教育程度、收入状况等进行分类，完成由个别需求到类别需求的归纳推理。细化类别需求在住宅产品功能、个性文化等方面的具体内容，运用各种技术手段和情感手段多层次地捕捉多样化的有效需求。对于已经预售出去的住宅，则要通过各种技术手段，全面了解已确定用户的需求，或让用户参与其中，为定制提供基本条件。

3. 按照顾客的要求去设计

根据对顾客需求的全面了解，就可以按照顾客的要求，进行概念设计和初步设计，进而进行详细设计。需要注意的是：①顾客不是专家，需要专业技术人员积极的引导和指导，把专业化的服务与顾客的个性化要求结合起来；②按顾客要求设计不允许违背国家法规、政策或工程建设的强制性标准，以牺牲公共安全和环境为代价迎合个别顾客不合理的个性需求。

4. 在企业能够承受的范围内最大限度满足客户需求

大规模定制生产方式要求企业在考虑外部客户需要的同时，还要考虑企业自身的生产经营成本，企业不能不顾成本而盲目追求定制化。

有充足证据证明把精力放在为客户创造价值上是值得的，当然也是很麻烦的。住宅开发建设者应该为客户提供全面的空间，帮助客户界定需要，并在这些纲要基础上编制性能简介，设计、建设、维护并运营建筑物。当企业控制整个过程时，来自过程各部分的反馈信息将有助于将来建成更好的住宅。这是未来住宅开发建设企业转向获取更高价值链（即更多利润）的方向。

5.6.2 实施二阶段、用户参与的住宅设计

5.6.2.1 二阶段设计的内容和过程

二阶段住宅设计，顾名思义就是将住宅设计划分为二个阶段。

第一阶段——商家设计。主要是设计住宅的公共性、安全性较高的基础、主体和共用部分。该阶段设计是在调查研究的基础上，通过设定典型家庭和典型生活，确定该住宅项目的目标市场定位，进行住宅项目的框架设计。如确定住宅建筑的外形形状和尺寸、基础形式和埋深、主体结构形式和尺寸、围护结构形式、建筑物耐久性和隔音防水性能的提高、公共空间和公用设施确定以及水、电、暖气等设备的种类等。第一阶段设计要求满足公共安全、耐久性，符合有关法律法规规定，能够长期为用户安定的生活提供物质上的支撑，同时为用户的多样化、

个性化生活提供一个平台。

第二阶段——用户设计。用户设计是在第一阶段商家设计的基础上,通过入住者与设计小组之间的设计商谈来实施。在房屋预售(或集资)确定入住者之后,设计者通过面对面交谈、问卷调查或会议等形式,全面了解住户对住宅空间分隔、细部装修、设备、价格等的要求,然后按照用户的要求进行住宅的细部设计,在可能的条件下最大限度满足用户的多样化、个性化要求。

通过二阶段设计,既可以保证建筑物的结构安全性、城市规划对住宅建设的要求,又可以最大限度实现用户对多样化、个性化居住需求的追求,也为解决长期以来存在的"二次装修"问题提供重要途径。

二阶段设计适用于企业按照市场需求预测进行住宅开发时的设计过程。

二阶段设计的过程如图5-30所示。

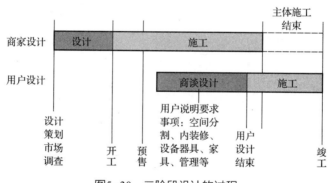

图5-30　二阶段设计的过程

5.6.2.2　二阶段设计的实现形式

按照在全部住宅设计部署中,用户设计和商家设计所占的比重不同,还可分成如下五种二阶段设计形式。

(1)完全商品式设计。在设计之初并未确定居住者,因此住宅开发业者需要通过调查或已有资料预先考虑入住者的要求,以此为依据进行全部设计。在这种情况下,商品住宅的开发策划成为整个设计过程中最重要的工作。这种住宅常常需要事先建成一些样板房(间)以辅助销售。

（2）框架式设计。是在基础、主体结构等部分设计完成以后，内隔墙、内装修、设备等由用户自由设计的方式。

（3）菜单式设计。入居者在购得产权的住宅中选择部分内隔墙、装修和建筑设备等的方式。这种情况下，设计者或施工者事先必须准备一些内隔墙、装修和建筑设备的"菜单"供入居者选择。

（4）任选式设计。是事先设定一些建筑、结构和装修的标准式样，然后让用户在通用化、可互换的构件和部品中进行选择的方式。这种情况下，要求构配件和部品要实现通用化和标准化。

（5）完全定制式设计。居住者首先根据自身的策划和基本计划选择建筑设计者，再由建筑设计者根据入居者的要求进行设计。整个过程是按照顾客的定制要求来进行的，没有一点预期的成分。自行建造的房屋属于这种类型。

实行两阶段设计的目的是通过用户参与达到顾客满意，因此用户可以根据自己对产品的要求选择采用哪种方式。对于需要房子但没有提前付款，并且没有定制要求的顾客可以采取"完全商品式设计"；当顾客对定制要求较低和较短的付款提前期时，采用"框架式设计"或"菜单式设计"是最合适的；如果顾客有较高的定制水平要求且可以较早地付款时，可以通过"任选式设计"来满足他的要求；最后那些对房屋的定制程度要求很高并准备一直等到房子建成的顾客可以采用"完全定制式设计"。

5.6.3 用户参与设计的方法

用户参与设计可以有如下介绍的三种的方法：

1. 投入使用后评价（Post Occupancy Evaluation，POE）

建设项目竣工并投入使用后，对其进行系统评价的过程即POE。POE被应用来获知更多的客户对建筑物的需求信息。POE是一种认知这类积累信息并把它用于未来建成性能更好的建筑物的方法。POE信息可用作问题解决状况的反馈，已投入使用的建筑物的细微调整，同时它也是成功或失败的证明，目的是改善设计标准和方针。

POE过程包括创建一个从用户角度考虑的标准，此标准包含建筑物性能的相关信息。单一建筑物的性能可由这一标准评估。

芬兰建筑技术中心（VIT）结合大型而管理完善的房屋拥有者和开发商应用了POE。在建筑物投入使用一年后应用POE。有些发现清楚表明，为了对未来工程项目界定阶段起作用，仅靠POE自身还不够。组织者还需对结果做出解释，即讨论结果带给我们什么样的启示，而且还要明确地说出在未来的工程项目中应该采取哪些措施，以避免失误再次出现。例如，客户抱怨了好几年的大玻璃面引起了各种问题，例如冬冷夏热，室内外空气流动性差且容易漏雨。然而什么都没有得到改善，一直到负责定位客户需求的人开始对此问题进行讨论。现在，这个问题已被承认，而且最近的POE显示此问题已被有效的避免。

2. 问题搜寻法（Problem Seeking，PS）

编制设计纲要（等同于规划）分为两个阶段，第一阶段总体上回顾客户群体的需求；第二阶段把这些需求转换成设计任务说明书。第一阶段的功能是决定是否需要一栋新的建筑物，未来客户其商业活动会是什么样的过程。下一阶段的使命是从第一阶段的结果出发，把客户的需求转换成设计纲要，描述所期望的房屋性能。设计阶段是以第二阶段的结果为基础的。

编制设计纲要最成熟的方法之一是问题搜寻法（PS）。PS由五个阶段组成：（1）目标；（2）现状；（3）概念；（4）需求；（5）问题。建立目标以说明客户想要什么，是什么原因使他们产生这种需求；收集并分析现状以描述项目的边界条件；概念告诉客户如何实现目标；通常客户需求要比实际需求更严格。除此之外，客户很少有钱去实现所有顾客想要的。需求阶段的目的是把现实、重要的需求与不太重要的愿望区分开来；最后再把设计中的问题作一个详尽的陈述。每个阶段的结果包括四项需要考虑的因素：功能、造型、成本与工期。

3. 质量功能配置（QFD）

QFD发明于20世纪60年代末的日本，用来支持产品设计过程，是一种已经被成功应用于其他行业的产品开发项目的工具。它提供了一种系统化的方法，来满足用户在产品性能方面的期望，同时也是设计过程中书面决策的一种方法。

QFD提供手段，用以清楚说明客户的需要及被提议的方案在多大程度上满足了这些需要。QFD过程通过构造矩阵完成。在第一个矩阵内，有分量的客户需求放在左边一列，针对这些需求的技术措施列在顶行。技术反应完成之后，再加上需求与技术措施之间的相依关系。对技术措施的评估是以补充的相依关系为基础的，它们中的一些被选择为下一阶段的需求。

某住宅设计方案的目标论证采用QFD作为工具。QFD矩阵由需求（行）和不同方法的特征（列）组成。住宅的性能需求按照国际能源协会（IEA）要求的23项标准给出，并依照他们的重要性给出权重（范围从1到15）。可能的设计方案以性能的形式产生，而且给出它们和需求间的相互关系也（范围为0，1，3或9）。通过相关量的权重相乘，QFD表格总结了矩阵底部特征的数值价值，高数值表明了高优先性。使用者可以选择最重要的特征作为下一阶段的发展基础。这个工作由十个有不同背景的专家共同进行的。本工作评价设置了如下目标：

- 为了对最终产品要实现的目标达成共识（将被设计和建造的建筑）；
- 为了将项目的目标按优先次序排序；
- 为了努力改进设计方案，使之能满足这些目标。

第一个矩阵（表5-4）显示了选定的住宅项目的主要目标（适合性、室内条件、经济性、环境亲和、施工可行性和建筑风格）作为建筑设计的基础。第二个矩阵（表5-5）展示了在第一阶段选择的基础上，设计过程中的构造方法。

住宅设计目标，第一阶段　　　　　　　　　　　　　　　表5-4

性能(方案) / 需求		适应性	零售价	室内条件	吸引力	经济性	自动化程度	与环境相匹配	远景	适于居住性	对环境的反映	良好的内部气候	施工可行性	统一性	整体生态环境	建筑风格	简单用户分界面	可循环的露天房屋	可转让性	可拆卸性	重要性因子
实用性	可利用性	9	9	9	9	3	9	3	0	9	0	9	0	1	1	0	9	3	1	0	5
实用性	适应性	9	3	0	9	3	1	9	3	9	0	0	1	1	9	0	1	9	9	9	2
实用性	娱乐性	3	3	3	3	9	9	9	0	9	0	3	0	0	9	1	3	1	1	1	2
环境负荷	操作	9	3	9	3	9	9	9	1	1	9	9	0	0	9	0	0	0	0	0	4
环境负荷	施工	0	0	0	0	0	0	0	0	0	0	0	9	1	9	1	0	9	9	9	2
资源使用	能源	9	3	9	3	9	9	9	0	0	0	3	9	0	0	1	1	1	1	1	5
资源使用	水	9	1	0	1	3	9	9	0	1	0	0	0	0	3	0	1	0	0	0	1
资源使用	原材料	3	9	9	3	1	9	9	0	3	0	0	0	9	1	3	0	9	9	9	1
生命周期成本	投资成本	9	9	3	3	9	3	0	0	0	3	3	9	0	3	3	0	3	3	3	3
生命周期成本	建设费	9	9	1	3	9	9	9	3	0	3	0	3	1	0	3	0	3	3	3	4
生命周期成本	维护费	9	9	3	9	9	9	9	0	3	0	3	0	3	0	3	9	3	3	3	2
内部质量	隔音	9	9	9	9	0	1	0	0	9	0	3	9	0	0	9	0	0	0	0	2
内部质量	保温	9	9	9	9	9	9	3	0	1	0	9	3	0	9	3	0	9	0	0	3
内部质量	采光	9	9	9	9	3	9	3	0	0	0	3	9	1	9	1	0	4	0	0	4
内部质量	室内气候	3	9	9	9	0	9	9	0	9	0	9	3	0	0	9	0	0	0	0	5
风格	建筑风格	9	9	9	9	3	0	9	9	9	3	0	9	0	9	0	1	3	3	3	5
结果	权重	393	355	322	307	285	273	258	250	248	246	241	182	180	179	169	118	112	102	97	4317
结果	权重百分比	9	8	7	7	7	6	6	6	6	6	6	4	4	4	4	3	3	2	2	100
结果	投票	4	1	3		2	1	3			1			2		4	4	1	1		
结果	选择	X		X		X		X						X			X				

住宅设计目标，第二阶段　　　　　　　　　　表5-5

	空间	进度	结构	原材料	能源	设备	重要性因数
适应性、简单工作面、可重复使用露天房屋	9	9	9	3	3	1	3
室内条件、环境适应性	9	9	9	9	9	9	4
经济性、零售价	9	9	9	9	9	9	1
环境、自动化、整体生态化	9	3	9*	9	9	9	5
建筑性	1	9	3	1	1	1	3
建筑式样	9	9	3	9	1	0	2
权重	138	134	133	120	104	95	724
权重百分比	19%	19%	18%	17%	14%	13%	100%

除上述三种主要方法外，各国研究者又开发了几种新的设计方法。芬兰建筑技术中心（VTT）1998年开发了一种方法和工具——ECOPROP，用来在房屋工程项目中设置并运用性能需求。VTT ProP是以建筑物性质的广泛分类为基础的。除了建筑性能性质外，VTT ProP也包含环境、成本性质及实现过程的需求。ECOPROP为以项目界定为基础的性能的实现提供了一条路径。以需求为基础的性能给设计者和工程师一个机会，充分利用他们的知识来实现具有创造性与灵活性的方案。当性能以需求为基础时，获得方法的数量会更多。承包人能改善设计，也能从中获益。ECOPROP已经在不同的建筑项目中得到了应用，包括幼儿园、办公楼及房屋。它需要以往的经验为基础。

在ECOPROP和QFD的基础上，有研究者曾尝试把ECOPROP方法与QFD方法结合起来——PROPQFD。用ECOPROP确定项目的性能需求。在这之后，经过挑选的部分需求被转换到QFD，以进一步分析如何继续进行下去。通常，最终产品都没有完全的满足需求。这有很多的原因：在项目的某阶段削减成本，找不到满足需求的合适的设计方案，遗忘最初的需求等。它有助于借助已通过验证的设计方案的目标的顺利实现，如果最重要的目标得到更深刻的分析，就会顺利完成技术方案等。在解决ECOPROP需求时利用QFD便可以完成。

能够为顾客创造更多价值的设计方法和工具都是可利用的，而且这些做法应该得到奖励。将来，只有那些能为客户创造更多价值的公司才会存活下来。权衡成功与否，估量开发商的利润，应更多的参考客户的意见。开发商注意力应放在住宅整个使用期限内的性能及生命周期成本上，而不是放在初始投资成本上。

5.6.4 面向大规模定制的住宅设计技术

由于住宅的构成分为住宅产品和部品，因此面向大规模定制的住宅设计必须考虑二者的关系。可以有以下两种关系：

1. 基于部品的住宅设计（Design Based Components，DBC）

DBC是在现有大量多品种标准化部品的基础上，通过部品有机组合设计住宅的方法，如图5-31a所示。设计中将大量多品种标准化部品根据构造逻辑规则、模数协调规则，再加上设计经验和艺术准则，进行有机组合，产生成千上万的产品设计方案，再进行优化选择，得到满意的住宅产品设计，由用户进行最终选择。

2. 面向部品的产品结构分解（Product Breakdown Structure，PBS）

PBS是上述DBC的逆过程。首先由设计者按照用户要求、建筑结构、建筑艺术等进行住宅产品设计，然后根据模数协调、构造逻辑和构件技术规则等对设计的产品进行分解，如图5-31b，分解结果应该与产品目录中的标准化部品一致。

理论上无论组合还是分解，都会有极多解（方案）。因此上述两种方法的实施必须要通过计算机复杂计算才能实现。法国在吸收20世纪五六十年代法国推行建筑工业化经验的基础之上，经过多年的努力，编制出一套G5软件系统。这套软件系统把遵守同一模数协调规则、在安装上具有兼容性的建筑部件（主要是围护构件、内墙、楼板、柱和梁、楼梯和各种技术管道）汇集在产品目录之内，它告诉使用者有关选择的协调规则、各种类型部件的技术数据和尺寸数据、特定建筑部位的施工方法，其主要外形、部件之间的连接方法，设计上的经济性等。

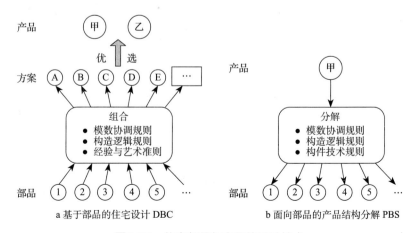

图5-31 住宅部品与产品的设计技术

采用这套软件系统,可以把任何一个建筑设计"转变"成为用工业化建筑部件进行设计而又不改变原设计的特点,尤其是建筑艺术方面的特点。这套软件系统还可以作为设计工具,从建筑设计的草图到施工整个生产过程进行归一化设计。最近这几年他们一直在推广这个信息处理工具。国外的很多大型住宅产业集团,如日本的大和房屋工业公司、积水化学工业等都有类似的系统在使用。中国也有类似的软件系统在使用。

5.6.5 住宅产品并行设计体系与过程

按照并行工程的理论,在住宅设计中要在保证基本的逻辑关系和专业次序的基础上,尽可能实现并行化,从而加快设计进度。而在并行设计过程中,各专业、各工序之间不可避免地会出现冲突。为及时处理这些问题,必须要建立住宅产品标准化数据模型,依此统一认识,消除相互之间对问题的不同看法,并且保证设计过程中及时的交流和沟通信息,实现数据共享。为此要运用计算机协同工作技术(CSCW)进行住宅产品并行设计。住宅产品并行设计的框架如图5-32所示。

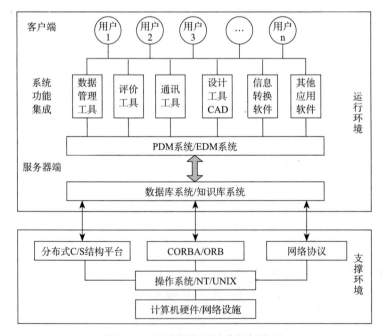

图5-32 住宅并行设计的框架体系

5.6.5.1 支持环境

并行设计的支持环境是指计算机硬件、操作系统和计算机网络系统。计算机硬件是并行设计的物质基础,操作系统是最基本的系统软件平台,计算机网络则是并行设计中各专业人员之间交流信息的根本保证,它为并行设计提供了技术上的可能性。其中使用最多的是大规模客户/服务器(C/S)网络系统,支持在计算机网络上进行并行设计和产品数据分布式存储。网络协议主要包括用户协议、广域网协议、安全协议等,保证网络用户之间的正常数据通信。

5.6.5.2 运行环境

并行设计实施的运行环境是主要分为两大部分,一个称为"服务器"端,是并行设计过程控制中网络的主导者,工程项目负责人通过服务器组织管理项目的设计过程,协调专业人员之间的沟通联系;另一个称为客户端,是各专业设计人员进行工程设计的集成环境。双方都使用独立的计算机,并通过网络相互连接和交流信息。

在服务器中主要集成了产品数据管理(PDM)和工程数据管理(EDM),是产品数据模型经过标准化处理后的数据表达形式,包含了拟开发住宅产品或部品相关的全部信息。以此为基础,在整个系统中集成了数据管理工具、数据转换、评价工具、通信工具、设计工具CAD和其他的OA应用软件,这些软件才是产品设计人员最终使用的工具。最终面向用户的"客户"端通常采用标准化的界面和操作方式,方便使用和交流信息。

5.6.5.3 并行设计实施过程

并行住宅设计的实施过程如图5-33所示。

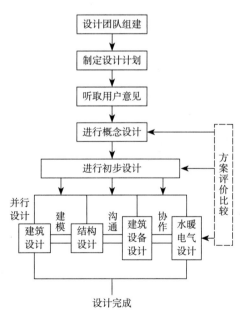

图5-33 并行住宅设计实施过程图

(1)组建设计团队(小组),编制设计计划

首先确定一个工程设计负责人,根据住宅设计任务书提供的功能要求、设计时间要求、工作量等,组建一个由多专业人员组成的协同设计团队(小组)。然后对住宅设计中的各专业设计进程进行合理规划,确定各设计任务的工作内容、具体要求和时间等。

(2)听取用户意见,按用户意见进行概念设计和初步设计

根据用户意见,进行住宅产品的概念设计。概念设计是产品整个设计过程中一个非常重要的阶段。这一阶段的工作高度地体现了设计的艺术性、创造性、综合性以及设计师的经验性,包括住宅的功能设计、方案设计及初步结构设计等内容。一旦概念设计被确定,产品设计的60%~70%也就被确定了。

此后的初步设计将概念设计的内容进一步展现,主要体现在住宅的平立剖面设计、外观设计、主要结构选型、主要设备选用等,将决定总造价的80%以上。

(3)分专业进行并行设计

初步设计之后就可以分专业进行并行设计。各专业设计人员根据项目进度安排,在本专业领域内根据住宅要求的功能进行设计,设计过程中要不断地对方案进行修改、完善。同时还要通过并行设计的工作环境,在网上对不同专业之间的冲突进行协调。协调冲突的最好方法就是建立统一的产品模型,统一对产品功能和构成的认识,同时加强网上的沟通,在项目负责人的协调下达成一致意见。

5.6.6 基于BIM的工业化住宅设计技术

BIM是"建筑信息模型"(Building Information Model)的简称,是由美国乔治亚理工学院建筑与计算机专业的Chuck Eastman博士于20世纪80年代提出的。要实现对基于BIM的工业化建筑全寿命信息化管理,首先需要进行信息分类存储。

在建筑信息模型中,构件不仅具有几何属性,还具有一些非几何属性,如材料的耐火等级、材料的传热系数、构件的造价、采购信息、重量、受力状况等。构件

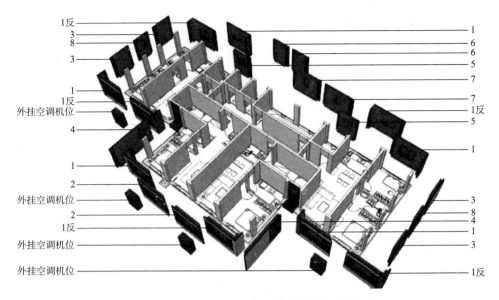

图5-34　BIM全程可视化设计（图片来自网络）

的参数有3D描述参数、空间位置参数、物理量参数、标识参数、材质参数、受力分析模型等，以数据库的形式储存，可以贯穿于整个项目周期。建筑的空间关系、构件的几何信息、构件的材料信息、构件的荷载信息、甚至包括构件的材料供应商信息等，不同的参与方能够方便的从中提取自己所需的信息，这种设计理念和传统的二维设计有了本质的区别，如图5-34所示。

BIM在住宅产业化中的应用可以贯穿预制装配式住宅的设计、深化设计、构件生产、构件物流运输、现场施工以及物业管理等建筑的全生命周期。

在设计阶段，可以利用BIM建立三维设计模型，如图5-35所示，各专业设计之间可以共享三维设计模型数据，进行专业协同、碰撞检查，避免数据重复录入。直接进行建筑、结构、设备等各专业设计，部分专业的二维设计图纸可以从三维设计模型自动生成。可以将三维设计模型的数据导入到各种分析软件，例如能耗分析、日照分析、风环境分析等软件中，快速地进行各种分析和模拟，还可以快速计算工程量并进一步进行工程成本的预测。

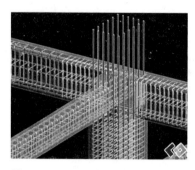

图5-35 用BIM软件建立的具有钢筋级精确程度的构件模型

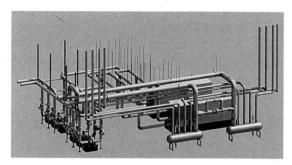

图5-36 用BIM软件建立机电模型

在施工中,BIM可以用于施工投标(科技支撑发展、服务经营,提升中标率),施工准备(施工组织方案模拟与优化、碰撞检查、可视化交底等),施工过程(4D、5D、质量、安全等,间接效益良好),施工管理(BIM与ERP融合,高级应用)和竣工验收(竣工图)。

BIM还有一个重要作用是深化设计。深化设计时要综合考虑各专业需求,将其转换为各专业实际操作图纸。深化设计应该满足功能需求、生产需求及施工需求,并应向结构、建筑、设备、电气多功能集于一体方向发展,如图5-36所示。

5.7 工业化住宅的性能与成本分析

采用工业化方式生产的住宅能否被市场接受,关键还要看这种产品的性能、价格是否具有优势,因此要对产业化住宅进行性能与价格的综合分析。

5.7.1 住宅性能、成本与价值度量方法

1. 住宅性能

住宅性能是指住宅具有的满足人们居住需要的条件和能力。其包含的内容非常丰富,有安全性能、可居住性能、实用性能、耐久性能等,如表5-6所示。

住宅性能表　　　　　　　　　　　　表5-6

住宅性能	安全性能	结构安全	按照规范设计施工、承受自身荷载
		防火安全	按防火规范设计、结构装修用防火材料
		日常安全	防坠落、碰撞、滑跌、触电、防盗
	可居住性能	温热环境	保温隔热性能、室内温湿度分布、气密性
		声环境	墙体门窗隔音性、楼板隔声性、设备管道噪声大小
		光环境	室内采光质量、室内照明、装修明亮效果
		通风换气	住宅通风换气性能及设施
	适用性能	平面空间合理布置	平面合理性、各功能空间配置的合理性、厨卫设计合理性、各功能空间的利用效率、无障碍设施
		住宅设备、设施的配备与性能	厨卫设备配套率与设备性能、水电气计量方式、设备与管线配置、设备可维修程度
		住宅可改造性	对居住空间变化的适合程度、部件与设备的可更换性
	耐久性能	结构与围护、装修耐久性	结构体、非结构体耐久性、外墙材料及功能耐久性、装修材料及功能耐久性
		防水性能	屋面、外墙防水等级年限，厨卫防水性能，局部防水处理、防结露措施
		设备耐久性能	管道防腐蚀性能，内墙防霉性能，厨卫设施耐久性能，电气、给排水、供暖设施耐久性

住宅的综合性能可以用综合性能指数来表示。

2. 住宅成本

住宅成本指的是住宅的全寿命周期成本。全寿命周期成本（Life Cycle Cost，LCC）是建筑的建设成本和使用期间操作运行成本、维修成本以及拆除回收成本的总和。住宅全寿命周期成本是指在住宅寿命周期内为居住者提供的适宜居住条件而必须支付的成本，包括决策成本、设计成本、建造成本、使用成本、维护成本和拆除回收成本。如表5-7所示。

住宅全寿命周期成本　　　　　　　　　　　表5-7

住宅全寿命周期成本	建造成本C1	设计成本C11	各专业设计成本
		建安装饰成本C12	土建、设备、装饰装修等
		配套设施成本C13	基础设施及相关配套设施等

续表

住宅全寿命周期成本	运营成本C2	维护维修费用C21	对损坏设施设备进行维修或事先维护的费用
		物业管理费C22	环境、保安、公用设施维护、绿化等费用
		能源消耗成本C23	住宅日常耗热、水、电、燃气等费用
	拆除回收成本C3	拆除成本C31	地上建筑物整体拆除至现有自然地面,拆除后建筑垃圾清运、场地平整及拆除保护措施费用
		回收成本C32	回收钢材、木材等材料以及具有回收价值设备的成本

住宅的全寿命周期成本可用式5-1计算。

$$LCC = \sum_{t=1}^{n} \frac{C_{it} + C_{ut} + C_{rt} + C_{s}}{1-i} \quad (5-1)$$

式中　　LCC——住宅全寿命周期成本;

　　　　C_{it}——第 t 年住宅建造成本;

　　　　C_{ut}——第 t 年住宅使用成本;

　　　　C_{rt}——第 t 年住宅维护成本;

　　　　C_{s}——住宅拆除回收成本;

　　　　n——住宅寿命周期(设计寿命);

　　　　i——折现率。

3. 住宅价值

住宅价值是住宅性能与成本的比值,即:

住宅价值 = 住宅性能/住宅总成本

价值越高,表明该住宅性能价格比越好。

5.7.2　工业化住宅的成本与效益分析

为了对住宅产业化做出准确而全面的评估,加快住宅产业化的发展进程,应从全生命周期的角度出发,采用价值分析方法,构建工业化住宅全生命周期增量成本与效益模型,针对工业化住宅相对于传统住宅的增量成本与增量效益进行研究,以对工业化住宅进行客观、详细的经济性评价。

5 适合住宅产业化的住宅体系和产品

价值分析建立在增量成本和增量效益基础上进行的,对工业化住宅进行成本效益分析时,按照"产业化"与"传统"有无对比增量分析的原则,通过工业化住宅的实际效果与传统住宅的效果进行对比分析,作为计算的基础和依据。

工业化住宅相比传统住宅的成本差异包括以下方面:

(1)增量建造成本($C_{建造}$)。工业化住宅的增量建造成本主要包括增量设计成本、增量建安成本和增量配套设施成本。

$$C_{建造}=C_{设计}+C_{建安}+C_{配套}$$

(2)增量运营成本($C_{运营}$)。工业化住宅的增量运营成本主要包括物业管理成本和住宅维修成本。

$$C_{运营}=C_{物业管理}+C_{维修}$$

(3)增量报废成本($C_{报废}$)。工业化住宅增量报废成本主要包括住宅拆除成本、回收利用成本和废物处置费用。

$$C_{报废}=C_{拆除}+C_{回收}+C_{处置}$$

因此,工业化住宅寿命周期增量成本为:

$$LCC=C_{建造}+C_{运营}+C_{报废}$$
$$=C_{设计}+C_{建安}+C_{配套}+C_{运营}=C_{物业管理}+C_{维修}+C_{拆除}+C_{回收}+C_{处置}$$

为了与费用分析相对应,根据住宅使用特点,将工业化住宅全寿命周期的效益分析也按照建造阶段、运营阶段和报废阶段进行划分和计算。

(1)建造阶段增量效益($B_{建造}$)。工业化住宅建造阶段增量效益主要包括材料节约、资源节约、能源节约和降低工作人员健康损害带来的经济效益。

$$B_{建造}=B_{材料}+B_{资源}+B_{能源}+B_{健康}$$

(2)运营阶段增量效益($B_{运营}$)。工业化住宅运营阶段增量效益主要包括运营过程节省能源消耗带来的收益和提高住宅质量降低保养费用带来的收益。

$$B_{运营}=B_{能耗}+B_{质量}$$

(3)报废阶段增量效益($B_{报废}$)。工业化住宅报废阶段增量效益主要包括提高材料回收利用增加的效益和减少废弃物的处置增加的效益。

$$B_{报废}=B_{回收}+B_{处置}$$

因此，工业化住宅全寿命周期增量效益：

$$LCB=B_{建造}+B_{运营}+B_{报废}$$

$$=B_{材料}+B_{资源}+B_{能源}+B_{健康}+B_{能耗}+B_{质量}+B_{回收}+B_{处置}$$

工业化住宅的价值可通过增量效益与增量成本的比值确定。

在建造阶段，由于受产业化规模、产业化工人水平以及构件运输成本等产业化因素的影响，现阶段我国住宅产业化在建造成本方面并未达到国外实践那样能够体现出应有的优势，但可以预见随着产业化规模、产业化工人水平的提高，工业化住宅在建造阶段的成本能得到有效地降低，与传统住宅建造成本持平甚至低于传统住宅建造成本。在运营阶段成本受到预制化率、部品种类等产业化因素以及节能意识和社会寿命等非产业化因素影响。现阶段我国工业化住宅要比非工业化住宅的运营成本要低，这一方面是由于工业化住宅自身的优势所带来的效益，另一方面，我国在节能意识以及住宅寿命方面都有待提升。因此，随着我国住宅产业化水平以及节能意识的提高，工业化住宅运营成本能体现出更大的效益。拆除回收阶段成本受到预制化率、拆除成本以及部品种类等产业化因素以及回收意识和回收的下游产业链等非产业化因素影响。现阶段我国工业化住宅在拆除回收阶段比较传统住宅体现出明显的经济效益，这与产业化自身特点是密不可分的，同时，通过"循环经济"意识的提升以及建筑上下游产业链特别是回收产业链的完善，工业化住宅的拆除效益能进一步体现出来。

5.7.3 工业化住宅的价值分析

5.7.3.1 产业化住宅的性能与成本发展趋势分析

一般具有较高技术含量的产业产品（汽车、家电、电子等），在性能/价格上都会显现出相近的特性。即新产品与原产品由于性能档次不同，分别处在不同的价

5 适合住宅产业化的住宅体系和产品

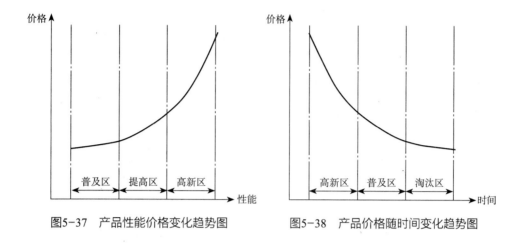

图5-37 产品性能价格变化趋势图　　图5-38 产品价格随时间变化趋势图

位水平上,而且在原来产品基础上新增性能的边际成本和边际收益都很大,如图5-37所示。另外新产品入市一段时期后,价格大幅度下降,新技术产品被更新技术的产品代替,变为普及型产品如图5-38所示。

工业化住宅作为新技术与新产品的组合体,必然会体现出新技术产品的上述经济特性。表现为:

(1)初期高性能高价格。由于企业在新产品研究开发过程中投入大量经费,在生产线改造、人员培训、新产品促销等方面也投入巨额资金,加上初期产量较少,使得新产品的成本较高,而新产品的对象总是对产品要求较高,而支付能力又较强的用户,因此这样的产品通常定价很高,厂家以此来赚取高新技术的超额利润。这里的高性能是指比原有产品性能高。

(2)价格会随时间发展下降。随着产品产量增加、技术垄断被打破造成竞争加剧等原因,厂家为扩大市场,会对产品价格进行下调,而且初期下降较快,之后下降速度减缓,产品价格逐渐被广大用户接受,利润水平逐渐从超额利润降至平均利润。对于住宅产品,由于其技术含量不会像机械电子产品那样高,固定成本所占比重也不会太大,使其具有的降价空间不会像机械电子产品那样大(也许还会有一定的上涨),对此不要抱过高的期望。

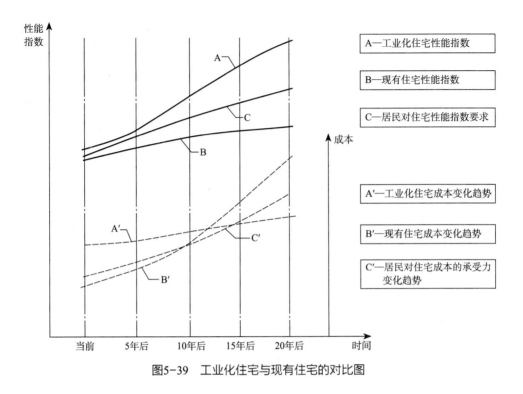

图5-39 工业化住宅与现有住宅的对比图

（3）产品性能会有很大提高。随着技术水平提高，产品日益成熟，产品的性能会进一步提高，并且产品的品种、型号将呈多样化，可给用户更多的选择。

上述三种发展趋势如图5-39中曲线A和A′所示。

5.7.3.2 现有住宅与产业化住宅的对比

与工业化住宅相比，现有住宅的性能/价格发展变化趋势具有以下特点：

（1）初期低性能低价格。受现有生产方式的限制，现有的住宅性能较差，同时由于目前劳动力价格较低，所使用的部件质量较差、价格较低，因此其价格与工业化住宅相比较低。

（2）价格随时间发展快速上升。由于现有住宅属于劳动密集型产品，随经济发展、居民收入提高，劳动力价格也会随之提高，而在现有以手工操作为主的生产方式下，劳动生产率不会有大的提高，甚至会下降，从而导致住宅的价格以较快的速度上升,而且将在一段时期后超过工业化住宅。

(3)性能会有限度缓慢上升。用现有生产方式生产的住宅,由于对产品的要求提高,在注重设计、加强施工管理和提高某些技术水平的条件下,其性能会有一定的提高,但性能提高速度会很慢,且提高有限,从而导致住宅性能不会有大的改观,与产业化住宅的性能差距越来越大。

将上述现有住宅的性能/价格发展变化趋势用曲线表达,并且与产业化住宅的性能/价格发展变化趋势曲线画在同一张图上,如图5-39中的曲线B和B′所示。

另外,将居民对住宅性能的需要发展趋势和对住宅价格承受力的发展变化趋势也画在图5-39中,如图中的曲线C和C′所示。

5.7.4 产业化住宅的价值优势分析

通过上述产业化住宅与现有住宅的对比,根据住宅价值的定义,可以得到两种住宅的价值变化曲线,如图5-40所示。

图5-40表明,在当前住宅产业化发展的初期阶段,工业化住宅的价值低于现有住宅,但随着时间的推移和住宅产业化的发

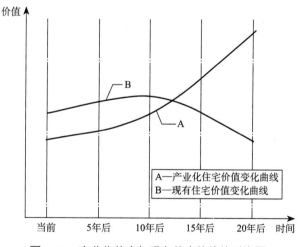

图5-40 产业化住宅与现有住宅的价值对比图

展,工业化住宅的价值以上凹曲线形式上升,发展速度逐渐加快。而现有住宅的价值初期高于工业化住宅,并且随着原有技术的发展,会有一定的上升,但上升幅度有限,曲线以下凹方式上升一段时间后开始下降。两条曲线在一段时间会交汇,表明此时价值相同。随后沿着各自的曲线继续发展变化,产业化住宅价值越来越大,

而现有住宅的价值则越来越低，二者差距越来越大。

产业化住宅的价值有良好的未来发展前景，并且其发展过程可以划分为三个各具优势的阶段：

（1）第一阶段——性能优势阶段。即在产业化住宅研制开发生产初期，产品的性能超过现有产品，但价格较高，因而价值较低，主要面向高需求、高支付能力用户。此时可利用产品的差异性吸引顾客，在与原有产品的竞争中不断发展与完善自身。

（2）第二阶段——性能/价格比优势阶段。产业化住宅产品的性能不断提高，而价格不断下降，但仍略高于现有住宅产品。此时性能/价格比已超过现有住宅，开始被更多的用户接受。

（3）第三阶段——性能、价格双优势阶段。此时产业化住宅不仅性能超过现有住宅产品，而且价格也已经低于现有产品，因而价值大幅度提升。表明产业化住宅大面积推广的时机已到来，而现有住宅产品则在性能与价格两方面失去优势，将被逐渐淘汰。

产业化住宅的性能/价格比还有一层含义，就是满足居民对住宅性能日益增长的要求，如图5-39中的曲线C。它表明原有住宅已经不能满足这种需求，而产业化住宅可以满足。另外居民对住宅价格的承受力将随着经济的发展、收入的提高而增强，如图5-39中的曲线C′。居民对住宅价格的承受力（即购买能力）发展速度高于产业化住宅价格增长的速度，而低于现有住宅价格增长的速度，表明居民对产业化住宅的购买能力逐渐增强，而对现有住宅的购买能力则会逐渐减弱。这也为产业化住宅代替原有住宅提供了经济上的重要依据。

住宅产业化的技术体系

6.1 住宅产业化的技术体系和技术策略

住宅产业化作为以技术进步为基础的发展取向，其发展必然要求有相应的技术来支持。由于住宅产业和其他行业相比，是一个涉及专业多、范围广、部门单位多而又复杂的产业，还涉及建筑、建材、设备等专业的多数学科，其技术体系非常庞大复杂，使得住宅产业技术划分有其特殊性。

6.1.1 住宅产业化技术的分类

住宅产业化的技术按不同的分类方式，可分成很多种类。

按生产要素划分——人、材料、机械、资金、知识信息、方法理论等；

按技术对象划分——住宅产品技术、住宅生产技术、管理技术等，其具体划分如图6-1所示。以下几节将分别阐述其具体内容。

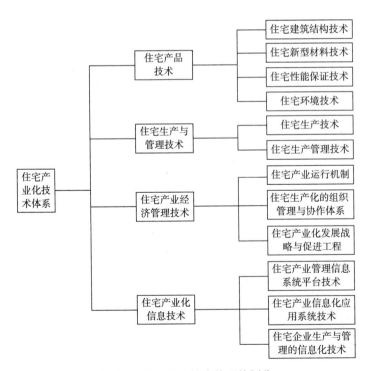

图6-1 住宅产业技术体系的划分

按专业划分——住宅工业化生产技术、建筑设计技术、建筑材料技术、住宅设备技术、住宅施工与管理技术、住宅产业组织与管理技术等；

按行业划分——住宅产业技术、建筑业技术、建材业技术、房地产业技术、建筑设备制造行业（轻工、电子、机械等）技术等；

按作用划分——标准化技术、生产技术、规划设计技术、节能技术、防水技术、环境技术等；

按层次划分——核心技术、主体技术、外围技术、基础技术等；

按技术水平划分——高新技术、先进技术、适用技术、一般技术、传统技术。

6.1.2 住宅产业化技术支持体系的构成

按照专业划分的技术支持体系构成包括：住宅建筑工业化生产技术、住宅建筑设计与性能保障技术、建筑材料技术、住宅设备与部品制造技术、住宅建筑施工与管理技术、住宅产业组织与管理技术等。

6.1.2.1 住宅建筑工业化生产技术

住宅建筑工业化生产技术是采用工业化生产方式进行住宅生产的技术，包括住宅标准化技术、构配件、部品工业化生产技术、现场装配施工技术与相应的管理技术等，是住宅产业化独有的、标志性的核心技术。其目标是提高住宅生产的劳动生产率，保证质量和降低成本。住宅建筑工业化生产技术是建筑技术、材料技术、生产工艺技术、施工技术等技术的集成，是住宅及相关行业生产技术高度发达的产物。这种技术主要掌握在日本、美国、欧洲等发达国家中，我国目前正在大力研究和开发这些住宅建筑工业化生产的核心技术，一些先行企业通过研发或与国外相关企业的合作已部分掌握了这些技术。现在的工作是如何使这些技术发展成熟，配套并与市场可靠完美对接，而不是急于大力推广应用。

6.1.2.2 住宅建筑设计与性能保障技术

住宅建筑设计与性能保障技术的内容非常广泛，现有的与住宅建筑相关的规划设计技术、建筑结构与构造方法、建筑声、光、保温防水等都可以包括在内。住宅建筑技术的目标是提高住宅的质量和性能。

6.1.2.3 建筑材料技术

建筑材料技术是指建筑材料的生产技术，旨在研制出各种轻质高强、保温隔音、防水耐久的住宅建筑材料与制品，逐步取代原有的传统建筑材料，并在此基础上制造成为住宅部品，为提高住宅质量、性能和提高生产效率创造必要的物质条件。

6.1.2.4 住宅设备与部品制造技术

住宅设备技术是指住宅用各种建筑设备，包括厨房卫生间设备、门窗、水电、暖气煤气、安全防护、通讯等设备的制造技术，也包括安装技术。旨在提高住宅性能，改善居住条件和环境。由于住宅建筑设备由轻工、电子、机械、化工等不同的行业生产，因此这些技术分别属于对应的行业。

6.1.2.5 住宅建筑施工与管理技术

住宅施工与管理技术是指住宅施工现场所采用的施工建造技术和相应的管理技术，包括各分部分项工程施工技术和施工方案，施工方法与施工机械，流水施工和网络计划技术、现场生产计划、组织、协调、控制、指挥等技术。旨在按照图纸规定，保质保量地完成所需要的住宅建筑产品，并保证施工企业自身的经济效益。由于传统生产方式围绕现场施工进行，因此现场施工管理技术对于保证质量、降低成本、提高效率至关重要。在住宅建筑工业化生产情况下，施工技术与管理的重要性受到弱化，但仍是必不可少的重要环节。住宅施工与管理技术与住宅建筑结构设计技术密切相关，在很大程度上反映了建筑业的技术和管理水平。

6.1.2.6 住宅产业组织与管理技术

社会化、工业化大生产不仅需要生产技术，还需要产业组织与管理技术。住宅产业组织与管理技术包括企业管理和行业管理两方面。企业管理要求采用现代企业制度，运用现代化的理论、方法和手段，对企业的生产、经营进行有效的管理，这对于一体化生产经营的大型住宅企业尤为重要。行业管理则是政府有关管理部门采

6 住宅产业化的技术体系

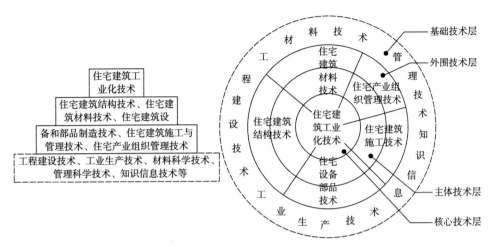

图6-2 住宅产业化技术体系结构

用正确的政策调控市场，合理规划行业发展，引导企业协作和进行合理有效竞争，营造良好的市场秩序，促进产业规模化、现代化发展。

上述各项技术之间的关系非常复杂，图6-2为各项技术之间关系结构图。

6.1.3 住宅产业化技术的发展序列

我国发展住宅产业化的技术，要根据我国住宅产业基本现状和特点，对住宅产业技术各领域进行优先发展排序，以便合理地分配人财物力资源，实现有限资源的合理利用。如果不加选择，"全面开花"，只会因各种资源条件的限制而延缓发展速度。或者盲目追求技术的高、精、尖，即使在某些领域有所突破，也不可能迅速得到推广应用，造成资源浪费和技术过剩，影响综合效益，反倒"欲速则不达"。因此，应该科学地制定优先发展领域的标准，以保证选择的正确性。在制定选择标准时，应考虑如下几方面的因素：

（1）我国住宅产业目前人财物力、技术水平现状和今后可能提供的条件；

（2）技术发展选择应由易到难、由浅入深、打好基础、循序渐进；

（3）优先发展领域是严重制约我国住宅产业总体技术水平的"瓶颈"，其开发

的成功,将有力地带动和促进其他技术的发展;

(4)优先发展技术领域应为目前已经具备了一定技术储备,或者能够及时充分利用相关领域最新科技成果的领域;

(5)优先发展技术的开发成功,将使住宅产品的功能、质量、成本等指标有较大改善;

(6)优先发展领域技术开发成功,将能产生较好的经济效益和社会效益。

考虑以上因素,将住宅产业化发展的技术过程和对象范围划分为两个坐标,即标准化、部品化、集成化、工业化坐标和设备部品、装修和填充体、建筑结构体系坐标,如图6-3所示,两坐标平面对应的技术实现难度用圆圈大小表示,圆圈越大,表示技术实现难度越大。大箭头的指向表示我国住宅产业技术发展的大致途径和趋势。

这个图还表示,由于住宅相关产业的基础条件和发展水平不同,住宅产业化的技术推进和应用应先从设备部品和装修这些相对简单而且产业发展水平较高的阶段入手,而不是从建筑结构体系的工业化(也就是传统意义上的"建筑工业化")开始。

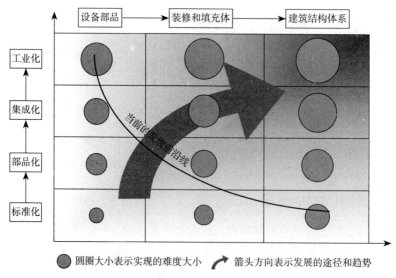

图6-3 住宅产业技术发展顺序

上述发展顺序存在交叉重叠的情况，这些顺序同时也与住宅相关产业的发展顺序一致。目前的发展横坐标主要处在设备部品和材料制品阶段，纵坐标主要处在部品化阶段。即当前发展前沿线与大箭头相交处的区域。

目前住宅产业化的技术体系还相当不完善（尤其是住宅工业化生产技术和相应的信息化技术），还需要大量的研究开发。加大研发力度或从国外引进先进技术并创新发展是解决这一问题的捷径。

住房和城乡建设部制定的《住房城乡建设事业"十三五"规划纲要》中，对住宅产业科技计划的主要研究与发展领域如下：

1）建筑节能标准逐步提升，绿色建筑比例大幅提高，行业科技支撑作用增强。到2020年，城镇新建建筑中绿色建筑推广比例超过50%，绿色建材应用比例超过40%，新建建筑执行标准能效要求比"十二五"期末提高20%。装配式建筑面积占城镇新建建筑面积的比例达到15%以上。北方城镇居住建筑单位面积平均采暖能耗下降15%以上，城镇可再生能源在建筑领域消费比重稳步提升。部分地区新建建筑能效水平实现与国际先进水平同步。行业科技对发展的支撑作用不断增强，突破一批关键核心技术，开展新技术研发与示范应用，建立20个行业科技创新平台，中央地方协同、企业为主体、市场为导向，产学研用紧密结合的行业科技支撑体系初步形成。

2）建筑业发展方式转变和产业结构调整加快，建筑市场秩序进一步规范，行业实力不断增强。建筑产业现代化全面推进，行业人才队伍素质、技术装备水平不断提高。以开发建设一体化、工程总承包、施工总承包为业务主体的龙头企业数量不断增加，实力日益增强。以技术、工艺、工种为基础的专业分包企业快速发展。以采用"互联网+"为特征的新型建筑承包服务方式和企业不断产生。建筑市场准入制度更加科学完善，统一开放的建筑市场规则和格局基本形成。建设工程质量水平全面提升，安全生产形势稳定好转，建筑抗灾能力稳步提高。工程建设标准化改革取得阶段性成果，与市场经济相适应的工程造价管理体系基本建立。"十三五"

时期，建筑业增加值年均增长5.5%。

《2016-2020年建筑业信息化发展纲要》中明确提出推行建筑产业现代化，加强信息技术在装配式建筑中的应用，推进基于BIM的建筑工程设计、生产、运输、装配及全生命期管理，促进工业化建造。建立基于BIM、物联网等技术的云服务平台，实现产业链各参与方之间在各阶段、各环节的协同工作。积极研究大数据技术、云计算技术、物联网技术、3D打印技术和智能化技术在建筑行业中的应用，促进智能建造和智慧企业的发展。

2016年开始实施的国家"十三五"重大科技专项"绿色建筑与建筑工业化"中，围绕建筑业的可持续、工业化和信息化设置了40多个研究项目，其中与建筑工业化相关的项目有：装配式混凝土工业化建筑技术基础理论、工业化建筑设计关键技术、建筑工业化技术标准体系与标准化关键技术、装配式混凝土工业化建筑高效施工关键技术与示范、工业化建筑检测与评价关键技术、预制装配式混凝土结构建筑产业化关键技术、工业化建筑隔震及消能减震关键技术、工业化建筑部品与构配件制造关键技术及示范、钢结构建筑产业化关键技术及示范、施工现场构件高效吊装安装关键技术与装备、预制混凝土构件工业化生产关键技术及装备等。这些项目都对住宅产业化的核心技术开展研发攻关和试点应用。

6.2 住宅产品技术

住宅产品技术是以住宅产品、部品或住宅体系为对象，保证住宅特定功能的各种技术的总称。大体上可以划分为建筑结构技术、新型材料技术、性能保障技术和居住环境技术四大类。这里的住宅产品主要是指前文谈到的"工业化住宅"或"集成化住宅"，是在我国现有条件下需要大力进行研究和开发的住宅产品，同时在这些技术中也包括一些传统的，或者已经研究开发出来的可以应用到"工业化住宅"或"集成化住宅"中去的住宅技术。本节仅对住宅产品相关技术做简要介绍，详细内容请详见参考文献中有关住宅技术方面的著作。

6.2.1 住宅建筑结构技术

6.2.1.1 住宅建筑体系技术

（1）住宅建筑体系集成与设计技术。研究适合住宅产业化的住宅产品及其支撑体系、性能保障体系。包括住宅功能空间（厨房、卫生间、设备间、公用空间）设计技术；住宅建筑功能实现技术；住宅建筑体系集成技术等。

（2）住宅厨房、卫生间设计技术。包括集成式厨房、卫生间部品性能参数选择和系列化配置；住宅用设备和管线（给水管道、排水管道、消防管道、供暖管道、空调管道、燃气管道、电器管线、智能化综合布线管线等）综合集成技术等。

（3）住宅与部品的标准化技术。包括住宅模数协调标准研究、住宅建筑公差标准研究、住宅建筑接缝标准研究、住宅部品性能指标和分类研究、性能评价技术与方法、住宅建筑与部品界面接口技术研究。

6.2.1.2 住宅结构体系技术

（1）新型住宅结构体系设计技术。面向住宅的工业化生产，研究砌块住宅建筑体系技术、高性能钢筋混凝土住宅建筑体系技术、高效预应力住宅建筑体系技术、钢结构住宅建筑体系技术、住宅基础与结构设计技术等。

（2）住宅结构抗震防灾与检测技术。住宅建筑防火排烟及灾后修复技术与产品开发、住宅建筑隔震技术及产品开发、住宅建筑减振技术及产品开发、住宅建筑结构智能控制技术及产品开发、住宅结构质量检测技术与成套装备开发。

6.2.2 住宅新型材料技术

6.2.2.1 新型建筑材料技术

（1）围护结构材料技术。包括保证工业化住宅性能的保温节能、轻质耐久、防水隔声、易加工成型的新型建筑材料技术和相应的生产技术；研制生产轻质内隔墙材料技术；研究开发满足防火要求的高性能外保温复合墙体材料技术。

（2）住宅装修材料技术。烧结饰面砌墙砖砖面配料、成型、表面处理、干燥及烧成技术，饰面层纹理处理的形式和措施，着色料、化装土、釉料的选择和配制，坯料的配制及成型工艺、复合型彩色喷射水泥工业化生产的配料技术、优化技术及质量控制技术、新型基料的制备、传统基料的改性技术，填料与助剂的选择技术、弹性涂膜与防水防裂技术、高耐候性技术等。

6.2.2.2 新型化学建材技术

新型给水排水管线材料、塑料门窗、外加剂、胶粘剂等化学建材的研究与产品开发技术；住宅建筑防水、保温、吸声隔声化学建材研究与开发技术等。

6.2.2.3 其他新型建材技术

高强度高性能混凝土技术；高性能特种聚合物粘结砂浆和保温砂浆技术等，这些技术不是工业化住宅独有的技术，但都可以为工业化住宅生产所应用。

6.2.3 住宅性能保障技术

6.2.3.1 住宅供热与节能技术

节能外墙体的研制开发技术；节能围护结构体系综合设计技术；围护结构供热供冷系统优化技术；高效节能门窗研究开发；节能墙体、门窗等围护结构成套化生产流程工艺；节能墙体、门窗等围护结构成套施工方案及其组织形式；地源热泵及太阳能技术的应用开发；供热系统集成与优化技术；分户计量供热（冷）系统研究与设备开发等。

6.2.3.2 住宅空调通风技术

工业化住宅温度、湿度与空气环境质量机理；住宅空调与通风设备选择技术；空调通风系统优化技术；新风系统技术；空调设备与管线综合布设技术。

6.2.3.3 住宅给排水与管线布设技术

新型住宅给排水体系设计技术；住宅给排水设备性能参数设计和选择；住宅给

水管道、排水管道、消防管道的综合集成设计技术和布设技术；住宅节水技术与设备；水净化技术设备等。

6.2.3.4 住宅智能化技术

研究家庭智能化系统控制技术；住区结构化布线系统及总线技术；住区智能化集成系统技术；住区智能化应用软件及设备监控系统的技术；住区智能化物业管理研究开发技术；住区能耗参数集中计量控制技术研究及产品开发；物联网以及"互联网+"在住宅生产中的应用技术等。

6.2.4 住宅环境技术

6.2.4.1 住宅外环境规划设计与监测技术

住宅室外环境景观设计技术；生活污水处理与资源化技术；空气质量、噪声监测技术与设备；生活垃圾处理技术。

6.2.4.2 住宅室内环境技术

室内温度、湿度、光照与空气环境质量机理；住宅室内空气净化技术，新型滤料研究开发；室内空气质量监测技术；室内采光标准与设计；室内光环境与检测调节技术；室内温、湿度调节技术等；住宅声环境控制与隔声技术；住宅热环境与热调节技术等。

6.3 住宅生产技术与管理技术

6.3.1 住宅生产技术

本节的住宅指"工业化住宅"或"集成化住宅"。住宅生产技术主要包括住宅产品开发与设计技术、住宅部品、部件和设备的工厂化生产技术和现场建造技术。

6.3.1.1 住宅产品开发与设计技术

工业化住宅的生产要求有坚实先进的产品开发与设计技术为基础。包括：

（1）集成化产品开发过程建模。通过分析企业产品开发过程，研究产品开发过程的动、静态建模方法和优化算法，提出改进的产品开发流程。

（2）面向制造的设计。在部品设计开始就考虑制造系统的要求，不断评价制造可行性，使设计满足可制造性要求并得到加工时间、加工成本的优化。

（3）面向装配的设计。在综合考虑经济性、生产时间及生产柔性的前提下，在部品设计阶段就考虑零件间的配合、协调以及装配机具的生产能力等，选择有利于装配的产品结构、几何尺寸和材料等。

（4）面向住户的设计。注重住宅的套型设计符合住户的家庭生活模式，按照人的生理需求划分空间，保障良好的套型空间和环境质量，注重住宅的功能空间设计。

（5）面向并行工程的工艺设计。研究并行环境下计算机辅助工艺计划（CAPP）的工作模式，利用协调模型实现CAPP系统与设计系统、CAED系统、CAM系统及本系统内部的信息交换；研究专家系统知识的表达方法和面向对象技术，完成CAPP系统的开发并实现产品设计的可加工性评价。

6.3.1.2 住宅部品和设备的工厂化生产技术

住宅部品和设备的工厂化生产技术属于制造业生产技术，主要包括：

（1）生产系统布局。生产能力布局决策方法，生产单位配置，厂址选择方法，厂区总平面布置和车间布置方法。

（2）生产工艺选择。主要生产工艺设计技术，生产工艺流程的选择和生产流程的组织。

（3）生产设备选择。根据部品类型、设计要求精度、经济可行性等选择采用的生产线和设备；确定生产设备组合和配套生产能力；研究提高生产效率、质量和精度水平的技术方法。

6.3.1.3 住宅现场建造技术

住宅现场建造技术包括工业化住宅的基础勘测施工技术、主体结构构件、部品运输吊装与定位安装技术、接缝处理技术、内外装修技术、管线处理技术、标准化施工管理技术、质量保证技术和现场服务体系等。

6.3.2 住宅生产管理技术

现代化的生产需要现代化的技术，同时还需要现代化的管理。适用于工业化住宅生产管理的技术有很多，可以划分为不同层次。其中对生产影响最大的现代化管理理论与方法有成组技术、精益生产、敏捷制造、大规模定制、并行工程、敏捷供应链、CIMS等。这些理论和方法在工业化住宅生产活动中如何应用，还有许多技术和实践上的问题需要解决。

6.3.2.1 生产运作计划与控制技术

包括生产投入产出计划、生产运作作业计划和进度、质量、成本计划与控制的技术方法，项目计划与控制技术、库存管理、物料需求计划MRPⅡ、企业资源计划ERPⅡ、销售与客服系统CRM、供应链管理系统SCM等实施的条件、结构与方法。

6.3.2.2 成组技术（Group Technology，GT）

成组技术，揭示和利用事物间的相似性，按照一定的准则分类成组，同组事物能够采用同一方法进行处理，以便提高效益的技术，称为成组技术。在机械制造工程中，成组技术是计算机辅助制造的基础，将成组哲理用于设计、制造和管理等整个生产系统，改变多品种小批量生产方式，以获得最大的经济效益。

成组技术的核心是成组工艺，它是把结构、材料、工艺相近似的零件组成一个零件族（组），按零件族制定工艺进行加工，从而扩大了批量、减少了品种、便于采用高效方法、提高了劳动生产率。零件的相似性是广义的，在几何形状、尺寸、功能要素、精度、材料等方面的相似性为基本相似性，以基本相似性为基础，在制造、装配、生产、经营、管理等方面所导出的相似性称为二次相似性或派生相似性。按一定的相似标准将有关事物归类成组是实施成组技术的基础，目前常用的分类方法有视检法、生产流程分析法和编码分类法。

近年来，成组技术与数控技术、计算机技术相结合，水平有了很大提高，应用范围不断扩大，在产品设计、制造工艺、生产组织与管理等方面均有显著的应用效果，如新零件设计数可减少52%，生产准备时间可减少69%，劳动生产率可提高33%，生产周期可达70%，零件成本可减少43%，并已发展成为柔性制造系统和集成制造系统的基础。

6.3.2.3 精益生产（Lean Production，LP）

精益生产方式20世纪70年代产生于日本的丰田汽车公司。其目的是在企业里同时获得极高的生产率、极佳的产品质量和很大的生产柔性，并针对大量生产方式的缺点，提出"精简、消肿、消除任何形式的浪费"的对策。精益生产着眼于产品从原材料到最终交付的全过程（称为价值流），强调为用户创造价值。精益生产并不要求必须采用最先进的工艺技术设备，而是根据实际需要，采用符合精益生产哲理的生产工艺，从优化资源和提高效益的角度出发，提高企业研发、生产和服务过程的有效性和经济性。国际国内的实践都表明，精益思想对各行业具有普遍适用性（尤其是建筑业这样的粗放型生产行业），精益生产是任何产业发展都必须经过的一个阶段。

将精益生产的理论引入建筑业，称为精益建设（Lean Construction，也称精益施工），它从精益思想——最大化价值和最小化浪费出发，其核心是在施工全过程树立明确目标，采用一系列特定的技术（如JIT、并行工程、供应链管理、价值链管理等），在建筑产品从设计到交付使用全寿命期内，把精益思想全面贯彻于项目标准、产品和过程的并行设计以及生产控制等方面，从而最大限度满足顾客对质量和性能的需求。精益建设打破了质量、成本和工期难以协调的思想，特别适合复杂、不确定和快速施工的项目。

6.3.2.4 敏捷制造（Agile Manufacturing，AM）

敏捷制造指的是敏捷制造过程及其所涉及的硬件包括人员、生产设备、材料、能源和各种辅助装置，以及有关软件包括敏捷制造理论、敏捷制造技术和信息技术等组成的可以有效实现制造业敏捷性的一个有机整体。敏捷制造是在具有创新精神的组织和管理结构、先进制造技术（以信息技术和柔性智能技术为主导）、有技术有知识的管理人员三大类资源支柱的支撑下得以实施的，通过所建立的共同基础结构，对迅速改变的市场需求和市场进度做出快速响应。敏捷制造比起其他制造方式具有更灵敏、更快捷的反应能力。敏捷制造的三要素包括生产技术、管理技术和人力资源。

敏捷制造的特点包括：（1）从产品开发到产品生产周期的全过程满足要求，强调全寿命周期的质量管理；（2）采用多变的动态组织结构，以最快的速度将企业内部的优势和企业外部不同公司优势集中起来，组成灵活的经营实体，即虚拟公司；（3）追求获取长期经济效益；（4）建立新型的标准基础结构，实现技术、管理和人力资源的集成，标准结构包括大范围的通讯基础结构、信息交换标准等相关的硬件与软件；（5）倡导以"人"为中心的管理，最大限度地调动、发挥人的作用。强调分散决策代替集中控制，用协商机制代替递阶控制机制。

敏捷制造的关键技术包括：（1）一个跨企业、跨行业、跨地域的信息技术框架；（2）一个支持集成化产品过程设计的设计模型和工作流控制系统；（3）供应链管理系统（SCM）和企业资源管理系统（ERP）；（4）各类设备、工艺过程和车间调度的敏捷化；（5）敏捷性的评价体系等。

敏捷制造作为一种21世纪生产管理的创新模式，能系统全面地满足高效、低成本、高质量、多品种、迅速及时、动态适应、极高柔性等要求。目前这些要求尚难于由一个统一的生产系统来实现，但无疑是未来企业生产管理技术发展和模式创新的方向。对发展中的住宅产业来说，敏捷生产也是具有很大的适用性和应用潜力的理论和方法。

6.3.2.5 大规模定制（Mass Customization，MC）

大规模定制是"对定制的产品或服务进行大规模生产"，是继JIT、精益生产、敏捷制造等之后出现的新型生产方式。大规模定制是一种集企业、客户、供应商、员工和环境于一体，在系统思想指导下，用整体优化的观点，充分利用企业已有的各种资源,在标准技术、现代设计方法、信息技术和先进制造技术的支持下,根据客户的个性化需求,以大批量生产的低成本、高质量和高效率提供定制产品和服务的生产方式。大规模定制的基本思路是基于产品族零部件和产品结构的相似性、通用性,利用标准化模块化等方法降低产品的内部多样性,增加顾客可感知的外部多样性,通过产品和过程重组将产品定制生产转化或部分转化为零部件的批量生产,从而迅速向顾客提供低成本、高质量的定制产品。大规模定制对企业准确获知顾客需求的能力和面向大规模定制的敏捷产品开发设计能力以及柔性生产制造能力提出了更高的要求。

由于大规模定制独特的优越性——综合了手工作坊("顾客需求的个性化")与大批量生产("低成本、高质量与短的交货期等")的特点,作为一种解决一直困扰企业管理界的两难问题——即顾客的"产品用户化"欲望与顾客对产品"低成本、高质量、短交货期"的欲望的可能解决方案,引起了无数人对这一模式锲而不舍追求的极大热情,而作为一种有效的竞争手段,也已经逐渐被很多的企业采纳。目前欧美70%的知名企业都在引入大规模定制生产方式,大规模定制从一个技术前沿发展成为有效竞争手段,进而成为各行业发展的必然趋势。

大规模定制将满足顾客对住宅的个性化、多样化需求与采用工业化、社会化大生产方式协调起来,在提高住宅质量、降低成本,提高住宅产业生产水平的同时,尊重并最大限度满足顾客对住宅的个性化需求。大规模定制是特别适合于住宅产业的生产管理方式。

6.3.2.6 并行工程(Concurrent Engineering,CE)

并行工程技术是对产品及其相关过程(包括制造过程和支持过程)进行并行、集成化处理的系统方法和综合技术。它要求产品开发人员从一开始就考虑到产品全生命周期(从概念形成到产品报废)内各阶段的因素(如功能、制造、装配、作业调度、质量、成本、维护与用户需求等),并强调各部门的协同工作,通过建立各决策者之间的有效信息交流与通讯机制,综合考虑各相关因素的影响,使后续环节中可能出现的问题在设计的早期阶段就被发现,并得以解决,从而使产品在设计阶段便具有良好的可制造性、可装配性、可维护性及回收再生等,最大限度地减少设计反复,缩短设计、生产准备和制造时间。

并行工程的技术研究一般可分为:

(1)并行工程管理与过程控制技术。包括多功能、多学科的产品开发团队(Teamwork)及相应的平面化组织管理机制和企业文化的建立;集成化产品开发过程的构造;过程协调(含冲突仲裁)技术与支持环境。

(2)并行设计技术。包括集成产品信息描述;面向装配、制造、质量的设计;面向并行工程的工艺设计;面向并行工程的工装设计。

(3)快速制造技术。包括:快速工装准备;快速生产调度等。

6.3.2.7 敏捷供应链(Agile Supply Chain)

敏捷供应链是指在不确定性、持续变化的环境下,为了在特定的某一市场中获得价值最大化而形成的基于一体化的动态联盟和协同运作的供应链,以核心企业为中心,通过对资金流、物流、信息流的控制,将供应商、制造商、分销商、零售商及最终消费者用户整合到一个统一的、无缝化程度较高的功能网络链条,以形成一个极具竞争力的战略联盟。敏捷供应链是一种全新理念,它将突破传统管理思想,从三个方面为企业带来全新竞争优势:(1)能够最快地满足消费者的个性化需求,企业能及时提供顾客所需的产品和服务;(2)配合敏捷制造技术、动态组织结构和柔性管理技术可现实多产品、少批量的个性化生产,满足顾客需求,扩大市场份额;(3)敏捷供应链通过流程重组,在上下游企业之间形成利益一致、信息共享的关系,通过敏捷性改造提高效率来降低成本。

敏捷供应链可以根据动态联盟的形成和解体(企业重组)进行快速的重构和调整。敏捷供应链要求能通过供应链管理来促进企业之间的联合,进而提高企业的敏捷性。提出了供应链本身的敏捷性和可重构要求以适应动态联盟的需要。

敏捷供应链管理的研究与实现是一项复杂的系统工程,它牵涉到一些关键技术，包括统一的动态联盟企业建模和管理技术、分布计算技术，以及互联网环境下动态联盟企业信息的安全保证等。

敏捷供应链支持如下功能：

（1）支持迅速结盟、结盟后动态联盟的优化运行和平稳解体；

（2）支持动态联盟企业间敏捷供应链管理系统的功能；

（3）结盟企业能根据敏捷化和动态联盟的要求方便地进行组织、管理和生产计划的调整；

（4）可以集成其他的供应链系统和管理信息系统。

敏捷供应链的实施有助于促进企业间的合作和企业生产模式的转变，有助于提高大型企业集团的综合管理水平和经济效益。通过抓住商业流通这个龙头，通过协调、理顺每个企业的购销环节来为企业提供直接的市场信息和广阔的销售渠道。并因此为契机促进企业间的联合，同时也为商家提供了无限的商机。

6.3.2.8 计算机集成制造系统（CIMS）技术

CIMS技术是1974年美国约瑟夫·哈林顿博士针对企业所面临的激烈市场竞争提出的组织企业生产的新管理思想。CIMS借助计算机硬件及软件，综合运用现代管理技术、制造技术、信息技术、自动化技术和系统工程技术将企业的生产全过程中有关的人员组织、技术、经营管理三要素与其信息流、物流有机集成并优化运行，并在市场分析、产品开发、产品质量、生产成本和周期、市场开拓、产品销售和服务方面达到总体优化，为企业带来更大的经济效益，从而在市场竞争中立于不败之地。

CIMS是一种组织现代化生产的哲理，一种鼓动企业采用信息技术及现代管理技术改造传统产业、推动创新的模式，其最新解释是现代集成制造系统，核心是人、技术、管理三要素。

CIMS的发展伴随着制造业新技术的出现、市场竞争的新需求以及管理模式的改变而不断更新其内涵，它主要经历了以信息集成、过程集成和企业集成为特征的三个发展阶段。在CIMS发展过程中，出现了很多先进制造技术研究项目，如从PDM、过程管理到GIPP技术、计算机集成产品工程（CIPE）、快速原形制造（RPM）、虚拟产品开发技术、虚拟制造；从MRP、MRPII、ERP到DEM技术、大规模定制生产等高新技术，将企业的人、技术、经营管理以及信息流、物流等有机结合起来，提高企业的竞争力，使之向柔性化、集成化、智能化方向发展。

6.4 住宅产业化的经济管理技术

住宅产业化的经济管理技术主要阐述住宅产业化过程中的相关经济管理问题，包括发展战略、技术经济政策、组织管理体系、行业与企业对策和运行机制等。

6.4.1 住宅产业化发展战略与政策

6.4.1.1 住宅产业发展战略与发展途径

研究我国住宅产业化发展的依据、构成和特点，探讨我国住宅产业化的发展水平和多层次发展目标，研究住宅产业化的发展途径和发展模式，建立全面客观反映住宅产业化发展水平的指标体系和评价方法，科学地规划我国住宅产业化发展阶段和进程；研究住宅产业及相关行业在住宅产业化进程中规模、结构互动变化的一般规律；定量地研究住宅产业与相关行业的互动影响关系，测评住宅产业对GDP增长的贡献水平；研究住宅产业现代化发展战略及对策研究。

6.4.1.2 住宅产业技术经济政策

研究住宅产业资源合理配置，解决规模经济与竞争活力之间的矛盾，促进产业组织的有利变化，促进住宅产业生产力分布以及区域内部、区域之间的产业经济协调发展政策，研究破除地方保护主义，制止盲目建设和低水平建设的政策，研究项目配套建设和生产相对集中与均衡分布相结合的政策；研究住宅部品化和工业化的技术政策。包括促进建筑工业化、发展住宅建筑部品和设备，改善住宅功能质量的政策；节能、节地、节水、节材、环保政策和智能化、信息化政策等。

6.4.2 住宅产业化的组织管理与协作体系

6.4.2.1 住宅产业化的管理组织机构建立

研究国家推进住宅产业化的组织管理机构设立、分支机构设立和人员设置、职能等。

6.4.2.2 住宅产业化的管理体系与运行管理

研究住宅产业化管理体系的建立；研究适合住宅产业化发展的企业组织形式和运作方式；研究国家、住宅相关行业（房地产业、建筑业、建材业和设备部品制造业等）及企业应采取的促进住宅产业化发展的对策措施；研究政府职能的转变和宏观调控措施实现；研究住宅产业集团、产业基地和示范工程三位一体的网络型发展体系与运行管理。

6.4.2.3 住宅产业化的社会化协作体系建立

研究住宅产业化发展中的各行业之间的联系与互动关系，建立住宅产业化的社会化协作体系；研究社会化协作体系的分工与协作关系，明确各自的职责范围和利益关系；研究企业间协作的并行工作体系和协调机制；研究企业间资源共享机制与信息安全保障机制。

6.4.3 住宅产业化运行机制

6.4.3.1 住宅产业化的市场化运作机制

研究市场经济条件下促进住宅产业化发展的动力机制与保障机制。研究市场环境对住宅产业化发展的影响及其刺激和引导住宅市场需求的政策措施；研究建立推动住宅产业发展的科技创新机制和金融保障机制；研究推动住宅企业发展的政策激励机制和保障机制；研究所采取的市场机制对促进住宅产业化发展的效果评价。

6.4.3.2 住宅产业科技创新机制

研究住宅产业可持续发展的创新机制及创新模式，研究适应住宅产业现代化发展的新型科技体制，包括提高住宅产业技术装备率、劳动生产率、技术进步贡献率的政策措施；确定重点创新领域，创新主体培育，产学研联合战略，研究与开发机构的组建、运作及R&D费用的筹措，保护知识产权、促进科技成果推广应用的政策；中介机构、产品贸易、产权交易规则等；提出有关人才培养教育及使用激励的对策措施。

6.4.3.3　住宅产业金融支持体系与运行机制

研究住宅金融体系的定位与总体设计。研究支持住宅产业技术创新与制度创新的财政金融政策；研究住宅消费贷款、按揭、逆按揭等金融工具的适用性、安全性、回收监控与循环机制；研究住房消费保险的运营控制问题；研究三种基本金融工具及其衍生物的优化配置，构建消费金融体系的规范性决策机制；研究住宅产业基金的设立与运行管理。

6.5　住宅产业化的网络信息技术

住宅产业化的网络信息技术就其性质来说，不属于住宅产业的技术，它是信息技术在住宅产业中的应用。但是从新型工业化的角度考虑，这是必须要研究的内容。因此本书将其划分为三个层次：第一层次是为产业信息化体系构架，第二层次是应用系统或解决方案，第三层次是纯粹的网络信息技术。同时，按照对象可分为住宅产业信息标准化技术、住宅产业管理的信息化技术和住宅企业生产与经营管理的信息化技术。以下按照对象分别阐述三种技术体系的内容和应用系统，而对于底层的、日新月异、层出不穷的信息技术不做详细阐述。

6.5.1　住宅产业信息化系统构架研究

住宅产业信息化系统构架是对住宅产业的高层视角规划，研究住宅产业信息范畴、结构和技术内容；研究住宅产业信息流向和服务与共享机制；住宅产业信息系统总体设计和信息流运作设计；住宅产业信息分类研究；住宅产业信息运作的相关标准和体系研究；信息管理机制研究；研究住宅产业规划、设计、建设直至物业管理全过程各个环节从宏观管理、微观共享的信息化；分步骤实现住宅产业信息系统总体构想及其实施的主要措施。

研究住宅产业信息标准体系的结构与关联技术；住宅产业信息指标体系标准化技术；住宅产业信息分类编码体系标准化技术；住宅产业管理业务内容、业务标准化技术；住宅产业信息系统开发与管理的标准化技术；住宅产业信息交换接口的标准化技术等。

6.5.2 住宅产业管理信息系统平台技术

建立一个政府、企业和公众都可以在此基础上进行应用系统的开发、运行和信息发布住宅产业管理信息系统平台，在这个电信互联平台上，集成有住宅产业基础数据库（包括住宅产品和企业子数据库、住宅小区和开发商子数据库、住宅建设技术子数据库、住宅产业政策子数据库、住宅产业专家子数据库、住宅建设标准和规范子数据库等），还有公众信息咨询平台、住宅搜索引擎和电子地图、住宅在线展示和交易信息等，为业内用户提供住宅产业和产品相关的政策法规、行业动态、企业资讯、市场分析等信息。为此要研究选择高速稳定的网络介质、功能完善、快速可靠的网络硬件平台和先进可靠的软件平台（云计算平台、Lotus Notes群件系统平台、基于WEB技术的关系型数据库平台、Microsoft系统平台等）。随着网络信息技术的进一步发展，会有更新更好的网络信息技术可应用于住宅产业信息化系统建设中。

6.5.3 住宅产业信息化应用系统技术

6.5.3.1 住宅产业管理的信息化技术

住宅产业管理的信息化技术主要指国家有关部门对住宅产业进行宏观管理时所应用的信息技术。主要体现为住宅产业管理电子政务系统。由于目前住宅产业是与房地产业在一起管理的，因此本书所讲的信息技术与现行的房地产管理信息技术会有一些重叠，重叠部分可以应用原来房地产业管理的部分内容。

住宅产业管理信息化综合应用门户技术、工作流技术、电子邮件技术、多媒体文档存储与管理技术、信息安全技术、异构数据共享技术、海量数据库存储与共享技术、3S技术、CAD技术、协同工作技术等，结合住宅产业的工作内容和流程，选择合适的开发平台和开发软件，建立面向过程或对象的住宅产业信息管理应用系统，如机关内部办公自动化系统、政府各级、各部门之间的专用协同办公网络系统、政府与社会公众双向交流信息的互联网站建设、政府内部信息资源库、政府群体决策支持系统、专家系统等。

6.5.3.2 住宅企业生产与经营管理的信息化技术

1. 住宅企业生产中的信息化技术

研究与住宅工业化生产技术和过程相结合的网络通信技术、计算机支持协同工作、产品数据管理、RFID、工作流和虚拟制造等信息化技术、自动化的部品生产设备运行与控制中的信息技术、机器人技术、物流供配管理技术、计算机辅助工艺计划与实现等技术，研究生产过程中成本、进度、质量管理信息技术。这是信息化促进工业化的根本表现。

2. 住宅企业经营管理中的信息化技术

研究住宅企业从原材料采购到产品销售、售后服务一系列过程中的信息技术。包括投资决策的支持系统、市场预测、原材料采购、产品销售、客户关系管理及财务管理、人事档案管理系统等中的信息技术。这是提高企业管理水平的重要体现。

3. 集成化生产经营管理系统技术

研究生产经营管理中各不同系统综合化、集成化的信息系统技术，如ERP、MRPⅡ、CIMS、电子商务等技术。

4. BIM技术

研究BIM技术、住宅产品规划设计中的信息化技术。

6.6 住宅产业化技术研究与开发的方法

6.6.1 住宅产品开发内容和相互关系

由于采用模块化的部品体系，新产品的开发在相当大程度上变成了模块的开发。由于部品的可重构性，组成某产品的模块还可用于组合其他的产品，大大提高了模块的重复利用率，形成了产品寿命短而模块寿命长，产品的多品种小批量和模块化的多品种大批量的特点。模块化产品设计方法要求设计人员在进行产品设计时要简化结构，便于分部件制造和外包加工。

住宅产品的开发包括住宅最终产品开发、住宅组件开发、住宅部品开发三个层次。其中遇到最多的是住宅部品开发，而最少的是住宅最终产品开发（通常是特殊的新型住宅产品）。住宅产品开发通常是在大量的现有住宅建筑研究的基础上进行的，主要有住宅建筑结构技术研究、新型建筑材料研究开发、新型住宅性能保证技术、建筑设备与部品研究、住宅生产工艺技术研究、住宅施工管理技术研究等。这些研究是全社会共同进行研究开发的。与住宅产品和部品开发相关的基础性研究开发与住宅产品研究开发的关系如图6-4所示。

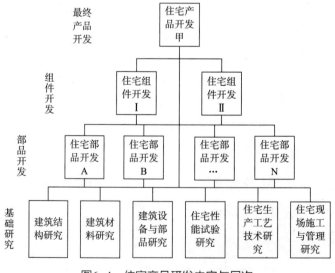

图6-4 住宅产品研发内容与层次

6.6.2 基于并行工程的敏捷住宅产品开发

大规模定制要求有坚实的产品开发理论为基础。新的敏捷住宅产品开发过程管理模式应当是将传统的串行生产方式转换成并行工程方式,借助当代先进的计算机管理技术(PDM、CIM)及网络通信技术,将并行工程与住宅企业生产实际情况相结合,并尽快地应用于企业生产实际。

6.6.2.1 建立并行化集成产品开发团队

建立集成产品开发团队(Integrated Product Team,IPT),根据产品开发的阶段不同,可组织不同领域的专家组建功能各异的多功能小组,给予一定的权限,强调团队精神。

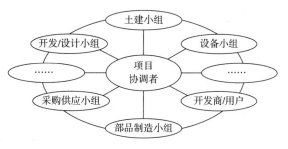

图6-5 集成住宅产品开发团队IPT示意图

IPT的成员来自各职能部门,他们代表产品的整个生命周期各个环节,在开发过程中做出决策,集体对IPT所开发出的产品负全部责任。另外项目还要设一名协调责任者,作为项目领导者并负责与外部相关的单位之间进行沟通,如图6-5所示。

并行开发组织是一个包括专业开发设计人员、土建人员、设备人员、生产技术人员、采购供应人员、销售人员、开发商/用户等各方面专业人员在内的多功能设计组,其设计手段是一套具有CAD、CAPP、CAM、仿真、测试功能的计算机系统,它既能实现信息集成,又能实现功能集成,可在计算机及其网络系统上建立一个统一的模型来实现以上功能。并行开发能与用户保持密切的对话,充分满足用户要求,可缩短新产品投放市场的周期,实现最优的产品质量、成本和可靠性。

开发组织由3个层次构成,最高层由各功能部门的负责人和项目经理组成,管理开发的经费、进程和计划;第2层是由主要功能部门的经理、功能小组的代表构成,定期举行例会;第3层是作业层,由各功能小组构成。

与过去的工作方式相比，最大的区别在于IPT的成员从IPT的负责人获得日常工作指令，并且鼓励跨学科的信息共享和及时交换，取消常用的递阶式审批签证制度。设立IPT的最大好处是能在产品开发过程的早期通过跨部门的信息交流减少错误发生的数量。由于具有封闭的闭环信息交流和早期问题判别功能，住宅产品和部品开发和制造的周期被大大缩短了，设计质量也提高了。而跨部门之间的信息交流则促进了各项工作的改革。

6.6.2.2 建立先进的开发环境

建立一种能自动处理最新信息，并使信息共有的并行工程环境是并行开发的基础。这种环境使参加产品开发的每一个人都能瞬时地相互交换信息，以克服由于地域不同，组织、产品的复杂化，缺乏互换性的工具等因素造成的各种问题，做到把正确的信息在正确的时间以正确的方式传递给正确的人。住宅产品并行开发环境主要包括：

（1）统一的住宅产品或部品模型。保证产品信息的唯一性，并必须有统一的企业知识库，使小组人员能以同一种"语言"进行协同工作。

（2）一套高性能的计算机网络系统。基于Internet/Intranet技术，小组人员能在各自的工作站或微机上利用各自的CAD、CAPP、CAM系统进行信息处理、绘图、文字表格处理或仿真测试。

（3）一个交互式的、良好的用户界面，实现CAD/CAM/CAE的系统集成，有统一的数据库和知识库，使小组人员能同时以不同的角度参与或解决各自的开发设计问题。

6.6.2.3 采用先进的开发工具及信息交流方法

为方便项目小组之间的信息交流与沟通，需要选择一套合适的产品数据管理（PDM）系统。产品数据管理是集数据库的数据管理能力、网络的通信能力与过程的控制能力于一体的工程数据管理技术的集成，能够跟踪保存和管理产品设计、制造和技术支持服务所需大量的数据，从而控制产品信息的处理和使用以及管理产品的开发过程。

PDM系统是实现并行产品开发的基础平台。它将所有与产品有关的信息和过程集成在一体。与产品有关的信息包括CAD/CAE/CAM文件、材料清单、产品配置、事务文件、产品订单、电子表格、生产成本、供应商状态等；与产品有关的过程包括有关的加工工序、加工指南、批准与使用权限、安全、工作标准和方法、工艺流程、机械关系等。

PDM是有效地将概念设计、计算分析、详细设计、工艺流程设计、制造、销售、维修直至产品报废的整个生命周期相关的数据，予以定义、组织和管理，使产品数据在整个产品生命周期内保持一致、最新、共享及安全。PDM系统应该具有电子仓库、过程和过程控制、配置管理、查看和传阅、扫描和成像、设计检索和零件库、项目管理、电子协作、工具和集成件等。产品数据管理系统对产品开发过程的全面管理能够保证参与并行工程的协同开发小组人员间的协调活动的正常进行。

6.6.3 住宅产品开发的过程和管理

（1）改变以前设计部门设计图纸、制造部门生产加工的串行方式，应用设计/制造共同进行产品开发的并行方式，如图6-6所示。并行工程的特点在于其集成性、并行性和交互性。在并行工程中，由于制造、装配等下游技术人员参与产品设计工作，所以住宅产品设计与部品制造、现场建造三大过程不再脱节。住宅产品生命周期中的所有因素在产品开发过程中均加以考虑。例如，总体设计方案可立即作为生产过程设计的依据；总体工艺及制造能力论证结果又可返回至总体方案论证阶段，使设计方案得到及时修正。这可以解决设计初期对工艺考虑不足的问题，尤其要注意早期概念设计阶段的并行协调。

（2）全部零件部品的CAD/CAM都以三维实体模型进行设计开发。形成统一的产品模型，利用三维实体进行产品的定义，减少各部门之间定义的偏差和含混之处，还可以将三维模型向平面信息转化，方便地计算或推导出实现制造、分析、文

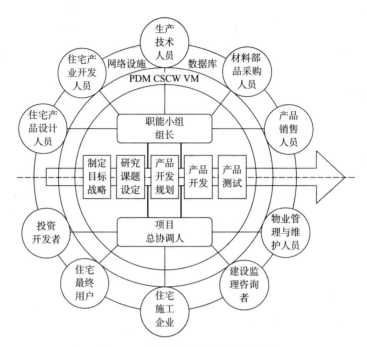

图6-6 住宅产品并行开发的过程

档编制所需要的信息。这样使得设计数据数值少,设计、制造部门数据共有化,缩短了制造流程所用的时间;同时三维实体的数据可直接用于数控加工,不再需要模线、样板、标准样件等标准工装,提高了效率和精度,而且模型修改较容易。

(3)采用虚拟制造技术,在计算机屏幕上模拟产品制造和装配全过程如图6-6所示。借助建模与仿真技术,在产品设计时,可以把产品的制造过程、工艺设计、作业设计、生产调度、库存管理以及成本核算和零部件采购等生产活动在计算机屏幕上显示出来,以便全面确定产品设计和生产过程的合理性。利用计算机模拟仿真,可在计算机屏幕上进行装配零件的干涉检验、结合面的调整等,即利用电子模型代替实物模型。

7 住宅产业化生产体系的建立

7.1 住宅产业生产方式的特点和要求

7.1.1 住宅产业生产方式的特点

住宅产业生产方式的特点可以通过建筑业与制造业的相互比对进行综合分析。

建筑业是指通过承包或直接经营的形式,从事建筑工程施工的行业。建筑业有五个突出的产业特性:(1)建筑业是招标者第一的承包业;(2)建筑业是单件承包产业;(3)建筑业是室外现场的组装产业;(4)建筑业是综合加工产业,按每项工程分专业生产;(5)建筑业是劳动密集型产业。建筑业历来是一个粗放型的行业,因此"精益求精"的生产理念和方法一直非常适合建筑业。

制造业是工业部门中除了建筑业和采矿业以外的行业的总称。与建筑业相比,制造业的产品较小,产品是可移动的,标准化程度较高,可以在工厂生产线上进行大规模生产。制造业的产品通常是按照市场预期需求进行生产,生产出的产品还要通过市场销售环节才能被顾客接受和使用。生产组织基本固定,大部分属于技术、资金密集型生产,其总体技术水平和管理水平高于建筑业。

住宅产业与建筑业、制造业生产方式的比较如表7-1所示。

建筑业、住宅产业、制造业生产方式的特点比较　　表7-1

项目	建筑业	住宅产业	制造业
客户关系	招标者第一	用户是上帝	用户是上帝
产品形态	固定性、多样性、体形庞大、综合性	最终产品固定性、多样性、体形庞大、综合性,而部品和半成品则是流动性、标准化的	产品流动、标准化程度高、体形较小、综合程度低
产业形态	综合承包加工产业,按每项工程分专业生产	综合性生产产业,实行专业化分工协作生产,工厂与现场结合生产	加工产业,按每道工序分专业协作生产
设计形态	设计与生产大多独立存在,通常很少在现场决定	设计与施工趋向于一体化	大多在同一企业内进行,一般不在现场决定
作业场所	室外露天现场的组装产业	部品生产在室内生产线上组装,最终产品在现场组装生产	工厂室内生产线上组装作业
生产方式	流动作业、单件生产、手工操作、投入大、周期长	部品在工厂生产线上用机械生产,最终产品在现场组装生产,设备和装修主要靠手工完成	流水线上批量生产、工业化为主、周期短

续表

项目	建筑业	住宅产业	制造业
生产要素	劳动密集型	兼有劳动密集型和资金、技术密集型	资金、技术密集型
生产组织	由建设单位、设计者、总包、分包构成生产组织，实行项目式管理	部品生产实行企业生产管理，现场施工采用项目制生产，即生产管理+项目管理型生产	生产组织基本固定，实行企业生产管理
生产体制	层层分包，总包没有（或很少）直接雇用工人	由主导企业组织生产，协作企业完成生产过程的具体作业，其中核心技术与产品也可由主要企业自身完成	主要部分直接经营，或由本公司员工制作完成

种种特征都表明，住宅产业的生产方式介于制造业与建筑业之间，兼备了二者的特点。既要提高工业化水平，提高工厂化生产部品的能力，同时又不可避免建筑业的最终现场安装生产的方式，因此住宅产业特别适合采用大规模定制方式进行生产，同时从建筑业现场生产的集约化管理角度，住宅产业适合精益生产方式，而从快速满足客户的个性化需求角度，住宅产业亦适合敏捷生产方式，如图7-1所示。目前我国的住宅产业刚刚从相关行业中脱离出来，工业化水平和管理水平都还很低，无论精益还是敏捷，距离制造业的生产与管理方式都相差很多。

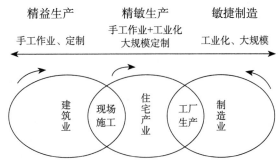

图7-1　建筑业、住宅产业和制造业的比较

7.1.2 住宅产业生产体系的要求

7.1.2.1 专业化分工协作体系和综合化分工协作体系

所谓住宅生产专业化指的是住宅产业内部的一些企业或部门，从原来的企业和部门中逐渐分离出来并形成独立的、专门集中生产一定的成品或品种的某些零部件，或者专门集中从事成品或零部件生产中的某种工艺或某种辅助业务的企业或部门的过程。通常包括住宅企业的专业化和住宅部门的专业化。

住宅生产协作是指住宅业内部各专业化企业或部门之间，为共同制造出同一产品，而建立起来的相对稳定的生产联系。生产联系范围的扩大和生产联系程度的加深，都是生产协作过程的表现。

专业化分工协作体系是住宅企业集群发展到一定程度，企业的专业分工与协作体系日趋完善，一些中小企业为了市场和竞争的需要，能够更好地发挥自己的核心竞争力，逐渐只从事特定的住宅或住宅部品、原材料的生产，进而形成一批专门从事某种产品加工的配套企业，这些企业形成的生产协作体系就称为专业化分工协作体系。

与此相对应的，一些大型的、规模化的住宅企业将充分利用自己的资金、资源优势，侧重于研发、核心部件制造和整体组装、市场销售和服务、品牌培养等。作为大型企业的上游企业，中小型企业则致力于提供与大企业配套、具有专业化优势的各种市场容量大、技术不是太复杂的劳动密集型产品和服务。我们将按照这种大企业同中小企业分工合作方式形成的协作体系称为综合化分工协作体系。

对于住宅业的产业化发展而言，综合化加专业化的协作体系具有更明显的优势，通过建立这种综合化加专业化的协作体系，可以形成大企业为主导、大中小企业协调发展的格局。随着不断建立和形成主业突出、核心能力强的大型企业和企业集团，可以提高产业集中度、专业化水平、产品开发能力和整体经营水平，能够实现资源、技术、成本的有效利用，从而快速响应市场需求，满足用户的需要，进而推动住宅产业化的快速发展。同时，中小企业可以利用"专、精、特、新"的特点，发展社会化生产、专业化协作和商品化供应，带动整个产业发展。因此综合化分工协作体系与专业化分工协作体系各有其特点和适用范围，在住宅产业化发展过程中都可以发挥其作用。

7.1.2.2 构造工厂与现场相结合的生产体系

长期以来，我国住宅产业的产品生产一直是采用现场施工的方式进行，这种生产方式使得住宅生产的周期长、技术落后、劳动生产率低、质量不容易得到保证，同时建造成本高，损失浪费严重，易发生质量安全等事故。随着住宅产业的不断发展，现场生产方式的缺点越来越明显，住宅产业将向着工厂生产体系的方向不断发展。

住宅产业的工厂生产体系是指将原来在现场完成的构配件加工制作活动和部品现场安装活动部分相对集中地转移到工厂中进行，改善工作条件，提高产品质量和效率，可实现快速优质低耗的规模生产，为实现现场施工装配化创造条件。同时由于建筑产品本身固有的特点，还不可能实现百分之百的工厂生产，必须要有一部分安装活动在现场进行（即使以后技术进步了，仍会如此）。为此，要建立工厂生产与现场生产相结合的生产体系，在不同的发展阶段，合理确定工厂生产与现场生产的比例与衔接关系，协调好工厂生产线上的生产与现场组装生产的关系，推进住宅生产技术与质量效率的提高。

7.2　住宅产业生产体系的选择

7.2.1　大规模定制——住宅产业的最佳生产方式

7.2.1.1　定制生产和大规模生产的缺陷

建筑产品生产是典型的"定制"生产，因此"定制"生产的各种优缺点在建筑业都普遍存在，而且表现非常突出。随着住宅产业化、现代化发展，住宅的生产方式将逐步以手工操作为主转向工业化生产为主，从单件生产转向大规模生产。这对于改善产品质量，提高劳动生产率，满足居民日益增长的居住需求，同时提高住宅产业的技术管理水平，无疑会起到巨大的推动作用。但大规模生产存在一个严重的问题，就是强调标准化而排斥多样化，容易造成住宅产品单一，造型相似，功能雷同。国外20世纪五六十年代的建筑工业化和我国的两次建筑工业化都已经验证了这一点。而建筑产品本身的重要特点之一就是多样性。同时由于我国房荒问题基本解决，住宅逐步实现商品化，居民对住宅的要求逐步趋向个性化，并且开始讲究文化氛围，因此我国在新时期发展住宅产业化绝不能再走欧洲国家20世纪五六十年代走过的靠牺牲多样化来实现大量生产的老路，也绝不能重蹈我国两次建筑工业化失败的覆辙。于是在住宅产业化发展过程中，就出现了工业化大规模生产与住宅多样性、个性化矛盾的问题。如何解决好这个两难问题，成为推进住宅产业化的技术关键。

7.2.1.2 大规模定制及其优势

大规模定制（Mass Customization，MC）的生产方式正是解决工业化大规模生产与住宅多样性、个性化矛盾这个两难问题的有效方法。

大规模定制的思想是随着以计算机技术为主导的现代科学技术的迅猛发展和社会生活的不断进步而产生的，由于其自身的优势，已逐渐成为信息时代制造业发展的主流模式。大规模定制是根据每个客户的特殊需求以大批量生产的效率提供定制产品的一种生产模式，它把大批量与定制这两个看似矛盾的方面有机地综合在一起，它实现了客户的个性化和大批量生产的有机结合。它的基本思想是：将定制产品的生产问题通过产品重组和过程重组转化为或部分转化为批量生产问题。大规模定制将满足顾客对住宅的个性化、多样化需求与采用工业化、社会化大生产方式协调起来，在提高住宅质量、降低成本，提高住宅产业生产水平的同时，尊重并最大限度满足顾客对住宅的个性化需求。

大规模定制从产品和过程两个方面对制造系统及产品进行了优化，或者说产品维（空间维）和过程维（时间维）的优化。其中，产品维优化的主要内容是：

（1）正确区分用户的共性和个性需求；

（2）正确区分产品结构中的共性和个性部分；

（3）将产品维的共性部分归并处理；

（4）减少产品中的定制部分。

过程维优化的主要内容是：

（1）正确区分生产过程中的大批量生产过程环节和定制过程环节；

（2）减少定制过程环节，增加大批量生产过程环节。

图7-2描述了大规模定制中的产品维和过程维优化的基本原理。这里将住宅产品中的各种部品分为两大类，一类是通用部品，另一类是定制部品。产品维优化方向是减少定制部品数。这里还将部品的生产环节分成两部分，一部分是大批量生产环节，另一部分是定制环节，过程维优化方向是减少定制环节数。大规模定制的实质是通过产品重组和过程重组，优化减少图中的小矩形面积。

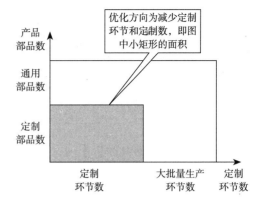

图7-2 大规模定制中产品维和过程维优化原理

大规模定制可通过对产品的模块化重组和企业的模块化重组，形成一种全社会的生产合理组织模式，达到充分利用社会化资源，有效降低产品成本，缩短交货期和提高产品质量的目的。它能以较低的投资有效解决住宅产业中的企业"小而全"、"大而全"，专业化分工与合作程度不够，最后导致住宅产品的开发和生产在低水平上重复的一些突出问题。

7.2.2 住宅产业大规模定制对生产体系的要求

目前住宅产业正在从定制生产向工业化规模生产方向发展，而且由于前述的中国的住宅极度短缺时代结束，中国的住宅越来越追求多样化、个性化和文化品位，对质量的要求也从产品可靠与否转向是否满意，是否具有更好的质量、更低的成本、更快的交货速度、更大的灵活性和更高质量的产品服务。这给房屋建造业提出了一个新的挑战，这就要求中国住宅产业应该从目前的定制生产方式直接进入大规模定制生产方式，或者缩短大规模生产方式持续的时间，迅速从大规模生产转向大规模定制生产，以大量相似的生产工艺流程生产相关的标准化的核心部件并提供不同的最终产品和服务。而传统的技术与企业组织形式已经不能适应时代的要求。这种转变需要从房地产商到最终客户的设计角色转换和供应链重组，要求新的生产组织方式为其提供运作的基础。而敏捷生产则恰好可以为实现从定制到大规模定制转化提供了一种重要的实现手段。因此，住宅产业的生产体系的建立也应该具有敏捷的特点。

7.3 住宅产业敏捷生产体系

通过上文的分析，我们可以得出结论，大规模定制是促进住宅产业快速发展的有效措施，住宅产业建立的生产体系，也应该具有敏捷的特点。因此在本书进行分析的时候，主要研究如何建立具有敏捷性的住宅产业生产体系及其特点。

7.3.1 住宅产业敏捷生产体系的构成

住宅产业敏捷生产体系的构成要素很多、很复杂，按不同的分类方式，可划分为不同的要素，具体可以按照敏捷生产企业、敏捷生产资源等进行划分。

7.3.1.1 按照参与敏捷生产的企业划分

按照参与敏捷生产的企业划分，包括：集成型住宅企业、房地产投资开发企业、建筑施工企业（总包+分包）、部品、构配件生产供应企业、装修企业、设计企业以及集成化的住宅产业集团等。

7.3.1.2 按照参与敏捷生产的资源划分

按照参与敏捷生产的资源实体划分，包括：网络、计算机、信息流、物流、设备和人员等。可以分为以下四类：

1. 网络与计算机是敏捷生产实施的电子信息基础设施

分布式网络通信体系是敏捷生产不可缺少的基础设施，是实现异地设计制造、数据共享和协同工作的必备条件，是支持动态联盟运作的基础。网络组织应具有RRS（Reconfigurable——可重构、Reusable——可重用、Scalable——规模可调）特性：支持实时远程多媒体通信，支持多协议共存，支持多软件平台，支持Client/Server结构。推行敏捷制造离不开计算机技术的支持。计算机应用水平（尤其是CAD、CAM和CIMS等）将直接影响敏捷制造的发展，是大力推行敏捷制造体系必须要打好的基础。

2. 先进的生产理念和技术是敏捷生产实施的技术基础

敏捷制造吸收了多种管理思想和制造哲理，其核心思想是为了适应变化的市场和取得竞争优势，必须以一定的机制合理利用其他企业的资源和技术，以适当方式组合产品开发、生产制造和市场销售等要素，实现综合资源动态优化配置，共同获利。敏捷生产的实施本身并不依赖于高技术和高投入，但适当的技术和先进的管理能使企业的敏捷性达到一个新的高度。

在产品开发管理上，吸收并行工程思想，在规范企业产品资源和建立快速可变产品开发体系基础上，考虑产品开发的全生命周期，尽可能达到集成化的产品与过程开发，同步规划产品的市场分析、设计、工艺、生产计划、加工、质量保证等，实现产品设计开发过程的并行实施；在生产和生产系统管理上，吸收精益生产思想，以JIT思想进行面向需求的生产计划和相应的生产管理；适当采用项目组形式；重视发挥人的作用；盟主企业定义所生产部件的模块化设计的性能规格与参数，具体设计和制造由协作厂家负责完成。

3. 创新的组织和管理结构是敏捷生产实施的组织基础

在组织管理上，吸收计算机集成制造思想，通过信息集成、过程集成、组织集成和资源集成，提高企业生产率和灵活性，实现企业之间的资源优化配置和动态集成。采用动态联盟方式，企业之间在优势企业的组织下结成联盟，通过联合企业边界的动态变化，实现优势的动态互补。在具体的系统建立与管理上，采用虚拟企业等形式，将分布在不同地方的多个分布式企业利用电子手段结成动态联盟。虚拟企业（动态联盟）一般有一个组织的发起组织者，联盟中的其他公司或企业都具有自身的核心能力，同时也分担共同的风险和分享共同的利益。可以把虚拟企业看作一个由机遇和利益驱动，从广域的环境下从适当的资源中挑选出来形成的一个"工程小组"，是一个临时性的联盟。它随机遇的产生而产生，又随着机遇的消失而消亡。虚拟企业既是一种哲学，可以指导企业进行一些战略思考，也是一个可操作的概念。

4. 高素质的人才是敏捷生产实施的必要条件

有知识、有技能并被适当授权的高素质人才是敏捷生产的必要条件之一。企业中人的地位和作用并没有随着各种新技术的发展而有所削弱，相反仍是决定企业成败的关键。人作为信息技术和生产技术的组织者、决策者和控制执行者，在敏捷生产企业中起着核心作用。先进生产模式下的企业要遵循人本原则，把人员看作企业的重要资源，并依赖其解决企业中的各类问题。

敏捷生产对人才的要求必须具备以下三方面：一是掌握本行业或专业技术，二是具有管理和协调能力，三是要熟悉掌握网络与计算机应用。尤其对于虚拟企业的盟主企业，掌握这三方面才能的人才是整个虚拟企业运行所必需的。

7.3.2 住宅产业敏捷生产体系框架

住宅产业敏捷生产体系模式可用一句话来概括：分散网络集成生产。分散网络集成生产是实现敏捷制造的一种生产模式。分散的含义是指企业成员间处于动态的、没有固定隶属关系和地理上相隔的状态。网络集成则是利用信息和通信技术把各成员组织起来，按照用户的需求进行生产。

分散网络集成生产利用不同地区现有的多种、异构、分布式的生产资源，以一定的互联方式，利用计算机网络组成的、开放式的、多平台的、相互协作的、能及时灵活地响应客户需求变化的生产体系。在统一指挥和协调下，把它们迅速组合成为超越空间限制的、以电子手段联系的、集中指挥、分散经营的虚拟实体，以便快速推出高质量、成本合理、满足用户需求的住宅产品。分散网络集成

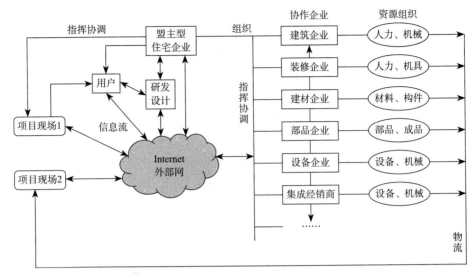

图7-3 住宅产业敏捷生产体系框架图

生产是一种可持续发展的、以人为中心的生产模式，它能够在充分利用现有的社会资源（包括人力资源和设备资源）基础上，借助信息技术快速地以合理的成本将产品从设计转入生产，以适应市场的多变和用户的需要，进而为实现住宅生产企业研究与开发、生产、营销、组织管理及服务的集成化和现代化开辟了道路，如图7-3所示。

7.3.3 住宅产业敏捷生产体系要点

7.3.3.1 总目标：快速响应顾客和市场需求，提高产品质量

在住宅产业敏捷生产体系中，快速响应顾客和市场需求，提高产品质量是体系建立与运行的总目标。

即面向顾客和最终产品，采用电子信息网络技术，在整个生产过程中，由一个集成型敏捷企业牵头，组织大量企业组合而成的虚拟企业的产品开发、设计、施工、营销、服务等生产全过程的协调与指挥，把各类企业的资源整合起来，目标是以大规模工业化生产的方式，为用户提供所需要的多样化、个性化的住宅产品。

7.3.3.2 空间上：大分散 小集中

由于住宅产业具有分散性、区域性的特点，因此住宅产业的敏捷生产体系在空间布局上要体现"大分散、小集中"的特点。

大分散——总体上分散，即在一定区域内，各种构配件、部品生产分散在不同规模的企业中进行，处于同一网络层次中的各个企业在逻辑结构上或地理位置上是分布的，能独立地完成各自的子任务，并为完成整体的任务进行大量的信息、数据的交流与共享，相互协商、协调与合作等工作。

小集中——相对局部集中，根据系统的各级目标，各种生产要素在区域的局部范围内相对集中，主要体现在住宅构配件和部品的集中生产和现场集中装配上。

7.3.3.3 时间上：敏捷、快速、并行、协调

在时间上的敏捷性体现在善于把握各种变化的挑战，快速满足用户多样化、个性化的需求。敏捷赋予企业适时抓住各种机遇以及不断通过技术创新来领导潮流的能力。因此一个企业的敏捷性取决于它对机遇和创新的管理能力。对每一个具体的系统（企业或者企业的某核心机构）都要针对它在不同方面的优劣，如企业运行、供应链策略、特定的生产控制、群组工作策略、产品开发策略等，找准它们在体系中的当前位置和目标位置，并按此来进行系统的设计和改造。

敏捷性除时间上的表现以外，还体现在体系的可应变能力、被动地响应变化的能力和创新能力以及主动地领导潮流的能力。

为实现敏捷性，体系运行时需要运用并行工程的理论与方法，建立跨部门的多功能团队，团队之间通过网络进行协调和联系以及对外信息的交流和获得，从而加强与相关企业之间的协调配合，在加快产品开发生产速度，为顾客提高价值的同时，尽可能减少变化带来的返工、窝工等损失。

7.3.3.4 信息处理：分布集成化

由于住宅产业分散为主的特点，其信息处理的方式表现为分布集成化。

对于空间地域上分散、信息资源分散化的企业，各个结点都有各自的形式（如

文件、数据库、知识库和电子表格等)存储数据、知识和信息资源。分布式信息处理采用分布式数据存储方式进行在线协作、在线交流,完成市场需求分析、产品设计、物料采购、生产、销售的协同商务过程。

由于分布集成化的信息处理方式,需要采用相应的信息网络设施和软件系统。目前采用最多的网络设施是Internet/Intranet网络,具有简单、方便、成本低等特点,特别适合于合作对象不确定、不长久的虚拟企业运作信息处理。支持分布信息处理的软件系统主要有传统的客户/服务器(client/server)方式、面向对象的CORBA方式以及基于XML的异构系统等。这些软件系统在网络的支持下,可以实现各企业之间的虚拟集成。

这些基于Web构建的信息系统实现了各企业实体之间信息资源共享,通过数据库代理等技术,进行信息资源的协同交互,保证数据的一致性和完整性。

7.3.3.5 组织体系:扁平化、网络化组织

组织是生产和经营管理的主体,一定的组织形式是同制造方式相适应的。敏捷制造采用基于Internet/Intranet网络的并行工程方式进行工作,因此必然伴随着组织形式的变革。组织形式包括企业内组织形式和企业间组织形式。

1. 组织结构形态扁平化

扁平化是指企业的结构由按照递阶层次构造逐级下达命令的金字塔模式转变为扁平的、多元化的结构。扁平化使企业的中间管理设置变得简单并侧重向两头发展,由"橄榄型"变成"哑铃型",如矩阵结构、团队工作方式。

2. 组织规模小型化

在信息化发展进程中,计算机网络在企业内外的延伸与扩展,以及信息库被各层次管理人员的共享,使生产的社会化和经营的国际化不再强求企业的大型化和职能完整化,生产企业只要加入信息网络,或与其他企业结成"战略联盟",就可以从企业外获得足够的信息与技术支持。

3. 组织结构形式网络化

在大规模定制和敏捷生产时代，一个企业不可能完全具备市场竞争所必需的全部条件和资源，能自行开发和研制定制产品的企业也无法长期与市场保持同步。因此企业之间必须结成以合作协同为主导的企业联盟。企业联盟中的成员企业通过网络实现信息共享，成员企业内部形成网络结构，组建由设计、生产、营销、财务、服务等多方面人员组成的团队，为顾客提供全方位定制化的产品与服务。

7.3.3.6 管理模式：集中控制、分散决策

由于采用分散化与集中相结合的组织形式，因此其管理方式也发生变革，要求对组织行为进行集中控制。通过功能强大的信息网络和相关技术，对组织内部各企业、部门的工作进行实时监控。但是在决策时，是以各部门的分散决策为主的。因为按照大规模定制和敏捷生产的要求，基层工作人员有条件直接处理信息，通过电脑终端，直接、快速、真实地传递各种初始信息，而无需全部通过上级集中处理后再加以传播。在这种情形下，一线工人和接近市场的营销人员、开发与设计人员不仅承担了更大的责任，而且也应该拥有适当的决策权，因此也就突破了原有的权力格局。

7.3.3.7 协作体系：专业化加综合化分工协作

住宅产业的敏捷生产体系的建立和发展，要建立与之相适应的协作体系。单纯的住宅产品专业化的生产体系已经无法满足住宅产业对产品生产敏捷性、规模化的要求。专业化加综合化分工协作体系能够实现资源、技术的有效集成和充分利用，从而能够以最快的速度响应市场和用户多样化、个性化的产品需求，生产出高质量的住宅产品，最终促进整个住宅产业的发展。

7.3.4 住宅定制的方式和流程

住宅的定制生产是典型的面向用户拖动式（pull）生产，用户的定制是整个生产的首要环节，也是住宅产品规划设计的第一步。

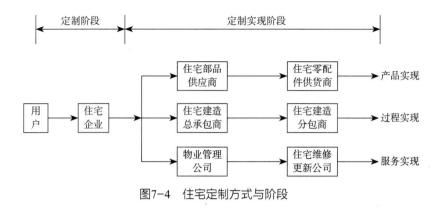

图7-4 住宅定制方式与阶段

由于住宅产业的特点,住宅定制的实现方式有多种,包括:产品实现、过程实现和服务实现。如图7-4所示。

1. 住宅定制的产品实现

根据住宅产品结构层次树,住宅的产品定制分为三层次,亦是三阶段定制。

第一层次定制:住宅最终用户向住宅企业营销商定制需要的住宅。这个住宅企业可以是房地产企业,也可以是住宅产业集团,也可以是集成型敏捷住宅企业等。这一阶段定制主要是定制住宅的性能和基本要求,如建筑面积、层数层高、平面布局、结构体系、设备与部品选用、主要装修作法、造价和一些特殊要求,以及住宅产品的售后服务等。第一层次定制是个综合性的定制过程,定制的结果既包括用户参与下的住宅设计图纸,也包括价格与服务等。它同时也是下一层次定制的基本条件。

第二层次定制:是住宅企业按照用户需求,在其原有的标准化组件或部品不能满足需要时,向其供应商定制住宅的组件或部品。如住宅企业向住宅部品供应商定制所需要的部品,向建材供应商定购所需要的建筑材料。这一阶段定制是用户要求的具体实现过程,也是定制生产管理的重点。

第三层次定制:供应商按照住宅企业的要求,在其原有的标准化部品或零配件不能满足需要时,向其供货商定制住宅的部品或零配件的过程。

在此之下的定制依然存在，但不再把它们看作住宅产业的定制范畴。

2. 住宅定制的过程实现

由于住宅生产的手工操作较多，很多生产活动即使在工业化住宅生产中也要在现场完成，因此住宅定制特别强调过程实现。住宅定制的过程实现也可划分为三个阶段：

第一阶段：最终用户向住宅企业定制，同住宅产品定制的第一层次定制。

第二阶段：住宅企业向住宅建造商的定制。住宅企业将用户的定制要求（表现在设计图纸上）下达给住宅建造承包商，建造承包商按照住宅企业的要求组织生产，制定完备的施工计划，筹备和投入大量的人力、材料、机械、部品和资金等，通过不同的生产过程实现用户的不同需求。

第三阶段：住宅建造承包商向分包商的定制。住宅建造商把承包工程的一部分分包给分包商，并把用户的要求和本企业的要求一并下达给分包商。分包商通过一系列的生产过程和施工方法实现总包的要求。

3. 住宅定制的服务实现

住宅定制的服务实现方式亦分为三个阶段：

第一阶段：最终用户向住宅企业定制，同住宅产品定制的第一层次定制。

第二阶段：住宅企业向物业管理公司的定制。住宅企业在住宅建成后将对用户的服务承诺转达给物业管理公司，物业管理公司按照对住宅企业和用户的承诺，为其提供个性化的、优质的服务。

第三阶段：物业管理公司向住宅维修改造更新企业的定制。在住宅使用过程中，用户或物业管理公司将住宅的维修改造更新（一般是物业管理内容以外的）委托给住宅维修改造公司，住宅维修改造公司按照用户或物业管理公司的要求提供个性化的定制服务。

7.3.5 住宅产业大规模定制的敏捷生产流程

住宅产业大规模定制生产的第一步是用户定制，这也是拖动式（pull）生产的起点，也是住宅产品规划设计的基础。

整个系统流程分成设计阶段和实现阶段两部分，这两阶段是交叉在一起的。另外也可以分成定制阶段和大规模生产两个阶段。

设计阶段首先是根据定制要求进行功能分解，将住宅整体分解成为组件，分解成的组件包括通用组件和定制组件两类，其中通用组件可以按照标准进行生产或采购，而定制组件则必须按照住宅企业的要求进行设计和生产。而定制的组件也要进行功能分解，分解成的部品包括通用部品和定制部品两类，通用部品按照标准生产，而定制部品则必须按照组件生产企业的要求进行设计和生产。定制部品也需要进行分解，方法同前，最后将所有住宅所用组件和部品、零件等按照用户的要求设计完成。

而定制实现过程则和设计过程恰好相反，是采用大规模生产方式完成的。首先是零部件生产，大部分按照标准进行生产，少部分按照部品生产商的要求进行定制，然后通过生产线上的交叉组合形成不同品种规格样式的部品。这一过程由于距离住宅最后产品生产较远，因此本书不将其作为住宅产品大规模定制的内部过程看待，而是看作前期的采购过程。而部品生产商一方面根据产品标准进行部品生产，同时依照组件生产商的要求进行部品的定制生产，不同品种规格样式的部品在生产线上交叉组合形成不同品种规格样式的住宅组件。组件生产商一方面根据产品标准进行组件生产，同时依照住宅生产商的要求进行组件的定制生产，不同品种规格样式的组件在现场交叉组合，形成不同规格样式的住宅产品，装修完成后交付用户使用，如图7-5所示。

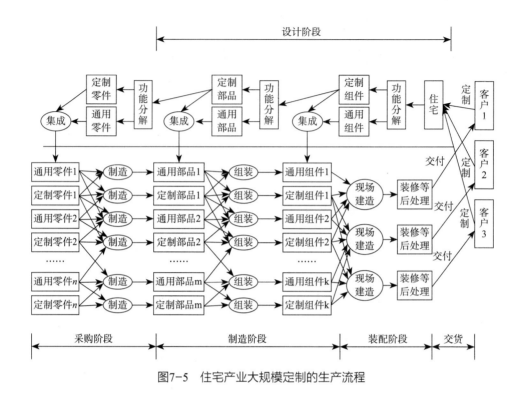

图7-5 住宅产业大规模定制的生产流程

7.4 大规模定制的生产管理模式

7.4.1 大规模定制住宅生产的敏捷产品开发

住宅产业的敏捷生产体系是一项涉及多种构成要素的复杂系统，从不同要素的角度进行区分，可以进行不同类型的划分，如敏捷生产企业、敏捷生产资源等都是进行敏捷性生产体系划分的重要依据。传统设计方法的根本出发点是单个产品的功能属性，这种设计理念法往往仅以单个产品的功能特性为设计出发点，或者仿效别人的产品，忽略了柔性制造与客户需求，使批量设计出来的产品形成的时间长，稍加修改即会造成成本的增加和时间的延误，难以快速响应市场变化。

敏捷产品开发是一项系统工程，需要各个参与方的共同协调，包括企业内部的最佳协作，多学科多功能开发团队的组建，在具体实施过程中还要紧密围绕客户需求，以客户需求为中心形成服务可获得性、通用零件的可制造性以及生产工艺与模块的可定制性的相互统一，并以通用件、快速定制为前提，确定可定制产品的范围和特征。住宅产业进入工业化生产的必要途径就是充分的通过响应市场来匹配用户的个性化需求。敏捷产品开发是住宅工业化生产的重要方式，是住宅产业化进程中不可回避的问题。敏捷产品开发以快速响应市场变化和市场机遇为目标，结合先进的管理思想和先进的产品开发方法，采用设计产品族与工艺并行的开发方式，对零件、工艺进行通用化，对产品进行模块化设计，以减少重复设计，使新产品快速上市。与传统的设计方法在人员组织模式、设计过程制定等方面都有很大的不同。

7.4.1.1 基于标准化的大规模定制生产的产品开发

虽然经过了多年的发展，我国的住宅建设水平得到了长足的进步，但整体的劳动生产率仍然落后于世界先进水平，住宅建设的总体质量与性能仍然有较大的提升空间。加快我国住宅部品的工业化、产业化的发展，是推动我国住宅建设工业化与产业化水平，提高住宅使用功能与居住性能的必由之路。高质量高性能的住宅建设要依托于高质量高性能的住宅部品的工业化与产业化，只有走模数化、标准化、工业化的发展途径，才能从根本上提高住宅部品的水平与质量。住宅部品的标准化是住宅建设工业化和产业化的基础与前提。

大规模定制下实施标准化生产，强调但不局限于住宅产品自身的标准化生产，根据产品组成的各个功能模块进行标准化生产同样是改进产品功能与提高产品质量的关键。因此，住宅部品部件实行标准化生产要从产品设计构思入手，围绕通用零件、标准化接口、几何尺寸和标准工艺来设计产品。

1. 住宅部品的标准化与生产工艺的标准化

住宅部品的标准化是实现住宅部品部件的通用化的重要途径。住宅部品的通用化是指通过部分首选部件的标准化以减少不同部品件数和数目的方法。制造企业要使所有的部品部件有效并直接地配置到各个使用地点，首先要求产品设计阶段需要满足住宅部品的标准化。另外，大规模定制的一大特点是要消除由柔性制造所带来的成本提高问题,对产品部件进行标准化设计,使得各部件的生产不因其外部产品品种和功能的变化而改变制造工艺,从而减少由改变生产格局带来的生产延迟和改变工艺所增加的管理成本,降低产品成本,取得规模效益,同时也促进产品制造工艺的标准化,充分利用现有的规模生产设备,为各功能模块的规模生产奠定基础。

2. 产品的有效整合

随着市场竞争的愈发激烈,企业对广泛的多样化产品或定制产品的需求也逐渐凸显,大规模生产模式下,企业通常要以较大的批量和较长的生产时间来进行组织生产,这使得企业往往不能迅速且廉价的实现上述目标。与此同时专门针对部品制造的企业需要对部品部件进行合理的系列划分,对产品的零部件进行有效的整合,从而推动企业内部生产的规范化。在标准化的同时发展部品部件的通用体系,从而保证了不同厂家构件的通用性。

7.4.1.2 大规模定制住宅生产的敏捷开发

敏捷开发一方面指产品开发过程中,通过持续稳定的获得并改进产品,以新产品的形式快速引入市场,这些产品实际上是基于通用部件和模块化产品已经规划好的基本产品在某个方面的变形。具备上述特点的产品推向市场的速度是远远快于独立产品推向市场的速度的。另一方面,敏捷产品开发还指敏捷产品可以在特定的敏捷制造环境中进行,如敏捷柔性连续制造、准时制造、订单生产以及大规模定制等。大规模定制模式下的敏捷产品开发来自于整个企业的最佳协作,必须由多功能团队进行产品的开发,根据并行工程的方式并行地设计产品族和柔性的工艺。

敏捷产品的开发通常需要特定的组织来具体实施,为达到用户的真实需求并满足可制造、可服务与降低成本等方面的目标,需要组建由结构师、建造师、制造工程师等专业技术人员及营销、财务、采购、项目代表等综合人员共同构成的多功能产品研发团队,共同实现产品的开发。专业团队介入与退出的时间节点各有不同,但应尽量在最初阶段就进行不同程度的参与,确保问题提出时间点的前置,争取在概念设计阶段就对重要的沟通界面予以处理,对各自的任务在初始阶段即进行有效的分解，避免因界面偏差造成的后期修改甚至大面积的返工。与此同时，拥有综合能力强、对先进产品与开发方法具有较强掌握的管理营销团队也是至关重要的，强有力的团队和密切合作的领导对开发目标的实现具有关键作用。

住宅产品的敏捷开发过程要同时实现通用化与模块化，以响应用户需求为出发点，通用化与模块化为前提，并围绕这个前提同步设计部品，确定柔性制造工艺。

通用化指部品部件通用化、材料通用化与工艺通用化的统一。部品部件通用化指在大规模定制过程中要实现柔性制造，部品部件需要满足通用的原则，从而在制造的各个环节和范围内协调制造，并使得材料的一般性管理成本与制造成本降至最低；材料通用化指用于实施制造的材料彼此之间应该满足通用，避免因材料更换或偏差导致生产的间断甚至停滞；工艺通用化指制造工艺之间满足通用的标准，保证大规模制造过程中同类的产品或构件可以采用相同的系统设置和定位方式。通用化可以尽可能减少因住宅构件多样化带来的繁杂的制造准备工作，消除制造过程中的界面偏差并降低制造风险，也是实现柔性生产的前提。

模块化是指根据一定范围内不同功能在功能分析的基础上，划分并设计出一系列住宅功能模块，通过模块的选择和组合构成不同的产品，以满足定制且快速响应市场的不同需求。设计巧妙的模块能够跨越产品族重复使用，节省设计成本。产品模块化的关键技术在于模块的划分及模块的标准化，这是敏捷开发的核心技术的前提。

经过合理设计的模块可以在多种产品中应用，也可以在同一种产品中变换使用，甚至可以在定制产品族之外运用。当有具体的必要需求时，可以通过适当的增加附加成本对模块功能进行相应的扩展，从而在更多的产品上得到使用，为敏捷产品的开发提供技术支持。

7.4.1.3 大规模定制的住宅产品设计

实施产品的大规模定制生产的前提条件包括对相关产品进行合理化，对构件、加工工具、工艺、装配卡具等进行标准化，提高制造柔性，在总成本统计的基础上做出各项决定等。在具备了这些前提条件之后，大规模定制模式下的住宅设计有其特殊的方法和内容。根据大规模定制的特点，多功能设计团队、完善的产品定义，以及标准化和通用化在住宅产品设计和开发过程中具有特别突出的作用。下面主要就产品定义和定制方法展开讨论。

1. 产品定义

与传统产品的定义相比较，住宅产品则大相径庭。为了使产品定制过程中充分满足用户需求，完善的产品定义对于大规模定制模式下的住宅产品设计显得尤为重要，也更为复杂。因为必须将客户的呼声转化为产品族，这些产品族应该能够界定为使客户满足而需要的可定制范围。与通常的做法相反的是，这一步骤不是概念设计。对于大规模定制模式，其产品族中的所有住宅产品都必须加以定义，这样，客户才能真正获得定制的产品。所以，产品定义已不是单一产品的定义，而是指定义产品的属性，即产品定义的一个范围，它应表达出模块、标准构件、定制构件、定制配置和定制尺寸的各种不同组合。

了解产品族的范围是在大规模定制模式下设计住宅产品和工艺的首要工作。确定产品族的最佳定制范围极为关键。提供产品族中每一种可能的产品形式或许是没有必要的，甚至是不可行的。由于客户可能仅仅需要住宅产品的某些而非全部变形，所以，提供客户实际上不需要的、更多种类的产品变形可能是一种浪费。由此看来，在定义大规模定制的产品族的同时，定义最佳的定制范围十分重要。通过一种名为"质量功能配置"（QFD）的工具，可以将客户的呼声系统地转化为住宅产品设计的详细说明和资源的最优配置方案。该工具的使用将客户的主观诉求转化为了客观的详细说明，使设计人员能更加明确产品族的定制范围，以便能够利用其来进行设计，从而确保设计团队将精力集中于客户最需要的特性上。

QFD 输入的是客户的一系列主观诉求，输出的是产品详细说明和设计资源优先配置顺序。它的一个最有价值的、也是最易于获得的成效是：它只要求客户将其喜好按照"相对重要性"的顺序进行排列，即可排列出客户认为最重要的和最不重要的队列。这样得到的一个按重要性排序的队列能够有效地抑制任何产品设计人员的偏爱,避免设计重点与客户的实际诉求产生偏差。然后请客户将当前的产品与竞争对手的产品按竞争力大小进行排队,将这个竞争力的队列与客户喜好的"相对重要性"队列进行比较,即可得出颇有价值的资源配置依据。完善的QFD能够利用这些输入,计算出用于各项任务的最佳的设计预算比例。

如果客户将竞争对手的产品的某个方面排在了重要性的前面,那么企业就需要仔细地衡量这个产品,考究它是如何满足客户需求的。将需要研究的内容列在"客观的工程性能衡量"中。以此对企业现有的产品和竞争对手进行同样的测量,并对比衡量结果。

将客户对产品的各项喜好与受到产品各项性能的影响相关联,构造"相关矩阵"。将客户的各项喜好与产品各项性能的冲突相关联,构造"冲突矩阵"。设计人员可以利用"相关矩阵"和"冲突矩阵"将产品的各个特性协调起来。通过该方法,便可以根据用户的诉求做出最准确的产品定义。

2. 定制方法

在准确地定义了住宅产品之后,接下来就要开始产品概念的简化和结构的优化,这是对产品开发过程影响最大的活动。本阶段对住宅产品生命周期中的累积成本具有决定性的作用,而且,还会对产品的质量、可靠性、可服务性、制造柔性和可定制性产生极大的影响。因此,这个阶段决定了在大规模定制模式下住宅产品的定制能否顺利实现。特别是住宅产品如何进行定制,以及由谁来完成定制均由这个阶段决定。定制产品的方法包括以下几种。

(1) 模块化的定制

模块是产品构造的基本组成元素,将它们以各种不同的形式组合装配在一起,可以实现产品的定制。模块的通用性也是产品设计者应着重考虑的因素,巧妙的模块设计,可以使它们被应用于尽可能多的产品当中。而且,同一模块经过不同的组合可以多次应用于同一个产品中,使得模块的种类减少,相同模块的定制数量得到提升，从而实现了产品成本的降低。除一般的模块化定制之外，还有虚拟的模块化。这是模块的一种变形，它不再将模块的定义仅仅局限于住宅实体制造单元，而是利用虚拟模块的图形中的组件或者模块在系统中组合或"装配"。

（2）可调节的定制

可调节定制住宅是为了满足客户的个性化需要对标准构件或模块的改造性定制，从而为占领市场创造条件。对于大规模定制住宅产品的开发和设计，需要特别强调对构件、工艺、工具、原材料等的标准化和模块化。这也正是在大规模定制模式下敏捷住宅产品设计和开发的关键所在。只有做到这一点，才有可能在降低产品成本的前提下，既增加住宅产品的外部多样化，又不造成内部多样化，最终在大规模生产下，以低成本和高效率的形势实现住宅产品的大规模定制。大规模定制的实施成功还依赖于所有相关人员参加的多功能设计和开发团队的协同工作，对构件、工艺等进行标准化和通用化，并以总成本统计的方式代替传统的成本计算方法，以大规模定制的设计理念进行定制产品的设计和开发。

7.4.2 大规模定制住宅生产的延迟制造

7.4.2.1 延迟制造的概念

在产品的定制生产过程中，企业会在整个生产流程与供应链中将制作过程相同的程序尽可能最大化，以寻求规模经济的达成，而将存在差异化程序的按订单生产过程尽可能推迟，从而保证在较低成本和降低风险的基础上快速满足消费者的多样化需求，这种制造模式即被称为延迟制造。具体而言，延迟制造就是由制造商事先生产好中间产品或可模块化的部件，例如住宅房屋中的梁、板、柱、门、窗等，待客户对产品的功能、外观、结构和房型提出具体要求后再完成最终的个性化部品构件的生产与安装。多数企业往往将最终的制造活动安排在距离住宅生产地很近的地方进行，如配送中心或第三方物流中心，在时间和地点上都与大规模的中间产品或部件既相分离又系统协调，这样企业就能以最快的响应速度来满足顾客的要求。同样，生产企业也可以将最终的制造活动安排在住宅的销售阶段，这样客户便可以通过虚拟制造过程将自己对产品的个性需求传达给制造商，并由制造商针对企业的需要进行最终的制造安装。

7.4.2.2 延迟制造的意义

1. 降低库存与物流成本

延迟制造是在住宅产品的中间部品、构配件被制造出来后，就暂时终止生产活动，并以规格、体积和价值有限的通用半成品形式存放，直到接收用户订单后，才进行施工安装工作，相较于产成品而言，半成品的体积小、重量轻、规格和价值低，因此，产品库存、运输的费用和可能的差错得到了最大程度的减少，这就降低了存货与运输成本。

2. 增加了最终产品种类，能更好地满足顾客的差别化需求

延迟制造的住宅产品在设计之初就采用标准化、模块化设计方式，以力求用较少品种规格的构配件组装成能满足顾客需求的多样化产品，这样一来，制造商便可以在成本一定的前提下提高顾客满意度，减少由于传统住宅建造供需不一致而导致的损失。

3. 缩短了交货提前期，提高了快速反应能力

住宅的延迟制造为了适应不断变化的市场需求，将生产过程分为变与不变两个阶段，将不变的通用化构件的生产过程最大化，事先生产基础产品，以不变应万变，一旦接到订单，能以最快的速度完成产品的差异化生产与交付过程，增强了快速反应能力。

4. 降低了不确定性，减小了住宅企业风险

以原材料和中间产品的形式存在的企业存货，占用了较少的资金，却有较广的适用面。企业采用这样的延迟制造模式既能迅速满足顾客的多样化需求，又可以大幅降低存货成本与风险，使企业大大减少了供求不一致带来的资金积压损失，有利于提高企业效益。

综合来看，延迟制造本质上是对住宅生产供应链结构的一种创新，是住宅企业在复杂多变的市场环境下的有力竞争手段。住宅企业想要充分发挥延迟制造的优势，首先必须明确产品定义，以此为依据对产品的结构和制造过程进行重新设计，采用标准化、模块化等设计方法，并将制造过程分解为通用化和差异化，在时间上和空间上既能完全分离，又能紧密联系的过程。

其次，重新塑造整体的供应链结构。从全局角度考虑供应链的网状结构，统筹考虑原材料采购、中间产品的生产和存放以及最终产品施工安装与售后物业服务全过程的布局与资源优化配置。

最后，将供应链上所有业务相关的企业建立成相互信任、资源共享、信息公开、目标一致的住宅产业战略联盟。延迟制造对整个供应链系统的协调合作和快速反应要求极高，只有链上所有企业通力合作，才能发挥出协作效应，实现整体竞争优势。

7.4.2.3　延迟制造的实施措施

延迟制造策略通常有部件的通用化、部件的模块化、作业延迟执行、作业重新排序。部件的通用化、模块化属于"产品延迟"的范畴，而作业延迟执行、作业重新排序属于"流程延迟"的范畴。

1. 部件的通用化标准化

一个完整的产成品是由不同的部件装配制造出来的，部件的通用化标准化就是将外观、规格不同的部件用标准化的部件替代，从而使产品的差异化点向后续流程延迟。

2. 部件的模块化

在生产过程中，经常发生某个部件难于仅用一个通用件或者标准件就能代替的情况，这时就可以把它们设计成易于添减的两个或多个功能模块，延迟策略便可以通过保留"通用化"模块原有工作不变而将那些"使产品发生差异化"的功能模块的组装作业推迟到工艺流程的后面阶段来实现。

3. 作业延迟执行

是指把同处于一个阶段的作业分解为通用化作业与差异化作业两部分，然后将差异化的作业向供应链下游延迟。

4. 作业重新排序

是指调整产品生产工序，尽可能地往后推迟，构成具体产成品或对产品进行差异化的作业。世界著名针织品供应商—意大利制衣公司在生产毛衣时，先对不染色的毛衣进行规模化生产，在投放市场之前再进行染色而不是像传统的先染色再针织，这样即保证了生产的规模化，又保证毛衣的花色是符合顾客需求的最新潮流。这样的生产方式成为利用重新排序实现延迟的经典案例。

5. 延迟制造的顾客订单分离点

在现代制造业中，供应链结构通常被划分为推动式和拉动式两种。在推动式供应链中，企业需要首先预测顾客的需求再进行生产，然后将产品通过经销商逐级推向市场。这种做法的弱点在于将分销和零售商置于被动地位，同一条供应链上的企业之间缺乏信息沟通与协调，导致了企业之间的协调少、协调差，产品提前期长、库存量大，难于快速响应市场变化，且极易致使供应链中的存货数量逐级放大，产生牛鞭效应。其优点在于可以利用制造和运输的规模效应为供应链上的企业带来规模经济的好处，还能利用库存来平衡供需之间的不平衡现象。

拉动式供应链模式则一般按订单进行生产，由真实供求关系来刺激产品的供给。这种模式是制造部门根据用户需求来生产定制化产品，其优点在于不仅甩掉了库存压力、缩短了提前期，还能更好地满足客户的差异化需求。该模式的缺点是生产批量小，作业更换频繁，设备的利用率低，管理复杂程度高，难以获得规模经济。

延迟制造则通过整合上述两种供应链模式，将两种模式的优点结合运用，达到了扬长避短的效果。在住宅制造业中，运用延迟制造的生产过程可分为推动阶段和拉动阶段。在推动阶段，制造商根据预测大规模生产半成品或通用化的各种模块，获得大量生产的规模效应。在拉动阶段，住宅产品才实现差异化，根据客户订单需求，将各种模块进行有效的组合，或将通用化的半成品根据需要进行进一步的加工装配，从而实现住宅产品的定制化服务。

7.4.3　大规模定制住宅生产的柔性制造

7.4.3.1　大规模定制住宅生产的柔性组织特点与形式

大规模定制柔性制造的组织形式是一种柔性动态组织的形式，要有扁平化、小型化、柔性、网络化及分权的特点。扁平化是强调组织结构的扁平化，要尽可能地减少管理的层级，增大各个层级的管理幅度；小型化是要求尽可能的缩减管理队伍的横向规模，能实施信息资源共享的管理内容尽可能的从外部直接引进，大规模定制企业通过资源的引进进行联盟构建，从企业外部获取管理与技术资源来解决内部问题，组织柔性是指尽可能的弥补刚性组织不能够很好适用外部环境变化的缺陷，在市场竞争日趋激烈的大背景下，多变的市场要求大规模定制企业的组织结构灵活多变，能够对外部变化有敏感性的感知与应对，同时具备变化与创新的能力，从而在较短的时间内响应市场需求，网络化的需求是对宏观市场背景的响应，在网络信息时代，大规模定制企业需要多方面多种类的资源，而在多变的市场背景下单个企业往往不能完全具备产品制造所需的各种条件，即使在某一时期内可以自行研发与实施定制，也很难与市场变更完全同步，企业与企业之间也不再只有单纯的竞争关系，而是逐步发展为一种以信息资源共享为基础的网络化关系，企业与企业之间，企业内部的各个组织之间均具有较强的网络特点，分权强调的是一种以集中控制为前提的分权管理思维，传统组织模式下基础工作人员只有局限性的工作职责而较少行使管理职能，而大规模定制生产下的基础工作人员散布于企业的各个岗位，也具备了通过信息平台进行直接信息处理的权限，信息的上传与反馈可以用更为集中和直接的方式进行，这种情形下，一线工人和接近市场的营销人员、开发与设计人员不仅承担了更大责任，而且也应该拥有适当的决策权，以适应大规模定制生产的要求。

大规模定制下的组织实施通常是以"跨部门多功能的学习型组织"的形式来实施的，跨部门指的是工作任务不再是由单一部门实施完成的，而是有多个不同职能部门人员共同参与工作以完成某一目标。多功能则是指任一任务的工作价值不再是单一的，而是由多个部门共同实施，同时又面向多种需求的。在这种情况下，企业组织不再是一成不变的固定组织，而是会根据不同的工作任务需求不断机动组合，组成多个临时工作组织，各个工作团队之间也建立动态的伙伴协作关系。

工作团队相互之间的协调和联系以及对外信息的交流和获得，均可以通过住宅企业内部网络实现，互联网技术的发展为其提供了基础。通过网络各个工作团队密切而灵活的集合在一起，能够完成紧急复杂的任务。同时，网络为住宅企业内部组织各工作团队提供直接进行信息沟通的条件，使得中间管理层消失，实现组织的扁平化。在以工作团队为基本组织单元的住宅企业中，也存在上级。但不同于一般企业中的只是发号施令和进行监督的上级，它的主要职责是协调各工作团队之间以及工作团队与外界之间的关系、制定各工作团队的工作任务以及工作团队运作机制等。

工作团队的有效运作实质上是一种系统集成行为，团队组织及其附加的专业技术知识、组织管理知识、互联网信息资源等均是工作团队这一整体系统的子系统，通过对技术、管理、信息等多方面的集成整合，实现工作团队整体的目标。同时，随着住宅建设市场的持续发展，新技术新方法新理论层出不穷，工作团队需要保持持续学习的属性，作为一种"学习型"团队而存在，而新的形势下，学习的对象和内容均更为丰富。学习的对象不只局限于行业内的同类型企业，跨行业的理念介入或者以用户需求为学习对象的学习观均是进步和科学的，与此同时，学习的方式也会随着信息时代的发展而进一步丰富。

7.4.3.2 面向大规模定制的柔性制造的实施

柔性制造和快速响应是住宅建造企业大规模定制实施的要点，这两个关键要点的实现要以质量和成本目标为基本的约束条件。住宅企业大规模定制柔性制造的关键技术主要有住宅制造系统模块化、动态组合的布局方式、动态响应控制结构、柔性物流系统等。

住宅制造系统模块化是指整个生产制造过程的模块化。制造过程的模块化保证生产过程的系统性，当制造目标变更或者某个程序出现故障时，模块化且具备可替换性的制造系统可以灵活的进行调整以满足动态变化的需求，这是住宅制造系统的柔性和快速响应能力的直观体现。需要强调的是，模块与模块之间尤其是硬件接口与信息接口之间的连接是制造系统柔性的重点。制造系统之间的接口同样应实现标准化，这样才可以满足不同系统的设备在同一个系统中进行集成。通过这种模块化的建造系统，可以保证建造过程的重组调整及拓展，这是建造系统的柔性。而当需求变化要求建造工艺改变时，也可以通过模块的调整重组实施制造工艺的调整，当产量需要调整时，可以增加或减少某些关键模块单元或提高或者降低系统的自动化程度来增加或减少产量，这同时也是经济性与技术性的统一。而通过模块化的制造系统，对制造工艺的管理也变得相对简单了。为了进一步的强化柔性与快速响应，保证制造系统的组合与调整能力，需要充分的开发动态组合布局方式，即运用制造系统模块化的功能和基础，探讨不同模块组合下所产生不同配置方式，从而实现多种不同的功能需求。

制造系统还应具备完善的控制结构，传统的制造结构通常有集中控制结构、递阶控制结构和异构控制结构等。其中异构控制结构将系统分解成近似独立的实体，实体通过预先定义的通信接口进行合作。实体之间消除主从关系，具有局部自治性。系统构形对实体是透明的，实体需要与其他实体合作。在异构控制结构中每一个实体具有高度自治性，可以快速响应环境变化。住宅大规模定制生产由于其订单的随机性，要求控制系统具有动态响应的特点。异构控制结构适应这种特点，是住宅大规模定制制造系统应该借鉴的结构。

柔性制造还需要有适合住宅大规模定制的柔性物流系统辅助，这种柔性物流组织的基本要求就是要具备可靠性较高的运输系统能对各种形状、体积或重量的物件进行运输，可以摆脱线路的约束，保证运输速度以减少安装时间，同时还要具备较强的智能化导向与自我恢复能力。物流系统中还应配置开放性可重组的柔性物料处理系统，通过硬件系统与信息软件系统的相互配合，形成相对柔性的物流处理系统。物流系统的设置始终以柔性和快速响应的可重组特性为出发点，模块化的传送带模块和连接传送带模块。通过这种基于系统集成思想的模块组合，可以形成不同类型与属性的传送线路，而模块重组的方法也可以通过模块位置方向的改变产生新的不同功能的运输路线，通过多维传送带的组合集成，还可以形成空间属性不同的运输路线，使得柔性制造构件的物流运输问题得到有效解决，为住宅大规模定制制造提供了基础。

7.4.4 大规模定制住宅生产的供应链管理

7.4.4.1 供应链及供应链管理

（1）供应链是由物料获取并加工成半成品或成品，再将成品送到用户手中的一些企业和部门构成的网络。国内学者普遍认为，供应链就是通过计划、获得、存储、分销、服务等一些活动，在顾客和供应商之间形成的一种衔接，从而使企业能够满足内部和外部顾客的需求。企业供应链上承供应商，下接顾客，构成了整个社会供应链系统的一部分。随着近年来网络信息技术的迅猛发展，市场竞争愈加激烈，这使得企业与供应商、顾客之间的合作成为企业参与竞争的关键因素。现在已经越来越多的企业逐渐认识到竞争的实质是价值链之间的竞争，而供应链则成为企业提高效率，降低成本，实现大规模定制的有效切入点。

（2）供应链管理。在全球制造业出现企业经营集团化和国际化的形势下，供应链管理成了新型管理模式。它是对整个供应链系统进行设计，通过计划、协调、操作、控制等手段优化各种活动的过程。供应链两端分别链接供应商和客户，其管理实践促成了所有相关企业之间的战略联盟。从物流、信息流畅通的视角来看，通过加强供应管理，以确保物流畅通来减少库存、降低成本，从而推动生产系统实现效率的提高和成本的降低，实现产品大规模定制生产。由此看来，大规模定制只是一种指导思想，其实现的根本是高效的供应链管理。

7.4.4.2 大规模定制模式下的住宅生产管理的供应链管理特点

现代制造企业面临的市场环境瞬息万变，为了适应外部激烈竞争环境，大规模定制模式应时而生，供应链管理的目的也就在于使企业适应这种复杂的外部环境，积极响应市场变化，从而增强其柔性和敏捷性并降低成本。面向大规模定制住宅的供应链管理主要面对三个问题：一是有效的整合住宅企业的内部资源；二是要分析供求关系，把握顾客实际的需求；三是快速引入并整合外部优势资源。这样供应链便可以通过畅通的物流、信息流来减少库存、降低成本的同时迅速响应市场变化，最终实现住宅的大规模定制。

大规模生产与大规模定制生产之间均注重生产的规模化，然而两者之间却实际存在着巨大差异。显然，传统的面向大规模生产的集成化供应链管理模式并不适用于大规模定制模式。许多外国企业在从大规模生产向大规模定制模式转化的过程中，由于缺乏适合大规模定制模式的供应链管理模式而造成了生产成本大幅增加，效率却大幅度下滑，最后以失败告终。因此，实施住宅大规模定制模式需要有相应的供应链管理模式的支撑，与面向大规模生产的供应链不同，面向住宅大规模定制模式的供应链具有以下主要特点：

（1）是一个不稳定的供应链。住宅大规模定制模式的供应链结构随客户需求而经常发生变化，很不稳定，实际上是一个虚拟供应链。在传统的大规模生产模式下，企业产品品种相对单一，且保持不变，因而该模式下的供应链上下游之间可维持较为稳定的长期合作关系。而在住宅大规模定制模式下，市场需求呈现出个性化、易变性等特点，住宅企业为了抓住市场机遇，会根据自身的核心竞争力，选择在资源和能力方面与之互补的企业结成联盟。供应链结构的稳定程度受市场需求的影响，对于大规模生产下的供应链结构，稳定是长期的，不稳定是暂时的；而对于住宅大规模定制的供应链结构，稳定是短暂的，不稳定是长期的。

（2）是一个敏捷供应链。住宅大规模定制供应链是一个敏捷供应链，以提升满足客户需求的反应速度为主要目标。在大规模生产中，供应链根据预测数据安排生产，通过生产产品来催生用户需求，这样的供应链追求的目标是如何提高供应链的效率和降低供应链的成本。而对于住宅大规模定制生产而言，供应链则以客户订单为依据来拉动产品的生产，相比于大规模生产，大规模定制在时间上的劣势较为明显。因此，如何在保证成本一定的情况下以较高效率和速度向客户提供定制化的住宅产品，是住宅大规模定制的供应链亟须解决的问题。如果说大规模生产下供应链是以精益为主的供应链，那么面向住宅大规模定制的供应链则是一种以敏捷为主的、敏捷与精益相结合的精敏供应链。

（3）有效降低供应链中的牛鞭效应。住宅大规模定制是以客户需求为动力的供应链，相比传统的大规模生产模式，其供应链中的牛鞭效应较小。牛鞭效应是指供应链中需求的波动程度沿着供应链上游方向呈现出不断累积放大的现象。导致牛鞭效应的原因有很多，仅仅以需求预测为生产动力是其产生的重要原因之一。在大规模生产模式下，制造商根据需求预测进行生产，采用指数平滑法和移动平均法进行预测都会导致牛鞭效应。而对于住宅大规模定制生产，产品的生产与销售完全是以最终客户的订单为动力安排的，因此，在住宅大规模定制模式下，市场需求拉动型是供应链的主要动力，而不是以往的生产推动，这就降低了供应链中由于需求预测所引起的牛鞭效应的可能性。大规模生产的供应链是生产推动型，普通定制生产的供应链是拉动型，而大规模定制供应链则是以需求拉动为主、推拉结合的供应链。

（4）是一种基于互联网技术的密集型供应链。住宅产品大规模定制生产模式的实施依赖于以互联网为代表的现代信息技术，在当前信息技术充分发展、电子商务充分普及的时代，住宅大规模定制生产模式得以充分发挥其优势。电子商务是住宅大规模定制模式的重要技术支撑，互联网保证了企业与客户可以进行"一对一"的有效沟通，这为企业了解客户的定制要求提供了方便、快捷的途径。面向住宅大规模定制的供应链是基于互联网技术的密集型供应链，供应链中的各节点包括各层次的开发商、供应商、制造商、第三方物流、销售商等均通过互联网技术相互连接，实现信息在各节点之间的高速传递和共享，使从客户订单的获取到定制生产的分配能够在瞬间完成，充分体现供应链的敏捷性。

大规模定制的住宅生产模式实现了大规模生产和定制生产模式的优势组合，既实现了企业的规模化生产，又能以较低的生产成本为客户提供定制住宅产品。但是这种生产模式在当前的生产关系条件下的实施也面临一些难题，针对住宅大规模定制的供应链管理就是其中一个重要的研究课题。企业在寻求生产模式变革时，必须对传统的大规模生产与大规模定制的供应链管理的本质加以区别，根据住宅大规模定制的特点，建立基于大规模定制的供应链管理理论与实践。

7.5 实证研究：博洛尼面向大规模定制的住宅装修生产体系

7.5.1 博洛尼的大规模定制装修模式分析

博洛尼的装修属于由装饰公司主导的面向大规模定制的住宅装修。博洛尼家装是家装工厂店的模式，集建材采购、室内设计、装修施工于一体。博洛尼首创中国体验式生活方式场景展厅，为客户打造了18种极具代表性的居住空间，方便顾客一目了然挑选自己喜欢的装修风格，而且所有建材全部为工厂直营，价格低廉，拥有规范的施工队伍，通过集约化管理，保证施工的质量。同时博洛尼也拥有国际先进的柔性化生产系统，能够实现整体橱柜、家具、整体卫浴、内门等产品的大规模定制。

博洛尼致力于为中高端人士提供不同档次需要的整体家居解决方案，也服务于开发商住宅精装修领域，是中国精装修住宅、工业化住宅和适老住宅的研究和实践商。其精装模式如图7-6所示。

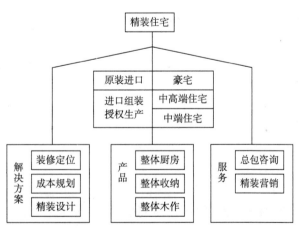

图7-6 博洛尼精装系统概况

博洛尼与中国知名地产公司，如万科集团、中海集团、保利集团、恒大集团等进行了成功的合作，并进行了精装修规模化的实践。其装修风格多样，适合客户进行个性化选择，其定制设计也可以针对每一个客户进行细部调整，同时装修的部品能够通过自身的工厂或结盟的厂商进行大规模定制供应，为实现大规模定制的住宅装修提供条件。

7.5.2 博洛尼大规模定制装修的内容

1. 系列产品和家装订单流程

图7-7（a）是博洛尼系列产品和生产安装订单流程，图7-7（b）是博洛尼家装工程订单流程。

2. "7系"整体家装

所谓"7系"，借用了宝马车最高级别"7系"的概念，强调高品质，在运作中，将家装产品在设计、施工、环保、服务等7个维度进行了全面升级，最大的卖点则是"3阶段、全品类"环保控制体系，从施工、建材、家具涉及的品类入手强化环保品质，如橱柜及家具等木制作产品箱体均使用甲醛释放优于国标3倍的马来西亚进口环保板材，建材用胶（门套胶、窗套胶、淋浴屏密封胶、坐厕密封胶、台面密封胶等）采用VOC释放优于国际10倍的MS胶，油漆类产品选择有害物质在48h内就彻底挥发干净的净味漆，保证苯的释放量优于国标300倍，即使是孔槽位置也都制定了相应的环保解决方案，杜绝有害气体对家居生活空间的污染。

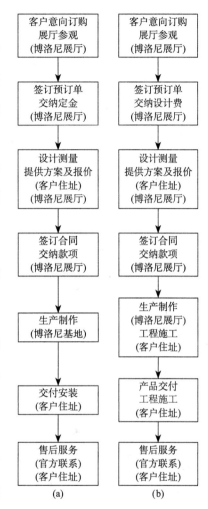

图7-7 博洛尼系列产品和家装订单流程
(a)产品订单流程；(b)家装工程订单流程

"7系整体家装"升级家装品质,具体表现为5个层次:设计层包括整体设计系统+整体收纳系统,通过"时间·空间·人间"的人居合一的设计理念增加人和空间的契合感、人与人之间的幸福感;施工层以德系施工管理体系为核心,通过不折不扣执行德国标准和对细节品质的极致追求提升品质感;产品层包括整体木作及家具定制系统、"尖叫级"环保系统,通过行业最完整的系统化配套,实现风格和谐统一与家人健康的幸福感;服务层聚焦整体家装解决方案,把整体设计、整体预算、整体交付、整体验收的一体化服务做到极致,为客户带来最大程度上的省心,从而提升幸福感。价格层以主材开放平台为发力点,真正做到建材全市场最低价,让客户感受到性价比带来的幸福感。

3. 博洛尼精装设计选择

将设计空间分为九大空间模块:厨房、客厅、卫生间、书房、卧室、餐厅、视听间、衣帽间、园林。形成七资十六式的家装风格:罗马假日、威尼斯、新怀旧、部落文化、国际禅、炫奢华、九朝会、男性主张、女性主张、黑客帝国、蔷薇红、生活在书房、新经典、柠檬黄、雪茄记忆、永恒。总计12种卫浴组合、62种衣帽间主张、76种卧室新体验、106种客厅绝搭配、72种厨房梦幻风格、78种餐厅新煮意、28种视听超享受、18种园林新奇想、90种书房新意境。

客户可以通过样板房直观感受装修成品效果,可按照自己的需求调整相应的装修模块,达到不同组合效果的装修空间。对个别的定制需求,可以通过与设计师的协商完成。设计师将这些特殊需求反馈给主材供应商,完成定制化的住宅装修。同时,依靠供应商的规模生产,形成低成本个性化的家装,如图7-8所示。

4. 博洛尼精装报价模式

(1)施工明码标价,火锅底料式刚性报价,自助式点单系统

基础施工报价600元/m²起,如不含水电施工报价400元/m²,如表7-2所示。客户可根据自身需要进行选择,低门槛、多阶梯、多档次、多种类选择。

图7-8 博洛尼家装照片

博洛尼施工基价　　　　　表7-2

项目	瓷砖地板	木地板	不铲除不找平	铲除找平	墙顶漆	厨卫吊顶	垃圾清运	价格
不含水电	√	×	√	×	√	√	√	400元/m²
	×	√	×	√	√	√	√	
含水电	√	×	√	×	√	√	√	600元/m²
	×	√	×	√	√	√	√	

以上价格为120m²内套餐价格，不含税金和管理费；只包含套餐内项目，不包拆除和新建；贴釉面砖，工艺为水泥砂浆，主材甲供；自助点单据房间户型变化可能略低或略高。

施工费用预付30%，然后按进度及项目分四次付款，干一项结一项，每项验收合格再付款。

（2）主材代购明码标价，梯度式折扣

覆盖近百个一线主流建材品牌，博洛尼与品牌均签订《价格承诺协议》，保证价格的透明性。主材购买越多，施工折扣越大。

5. 售后服务

博洛尼将服务竞争力定为自身的第二竞争力，构建了电话呼叫中心、远程调控中心、家装服务管家系统、网上客服系统、官方微博互动、短信提醒、上门关怀等服务项目，为客户提供全面细致的服务。《商品售后服务体系》的专家们对博洛尼从销售到设计、从设计到施工、从施工到售后，进行逐项评定，获得了《四星级售后服务》的认定殊荣。

8 住宅部品流通供配体系

随着住宅产业的发展，工业化和信息化成为住宅产业走向现代化的必然趋势与途径，这就要求住宅产业改变传统的户外现场浇筑的生产模式，实行在工厂中生产出住宅部品，再到现场进行组合。同时新的生产方式，要求住宅部品流通采用新的流通供配体系，而这种能够满足消费者需求并产生较好的经济效益的供应链式的管理无疑会给新的供配体系提供借鉴。同时飞速发展的网络电子商务使商品流通方便快捷，高效低成本，为新型流通供配体系的形成发展提供了良好的技术基础。

8.1 住宅部品流通供配体系的形成

8.1.1 住宅部品流通供配体系的定义

住宅部件和产品统称为住宅部品，相当于住宅产业的基本配件，其特点是种类繁多，分散在不同的产业部门。据了解，美国住宅部品目录上可提供的部品共5万余种，日本住宅部品目录上可提供的部品共1万余种，国内住宅部品经过粗略统计为4千余种。中国建筑学会2000年学术年会上，有关部门负责人指出，住宅部品生产企业共有数十万家。以上数字足以表明两点：（1）国内住宅部品体系有待健全；（2）住宅部品的生产流通是一个很大的体系，以往出现的由一个企业跨越生产、销售多个领域的供应方式已不再出现，社会分工细化要求建立社会化、专业化、规模化的住宅部品销售网络。

住宅部品流通供配体系既是在住宅部品流通过程中，生产制造住宅部品，以及分销商、零售商和配送集团等从事住宅部品配送及相关业务的企业所构成的链状结构或网络结构的体系。采用工业化生产方式将使大量的住宅部品在工厂中生产出来，要使这些部品尽快应用到实际工程中，减少库存和损耗，并且保证各种部品间的标准协调，就需要一整套完善的流通供配体系作为保障。因此，建立住宅部品流通供配体系应显得十分必要。

8.1.2 成因分析

住宅部品流通供配体系的产生，无论从住宅产业化的客观要求，还是从现在的住宅产业发展的内外环境来看，都是一种必然趋势。

（1）从住宅部品生产企业本身来说，需要将配送业务分离出去。从20世纪90年代后期开始，各企业为了确立竞争优势更加关注进入市场时间、产品的质量、服务水平和运营成本的降低，并且为适应市场全球化要求，也更加重视自身的核心竞争力的培养。核心竞争力是企业借以在市场竞争中取得并扩大优势的决定性力量，增强核心竞争力就必然要求将非核心竞争力业务外包给其他企业，利用其他企业的特殊资源和技术知识来更有效的实现自身的功能。

（2）从消费者方面来说，在产品购买的过程中，顾客具有"投票权"，顾客群及潜在的顾客群决定了产品的需求的特点，使各级供应商、制造商、分销商、零售商等所在的供应网络面临严峻的挑战。顾客需求的差异化要求产品的种类、规格呈现多样化，不确定性越来越难以预测，整个供应链面临着越来越模糊的需求，所以，只有通过建立完善的住宅部品流通体系，才能实现部品之间的合理组装，满足顾客的多样化，人性化需求。

（3）供应链的发展呼吁住宅部品流通供配体系的产生。近年来，供应链的应用和理论发展非常迅速，供应链把产品生产和流通过程中所涉及的原材料供应商、生产商、批发商、零售商以及最终消费者组成的供需网络，这种供配方式具有市场组织化程度高、规模化经营的优势，有机地联结生产和消费，对生产和流通有着直接的导向作用等优点。在住宅产业对部品的流通也采取这种供应方式，无疑会增强部品的流通效率与灵活度，降低库存与成本。

（4）电子商务的瓶颈。虽然许多人将网络安全、网上结算等问题视为电子商务的瓶颈，但事实上，已经成功运作多年的每天几百亿元人民币的网上交易和结算，说明上述问题并不构成现代电子商务的瓶颈，唯一不可回避的问题是物流的瓶颈。电子商务的物流当前在我国的主要表现是，在网上实现商流活动之后，没有一个有效的社会物流配送系统对实物的转移提供低成本的、适时的、适量的转移服务。配送的成本过高、速度过慢是电子商务的买方最不满意的问题。

8.1.3 国内外发展状况

国外的住宅部品流通供配体系是随着住宅建筑工业化发展而逐步发展起来的。六七十年代英美等国就已经形成了一批专门从事住宅部品销售的专门店。顾客可以自己到住宅部品专门店里选购需要的部品。日本是住宅产业最发达的国家，七十年代就已形成了一大批住宅生产企业和营销企业。九十年代后，日本开始出现"优良住宅部品特许专门店（FIC）"，专门经销经过优良住宅部品认证的部品。这些企业实行连锁经营，方便用户，也降低了企业经营成本，同时应用先进的电子信息技术，采用网上直销等手段销售部品。我国目前住宅部品工业化生产水平低，缺乏相应的电子信息技术支持，在该领域的研究与应用还是一个空白。国家有关部门计划"十五"期间在某些地区初步建立新型住宅部品的流通供配体系，为推进住宅产业现代化发展，促使住宅成为未来十年居民的消费热点和经济增长点，以提供市场保障。同时有些企业已意识到该领域未来的无限商机，开始积极向这一领域发展。

住宅产业化将成为21世纪中国住宅业发展的主导方向，它将从根本上改变住宅业的面貌，使住宅的生产方式发生根本性改变，同时对住宅部品流通方式产生巨大影响。由于生产方式的改变，使得住宅部品的营销方法和手段同原有的建筑施工企业或建材企业完全不同，同时由于住宅部品体积重量相差较大，种类规格繁多，标准复杂且要求配套供应，因此与一般工业产品的营销方式也有一定的差别。我国原有的流通渠道和流通体系已不能满足未来住宅产业化生产消费的需要，而新的流通供配体系和渠道还远未形成，因此必须根据住宅产业发展要求，研究建立适合住宅产业化要求的新型住宅产业物流体系。

8.2 住宅部品流通供配体系的构成和流程

住宅产业化的要求打破了原有的住宅产业结构，导致住宅部品流通供配体系的产生。在这个过程中，必然会使一些原有从事部品经营，但又不适合这种体系的公司消失，也使一些新的部品生产、配送公司产生，所以原有的部品流程会发生改变。住宅部品流通供配体系的流程就是住宅部品在这个流通供配体系的运营主体之间流通的行程，也就是住宅部品流通的线路图。

8.2.1 住宅部品流通供配体系的构成

1. 住宅部品流通供配企业

这是该体系运作的核心，主要负责住宅部品的仓储、运输和销售，并起到对住宅部品按照顾客的需要进行协调、搭配组装的作用。包括销售分销商、批发商、零售商、代理商、专门从事仓储和运输的企业、流通加工企业以及给企业和个人提供信息、咨询的中介或网络公司。这些企业中有许多是适应住宅部品流通供配体系的要求新产生的，有些是在原有的住宅部品生产，或者销售公司中剥离出来的。总的来说，企业数目较以前有所增加，合适数目的企业不会导致中间环节过多带来的成本增加，却可以使住宅部品的流通更为灵活，可以减少库存和实现各种花样品种的部品搭配，从而达到减少成本满足消费者需求的目的。

2. 上游企业

主要负责住宅部品和原材料的生产、加工制造。包括建筑材料供应商、建设设备、部品供应商、住宅构配件供应商等。这类企业主要还是原先产业结构下的那些企业，只不过为了适合顾客部品多样化的需求，出现了一些新型部品生产的企业，同时，部品的生产更加专业化，原先一家部品生产企业几乎包揽所有部品的生产，变为一家企业只生产几种或者几个系列的部品，并且更加注重该系列部品的品牌。

3. 下游用户

即住宅部品的使用者。包括两类,一类是企业用户,如建筑施工企业、专业的住宅建造商、装饰公司、专业化的分包企业等,他们主要是按照顾客的要求在现场对住宅部品进行组装;另一类是个人用户,主要用于装饰,他们买来部品,再请装饰公司进行装饰。

8.2.2 供配方式

建筑材料、住宅构配件、住宅建筑设备部品等产品是构成住宅的基本物质基础。随着住宅产业化的发展,住宅产业的物流供配方式也会发生相应的变化。如图8-1中从(a)向(b)变迁。

产品流通到终端用户手中,通常有很多方式,有些是直接到达,但主要的还是通过销售渠道。实行住宅产业化,其主要特点除了生产实行工业化以外就是住宅部品的流通供配,与一般的工业产品的流通方式相似,变得更加灵活,更加把顾客的要求作为考虑的重要因素。总的说来,他的销售方式主要有以下几种:

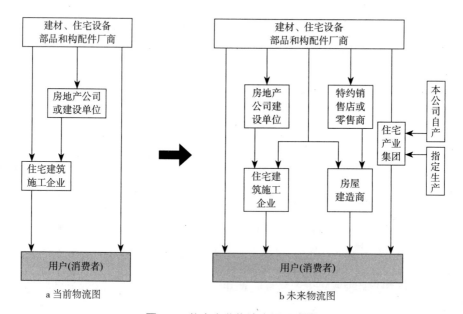

图8-1 住宅产业物流变迁示意图

1. 厂家直销，分为：

（1）厂家直接销给个人用户，一般用于装修或改造；

（2）厂家直接销给房地产开发商，再由房地产商交给建造商使用；

（3）厂家直接销给房屋建造商；

（4）厂家直接销给住宅产业集团，属于住宅产业集团的采购行为。

2. 销售单位销售，分为：

（1）通过分销，批发等销售渠道，由商业零售商代理销售；

（2）由特约代理销售店代理销售（连锁经营）；

（3）仓库销售，企业用户直接从仓库提货；

（4）配送公司销售。

3. 住宅产业集团的销售，分为：

（1）住宅产业集团销给个人用户；

（2）作为终端用户的住宅产业集团的产品也可以重新进入流通渠道，给其他建筑公司使用。

现在有了淘宝和阿里巴巴等网购平台，个人用户、企业用户都能够很便利地直接购买到厂家生产的产品，减少了中间环节，降低了采购成本。

8.2.3 住宅部品流通供配体系的流程

原始的住宅建筑施工过程是施工单位直接从部品设备或者建筑材料生产商那里购得部品设备或者建筑材料，通过施工建造成住宅销售给消费者。这中间几乎没有消费者的参与，消费者只能在住宅展示区看到成品的住宅，而这种住宅个性化不强，很难满足消费者的需求。新型的住宅部品流通供配体系注重的是顾客的参与，与一般的工业产品一样，顾客可以根据自身的偏好，选择自己喜欢的住宅部品进行搭配。住宅部品流通供配体系在空间上可划分为企业本部、营业所（销售店铺）和部品仓储配送中心三部分。住宅部品流通供配体系就是通过这几部分实现部品从上游企业到下游企业和从生产者到终端用户的转移。

（图8-2为住宅部品流通体系在某城市空间的流程图。）上游企业从建筑材料供应商手中采购原材料在构配件生产车间生产出住宅部品（住宅构配件）和建设设备，送到企业在该城市的仓储配送中心，直接销售给该城市的配送企业或者是分销商、零售商和代理商开办的营业所。各营业所和配送企业根据自己的规模和经营特点，并按照协调搭配的原则，从部品生产企业采购部品设备，展示给顾客，并给顾客提供信息咨询。顾客按照偏好选择部品搭配，并将意见反馈给建筑施工企业、专业的住宅建造商、装饰公司、专业化的分包企业等这类下游企业。下游企业从仓储配送中心、营业所，将住宅部品设备调配到住宅施工组装现场进行组装，组装完成后将住宅成品销售给消费者。这期间也可以有专门从事运输和仓储的企业参与。在这中间，流通供配企业对部品流通起到关键性的作用，实际上住宅部品流通的大部分时间都在这些企业内部。

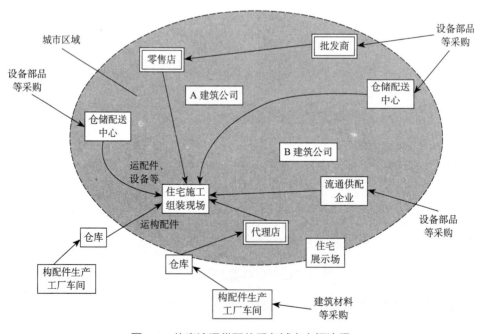

图8-2　住宅流通供配体系在城市空间流程

8.2.4 住宅部品流通供配企业组建

住宅部品流通供配体系最终要由企业实现。在住宅产业化发展到一定时期后,会产生一批专门从事住宅部品流通供配的企业。这些企业可以由相关行业(如建材、住宅设备部品生产、住宅产业集团等)的企业或企业的联合体(如协会等)衍生出来,或者从专业从事流通的企业中衍生出来。作为实现住宅部品流通供配的企业,从自身的生存与发展考虑,它会注重两个市场。一是实体市场,即采用连锁化经营的店铺,顾客可以亲身登门选购部品;二是网上虚拟市场,即采用电子商务方式,在网上完成住宅部品信息查询、填单、支付等过程,最后由企业的送配体系完成上门交货过程。这两个市场实际上是互相联系、互相补充的。企业在组建时,要将两个市场的营销方式有机结合起来,以充分发挥两种营销方式各自的优势。

图8-3为某住宅部品公司的流通营销渠道图。公司总部为特许权授予人(特许人),给予区域中心(次特许人)在其区域范围内的特权,并委托区域中心在本区域内发展特许经营连锁店、专卖店。

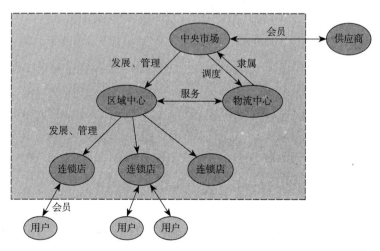

图8-3 某住宅部品公司流通营销渠道图

总部：负责管理各区域中心，制定发展规划，实施对全系统的统一管理，统一结算。制定采购计划，实施货物集中配送。

区域中心：根据总部的经营理念及特许加盟协议的具体规定，负责在本区域内发展，管理连锁店并直接从事卖场销售。

连锁店：是实现系统销售的功能单位，进行住宅产品零售和批发业务。

物流中心：隶属总部，根据总部调度中心的指令进行全系统的跨区域的货物调配，以保障各区域中心所需货物的及时供应。

8.3 住宅部品流通供配体系的运行与管理

对住宅部品流通供配体系进行管理的最终目的就是满足顾客的需求。详细地说，从企业外部来看，有三方面的含义：首先满足时间的要求，其次部品流通要有合适的数量，最后是成本最小化；从企业的内部来看，产品的质量控制与生产调度同等重要。只有生产满足顾客需求的产品，顾客才会认可企业所在的供配体系向顾客提供的产品，企业所在的供配体系才能获利。

8.3.1 住宅部品流通体系管理方式

在住宅部品流通供配体系的管理过程中，可采用供应链管理的方式。

（1）在整个行业中建立一个环环相扣的供配体系，使多个企业能在一个整体的管理下实现协作经营和协调运作。把这些企业的分散计划纳入整个供配体系的计划中，实现资源和信息共享，从而大大增强了该供配体系在大市场环境中的整体优势，同时也使每个企业均可实现以最小的个别成本和转换成本来获得成本优势。例如，在供配体系统一的计划下，上下游企业可最大限度地减少库存，使所有上游企业的产品能够准确及时地到达下游企业，这样既加快了供配体系上的物流速度，又减少了各企业的库存量和资金占用，还可及时地获得最终消费市场的需求信息使整个供配体系能紧跟市场的变化。

（2）在市场加工、组装、制造环节与流通环节之间，建立一个业务相关的动态企业联盟（或虚拟公司）。它是指为完成向市场提供商品或服务等任务而由多个企业相互联合所形成的一种合作组织形式，通过信息技术把这些企业连成一个网络，以更有效地向市场提供商品和服务来完成单个企业不能承担的市场功能。这不仅使每一个企业保持了自己的个体优势，也扩大了其资源利用的范围，使每个企业可以享用联盟中的其他资源。例如配送环节是连接生产制造与流通领域的桥梁，起到重要的纽带作用，以它为核心可使供需连接更为紧密。在市场经济发达国家，为了加速产品流通，往往是以一个配送中心为核心，上与生产加工领域相连，下与批发商、零售商、连锁超市相接，建立一个企业联盟，把它们均纳入自己的供配体系进行管理，起到一个承上启下的作用来最有效地规划和调用整体资源，以此实现其业务跨行业、跨地区甚至是跨国的经营，对大市场的需求做出快速的响应。在它的作用下，供配体系上的产品可实现及时生产、及时交付、及时配送、及时地送达到最终消费者手中，快速实现资本循环和价值链增值。

这种供配体系的管理拆除了企业的围墙，将各个企业独立的信息化孤岛连接在一起，建立起一种跨企业的协作，以此来追求和分享市场机会，通过互联网电子商务把过去分离的业务过程集成起来，覆盖了从供应商到客户的全部过程，包括原材料供应商、外协加工和组装公司、生产制造高、销售分销与运输、批发商、零售商、仓储和客户服务等，实现了从生产领域到流通领域一步到位的全业务过程。

我国的住宅产业部门现在也开始注意向这方面发展。目前，一个由住宅部品生产商、销售商、房地产开发商和国内建材大市场组成的住宅装修部品联合采购营销网络——国际建材物流与采购联盟也宣告成立。业内有关人士评论，该联盟实现了虚拟市场与实体市场的有机结合，使国际供应网络和国内营销网络成功对接。中国建材市场协会副理事长李庆云指出："联盟将成为适应我国住宅产业化发展方向的建材市场示范性新业态。这种业态不仅推动我国建材流通业的全球化、网络化进程,还将以联合采购、快速物流、减少环节、物美价廉的优势,为房地产开发商建造低投入、快节奏、高品质的住宅提供可靠的保证。"

8.3.2 住宅流通供配体系的管理

对供配体系的管理就是以顾客为重心,使供求相接近,也就是在合适的时间把合适数量、合适质量的产品以合适的方式送到合适的地点。不仅如此,还要保证部品流通平衡,保证整个体系的有效性。

供应链管理要用系统的、全局的观点来看待问题,要敢于怀疑那些在局部上看似合理的流程。供应链中各企业必须放弃一些本位的利益,将解决问题、共同提高、分享成功作为其共同行动的驱动力。破除原有的一切阻碍企业间信息流通和造成时间延迟的障碍,实现企业间相互信任、相互理解、互惠互利的合作伙伴关系。在整个供应链中,某些企业在某段时间内可能由于服从整体利益而出现局部受益率下降的可能,但这可以通过在未来的一段时间内有较大的收益来弥补或者通过新增利益在供配体系中成员之间的协调来分配调节。

1. 建立供配体系的合作伙伴关系

建立合作伙伴关系的目的在于通过提高信息共享水平、减少整个供配体系产品的库存总量、降低成本和提高整个供配体系的运作绩效。随着市场需求不确定性的增强,合作各方要尽可能削弱需求不确定性的影响和风险。供配体系的合作伙伴关系决不应该只考虑企业之间的交易价格本身,还有很多方面值得双方共同关注。

2. 设计与再设计供配体系管理

当今市场成功的赢家特征之一是对供配体系末端的顾客需求形成快速反应。为了扩大供配体系的优势,对工业过程进行再思考,要求供配体系中所有成员密切合作,设计与再设计(Design & Redesign)供配体系管理。这样可以提高企业运作效率,从而增加企业的效益。即供应商可以直接参与下游企业产品的设计,同样,卖方也可以花更多事件或金钱用于上游企业活动的设计与再设计,以更容易的方法和更低的成本来完成设计过程,控制时间、成本和质量。供配体系设计战略不仅影响到产品的结构,而且还与"制造/购买"决策共同决定了供货市场。

3. 缩短提前期

缩短提前期的实质目的是尽可能减少供配体系整个活动的非价值增值过程。从供配体系接受订单到部品交到顾客手中并转换成现金所用的时间称为体系的提前期。供配体系提前期越短,说明时间压缩的效果越好,反之说明时间压缩的效果不理想。由于资金和资源是与订单相对应的,所以只有对从产品设计到原材料、组件的安排,从生产过程、出厂、运输到最终顾客以及售后服务这些活动进行有效的管理,才能迅速回收资金。

4. 降低成本实施网上销售

在网络环境下,企业的竞争优势首先体现在信息优势上。所谓信息优势不是指企业拥有多少信息,而是从企业到底能在现有信息中抽取了多少反映顾客真实需求的实质性的知识。把信息优势转换为竞争优势有多种简单易行的方法。其中,网络销售因在信息传递方面可节省大量的时间,即不经过分销商和零售商,缩短了销售渠道,大量降低了部品流通成本,缩短了产品的提前期,因而,采用网络销售的策略,可以快速、有效的取得竞争优势,削弱长鞭效应,大幅度地提高供配体系竞争力。

8.3.3 流通供配体系管理的主要流程

(1)计划:包括需求预测和补货,旨在使正确的产品在正确的时间和地点交货,还可以使信息沿着整个供应链流动。这需要深入了解客户的需求,同时这也是成功管理供应链的根本所在。

(2)实施:主要关注运作效率,包括如客户订单执行、采购、制造、存货控制以及后勤配送等应用系统,其最终目标是综合利用这些系统,以提高货物和服务在供应链中的流动效率。其中,关键是要将单个商业应用提升为能够运作于整个商业过程的集成系统,也就是要有一套适用于整个供应链的电子商务解决方案(包括实施框架、优化业务流程、技术标准、通信技术及软硬件设备等)。

(3)执行评估：是指对供应链运行情况的跟踪，以便于制定更开放的决策，更有效地反应市场需求的变化。利用电子商务工具，如财会管理系统，可进行有效的信息审核和分析。为了解决信息通路问题，许多公司正在开发集成数据仓库，它可提供数据分析工具，管理者能够在不影响系统运作性能的情形下分析商业信息。还有一种趋势是利用基于Web的软件媒体做预先分析。

8.4 网络电子商务在住宅部品供配体系中的应用

近年来，随着互联网技术的飞速发展和广泛应用，商业界也刮起了互联网的飓风。互联网交互式Web应用以及电子商务的出现，彻底改变了原有的商业方式，也改变了现有供配体系的结构，传统意义的经销商将消失，其功能将被全球网络电子商务所取代。传统多层的供配体系将转变为基于互联网的开放式的全球网络供应链。互联网及其基于浏览器的技术为电子商务的发展建立起价廉物美的坚实基础，Internet EC打破了传统经济结构，缔造了一个完全透明化的自由竞争市场。在这种新形势下，商家必须全面重组企业供应链并改善其管理，只有这样才能以更低的营运成本获得更大的利润。

8.4.1 网络电子商务对供配体系的影响

电子商务是指通过电子途径交易，包括通过网络买卖产品、服务及信息。然而，其意义却更为深远，这种新的电子媒介的互动性和联系性对商务运作起到多方面的作用，其中包括信息流动，服务质量的提高，数字产品的销售都孕育着巨大的潜力。在电子商务模式下，企业间的交流与合作延伸到整个供配体系的各个环节，企业不仅要协调企业的计划、采购、制造、销售等，而且还必须与包括供应商、分销商及零售商在内的上下游企业建立紧密配合。

电子商务对于改善供配体系的管理起着重要的作用，它可以促进高级补给需求和分销技术的推广，二者需要供配体系各个不同环节之间能够很好地协作。实际上，这种高度的协调与紧密的合作要求所有企业都100%的服从电子商务的模式。在网络上的企业都具有双重身份，既是客户又同时是供应商，企业不仅要上网交易，更重要的是，它构成该供配体系的一个元素。在这种新的商业环境下，所有的企业都将面临更为严峻的挑战，它们必须在提高客户服务水平的同时努力降低运营成本；必须在提高市场反应速度的同时给客户以更多的选择。同时，互联网和电子商务也将使供应商与客户的关系发生重大的改变，其关系将不再仅仅局限于产品的销售，更多的将是以服务的方式满足客户的需求来替代将产品卖给客户。越来越多的客户不仅以购买产品的方式来实现其需求，而是更看重未来应用的规划与实施、系统的运行维护等，本质上讲他们需要的是某种效用或能力，而不是产品本身，这将极大地改变供应商与客户的关系，企业必须更加细致、深入地了解每一个客户的特殊要求，才能巩固其与客户的关系，这是一种长期的有偿服务，而不是产品时代的一次或多次性的购买。

电子商务的介入，使得住宅部品流通配送体系发生变化，新的住宅部品流通配送体系除了注重整个价值链中的物流以外，还注意信息的反馈和流通。近年来建筑IT技术发展迅速，对建筑业电子商务产生了巨大的影响，随之而来的是住宅部品流通配送体系的变化，也就是配送智能化。具体的促进配送智能化的信息技术如下：

1. 无线通信技术

无线网络通信技术是一种以互联网为核心，借助RFID无线射频识别技术、GIS地理信息系统、GPS全球定位系统、红外感应技术、GSM数字蜂窝移动通信系统等现代化通信技术，实现互联网上信息共享和交互。借助无线通信技术有利于实现配送体系的智能化。

无线通信技术的出现极大的推动的社会生产力和物流配送服务水平，无线通信技术可以实现住宅部品配送体系的可视化管理,提高配送体系的效率,降低配送中心的作业成本。特别是,配送中心的车辆调度问题对配送服务水平产生直接影响,是配送的核心环节,无线通信技术可以实现对配送车辆的优化调度,提高配送服务水平。

无线通信技术主要应用于物联网上,在住宅部品配送体系中可以应用于物流跟踪,具体可以包括如下几个支撑技术:

(1) RFID,无线射频技术

无线射频技术是一种非接触式的自动识别技术,其基本原理是电磁理论,利用无线电波对记录媒体进行读写。它通过射频信号识别目标对象并获取相关数据,识别工作无需人工干预,可工作于各种恶劣环境,RFID技术可识别高速运动物体并可同时识别多个标签,操作快捷方便。射频标签根据商家种类的不同能存储从512字节到4兆的不等数据。标签中存储的数据是由系统的应用和相应的标准决定的。例如,标签能够提供产品生产,运输,存储情况,也可以辨别机器,动物和个体的身份。这些类似于条形码中存储的信息。标签还可以连接到数据库,存储产品库存编号,当前位置,状态,售价,批号的信息。相应的,射频标签在读取数据时不用参照数据库可以直接确定代码的含义。射频标签的目的是使用一种统一标准的电子产品代码,使产品在不同领域都能被辨识。

(2) GPS,全球卫星定位系统

GPS技术由三大子系统构成:空间卫星系统、地面监控系统、信号接收系统。空间卫星系统均匀分布在6个平面上的24颗高轨道工作卫星所构成,可在地球的任意地点、任一时间向使用者提供4颗以上可视卫星。地面监控系统是由5个监测站构成的。其作用是对空间卫星系统进行监测、控制,并向每颗卫星注入更新的导航电文。信号接收系统是由GPS卫星接收机和GPS数据处理软件所构成的。GPS技术可以提高铁路、公路等物流路网建设的质量和速度。目前,国内已逐步采用GPS技术建立高精度控制网,如沪宁、沪杭高速公路的上海段就是利用GPS建立了首级控制网，然后用常规方法布设导线加密。实践证明，在几十公里范围内的点位误差只有2cm左右，达到了常规方法难以实现的精度，同时也大大提前了工期。GPS技术可以实现货物跟踪，实现有效物流配送方式。

（3）GIS，地理信息系统

GIS技术即地理信息系统，是地理学、计算机科学、测绘遥感学、城市科学、环境科学、信息科学、空间科学、管理科学和信息科学融为一体的新兴学科。实现了各种信息的数字化处理，为系统地进行预测、监测、规划管理和决策提供科学依据。GIS在物流领域的应用便于合理调配和使用各种资源，提高经济效益。GIS最明显的作用就是能够把数据以地图的方式表现出来，把空间要素和相应的属性信息组合起来就可以制作出各种类型的信息地图。专题地图的制作从原理上讲并没有超出传统的关系数据库的功能范围，但把空间要素和属性信息联系起来后的应用功能大大增强了，应用范围也扩展了。GIS在物流领域中的应用主要是指利用GIS强大的地理数据功能来完善物流分析技术，提高物流业的效率。目前，已开发出了专门的物流分析软件用于物流分析。完整的GIS物流分析软件集合了车辆路线模型、最短路径模型、网络物流模型、分配集合模型和设施定位模型。

2. 二维码

二维码是在一维码的基础上发展而来的，我们日常生活中经常能够见到一维码，比如日常商品外包装上的条码就是一维码。它只是在一个方向上表达信息，而在垂直方向则不表达任何信息，仅能存储一个代号，使用时通过这个代号调取计算机网络中的数据。随着行业应用的不断扩大，二维条码应运而生。它可以在水平和垂直方向的二维空间存储信息，且存储信息量大、可靠性高，同时具有超高速全方位识读、高效汉字表示功能，二维码的出现扩展了条码应用的行业领域，也逐渐成了移动商务发展中的强大动力。

二维码是用某种特定的几何图形按一定规律在平面（二维方向上）分布的黑白相间的图形记录数据符号信息；在代码编制上巧妙地利用构成计算机内部逻辑基础

的"0"、"1"比特流的概念，使用若干个与二进制相对应的几何形体来表示文字数值信息，通过图像输入设备或光电扫描设备自动识读以实现信息自动处理。它具有条码技术的一些共性；每种码制有其特定的字符集；每个字符占有一定的宽度；具有一定的校验功能等。同时还具有对不同行的信息自动识别功能及处理图形旋转变化等特点。

每一个二维码对应一个单一的WAP网站或页面，用最简单的操作实现了精准信息的直达。用户只需用手机对着印制在平面上的二维码一拍，就能浏览到相关的多媒体信息，而且二维码几乎适用所有领域的信息释放需求，于是各类下载、获取优惠券、了解企业产品信息、手机识别和查询名片和手机阅读等多种功能的实现更为快捷简单精准。随着网络通信技术的发展，二维码还可以在线视频、网上购物、网上支付充分发挥快速通道的作用，为移动商务的发展拓宽了更广阔的领域。在住宅部品的配送体系中，可以用二维码作为标签，存在和配送相关的具体信息，便于配送数据，并在无线网络技术框架中的应用。

3. 云计算

云计算是一种对IT资源的使用模式，是对共享的可配置的计算资源（如网络，服务器，存储，应用软件和服务）提供无所不在的、方便的、随时的网络访问。资源的使用和释放可以快速进行，不需要多少管理代价。终端用户不需要了解"云"中基础设施的细节，不必具有相应的专业知识，也无须直接进行控制，终端用户所要做的是了解自己的资源需求，以及如何通过网络来得到所需。用"云"来定义是一种比喻手法，是将各种资源集中起来形成一个资源池。云中不仅包含网络，还包含各种软件、服务等。用户根据需要使用服务并按使用量支付费用，如同生活中的水电使用一样。

基于电子商务的住宅部品配送是指物流配送企业采用网络化的计算机技术和现代化的硬件设备、软件系统及先进的管理手段，针对客户需求，根据用户的订货要求，进行一系列分类、编配、整理、分工、配送等理货工作，并且定时、定点、定量地交给没有范围限度的各类用户，满足其对商品的需求。与传统的物流配送相比，电子商务物流配送有信息化、自动化、网络化、智能化及柔性化等特征。

云计算是基于目前商业需求和技术可行性的一种新型模式，其不是指某项具体的技术或标准，而是一个概念。随着互联网的发展，云计算出现的技术及基础设施已经成熟。但其快速发展不是单纯的由技术推动而引起，所以如果没有业务上的需求，云计算也不会出现。比如说传统行业的信息化和中小企业的信息化进展一直很缓慢，原因是他们进行信息化改造成本太高而不是没有需求，而云计算正在改变这一局面。

电子商务物流配送是为适应电子商务的产生而出现的一种物流服务模式，其是为了满足新型的商品电子化交易模式。电子商务离不开网络，电子商务物流配送也需要网络提供支持。物流配送环节作为电子商务的瓶颈环节也迫切需要新的技术与方法进行突破，从而充分发挥电子商务方便、快捷的优势。随着移动电子商务和移动互联网的发展，不仅信息产业对云计算产生巨大需求，电子商务也需要云计算技术对移动电子商务的技术支撑。

从住宅部品物流配送方面来看，云计算可将物流配送的多个环节连接起来，基于已有的各种信息进行深入分析，找出可以优化的环节，从而进一步改进效率。云计算使得信息化的发展由数字化、网络化朝着智能化的方向发展。根据以上分析，云计算与电子商务物流配送相互促进，互为需求，故本文提出基于云计算的电子商务物流配送模式，即云配送模式。

电子商务下的住宅部品流通供配体系如图8-4所示，实线为物流，虚线为信息流。

在这种供配体系中，企业的形态和边界将产生根本性改变，整个供应链的协同运作将取代传统的电子订单，供应商与客户间信息交流层次的沟通与协调将是一种交互式、透明的协同工作。

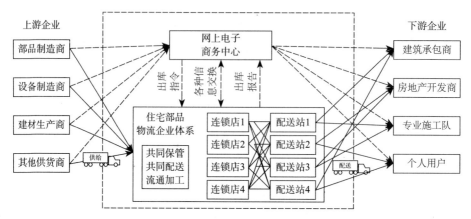

图8-4 电子商务环境下的住宅部品流通供配体系构成示意图

8.4.2 电子商务在供配体系中的应用

电子商务按服务对象划分为三类：

(1) 企业-消费者间电子商务（BTC）；

(2) 企业-企业之间电子商务（BTB）；

(3) 企业内部电子商务。

住宅部品流通供配体系基本涵盖了这三个方面。其中（1）和（2）是部品市场流通，（3）则主要是部品企业内部的供应与配售。按照网络电子商务发展的进程，BTB将是当前电子商务应用的重点，主要进行供应商管理、库存管理、销售管理、信息传递和文件管理等；而BTC近期主要是提供网上商品信息和广告宣传，远期可以进行商品询价、下单、电子支付等。企业内部电子商务是连接生产、管理与销售的中间环节，可以自动处理商务操作与工作流，实现内部信息共享，电子信息发布，以销促产和内部管理的信息化，也是本体系的基础性工作。企业内部网与外部网以防火墙隔开，实现相对独立运行。住宅部品流通供配体系规划如图8-5所示。图中粗线为物流，其余为信息流。

电子商务在供配体系中的应用按照在住宅部品流通供配体系中的功能可以划分为三个层面：

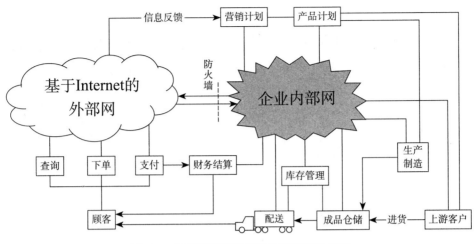

图8-5　住宅部品流通供配体系流程规划图

（1）计算机网络层面

这是电子商务的硬件基础设施，是信息传输系统。住宅部品流通供配体系的网络系统分为内部网和外部网。外部网可以通过接入Internet使用现有的网络资源，而内部网专为企业自身服务，因此需要企业自己投资建设。电子数据交换（EDI），及标准交易文件注入采购单汇票及确认书等在贸易伙伴之间的电子化移动。电子商务也不再局限于金融贸易，其发展已将其参与者扩展至生产商、服务商、零售商及其他企业。这种系统性的信息可以在交易伙伴间快速有效传递，减少了书写工作，节省了资金并有助于培养战略伙伴。

（2）信息发布与数据传输层

通过计算机录入文本、声音、图像、动画等信息，并在网络上传输。标准化产品编号方式、条形码技术和电子数据交换是电子商务的核心技术，借助以上技术可以减少数据的反复输入和处理，从而大大地提高了速度和精确性。另外，由于货物运送及检验都是自动化的，从而有利于消除各个环节的重复、无效劳动，并让资源在每个过程中流动时都实现价值的增值。

（3）业务服务层

包括部品配送体系和售后服务体系等，是流通供配的最终实现环节。在这层中，电子商务主要起到信息发布和信息收集的作用。企业通过自身的电子商务系统或者是专门的电子商务公司，一方面向顾客做宣传、广告发送自己的产品和服务信息，刺激顾客的购买欲望；另一方面，收集顾客的反馈信息，了解顾客需要哪种产品或者产品搭配，了解顾客的消费偏好。企业可以据此制定和调整生产销售计划。在配送体系中，企业也可以通过电子商务网络，传递库存、销售情况。

随着无线通信、二维码和云计算技术的发展，出现了一些新型的商务模式，住宅部品的配送体系应用也产生了新的变化，其中比较有代表性的是移动电子商务。

移动电子商务就是利用手机、PDA及掌上电脑等无线终端从事的商务活动。它将因特网、移动通信技术、短距离通信技术及其他信息处理技术完美的结合，使人们可以在任何时间、任何地点进行各种商贸活动，实现随时随地、线上线下的购物与交易、在线电子支付以及各种交易活动、商务活动、金融活动和相关的综合服务活动等。

随着信息技术和市场经济的发展，人们使用手机等手持终端进行商务活动已经越来越普遍，而电商们也在普遍开发自己的购物APP以便客户使用。3G已较为普遍，4G也在迅速的发展中，移动电子商务将涉及人们生活工作的方方面面，人们可随时随地的享受服务。截至2015年12月，我国手机网民规模达6.20亿，中国移动电子商务市场交易规模保持着快速增长的趋势。随着手机用户数量和用手机上网用户数量攀升，廉价智能手机及平板电脑的大量普及，上网速度、无线宽带、资费下调以及传统电商沉淀，移动电子商务将发展的更为迅速。

无线通信技术的成熟和商业化发展为移动商务提供了技术支撑，而价格便宜、功能强大的无线通信终端的普及为发展移动商务提供了便利的发展条件。移动商务是电子商务在无线网络的延伸，是现代商务发展的方向，有着十分广阔的市场前景，可以说，互联网+无线通信技术+电子商务=移动商务。由于手机、PDA的便携性，在移动状态下获取实时信息，移动电子商务的移动用户可以随身携带这些终端设施，可以真正做到随时随地的获取所需信息，信息的获取更为及时。而且，这些终端可以代表用户的身份，所以相关厂商可以更好地识别目标用户，将信息直接发送给目标市场用户，实现移动用户实时信息的获取。

移动电子商务不仅能提供互联网上的直接购物，还是一种全新的销售与促销渠道。它全面支持移动因特网业务，可实现通信、信息、媒体和娱乐服务的电子支付。它不同于目前的销售方式，能充分满足消费者的个性化需求，互联网与移动通信技术的结合为服务提供商创造了新的机会，使之能根据客户的位置和个性提供多样、快捷的服务，并降低服务成本。特别是在住宅部品配送过程中，用户可以实时监测到配送信息，商家也可以根据客户需求灵活的对车辆进行调度，实现配送体系的智能化。图8-6是基于云平台的移动商务配送体系结构图。

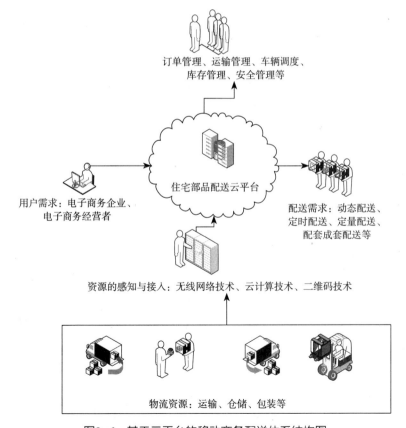

图8-6 基于云平台的移动商务配送体系结构图

住宅部品流通供配体系作为住宅产业发展的重要环节，涉及大量的信息新技术与管理。应用电子商务的技术方法对实现住宅部品流通供配体系敏捷化、现代化和实用化会起到重要的支撑作用。目前，住宅部品的流通供配体系正在发展初期，而且有一大批国外企业涉足该领域。

适合住宅产业化的企业组织与运作

9.1 适合住宅产业化的企业组织形式

产业的发展依赖于产业的基本主体——企业的发展。而企业的规模、技术管理水平、产品服务等是企业竞争力、生存发展能力的体现。住宅产业的长远发展必须要有一大批中坚企业作基础。住宅产业的发展要摆脱建筑业原有的生产方式。在产业发展的过程中需要创造一批"产业巨人",由这些"产业巨人"承担起产业进一步发展的重任。要总结国内外汽车、电子、冶金、石化等行业发展的经验,更要吸取我国建筑业近二十年发展的教训,发展企业内部或企业之间生产高度集成化的大型联合性住宅生产企业,"造大船"扬帆远航。同时知识经济、网络信息化的发展又催生了一些新型企业组织形式,如敏捷企业、虚拟企业等。

由于住宅产业本身独有的特点,适合其生产运作的企业组织形式也与其他行业的企业组织形式不同。除了住宅企业外,还包括住宅产业集团、虚拟住宅企业、集成型敏捷住宅企业和住宅产业企业联盟等。

9.1.1 住宅产业集团的概念和特征

9.1.1.1 住宅产业集团的概念

住宅产业集团是构成住宅产业的基本主体,是住宅产业化的主导要素,也是住宅产业实行一体化生产经营的主干和龙头。住宅产业集团建立并且良好运营是住宅产业化成功的关键。"住宅产业集团"概念由哈尔滨工业大学关柯[①]教授1998年提

---

① 关柯教授,我国建筑经济管理学科的开拓者和奠基人。1925年10月生于黑龙江五常市,1948年毕业于哈尔滨工业大学土木工程专业,1948年至1961年先后在吉林化工厂、沈阳化工厂、沈阳飞机制造厂、渤海工程局等单位工作,1961年调入原哈尔滨建筑工程学院工作,1984年晋升为教授,1990年被评为我国建筑经济管理学科的第一位博士生导师。他曾任黑龙江省五届、六届政协委员,原哈尔滨建筑工程学院管理工程系主任、哈尔滨工业大学建筑经济管理研究所所长等职务,先后获"全国优秀教师"称号、国务院政府特殊津贴。关柯教授长期从事建筑经济管理的教学和科研工作,先后主持承担国家自然科学基金项目、国家科技攻关项目、国家重大国际合作项目及省部级重点项目30余项,获国际松下奖1项、省部级科技奖10项,出版著作和大学教材近20部,为我国建筑经济管理领域培养了一大批领军人物和专业人才。

出,成为推动住宅产业化发展的重要组织要素,也是当时发展住宅产业化的重要思路之一。

所谓住宅产业集团(Housing Industrial Group,HIG)就是以生产住宅为最终产品,集住宅投资、产品研究开发、设计、配构件制造、施工和售后服务于一体的综合性住宅生产企业,是一种智力、技术、资金密集型、能够承担全部住宅生产任务的大型企业集团。住宅产业化要求企业生产经营一体化,而住宅产业集团正是住宅产业化中生产经营一体化的集中体现。

住宅产业集团作为一种新型企业组织形式,它的出现必将给原有的生产企业带来巨大的挑战,使原有的产业格局发生调整,促使企业重新调整自身的发展方向和经营战略,向着提高技术、提高质量、提高服务的方向发展,从而进一步实现住宅生产的社会化,提高整个产业的发展水平。同时住宅产业集团是在住宅生产的专业化分工细化、协作加强、标准化、部品化等适合工业化生产的条件基本具备的情况下产生的,因此住宅产业集团的出现不会是偶然的,它是住宅领域社会化大生产发展到一定时期的产物,同时也对其他企业发展产生积极影响,在相当程度上标志着住宅领域的发展层次和水平,因此有理由认为住宅产业集团组建是住宅产业化的重要标志。

9.1.1.2 住宅产业集团的特征

住宅产业集团的特征主要体现在以下三个方面:

(1)住宅产业集团内部各成员联系更加紧密,是绝对的利益共同体,能够更有效地实现风险分担,利益共享。产业集团内部的专业化分工与协作发展能够产生组合效益和规模经济效益,同时能够带动住宅产业领域其他相关企业的发展,提高住宅产业的整体实力。

(2)住宅产业集团采用的组织结构属于纵向一体化,该组织结构有利于减少设计、生产和施工等环节的交易费用,通过内部管理代替外部交易,能够降低生产成本,可以对各类资源进行优化配置,同时使产业结构不断优化,避免了住宅产业发展出现无序竞争。

（3）住宅产业集团的一体化经营方式，能够预先为其将要生产的产品开辟市场，为先进产业化技术、新型住宅构件的前期推广使用培育有利生存环境，平稳度过市场培育期，实现产品的高质低价。

日本的住宅产业化已经开展了40多年，在此期间造就了一大批成功的住宅产业集团。很多的企业是在住宅产业化的浪潮中从其他行业进入到住宅产业中来的。这些住宅产业集团经过四十年的竞争发展，目前在住宅产业界已具有举足轻重的地位。表9-1是1995年日本最大的十家住宅产业集团的工业化住宅销售户数和比例，从表中可看出，这十家公司的住宅产销量已占到全部工业化住宅产销量的九成（$CR_{10}=0.894$，其中$CR_4=0.661$）。

日本最大十家HIG1995年销量　　　　　表9-1

企业名称	户数	比例
1. 积水房屋	66,299	23.9%
2. 大和房屋工业	45,768	16.5%
3. 米撒瓦住宅	39,490	14.2%
4. 积水化学工业	32,070	11.5%
5. National住宅产业	25,650	9.2%
6. 旭化成工业	14,456	5.2%
7. 日积房屋	9,222	3.3%
8. S×L	7,978	2.9%
9. 大成装配住宅	4,263	1.5%
10. 丰田汽车	3,132	1.2%
十家公司合计	248,328	89.4%

9.1.2　虚拟住宅企业的概念和特征

前面说过住宅产业集团的形成是住宅产业化的重要标志，但这并不意味着所有的住宅生产企业都要变成住宅产业集团。由于住宅产业集团对企业的实体条件要求很高，一些中小企业的实际情况使得它们很难快速组建成企业集团，因此需要采取其他的生产组织形式以满足产业发展的需要。具有高度敏捷性的虚拟住宅企业，则是实现住宅产业化的另一种组织形式。

9.1.2.1 虚拟住宅企业的概念

虚拟住宅企业的概念和住宅企业集团一样，是一个集合名词。它指的是开发商、建筑企业、建材企业、设备部品制造企业、装修企业等住宅相关企业，为了适应住宅市场快速、多变的需求，采取优势组合策略，各自专门负责整个项目的子任务块，在自己的优势领域独立运作，并通过先进的通讯和网络手段，进行彼此间的协调合作，以并行的开发、生产、销售多样化、个性化的住宅产品，以满足顾客要求的企业组织模式。

如2002年海尔家居与大连万达集团结成战略联盟，以期发挥海尔家居对住宅集成配套的专业、品牌优势，发挥万达在房地产业的专业、规模、品牌优势；同年海尔集团又和近几年迅速崛起的房地产商广东奥园置业集团有限公司联合成立"海尔奥园住宅产业化推进中心"，一方要做复合地产商，而海尔则要做家居集成商。两强还将设立家居集成组件生产工厂，以减少装修现场的环节，带动住宅产业化。另外海尔还与高新地产、当代集团、德国最大的建材超市经销商欧倍德OBI公司等多家企业达成合作协议，共同开拓住宅市场。

9.1.2.2 虚拟住宅企业的特征

虚拟住宅企业优点：（1）我国住宅产业中企业规模普遍较小，资源有限，技术储备少，通过建立虚拟住宅企业，中小住宅企业可以通过分享其他合作企业的资源，去完成原来无法完成的工程项目；（2）合作企业各有专长，容易集中投资形成自己特有的核心技术优势和核心创造力，分散降低了长期投资的风险；（3）跨地区、跨国界的合作使得每个合作者有机会进入更大的市场，使社会资源在更高层次上实现全局的优化等。这些对于转型发展中的我国企业集团化的工作具有特别意义。我国企业规模小，市场发育不完善，集团化是一种优势互补、共抗风险的方法，在集团化或集团公司的组织工作中考虑采用敏捷企业的组织形式是非常有益的。通过企业业务过程的优化重组和再造，调整企业组织结构和组织单元耦合方式，保证企业的柔性和组织管理效率，获得企业的敏捷竞争力。

虚拟住宅企业通常需要一个起龙头作用的盟主企业，由这个盟主企业主导整个虚拟住宅企业的运作。这类盟主企业由于本身具有集成性和虚拟性的特征，我们称之为集成型敏捷住宅企业。它作为虚拟住宅企业的盟主企业，是对整个虚拟住宅产业的形成、运作起关键作用的领导核心。

9.1.2.3 住宅产业集团与虚拟住宅企业的区别

与住宅产业集团相比，虚拟住宅企业结构比较松散，各成员企业间地位平等，没有隶属关系，但需要一个对整个项目进行协调管理的盟主企业。一个企业可以同时属于住宅产业集团或虚拟住宅企业。住宅产业集团中需要有一个核心企业，而虚拟住宅企业中也必须要有一个盟主企业。二者的关系如图9-1所示。

现代住宅产业集团是目前探索住宅产业化的一种实现方式，但由于我国的相关企业的实际状况并不有利于住宅产业集团的快速组建，尤其是加入WTO后，住宅

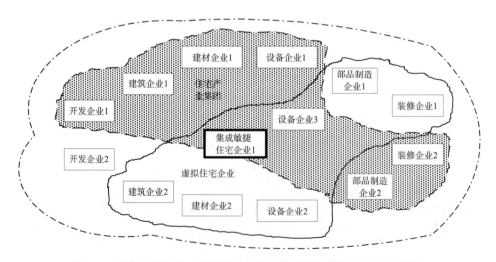

图9-1 住宅产业集团、虚拟住宅企业与集成型敏捷住宅企业的关系

产业领域逐渐受到外来企业的冲击，形成具有较大规模的住宅产业集团难度较大。而虚拟住宅企业的优势就是其只要求信息的组合，而企业的实体条件不是必要条件，因而，相对而言更适合中国现有住宅产业发展的实际情况。

总体而言，住宅产业集团与虚拟住宅企业各有其优势和适用条件，因此二者皆有其发挥作用的范围。在相当长的时期内，这二者会并行存在，互相补充，构成中国住宅产业发展中主要的企业组织形式。

9.1.3 集成型敏捷住宅企业的概念和特征

信息技术和知识经济的发展，要求我国住宅产业化不仅要发展大型企业集团，还需要一批灵活敏捷的中小型企业。笔者提出了一种新型企业组织形式，即集成型敏捷住宅企业，将集成、敏捷的思想引入住宅产业，通过与相关企业协作配合，以敏捷生产的形式为用户提供个性化、多样化的住宅产品。

9.1.3.1 集成型敏捷住宅企业的概念

集成型敏捷住宅企业（Integrated Agility Housing Corporation, IAHC）是面向用户需求，以科技和集成化管理手段为顾客提供个性化住宅产业的企业。这是一种具有住宅产品开发设计能力、市场营销能力和住宅生产供应链的集成与管理能力，而将住宅产品的建造过程外包的企业。这种掌握生产供应链的两端，而将中间业务外包的企业也被称作"哑铃型企业"，是敏捷生产的典型企业形式之一，如图9-2所示。

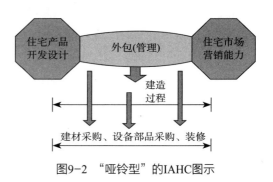

图9-2 "哑铃型"的IAHC图示

9.1.3.2 集成型敏捷住宅企业的特征

集成型敏捷住宅企业可以作为虚拟住宅企业的盟主。集成型敏捷住宅企业的特征有：

（1）集成性，是指企业将住宅产品生产经营全过程的相关功能通过企业品牌、整合能力和信息系统进行集成，并充分发挥企业的核心优势。集成的方式有两种，也是两个层次——实际集成和虚拟集成。

实际集成是将生产经营过程的具体功能企业内部化，这是企业的核心竞争力的需要。集成型敏捷住宅企业根据需要，应将研究开发、设计和策划、前期开发、营销等几个功能集成于企业内部，并形成自己独有的核心竞争力；而虚拟集成是指将住宅生产经营全过程实际集成以外的各种功能以虚拟一体化的方式进行集成，这要求形成以集成型敏捷住宅企业为核心的虚拟企业，通过企业品牌、信誉、企业文化和整合管理能力，将如建筑施工、构配件生产、部品设备生产供应、装修等生产过程的企业以"合约、信任、伙伴关系"方式纳入本企业的集成化管理中来，实现核心优势上的互补。

集成型敏捷住宅企业的集成以虚拟集成为主，实体集成为辅，最大限度地整合和利用外部资源和力量，为企业的目标服务。

（2）敏捷性。集成型敏捷住宅企业能够依靠其完备的通信设施和整合能力，在信息集成和共享的基础上，以分布式结构连接各类企业，迅速地组织企业内外的技术、人员和相关资源，以对不断变化的住宅市场中的顾客需求做出从容不迫的、有效协调的反应，即动态灵活地、可重构地、集成化地、快速地响应市场变化，在企业内部和外部有效快速地调配资源，满足顾客需要。

（3）知识性。集成型敏捷住宅企业是具有研究、开发、设计能力的知识型、智能型科技企业，它更强调对知识与技能的管理，通过对知识识别、获取、开发、研究、分解、使用和共享的全过程的良好管理和运作，为顾客提供满意的产品和服务同时，使知识不断地形成、使用、积累、更新和发展。

（4）协调管理性。集成型敏捷住宅企业是虚拟住宅企业的盟主，因此一方面面向市场，寻求市场机遇并了解顾客需求，另一方面，面向开发过程的中间企业（建筑企业、建材企业、设备部品制造供应商、装修企业等），站到比住宅开发及其他各环节的各企业更高的战略高度上,以其凝聚力、影响力、控制管理能力对各中间环节企业进行有效的整合和协调管理,满足顾客要求同时,实现企业自身的战略目标。

从规模上说,集成型敏捷住宅企业一般为中小型企业,但由于敏捷性和集成性是企业的一种特性,任何企业都有理由和可能形成这样一种能力,因此从理论上说它应该与规模无关。大型企业如果将这种能力集成在企业中,也可能具备集成型敏捷住宅企业的各种功能,从某种意义上也可以说属于集成型敏捷住宅企业。

如上海铂派实业发展有限公司拥有自己的设计团队以及加工工厂,主要产品是轻钢龙骨集成住宅、轻钢别墅、集装箱、活动板房、钢结构厂房、空调支架等。公司的产品主要出口欧洲、澳大利亚和北美。公司的产品靠自己的产品设计团队研发,主要的主体结构轻钢龙骨由自己的工厂生产,而其他大量的部品靠配套厂家提供,由铂派的管理团队进行组织订货和现场集成。

9.1.4 住宅产业企业联盟的概念和特征

企业联盟已成为现有企业获取竞争优势的重要手段,这一产业发展新模式已经在国内外很多领域取得成功,不仅提升了参与企业或组织的核心竞争力,也推动了相关产业的发展。面对住宅产业化带来的变革和挑战,单靠当前少数企业的努力已经无法推动我国住宅产业化进程。借鉴已有的国内外企业联盟成功经验,需要将更多的更大范围内的企业、甚至科研院校联合起来,通过产业内企业和相关组织机构的联合,共同致力于住宅产业化研发和推广,通过建立一套通用化标准,形成完整的产业链,逐步打开产业化住宅开发建设和消费市场,实现我国住宅产业的产业结构升级和优化。

9.1.4.1 住宅产业企业联盟的概念

住宅产业企业联盟(或简称住宅产业联盟)是指由两个或两个以上具有核心竞争力的住宅产业相关企业以市场为导向、技术为纽带,通过整合产业链资源,形成的优势互补的住宅产业化企业组织形式。这些企业包括房地产开发、建材和部品生产、施工、设备供应、咨询、勘察设计、物流、住宅销售与物业、金融机构等，他们以股权参与或契约方式结成长期的、动态的联盟，通过资源共享、优势互补、风险共担、精诚合作，共同致力于住宅产业化研发和推广，与此同时实现各自在一定时期的战略目标。高校、科研机构、行业协会等组织也可以作为这些企业的合作伙伴加入到联盟之中。

对住宅产业企业联盟的系统研究源于东南大学杜文涛的博士论文。

9.1.4.2 住宅产业企业联盟的特征

1. 它是介于市场和企业之间的中间组织形式

理查德森（Richardson）认为"市场关系是一组复杂的交易关系，在市场网络中存在着一些紧密型合作的非交易关系，如持股和长期合同，因而企业和市场间并非完全隔绝，它们之间存在着一系列相互融合的'中间组织'，企业有意识的内部协调与市场上'看不见的手'的价格机制可以同时在企业间起作用"。住宅产业化企业战略联盟就是属于这种"中间组织"，它的形成模糊了住宅产业化相关企业和市场之间的具体界限。

2. 联盟成员之间地位平等

住宅产业企业联盟是建立在能够取得良好利益预期的情况下建立的，相关企业为了各自的利益和目标进行互利合作。因此，企业联盟中各企业地位是平等的，某一盟员企业的强势，企图操控整个联盟，把自己的利益凌驾于合作伙伴的利益之上，联盟关系就会告急。当然，在有的多边联盟中会有盟主企业，但盟主企业在联盟中主要发挥组织、协调作用，地位和其他盟员企业也是平等的。只有这样，联盟才会长久持续下去。

3. 联盟的主旨是合作，却不抛弃竞争

参与联盟的企业共同致力于某一些具体项目的发展，他们紧密联系、相互合作、共同进步，以期实现各自的战略目标。但是联盟却不抛弃竞争，适当的竞争有助于联盟整体战略目标的实现,有助于联盟内企业保持持久的竞争优势,也有助于改善所处产业的结构。在住宅产业企业联盟的组建过程中,需要对致力于加入联盟的潜在成员进行筛选,只有达到联盟合作伙伴选择条件的成员才能正式进入到联盟中;当联盟组建运行过程中,会制定相对应的内部盟员企业绩效评价指标体系和外部企业加入联盟的考核体系,通过比较,联盟会清除掉不适应联盟发展的企业,让符合联盟共同利益的企业加入,周而复始。联盟中竞争与合作并存保证了联盟的高效运行。

4. 联盟的利益与风险并存

成功的联盟会给企业带来巨大的利益,这包括产品得到推广、企业知名度得到提升、市场份额得到扩大、新产品的顺利开发并得到市场认同、学习到了先进的企业管理方法、培养了企业新人等,但风险也是很大的。在与合作者交换知识或是共同研发的过程中,可能会削弱企业现有的竞争地位,尤其是当联盟涉及对企业的核心竞争力共享时就更是如此。联盟成员可能会从中投机取巧,乘机窃取其他盟员的知识和技能。另外,由于盟员企业的中途撤离导致其他盟员企业前期投入的浪费、联盟所处经济、政治及社会环境的变化导致的联盟解散、联盟初期相关保证机制不到位等原因导致联盟运行不下去等风险一直是联盟多发的问题。

5. 住宅产业企业战略联盟具有长期性

住宅产业企业联盟与传统房地产和建筑企业战略联盟不同,它是基于住宅产业化的发展而组建的具有战略意义的联盟。住宅产业化是国家大力支持发展的新型住宅开发和建造模式,是我国住宅建设发展的必然趋势。而我国住宅产业化尚处在成长阶段,尚有许多"疑难杂症"需要诊治,因此联盟应具有长期性。

9.1.5 各种企业组织形式的关系

上述几种组织形式是随着产业发展和环境变化而可能出现的产业表现形态,而不同形态的企业组织，各组成单位要素之间的联系紧密程度不同，企业规模相差也会很大，将这种关系画在一张图上，如图9-3所示。各组成单位在一定的条件下可能向别的形式转化。如住宅产业企业联盟在一定条件下可能向住宅产业化集团或虚拟住宅企业转化。

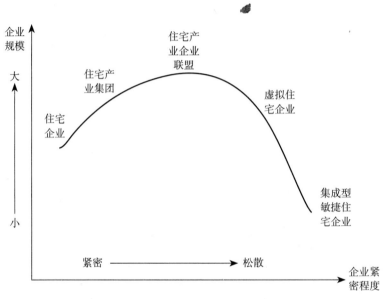

图9-3 各种企业形式的规模和紧密程度图示

9.2 住宅产业集团

住宅产业集团是企业间联合的高级形态，是多种联合形态的复合。它通常以一个或几个大型企业或公司为核心，通过协作、联合、兼并等方式，把在住宅生产上具有技术经济联系的各个独立法人组织，以产权联结或合同为纽带而建立的一种大规模、多形式、多层次结构的企业法人联合组织形态。

9.2.1 住宅产业集团的组织结构

住宅产业化集团的组建包括以房地产开发企业为核心组建、以建筑施工企业为核心组建和以建材生产企业为核心组建等形式,各种形式的住宅产业化集团各具特点。

住宅产业集团主要由公司事业本部、构配件生产部门、销售营业部门和建筑施工部门等部门构成。当住宅产业集团发展到一定规模后,会在住宅产业领域,向着更深层次发展,集团所涉及的业务范围会进一步扩大,从而在组织机构上会产生新的部门和机构。住宅产业化集团的组织结构可以按事业部的方式进行设立。

9.2.1.1 住宅产业集团的组建

住宅产业集团可以在原来与住宅建设相关的企业基础上组建,也可以采用中外合资的方式组建。组建的方式可以是新建、联合、兼并或重组等形式。这些企业主要来自建筑业、建材业和房地产业,甚至建筑设备生产行业及其他行业。住宅产业集团的组建可以有如下几种形式:

1. 以房地产开发企业为核心组建

房地产公司具有资金和市场的优势,可以在企业内部成立构配件生产工厂、设计部门和施工部门,形成住宅产业集团,实现住宅的产业化生产。

2. 以建筑施工企业为核心组建

建筑企业具有住宅建筑施工的技术设备优势,可以通过建立(或联合)住宅构配件生产工厂,联合设计部门等组建成为住宅产业集团。

3. 以建筑材料生产企业为核心组建

建筑材料企业具有生产住宅用的各种建筑材料的优势,尤其是一些新型住宅墙体材料生产企业,发挥自身住宅材料和构配件生产技术设备的优势,联合一些其他部门,将生产业务向前向后延伸,直接组建成为住宅产业集团。

4. 以建筑设备生产企业为核心组建

生产建筑设备的企业(尤其是厨房、卫生间等设备生产企业),由于考虑其生产的设备的配套供应,加上具有工厂生产的技术与管理经验,可以对原有技术与设备进行更新改造,新增加一批住宅产业化的专用设备,组建成为住宅产业集团,一方面开拓自身的业务范围,同时为本企业生产的建设设备找到最佳的应用市场。

当然更为合理的形式应当是强强联合,即房地产投资公司、(新型)墙体材料生产企业、建筑施工企业等在住宅产业化的大旗下联合起来,组建住宅产业集团,发挥各自的优势,钻研技术、开拓市场、共担风险、共享收益,共同推进住宅产业化的进程。无论采用何种组建方式,由于住宅生产经营方式的彻底改变,原有的技术与管理都不足以胜任新的生产经营方式,都必须学习研究掌握住宅建设技术与管理的新方法。

在市场经济条件下,企业集团的形成往往是市场竞争的结果,即企业集团在竞争中产生,通过合并、兼并、控股、资产重组、收购等市场行为来实现。企业根据自身发展目标、资产优化配置的要求、利益导向等确定采用联合、协同或兼并等形式,组建住宅产业集团,而不应该是政府行政命令的"凑合",那种"拉郎配"式的机械组合只会造成规模不经济,影响企业的发展。

真正意义上的住宅产业集团要在住宅建筑标准化基本实现,住宅构配件和部品具备大批量工厂化生产条件,企业和社会具备社会化大生产所需要的协作条件时,才能组建并运营。但这并不排除个别企业近期会提前介入,一边生产同时一边研究开发,成为住宅产业集团中的"开路先锋"。

发达国家有许多住宅产业集团具有长期发展的经验和工业化生产的技术,引进其先进的技术、设备与经营管理,组建中外合资的住宅产业集团,将大大减少我国自行发展的盲目性,降低风险,加快发展,不失为发展住宅产业化的一条捷径。

9.2.1.2 住宅产业集团的企业组织结构

住宅产业集团的组织结构包括核心层、紧密层、半紧密层和松散层四个层次,分别由核心企业、骨干企业、卫星企业和协作企业构成,各层次企业在其中发挥不同的作用。

根据国外的经验，住宅产业集团规模很大，部门繁多。组建并运营住宅产业集团是一项复杂的工作。住宅产业集团主要由以下几个部分构成：

（1）公司事业本部，包括公司上层管理机构、生产管理部门、投资开发部门、研究开发部门、设计部门、部品采购供应部门、经营销售本部等机构，从事企业高层管理、住宅建设投资开发、企业内部生产调度管理、生产技术研究、新产品开发、住宅设计、住宅建筑设备与材料等采购、住宅销售管理等工作；

（2）构配件生产部门，包括住宅构配件生产车间、储存管理部门等，从事构配件生产、保管、供应等工作；

（3）销售营业部门，由众多的营业所构成，从事本公司住宅的宣传、展示、洽谈、销售等工作；

（4）建筑施工部门，由进行现场施工的建筑队伍构成，首先进行基础部分的施工，然后将工厂生产的构配件和采购的建筑设备、材料等运至现场，组装成为所需要的住宅，并进行售后服务的工作。

上述各部门是作为一个住宅产业集团必须具有的组织机构，各部门可以按事业部方式组织，如图9-4所示。当企业发展到一定规模和层次后，通常都会以住宅产业为主，向多元化、深层次上发展，企业所涉及业务的范围也会进一步扩大，由此在组织机构上会产生一些新的部门和机构。当住宅产业集团发展到一定规模时还会在各地设立分公司，负责当地的住宅生产与销售工作。上述各部门可以全部隶属于住宅产业集团本身，某些部门也可以独立成为一个经济实体，但必须与住宅产业集团保持密切的生产经营业务联系。

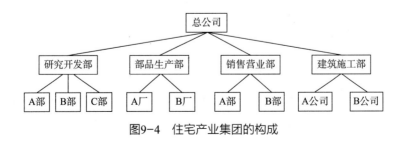

图9-4 住宅产业集团的构成

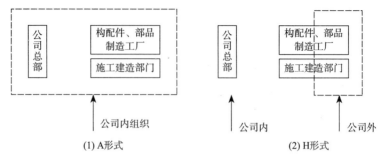

图9-5　日本住宅产业集团的组织形式示例

日本住宅产业集团的公司总部、构配件制造工厂、施工建造部门三者相对于公司的隶属关系，可以有从A～I九种组织形式。图9-5为其中的A形式和H形式。

从这种意义上说，住宅产业集团也可以是一个共同利益联合体。住宅产业集团作为住宅产业的排头兵，其数量不必太多，但必须具备优良的素质，组建伊始就必须在技术与管理上具有较高的层次和水平。

9.2.2　住宅产业集团的生产组织

住宅产业集团可以以多种方式为用户提供住宅产品与服务。主要有：

（1）开发式。即住宅产业集团自己购买土地，建好住宅后出售给用户；

（2）订购式。即在用户提供的土地上建造用户要求的住宅；

（3）开发订购式。是上述两种形式的组合。即住宅产业集团自己购买土地进行住宅开发，在住宅建设前预售"楼花"，然后根据预订者要求进行住宅设计和建造，建成后移交用户。

上述各种形式在一般的房地产开发与住宅建设中也经常遇到。但住宅产业集团进行上述运营时，在生产经营方式上与一般的住宅建设有所不同。

9.2.2.1　住宅产业集团的生产全过程

住宅产业集团经营最具特色的就是企业对住宅实行的一体化生产经营。以订购式为例，其生产经营过程通常如下：首先顾客通过各种渠道了解到住宅产业集团的生产经营服务信息，或到住宅产业集团的典型住宅展示场观看实物住宅，有订购意向后到住宅产业集团的销售营业部与销售人员商谈，说明自己的意图、要求，决定要建造后与营业部门签订订购合同。然后由公司的设计人员按照要求进行设计，在此期间顾客可以参观和选择符合自己意愿的住宅构配件和各种部品，并纳入设计中，或者采用住宅公司已有的定型化的设计。设计完成并得到顾客认可后，住宅产业集团按照图纸上的构配件和建筑设备、部品清单进行筹集准备。要尽可能利用本公司已生产出的构配件进行建造，若本住宅产业集团暂时没有此类构配件，可以在构配件工厂里生产或者到与本公司有协作关系的其他公司的生产工厂里采购。住宅的设备、部品很多，不可能所有部品都在住宅产业集团生产，可以采用外部协作的方式，与住宅建设设备、部品的生产企业签订供货合同，确定长期稳定的协作关系，从而将住宅设备、部品的生产纳入到住宅产业集团的生产经营中。住宅施工部门在合同和设计的基础上，根据房屋上部结构和宅地的条件设计住宅的基础（或者采用标准化的、与住宅配套的基础型式），并负责进行基础施工。基础施工完成后，施工部门将住宅的构配件、设备和部品根据施工进度要求，依次运到现场进行装配施工，施工完成后由用户和公司质检部门进行质量检查，合格后竣工移交使用。交付使用后施工部门还要做好售后服务工作，在保修期内做好定期回访和事故处理工作。整个住宅建设的全过程都是在住宅产业集团内部分担并协调完成的。

住宅产业集团的生产全过程如图9-6所示。

9.2.2.2 构配件、部品制造系统

住宅构配件、部品采用工厂制造，这是住宅产业集团生产方式与现有生产方式最大的区别。尽可能将现场的工作移到工厂进行，是提高生产效率的关键。于是就产生了各种各样的工厂化生产的构配件和部品，包括外墙、屋顶、内隔墙、结构体（柱、梁）、设备、楼板、天棚、基础等。其中墙壁是主要部分，而且墙壁的做法对整个住宅部品的制造与现场施工影响很大。

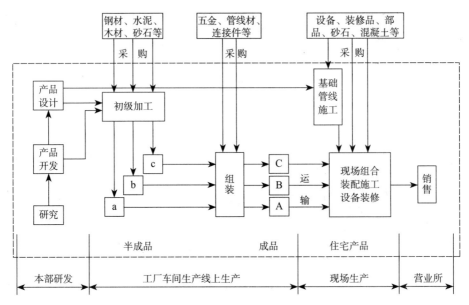

图9-6 住宅产业集团的生产工艺过程简图

1. 构配件、部品工厂的生产计划

生产计划是制造活动的前期工作,计划的主要目的是合理有效地利用企业的生产资源。生产计划的主要内容包括计划期的生产能力计划、总产量计划、物料需求计划和生产作业计划等。

构配件、部品的生产计划通常按照已生产产品在市场上的销售情况来确定。标准化的构配件、部品可以按照市场销售情况、库存情况和对今后市场需求的预测来制定下一步的生产计划,对于非标准化的构配件、部品,通常要以销定产。新产品要在试产、试销基础上再进行大规模的生产。

2. 生产过程的组织

住宅构配件、部品的生产是在车间内的生产线上组织的生产。由于产品的标准化程度较高,可以在生产线上进行大量生产和成批生产。对于个别非标准化产品,也可以进行单件小批量生产。目前生产线上流水作业是工厂生产的最好组织方法。

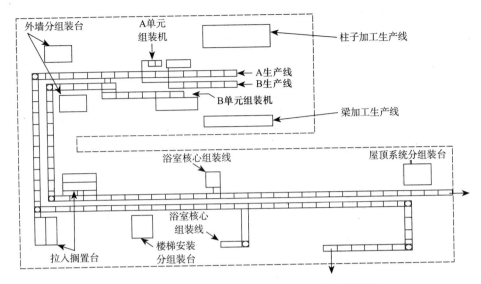

图9-7 积水化学工业东京工厂的盒子间生产线简图

图9-7是日本积水化学东京工厂的盒子间生产线示意图。

该生产线为全长400m的A、B两条平行的生产线，两条线的生产过程几乎具有相同的进度，两条线旁分别设有外墙组装台、楼梯组装台、屋顶组装台等，可以缩短大型部品的生产时间。另外两条线都设有最终安装平台，用来将生产的半成品组装成为各房屋需求的盒子间，或者对需要时间较长的组装工序设有不影响整个生产线正常运转的特殊安装平台，从而提高生产效率。

为提高生产线对各种不同品种、规格产品的适应性，有些企业采用成组技术或柔性制造系统，以最短时间和最小成本实现生产系统的转换。

目前国外发达国家（日本、美国等）的一些构配件生产工厂采用了世界先进的技术和大型的自动化设备，甚至工业机器人，按照严格的质量标准生产出高质量高精度的构配件，而且从材料加工到组装等整套工序在生产线上采用一贯制大量生产，大大提高了工业化生产的效率。

3. 多品种混合生产和管理信息系统

由于考虑建筑产品的多样性，需要在生产线上生产各种各样标准化而又形式各异的住宅构配件和部品，由此使整个产品生产过程的管理变得错综复杂。为了提高工业化生产的效率，解决好标准化与多样化之间的关系，应采用多品种混合生产的方式。日本积水化学工业的具体作法是：在考虑单元结构体通用化、与此相应的主要部位——楼板、天棚、内隔墙板等部品统一化和外墙墙板模数统一化的基础上，实现一体化生产，同时考虑顾客的多样性需求，在屋顶、外墙板、内装修等顾客能看到的部位和手能触摸到的部位积极进行多样化变革，满足顾客要求。现在积水化学已经形成了高度机械化、省力化，组装合理化、最优化的多品种混合生产系统。

一栋房屋的建筑材料和部品，大到柱子、墙板，小到铁钉，合计至少万种以上。现场施工时，加上外部购入的部品，合计达到5～6万种。如此数目庞大的材料部品，要想高效地在工厂生产线上生产，并尽可能减少库存，必须应用计算机进行管理。积水化学工业在实现多品种混合生产的同时，80年代中期开发应用了基于计算机的高度自动化的管理系统SHIPS。SHIPS系统采用在线实时处理方式，可以处理11~200万件部品、构配件的委托、生产、库存管理等，实现生产线上的JIT供给。SHIPS的信息流程如图9-8所示。

目前日本的一些住宅产业集团已经开始开发并应用基于人工智能（AI）的集成化生产管理信息系统和生产辅助决策支持系统。如日本积水化学工业在上述SHIPS基础上又建立了独立工业化住宅（Seikisui heim）生产HAPPS（Heim Automated Part Pick-up System）系统。该系统根据部品目录完成由30多万个部品组成的按用户要求自由组合的房屋设计，并完成部件确认、库存、订货、分

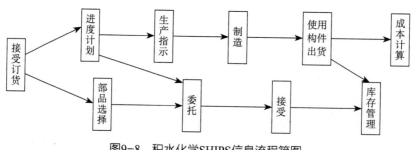

图9-8 积水化学SHIPS信息流程简图

捡、发货全过程的信息控制，为生产线提供适时准确稳定的半成品供应。这些生产管理系统的使用，充分发挥了生产能力的潜能，大大提高了产品质量、产品精度和劳动生产率。

9.2.2.3 施工现场生产组织

住宅产业集团在施工现场的生产组织与一般建筑工程的现场施工组织区别不大，差别主要在施工工艺上。由于采用预制安装的生产方式，其现场施工比较简单，所用人数少，时间和成本都低于一般住宅建筑施工。

承担住宅现场施工的通常是住宅产业集团内部的营业事务所，或者与集团有长期固定联系，接受集团委托的专业化住宅施工承包企业。对于建造多层工业化住宅的施工队伍，其施工现场的组织机构与一般的建筑施工现场组织机构基本相同。住宅产业集团现场施工工业化住宅生产组织的特点主要有：

1. 现场以运输吊装机械装配施工为主，辅以人工

由于采用工厂预制构配件和部品，因此现场施工的主要工作是使用起重运输机械将这些构配件安装就位，再进行连接和固定，而人工则起辅助作用。因此承担这些施工的事务所（或企业）规模不大，人数不多，人员主要由从事建筑安装工程的木工、机械工、结构安装工、电焊工、装修工、水电设备安装工等组成。为了充分发挥预制和现浇各自的优点，常采用预制与现浇相结合的方法，从而获得最佳技术经济效果。

2. 现场生产计划与工厂生产计划紧密相连

对工业化住宅，现场生产是工厂生产的延伸，因此现场生产的计划与工厂生产的计划是紧密联系在一起的，这样才能尽可能减少库存和资金占用。

3. 要求现场施工的技术服务体系健全

为充分发挥工业化、装配化施工的高效率，现场施工要有一整套健全完善的技术服务体系，如商品混凝土、定型化模板、支护设施、临时房屋、小型机械等，由一些专门从事现场技术服务的公司以送货上门或租赁的方式协助完成，这些公司按

照现场的要求，及时地将这些材料或器材送到现场并负责安装调试，租赁的器材在使用完后由该公司收回。这需要社会有较完备的技术服务市场体系并能提供及时周到的服务。

4. 施工环境条件得到改善

由于现场湿作业大幅减少，现场散料少，施工的环境与条件得到很大改善，因而有利于施工质量的提高和成本的控制，施工中的安全事故发生率也会下降，现场施工向着文明、高效、安全、低损耗方向发展。

9.2.2.4 住宅产业集团的生产要素合理配置

住宅产业集团创立的定位应该是以全新的工业生产方式为用户提供优质适价的工业化住宅，因此其劳动力、技术、生产资料、劳动对象、资金、信息等生产要素的配置应该与此相适应。住宅产业集团生产要素合理配置包括：（1）各要素在数量上相互成比例；（2）在质上相互适应；（3）在时间上符合适时性要求；（4）在空间上符合物流路线最短的要求。在配置生产要素时，应主要注意以下几种关系：

1. 劳动者与生产资料的配置关系

劳动者与生产资料（厂房、机械设备等）应该在数量与质量、时间与空间两方面配置适当。由于住宅产业化实现高度机械化生产，因此对于劳动者素质提出较高要求，而对劳动者的数量需要则相对减少。要解决长期以来存在的企业冗员过多和资源浪费的问题，并要求劳动者与生产资料在时间上、空间上实现良好的协调配合，以实现人与物的合理搭配，充分发挥配置效率。

2. 技术人员与工人的配置关系

与传统的建筑工程施工和建筑材料生产相比，住宅产业化的生产条件明显改善，体力劳动减轻，因此技术人员和技术工人的比例会上升，而普通工人（体力劳动为主的工人）的比例则会相对下降，对工人整体的技术水平、文化素质的要求会提高，并且要求技术人员与工人能够在生产中很好地协调配合。

3. 领导与被领导的配置关系

领导与被领导的关系是产业组织管理中的一个重要问题，要注意二者在数量上要成比例，在素质上要互相适应和促进。根据住宅产业化的实现状况，要有一个合理的管理跨度，过高过低都会引起管理混乱；现代化的生产需要高素质的领导者，因此对领导者素质要有较高要求；领导者与被领导者之间的素质协调也是保证领导决策正确，及时贯彻决策精神的重要保证。

4. 资金与生产资料的配置关系

资金是工业生产活动投入全部生产要素的一般代表物。在现代工业生产中，每一项具体的生产活动都是从一定量的资金投入开始的，物质资料形成后，要利用起来，也必须要有相应的资金作保证。资金与生产资料的良好配置有利于提高生产资料利用率，也有利于提高资金的利用率，必须解决好流动资金占用与固定资金之间的比例关系。住宅产业化使住宅生产从劳动密集型向资金密集型、技术密集型转变，资金在生产中的作用日益突出，因此如何募集资金并充分发挥资金的最大效益是必须解决好的大问题。

5. 软件与硬件的配置关系

生产要素中的软件主要指科技、管理、信息等渗透性因素，硬件指劳动力、生产工具和劳动对象等实体性因素，硬件是软件的基础，软件是硬件的灵魂。对于现代住宅产业生产，软硬件的配置关系相当重要。一方面要逐步加大对劳动力、机械设备、厂房等硬件的投入，创造工业发展的物质基础，另一方面更要提高科技和管理水平，提高科技与管理在生产发展中的作用，使技术进步逐步成为生产发展的主要源泉。另外要重视信息在生产和经营中发挥的作用，开发应用信息技术，减少企业生产与经营的盲目性。

9.2.3　住宅产业集团的经营管理

由于住宅生产方式的改变，使住宅产业集团的定价方式、生产计划方式、作业方式、质量管理方式、成本控制方式等均发生较大改变，由原来建筑产品的经营管理方式向一般工业产品的经营管理方式方向发展。施工现场管理由于机械化的装配施工而简化，但对住宅产品生产经营全过程的管理则由于生产经营的一体化，使全公司的管理跨度加大，复杂程度增强，难度增加，对公司生产经营的管理水平将会提出更高的要求。另外，推进住宅产业化，提高住宅产业生产的集约化程度，在很大程度上取决于住宅产业集团的经营管理。

9.2.3.1 住宅产业集团的经营战略

1. 住宅产业集团的经营理念

经营理念是企业一切经营活动的出发点，正确制定企业的经营理念是重要而且困难的，不同企业的经营理念也不会完全相同。对于住宅产业集团来说，首先要树立"顾客至上"的观点，为顾客的居住生活提供从构思设计、到部品生产、现场施工、售后服务等一整套的解决方案，其中既包括产品也包括服务。

日本大和房屋工业公司的企业理念是：推进"建筑的工业化，为生活与产业界提供真正的丰富多彩的服务"。基于这种经营理念，自创业以来，胸怀宏大志愿，不断着手尝试开拓大型新兴事业。从而使得如今大和房屋工业公司的事业领域，从住宅、城市规划建设到店铺、高楼大厦建设及城市改造事业，直到观光娱乐和DIY购物中心等事业，在众多的领域取得惊人的发展，成为创造丰富多彩生活的"综合性生活产业"。

日本积水化学工业则在1996年根据市场环境的变化，考虑到组织的灵活性和扩大与强化事业，迎接21世纪挑战，为实现本公司的社会性使命——"提供真正质量和服务优良的住宅"的目标，在全公司开展了"CS经营实践"的活动，将CS（顾客满意）活动渗透到公司的开发、生产、销售及售后服务等各环节中，并按照CS的要求进行机构调整，推进各项事业的进展。旭化成工业也在进行着类似的工作。

企业的经营理念绝不是单纯给外面人看的，或者只是为了对外宣传形象而"镀金"，它是一个企业经营的总原则和方向，必须严肃认真对待。

2. 住宅产业集团的产品战略

住宅产业集团是以生产工业化住宅为目的而组建的，因此其产品应该以工业化住宅为主。由于集团本身的结构，还可以有许多的产品产出，所以住宅产业集团应该走以业为主，多种经营的道路，向多元化发展。同时利用自身工业化产品与其他住宅产品的质量、工期、性能、售后服务的差异，创出独有的经营特色和产品特色。

住宅产业集团在开发生产产品时应注意：(1)产品的推出周期适当；(2)产品要成系列，面向不同用户，组合搭配合理；(3)增加产品的技术含量，及时淘汰过时产品；(4)要注重产品的品牌、商标、包装和标准化，以利于扩大影响和市场，提高效益。

3. 住宅产业集团的市场战略

住宅产业集团的产品面向市场销售，但由于产品本身的一些特点，使它的销售市场不可能是全部市场，因此首先要明确本集团产品的目标市场是什么，面向哪些消费者，这就要将市场细分化。在产品开发生产初期，应瞄准市场上部分高收入者，推出档次较高、质量功能较好、价格也较高的产品。这种产品与工业化住宅产品是一致的。之后随着产量和品种的增加，产品成本下降，价格可以下调，以适合更多的消费者，扩大市场占有率。为了扩大销售，企业可以采取差异性市场策略、多样化策略、专营化策略、营销组合策略（产品策略、价格策略、促销策略、流通渠道策略）等，并在竞争中逐步发展起来。

4. 住宅产业集团的技术选择

住宅产业集团的技术应该是在掌握了传统技术的基础上，研究开发新的技术或引进消化新技术，并在此基础上创新发展，形成自身独特的技术优势和产品优势。如果住宅产业集团没有技术上的优势，它就没有存在的必要，也不可能生存下去。因此住宅产业集团的技术选择应该是高起点、高水平、高附加值、低投入的技术，从而产出高品质和高效益。

9.2.3.2 住宅产业集团的采购与销售

住宅产业集团在生产过程中要使用上万种原材料或其他产业的制成品，其采购的状况好坏直接影响到生产的成本、质量和进度，而产品销售则是住宅产业集团产品市场实现的决定环节。

1. 原材料采购

（1）培育自己的供货商，形成利益共同体

住宅产业集团作为住宅产业的龙头，其发展必然带动相关行业原材料、制品等的发展。在具体运作时，住宅产业集团应该认真谨慎地选择自己的供货商，以合同、控股、技术合作等方式与供货商形成长期的、休戚相关的利益共同体，保证供货商能够长期提供质量、数量稳定，与本公司产品规格配套的原材料与设备部品。

（2）控制采购品数量与质量

采购品的数量应该以库存合理为原则，既能保证生产的连续性，又能合理利用资金。为保证采购品的质量，可以采取供应商认证制度，即认证符合本企业要求的原材料或部品供应商，在此后的采购中优先选用。另外对于一些新技术、新规格的产品，若本企业没有足够的生产设备，可以采用电子行业通行的OEM方式进行委托加工，即本公司提出设计和生产方法、产品要求，在相关厂家进行加工定做，制成的产品采用本公司的品牌和商标。在采购品订货、运输、进厂、使用等各个环节要建立制度，加强管理和检验，保证采购品的数量与质量，为住宅产品质量保证打好基础。

（3）加强对采购人员和采购工作的管理

采购人员的素质与工作态度对采购品的质量与价格至关重要，因此对采购人员为了私利而损害企业的行为，企业方必须要有措施，保证采购人员的廉洁。除了职业道德教育以外，还要采取如公司向供应商重申公司的采购政策；采购时货比三家；材料入库检验后再付款，甚至加工完成后再付款等方式。

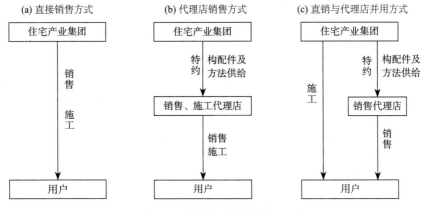

图9-9　住宅产业集团销售形式

2. 产品销售

（1）产品销售方式

根据住宅产业集团对部品制造、现场施工、销售各部分的有机构成形式的不同，销售方式大体上可以有企业直销、委托代理店代理销售和施工，或者二者并用等方式，如图9-9所示。

（2）产品促销过程组织

住宅产品的销售像其他产品一样，需要有一支精干高效的销售队伍，需要在各种媒体上做广告，还要有住宅产品展示用的展示场地。住宅产品不同于一般的工业品，其价值量巨大，价格很高，其买卖对任何人都不是一件轻率的事，因此用户购买住宅通常要经过一段较长时间的研究、比较、衡量才能下决心。使顾客能够通过实物或报纸杂志及其他广告媒介，全面地了解本公司工业化住宅产品的功能、质量和价格水平，是住宅销售的极其重要的环节。住宅产品的促销过程如图9-10所示。

（3）产品销售技术

产品的销售，在很大程度上取决于销售人员的销售本领。根据日本的经验，作为住宅产业集团的销售人员，必须具备三大技术：一是发现顾客，收集信息的技

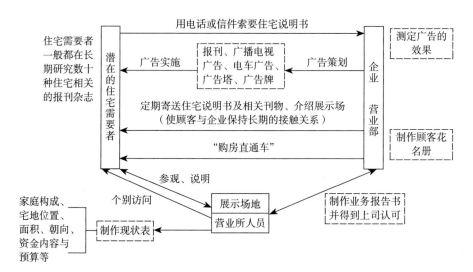

图9-10 住宅产业集团产品促销的全过程图

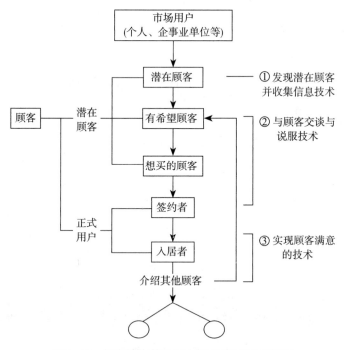

图9-11 住宅销售营业三大技术和过程示意图

术。即能够在众多潜在顾客中发现有希望的购买者；二是开展交谈和说服对方的技术。这是促成交易的关键；三是满足顾客要求并处理好索赔的技术。即从合同签订、住宅交付使用直到售后服务的全过程使顾客能够满意的技术如图9-11所示。

（4）产品售后服务

住宅产品交付后，就可由工程部门转给售后服务部门，由售后服务部门进行专业化的售后服务。售后服务部门在保修期内定期进行巡回检查，临时性的故障等应随叫随到，随时处理。

9.2.3.3 住宅产业集团的研究开发与技术创新

住宅产业集团的研究与开发工作通常由集团内部的研究开发机构承担，也可以委托高等院校或其他的研究机构进行。一般住宅产业集团发展到一定规模都会成立自身专业性的研究所（院），针对本集团的产品进行专门性研究。

日本是一个高度重视研究与开发的国家，日本的大型企业，无论处于何种行业，都具有自己强大的研究开发机构。日本的积水房屋、大和房屋工业、三泽住宅、旭化成工业、National住宅产业等无一例外，都有自己较强的研究开发机构。图9-12为日本住宅产业界成立最早的三泽住宅综合研究所组织机构图。

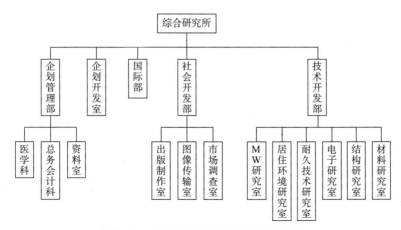

图9-12　三泽住宅综合研究所的组织图

这些研究机构一般是集团的事业发展到一定规模和水平后，为了进一步发展而投入大量人才、设备与资金成立起来的。研究经费由集团提供，研究成果在集团的生产中实际应用。日本住宅产业集团研究与开发经费约占集团产值的2%左右。目前我国全社会平均R&D投入占GDP的比重已经超过2%，但建筑业的R&D投入占建筑业产值不到0.5%，住宅产业的该数值就更低了。根据经济技术发展水平和住宅产业发展要求，住宅产业集团该数值在2020年时应该达到1%左右。

1. 住宅产业集团研究开发的内容

研究开发机构从事研究与开发的内容与企业集团的事业领域和发展阶段直接相关。对于住宅产业集团，其研究与开发方向有：工业化住宅建筑成套技术、住宅建筑结构、材料与性能研究、住宅建筑生产技术与管理等，通常都是与企业生存发展直接相关的应用性技术研究。其内容主要有：

（1）住宅结构研究与开发

研究住宅结构支撑体和结构体系、结构材料、结构性能、抗震性能、模数协调等，并开发出适用的新型结构体系。

（2）住宅用材料研究开发

研究住宅结构、围护、装修等使用的，具有保温隔热、隔音防水、耐火阻燃性能，轻质高强、易加工成型的新型建筑材料，并开发出多种适合不同用途的住宅用材料和部品。

（3）住宅性能研究与实验

通过实验方式，研究住宅在各种环境条件下的可居住性能，包括保温性能、隔音性能、防风雨性能、抗震性能、室内音响效果、室内光环境等，为提高居住舒适度提供科学的依据。

（4）住宅生产工艺研究

研究住宅采用工业化生产时的工厂生产工艺，包括生产技术、生产设备、工艺流程、原材料与人员的配备、生产管理等，为工厂化生产住宅构配件和功能单元提供技术方法和手段。

（5）住宅建筑施工技术与管理研究

研究现场进行住宅建筑施工的技术与管理，包括预制装配式住宅施工安装技术、预制构配件连接技术、接缝技术、装修与设备安装技术、施工现场与工厂的组织、管理、协调技术等，为实现现场施工合理化提供科学方法。

（6）相关的信息技术与软课题研究

研究在住宅的生产建造过程中应用现代信息技术的方法，并开发出相应的软件硬件产品（管理信息系统、决策支持系统、专家系统等）。还有一些与居住生活相关的软课题研究，如居民的居住实态调查、居住意向调查、国内外居住生产与研究状况等，为企业集团和住宅产业的发展提供依据。

2. 住宅产业集团的技术创新

技术创新理论是由熊彼特在21世纪初提出并得到发展和完善的理论体系。所谓技术创新是指以市场为导向，以提高竞争力为目标，从新产品或新工艺设想产生，经过技术的获取（研究、开发和引进技术）、工程化、商业化到市场应用整个过程一系列活动的总和，其内容主要有：

（1）选择正确的企业发展战略和方向

住宅产业集团在选择发展方向时，要抛弃单纯追求数量扩大的投资密集、资源密集、人力密集的传统外延方式，走质量、效益、经济型的道路。通过技术研究开发和技术创新，走高效率、低消耗的路子，实现高效益的发展。

（2）把握住技术创新的宗旨

技术创新的宗旨是经济效益。住宅产业集团的R&D必须与市场、与经济效益相结合，将技术进步与发明创造用于经济生活而且带来利润才是技术创新。技术创新是技术经济一体化的连续过程，是一条创造物质财富的价值链。

（3）以技术创新谋求企业竞争力的增强

企业的兴衰总是与技术创新相联系。"创新则兴，反之则亡"是市场铁的规律。

竞争的实质是通过"制造差别"来战胜对手。住宅产业集团可以利用自身研究开发的优势,制造同竞争对手在产品品种、性能、质量等方面的差别,也可以通过大规模、先进工艺设备的优势,降低成本,创造同质、低价的竞争优势,还可以利用支配流通领域的能力和优质的售后服务,创造服务方面的差别。而这些差别都来自技术创新。

(4)重视调整企业技术结构和产品结构

一种技术或产品,都有其产生、发展、成熟、衰老直到死亡的生产周期,住宅产业集团作为住宅产业的排头兵,必须发挥其技术上的优势,不断调整技术结构和产品结构,不断地率先推出技术水平高、质量好、档次高、符合用户更高层次需求、代表今后技术和产品发展方向的新产品,才能获得高新技术带来的超额利润,才能在竞争中保持优势,保住行业技术和产品领先的地位。这是技术创新的最显著体现。

(5)调整企业组织结构,适应技术创新要求

企业是技术创新的基本主体,而只有企业成了独立的利益主体,才能形成企业技术创新的激励机制和自组织机制。因此住宅产业集团组建时,必须要以与现有的企业不同的组织结构出现,不能再成为政府的附属。另外企业家队伍的形成和其职能化的实现,是技术创新人格化与实现创新的基本保证。创造企业家精神、培育优秀的企业家对于技术创新至关重要。

9.3 虚拟住宅企业

虚拟住宅企业指的是开发商、建筑企业、建材企业、设备部品制造企业、装修企业等住宅相关企业,为了适应住宅市场快速、多变的需求,采取优势组合策略,各自专门负责整个项目的子任务块,在自己的优势领域独立运作,并通过先进的通信和网络手段,进行彼此间的协调合作,以并行的开发、生产、销售多样化、个性化的住宅产品,以满足顾客要求的企业组织模式。

9.3.1 虚拟住宅企业的组织结构

在住宅相关企业中,房地产开发商与市场联系最为紧密,它根据市场需求,以市场为导向进行住宅产品的开发,设计单位、施工单位等企业都是按照开发商的意图来进行设计和施工,由此可以看出,房地产开发企业在住宅建造过程中处于主导地位,在信息、土地、经济、市场等方面都具有绝对的优势,有一定的能力来控制整个项目的运营,因此房地产开发企业在虚拟住宅产业化集团中应该处于核心地位。虚拟住宅产业集团内部各成员可以分为盟主企业和成员企业,房地产开发单位的盟主地位无可替代。在虚拟住宅集团盟主企业的主导下,通过设立勘察、设计、工程、合约、部件生产、物流配送、营销等部门,来分别负责保障房建设的各个环节。

9.3.1.1 虚拟住宅企业的组织结构特征

虚拟住宅企业的组织结构应该体现其敏捷性。可以将这种企业的组织的特征归结为:

1. 企业组织是应变的,具有高度柔性

传统住宅企业的存在是"自为"的,即单纯地为了最有效地利用企业自身资源。集成型虚拟住宅企业组织的创建与发展完全是为了迅速满足多变的市场需求,"应变"是它存在的前提和发展演化的目标。"应变"意味着企业要具有高度的组织柔性,这取决于组织单元的性质、组织单元之间信息交流与耦合方式,以及由这两者所形成的企业组织结构形式。

2. 企业组织的基本单元是工作团队,且充满活力

传统企业强调专业化分工和等级制度,其中的工作小组也是以固定的业务职能为中心。敏捷企业的工作团队以人为中心,有良好的互补作用和协作精神,实现组织、人员和技术的有效集成,具有某种团队核心优势和创造力,能够独立地完成需要多种技术和加工步骤的一项或多项作业,有的甚至能够制造出产品或部件。

3. 工作团队之间的信息交流和耦合方式是多样、可变的,且快速有效

敏捷企业组织能够根据不同的市场机遇和竞争形势,采用最适当的方式,在最短的时间内,开通工作团队之间新的信息交流,实现工作团队之间的有效耦合。耦合的作用不仅在于叠加各个工作团队的核心优势,而且更重要的是形成一个完整的整体功能,生成新的核心创造力和更强的企业竞争力。

4. 企业组织结构形式是可重组的扁平状网络组织结构

可重组意味着虚拟住宅企业具有动态的结构柔性,能够按需应变;扁平状网络组织结构则是企业能够减少中间管理环节,加快组织内部信息传递的速度,从而提高组织管理效能。传统的提高企业组织柔性的措施主要是改善组织单元之间的耦合连接方式。实际上在一定条件下,企业结构柔性比企业联结柔性对企业组织管理效能的影响更大、作用效果更强。

因此,一方面,虚拟住宅企业一般都有一个或几个或掌握关键技术,或掌握市场,或掌握品牌的发起企业作为核心,另一方面,虚拟住宅企业中的每个成员企业都具有自身的优势,都愿意承担共同的风险和分享共同的利益,建立和分享共同的敏捷竞争力。

9.3.1.2 虚拟住宅企业的组织类型

虚拟住宅企业的分类方式很多,依照盟主企业的来源和职能不同,可以将其划分为两类:

(1)"哑铃"型。在这一类型中,通常由房地产开发企业或设计、咨询型企业等知识型企业充当。盟主企业拥有开发、设计能力和市场营销能力,而将住宅生产的中间环节通过其他成员企业完成,如图9-13所示。(虚线表示信息流,即技术、管理、人力等,实线表示物流,即原材料、购配件及

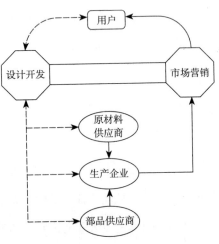

图9-13 哑铃型虚拟住宅企业

最终的住宅产品等，下同）

（2）"太阳"型。这种虚拟住宅企业的盟主主要由生产型企业充当。一方面盟主企业按市场和用户的需要随时向房地产开发商、设计单位、供应商提出合同和订单。另一方面盟主企业根据开发商、设计单位提供的设计方案，并利用供应商提供的原材料、部品快速生产出令顾客满意的产品，如图9-14所示。

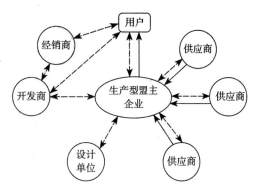

图9-14 太阳型虚拟住宅企业

9.3.1.3 虚拟住宅企业的人员/组织结构视图

企业的组织是为企业实现过程服务的，组织结构合理是实现虚拟住宅企业敏捷、快速、柔性、优化的保证。虚拟住宅企业的人员/组织结构可以划分为三个层次：盟主级的组织、成员企业间的合作、成员企业的组织。如图9-15所示。

盟主的组织结构应该具有可重构、可重用、可扩充等特性。盟主是整个虚拟住宅企业的核心，如果盟主自身的组织结构都不敏捷、灵活的话，那么整个虚拟住宅企业的敏捷性就无从谈起。虚拟住宅企业中，盟主一般是发现市场机遇的企业，或是整个虚拟企业的发起者。盟主要组织一个能够快速响应市场和用户需求的动态联盟，首先要求自己的内部组织易于重构，易于调整，是动态、敏捷、柔性的。因此，盟主的内部组织结构至少应该是矩阵式组织结构。所以，图中用矩阵式组织结构来表示盟主的内部组织结构。当然，盟主内部组织结构也可以是其他易于重构的结构，比如，当盟主企业规模较小，它本身可能就没有部门的划分，就是一个扁平的动态项目组结构，这也是完全可以的。

成员企业间的合作形式应该根据实际情况和需要进行选择。按照盟主企业是由何种企业充当，可以具体调整。但总体来说，由房地产开发企业充当盟主的"哑铃型"合作方式更适合于住宅产业。

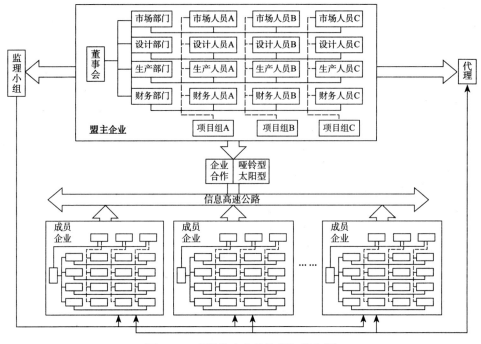

图9-15 虚拟住宅企业的组织结构图

成员企业的内部组织结构和盟主一样,也必须是可重构、可重用、可扩充的,这样,才有基础和条件加入虚拟住宅企业。

图中的监理是盟主委托成立的对某个住宅项目进行全过程负责的一个组织。根据需要,它可以全部由盟主的内部人员组成,也可以由盟主的人员和成员企业的人员共同组成。当全部由盟主内部的人员组成时,图中的"监理"也可以放到盟主的框里。本文把它单独放到外面,是为了说明一种通用性。监理的作用实际上相当于项目负责人或领导小组的作用,其职责主要有:项目计划、项目组织实施、任务协调、矛盾冲突消解、质量监督以及进度监督等。

图中的代理是指一些中介结构或工程技术支持中心、网络支持中心。盟主可以委托这些专业代理代为寻找和选择合作伙伴,或在这些专业代理的网络、技术支持下维持虚拟住宅企业的运行。当然,代理的职责和功能也可以由盟主自己完成。

9.3.2 虚拟住宅企业的运作管理

总的来说，虚拟住宅企业的运作过程就是重组、配置、管理成员企业核心资源的过程，整个运营管理实际上就是以智能化管理为依托，对虚拟住宅企业的资源进行动态的优化和整合。这种智能化管理不仅是实现企业生产高效率、高柔性和高可靠性的关键，而且在计算机网络、人工智能技术、数据库技术的支持下，实现企业人流、物流、资金流的统一，以信息流的方式进行及时的优化、配置和调整。由于虚拟住宅企业分布范围广，组成因素多，相互关系复杂，从而其优化模型的变量多，目标函数和约束条件维数高，只能采用网络智能化管理才实现实时动态管理。

9.3.2.1 虚拟住宅企业的管理方式

与组织结构相适应，虚拟住宅企业的管理方式也要相应出现改变。传统管理理论侧重于公司内部关系的管理。虚拟住宅企业的管理核心问题则是重塑企业间关系。因此，同传统的住宅企业的管理方式相比，虚拟住宅企业的管理方式将出现较大的突破，如下所述：

（1）并行化管理程序取代顺序化管理。在网络经济时代，由于网络和普遍采用的视窗工作方式，使得工作在空间或时间上的接近不再是至关重要的问题。这样，工作可以由顺序化逐渐向并行化发展。这不仅意味着各环节、各职能部门可以同时运转，而且意味着他们之间可以方便地进行有效的协作。这种方式，可以基于统一的数据资料库，并在组织机构中建立特定的响应程序，采用项目管理的方法进行。

（2）集中与协作管理方式取代命令与控制管理。虚拟住宅企业是一种全新的生产经营组织形式，它是在敏捷思想指导下的组织管理行为和市场竞争战略。虚拟住宅企业的组织和管理不仅仅是技术配置、工厂布局和组织设计传统意义上的工业工程问题，而是需要一种能够迅速实现组织、人员和技术的有效集成，获得竞争力的新型工业工程方法。传统的线性设计模式无法适用于具有变结构、开放性、自组织等的复杂系统特征的虚拟企业。

（3）利用虚拟企业模式，重构企业供应与销售渠道。供应和销售渠道不畅是影响我国企业发展的重要原因。利用虚拟企业管理模式，重构供应销售渠道变得十分必要。对于供应渠道，同行业的不同企业可以通过联合组建虚拟企业的形式，统一向原材料供应商订货，这样不仅可以享受更大的价格优惠，而且还可以大大节省订货成本，对保证企业的原材料供应十分有利。对于销售渠道，既可以让企业内部的销售部门独立出来，成为单独的法人，完成企业的销售职能，使总公司的销售职能虚拟化，也可以与同行企业或经销商共同组建虚拟企业，使不同区域或不同优势的销售网络得到共享，以达到扩大销售、降低费用的目的。

9.3.2.2 虚拟住宅企业的管理信息系统

1. 虚拟住宅企业的管理信息系统的特殊性

虚拟住宅企业作为一种新型的住宅企业组织形式，其组织和生产方式和普通企业不同，极具动态性，各成员企业间只是松散耦合关系，所以在信息管理方面有其特殊的需求。

（1）互操作性。虚拟住宅企业涉及全球多个企业，彼此间使用的设备差异可能很大。要保证企业间不会因为信息平台的差异而无法合作，从而减小虚拟企业的选择范围，无法达到最佳组合，必须具有异构计算机软硬件平台间良好的互操作性。

（2）安全性。虚拟住宅企业由于其组织的动态性，合作伙伴经常变更，今天的合作者明天有可能就成为竞争者，但虚拟住宅企业紧密合作的特点又要求企业间共享大量的信息，所以要求采取适当的安全措施，既不影响企业间信息交换的需求，又不至于泄露彼此的商业机密。

（3）工作流管理。由于虚拟住宅企业本身的构成不像传统企业一样采用集中管理的形式，各组成企业具有很大的自主性，因此要求提供有效的手段来控制和管理各组成企业，使其能按期完成规定的任务，而不至于影响整个进度。

（4）动态配置。虚拟住宅企业在运作过程中，将会随需求变化不断改变其配置，信息管理也应具有随变化要求而随时调整、以支持动态配置的能力。

（5）标准化技术。虚拟住宅企业及虚拟制造运作涉及大量的标准，如STEP、CORBA、VRML、TCP/IP等，这些标准在不同的领域与产品信息的表达和交换紧密相关。要使虚拟企业中不同领域中的信息应用都能得到满足，就必须解决标准间的映射和协调问题。

因此，虚拟住宅企业应采用标准化和专业化的计算机网络，在信息集成和共享的基础上，以分布式结构连接各类企业，构成虚拟制造环境，从而快速高效地实现企业内外部资源（包括管理、人、技术）合理、优化地配置，以便赢得市场竞争。

2. 管理信息系统的功能要求

集成型虚拟住宅企业本身具有虚拟企业最基本的特征，即采用标准化和专业化的计算机网络，在信息集成和共享的基础上，内部各类企业采用分布式结构连接，构成虚拟制造环境，从而快速高效地实现各成员企业间资源（包括管理、人、技术）合理、优化地配置，以便赢得市场竞争。因此，各企业之间的合作关系主要表现在合同订单的发布与获取、住宅的设计与施工以及材料、部品、设备和信息的共享与调配等方面，因此构建的集成型虚拟住宅企业管理信息系统应在以下这些方面提供支持。

（1）支持合同订单的发布与获取。集成型虚拟住宅企业的盟主企业，通过将住宅产品的生产经营全过程进行分解，将研究开发、设计和策划、前期开发、营销等几个功能集成于企业内部，把不属于本企业核心能力的业务，如建筑施工、构配件生产、部品及设备的生产供应、装修等生产过程承包给合作企业，形成合同订单，因此需要根据合同要求寻找合作伙伴。寻找合作伙伴的方式可以是主动的或被动的，主动方式是企业利用互联网搜索与合同订单要求匹配的企业，得到与之相匹配的相关企业列表，经过筛选，向相关企业发出合作邀请。被动方式是发布合同订单的企业在网上公布任务要求，投标企业利用互联网进行搜索，对有能力接受的订单发出投标申请。为实现这一双向选择的过程，有意参与合作的企业应在网上发布该企业的核心专长和资源信息，以供集成型虚拟住宅企业选择合作伙伴。企业管理信息系统应具有生成、处理、发布这些信息的功能和发布与获取合同订单的功能。

（2）支持住宅产品的并行化集成产品开发。集成型虚拟住宅企业本身是具有研究、开发、设计能力的知识型、智能型科技企业，为了满足其内部的并行开发组织中各方面专业人员的需要，管理信息系统应该具有CAD、CAPP、CAM、仿真、测试等功能，能够提供共享的产品数据信息和开发设计过程中需要的项目计划信息与协调信息，确保实现对开发的经费、进程和计划的管理以及定期召开网上会议等功能。在实现信息集成，功能集成的同时，应与用户保持密切的对话，充分满足用户要求，从而缩短新产品投放市场的周期，实现最优的产品质量、成本和可靠性。

（3）支持信息企业间的材料、设备、信息共享及资源的调配。在产品的研制开发、主体设计以及施工阶段，设计人员和施工人员不仅可以查询本企业的库存材料及补品使用情况，还可以查询合作企业的库存，并根据需要与协商，适时在企业之间调配物料，达到各合作企业降低库存、提高资金利用率的目的。为此，企业管理信息系统应提供库存信息共享，实现库存材料网上调配的功能。

3. 管理信息系统的系统结构

集成型虚拟住宅企业中的成员企业在地理位置上可能相距甚远，这就要求企业的管理信息系统采用跨地域的信息实时传输，远程数据处理访问，实现数据分布处理与集中处理相结合的处理方式。这就必须依靠广域网实现多个异地网的连接，建设跨地域的内联网。但是由于人力、物力、资金和技术等条件所限，绝大多数企业无力建设自己的广域网。因此，必须依靠互联网，将多个互联网连接起来，建设虚拟的企业内部网。集成型虚拟住宅企业的管理信息系统的体系结构，必须考虑到其自身的组织与信息体系结构。集成型虚拟住宅企业主要采用的体系结构是分散控制组织结构形式，如图9-16所示。相应的，企业建立的管理信息系统也应该采用分布控制结构。该结构中，各成员企业通过网络连接在一起，并在此基础上进行体系结构的设计。

为了实现信息企业之间的信息交互，集成型虚拟住宅企业可以在企业内部建立信息中心，作为各成员企业管理信息系统实现信息交互的桥梁，其体系结构为了实现信息企业之间的信息交互，集成型虚拟住宅企业可以在企业内部建立信息中心，作为各成员企业管理信息系统实现信息交互的桥梁，其体系结构如图9-17所示。

整个系统包括集成型虚拟住宅企业的信息中心服务器、企业服务器、项目服务器及各自相关的工作站。信息中心包括Web服务器、数据库服务器及管理工作站。管理工作站负责处理企业加盟及权限设置。各联盟企业的核心能力与相关的资源信

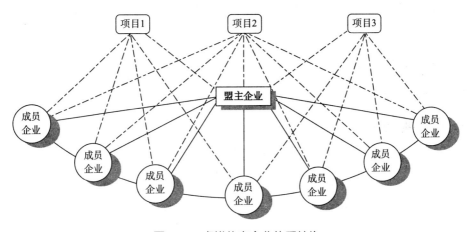

图9-16　虚拟住宅企业体系结构

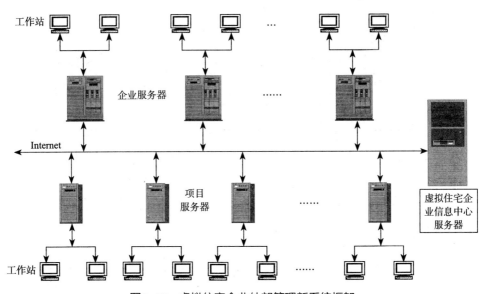

图9-17　虚拟住宅企业外部管理新系统框架

息、共享库存信息、合作项目的产品设计数据与施工进度计划及施工进度信息等共享信息由企业管理系统发布到信息中心的数据库服务器中，供合作企业查询共享。信息外的用户通过访问信息中心Web服务器浏览相关信息，信息内各企业根据各自的操作权限可直接读写信息中心数据库的相关数据，企业与信息中心的连接可通过Internet或PSTN拨号连接。考虑到企业内部的管理信息系统需通过Internet与信息中心进行信息交互及Web技术的优点，企业内部网采用Intranet结构。

4. 管理信息系统的实现方式

集成型虚拟住宅企业内部可以采用MPRⅡ和ERP系统，不作详细讨论。这里着重讨论企业本身的管理信息系统如何与信息中心进行信息交互进行研究。首先，系统的业务流程如图9-18所示。

（1）企业基本信息管理模块。管理企业核心专长与制造资源信息，包括设计能力、加工能力、库存材料的描述及其状态变化，系统根据产品开发生产计划及实施进度动态更新能力数据与库存数据。这些数据同时保存在本地数据库服务器及信息中心数据库服务器中，其更新是同步完成的。

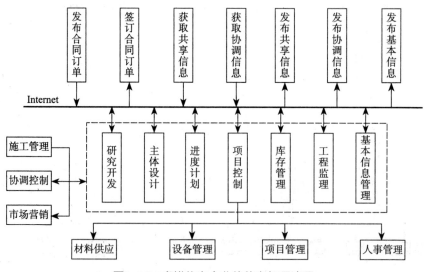

图9-18 虚拟住宅企业的信息处理流程

（2）订单的发布与获取。企业为了获取网上订单，通过订单获取模块搜索信息中心的数据库服务器，查询与本企业设计加工能力匹配的网上订单，根据订单的要求与本企业的生产状态确定是否投标，若投标，则向信息中心发出投标申请，等待信息企业的选择。订单可以是产品设计订单、零部件制造订单或零部件的某道工序的加工订单。在企业制定开发生产计划时，把企业没有时间或没有能力完成的任务按照订单的统一格式发布到信息中心数据库，供合作企业搜索，或者根据订单任务要求生成查询条件，从信息中心数据库中搜索与订单要求匹配的企业，经过筛选后，向被选择企业发出合作邀请书。

（3）产品协同设计与制造。产品设计的结果以产品数据的形式在本地保存，同时也向信息中心的数据库发布，合作方到信息中心数据库调出产品数据，以查询设计进度和结果，若有修改、协调要求，即向对方发送修改协调信息。制造过程中的信息交互主要是生产进度及产品质量的协调，制造企业的生产监控模块除了在本地数据库保存生产进度与产品质量数据外，同时也把这些数据发布到信息中心数据库，供合作方随时监控进度及质量，若需双方协调，则向对方发送协调信息。

（4）库存信息共享与调配。库存管理模块根据生产计划的安排，计算哪些库存材料是过剩的或暂时不用的，把过剩库存的材料数据发布到信息中心数据库，供合作企业查询、采购，在制定物料供应计划时，首先到信息中心采购已有物料。库存管理系统根据信息企业的采购单控制物料的网上调配。

5. 系统实现的技术支持

集成型虚拟住宅企业，要实现管理信息系统还需要一定的技术支持，其中包括：

（1）系统软硬件平台

硬件平台：企业管理信息系统由Web服务器、数据库服务器、工作站组成，按Intranet方式连接成内部网，内部网通过专线接入Internet与信息中心相连，若无专线接入，则采用拨号上网接入Internet；信息中心由Web服务器、数据库服务器、管理工作站组成，提供Internet接入和拨号接入两种方式。

软件平台：Web服务器采用Windows 4.0+IIS4.0。

数据库服务器：采用Microsoft SQL Server7.0。

工作站软件：采用浏览器软件（如IE5.5等）。

操作系统：操作系统为Win95/98或更高版本。

（2）系统安全性

为保证企业内部数据的安全性，把信息企业共享数据放到信息中心数据库服务器中，信息企业只能访问信息中心数据库的数据而不能直接访问合作企业的内部数据库，对中心数据库的访问由信息中心的管理工作站设置权限，只有加入企业信息的企业才有权直接访问中心数据库的数据。信息企业对信息中心数据库中的企业数据有完全控制权，而对其他企业的数据只具有查询浏览的权限，非信息企业用户只能通过Web服务器提供的页面访问数据库。安全机制采用Windows NT及IIS的安全机制和SQL Server7.0的权限设置、存取控制、口令认证、签名加密等方式实施对数据的安全保护。

（3）数据访问技术

利用IIS4.0的ASP技术提供的ADO数据库访问控件，通过ODBC驱动程序访问企业本地数据库和信息中心数据库，为了保证本地数据库与信息中心数据库的数据一致性，通常采用事务处理方式操作数据库。

9.4　集成型敏捷住宅企业

9.4.1　集成型敏捷住宅企业的组织结构

9.4.1.1　集成型敏捷住宅企业的形成

理论上集成型敏捷住宅企业的形成有很多种途径，最可能的形式主要有：

1. 由房地产开发企业发展而来

由于房地产企业掌握土地、市场和顾客，在与供应链上各企业的比较中处于有利地位，因此最有可能发展成为集成型敏捷住宅企业。在原来房地产企业的基础上，增加住宅产品开发与设计能力，尤其是加强对整条住宅产品生产供应链的控制能力，通过一系列的整合与协调工作，就可以发展成为集成型敏捷住宅企业。

2. 由设计企业或咨询型企业发展而来

设计企业或咨询型企业由于具有住宅建筑结构装修等方面的专业知识，最有技术条件使设计的产品满足用户的要求，因而可以在原有核心能力基础上，增加面向用户的市场营销界面（即住宅开发营销功能），或者增加施工职能（实现设计—施工一体化），就可以形成集成型敏捷住宅企业。

3. 由有识者创建

在顾客要求多样化、个性化时代，如何提高各层次顾客的满意度是目前住宅业的一个大问题，而这个问题的解决也意味着市场上有无限的商机。认识到这个问题的有识之士会想办法创建一种企业，它以顾客的需求为导向，以顾客满意为目标，通过一系列的技术与管理手段快速满足顾客的需求，这种企业就是集成型敏捷住宅企业。从这种意义上说，建筑施工企业或构配件、部品生产企业都有条件通过功能扩充成为集成型敏捷住宅企业。已经有从国外回国的人士创办一家企业，它依据用户需求设计，然后从国外直接订购材料和部品，在用户指定的土地上组装建造住宅的例子，这种企业实质上就是集成型敏捷住宅企业。

无论由什么方式形成集成型敏捷住宅企业，首先都要构建企业运行的基本平台，这个平台即用于企业内部管理，又方便与伙伴企业的沟通与交流，包括：

（1）知识/技能平台。集成型敏捷住宅企业汇集已有的知识与技能，逐步使之标准化，并不断地进行更新和完善，形成本企业独有的核心能力，在企业内部实现共享，与伙伴企业之间进行有限的沟通与交流，是良好运行的核心。

（2）信息网络平台。信息网络是产生和运营的重要基础，也是集成型敏捷住宅企业运营的必要条件。充分运用信息网络，可以较低成本、快速实现不同地域企业伙伴之间的合作和协调，从而将各企业连接起来，形成以核心能力链为主线、面向最终住宅产品和服务的外部价值链，是运行的基础。

（3）物流/供应链平台。集成型敏捷住宅企业与伙伴企业之间的运作还伴有大量的物流，需要建立由物流和实现机构等共同构成的物流/供应链平台，保证住宅产品所需要的材料、部品、设备等在供应链的各企业间顺畅地流动，是运行的保证。

（4）契约/信任平台。集成型敏捷住宅企业运行需要大量的双边协定和契约，在知识/技能基础上，通过协商谈判与相关企业形成一定的契约关系，保证企业间合作的顺利进展。并且在契约和长期合作的基础上，形成相互的信任、友情和默契。这是集成型敏捷住宅企业良好运行的关键。

上述的四大平台间存在着密切的相互关系。知识网络和物流网络的建立以信息网络、契约网络为基础。知识网络和物流网络使信息网络、契约网络本身具有实际运用价值。契约网络的形成需要信息网络给予提供"节点"对象，并提供契约过程的沟通与协调。因此，四大平台间的关系可用图9-19表示。图中箭头表示支撑关系。四个平台及其相互关系共同构成集成型敏捷住宅企业运作的完整平台。

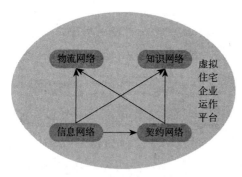

图9-19 虚拟住宅企业的运作平台

9.4.1.2 集成型敏捷住宅企业的功能要求

按照集成型敏捷住宅企业的概念，它应该具备以下主要功能：

（1）了解顾客需求并快速反应，为顾客定制住宅做准备。

（2）住宅产品研究开发与设计。按照顾客要求，进行产品开发与设计，还可以为顾客提供高水平的技术咨询服务。

（3）取得土地，进行土地开发，这是房地产企业的基本功能。

（4）进行住宅策划、市场营销和售后服务，这也是房地产企业的基本功能。

（5）对住宅研究开发到销售服务的全过程进行有效的管理和控制，协调本公司与建造商、供应商之间的协作关系。

9.4.1.3 集成型敏捷住宅企业的组织结构

根据上述功能要求,拟对集成型敏捷住宅企业的组织结构设置如下:

(1)研究开发部,主要负责住宅新产品和部品的研究与开发。

(2)设计部,主要负责住宅小区和产品规划设计。

(3)市场部(公关部),负责市场调查、顾客意向分析等。

(4)策划部,项目开始前负责开发建设全过程的策划。

(5)前期部,负责住宅开发前期的土地取得、土地开发等。

(6)经营部,主要负责公司生产计划、采购计划、营销计划、合同管理等。

(7)工程管理部,主要负责工程施工阶段的管理与协调。

(8)采购管理部,负责项目选用材料、构配件和设备部品的采购与管理。

(9)销售部,负责住宅产品的营销。

(10)物业管理部,负责住宅小区使用中的管理和维护。

(11)财务部。

(12)办公室。

上述各部门在实际企业中可能会交叉、合并或以独立的企业形式存在,但这些功能是必须具备的。所形成的集成型敏捷住宅企业组织结构如图9-20所示。在实际工作中,各部门之间是按照并行工程的原理协作进行的。

9.4.2 集成型敏捷住宅企业的生产流程

集成型敏捷住宅企业可以以多种方式为用户提供住宅产品与服务。主要有:

(1)开发式,即集成型敏捷住宅企业自己购买土地,建好住宅后出售给用户。

(2)定制式,即在用户提供的土地上建造用户要求的住宅。

(3)开发定制式,是上述两种形式的组合。即集成型敏捷住宅企业自己购买土地进行住宅开发,在住宅建设前进行预售,"卖楼花"然后根据预订者的要求进

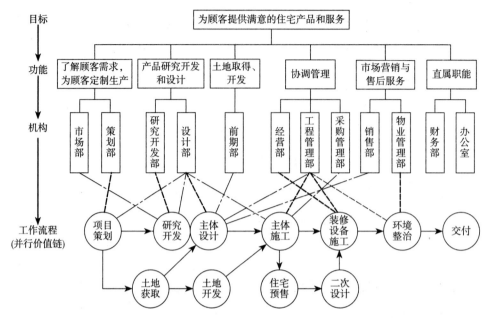

图9-20 集成型敏捷住宅企业的组织结构与工作流程结构简图

行住宅设计和建造,建成后移交用户。

上述各种形式在一般的房地产开发中也经常遇到。但集成型敏捷住宅企业进行上述运营时,在生产经营方式与一般的住宅建设有所不同。以定制式为例,其生产经营过程通常如下:

(1)首先顾客通过各种渠道了解到集成型敏捷住宅企业的生产经营服务信息,有定制意向后到集成型敏捷住宅企业的销售营业部与销售人员商谈,说明自己的意图、要求,决定要建造后与营业部门签订定制合同。

(2)由公司的设计人员按照要求进行设计,在此期间顾客可以浏览和选择符合自己意愿的住宅构配件和各种设备部品,并纳入设计中,或者采用集成型敏捷住宅企业已有的定型化设计。

(3)设计完成并得到顾客认可后,集成型敏捷住宅企业一边将设计方案委托给伙伴建筑商,要求建筑商按照图纸上的材料、构配件和设备部品的清单进行筹集准备,一边向与其有协作关系的住宅部品生产商发出订货通知,要求部品生产商按照要求的时间、地点、规格和质量向建筑商交付部品,以备组装使用(这并不违背《中华人民共和国建筑法》[①])。另一部分可以允许建造商自行采购。这样,集成型敏捷住宅企业就将建筑生产、住宅设备、部品的生产都纳入到本企业的生产经营中。

(4)住宅建筑商在合同和设计的基础上,首先进行住宅基础施工。基础施工完成后,集成型敏捷住宅企业根据建筑商的施工进度情况,与建筑商协商,将各协作企业供应的住宅构配件、设备和部品依次运到现场进行装配施工,施工完成后由用户和公司质检部门进行质量检查,合格后竣工移交使用。

(5)交付使用后集成型敏捷住宅企业还要做好售后服务工作,在保修期内做好定期回访和事故处理工作。整个住宅建设的全过程都是在集成型敏捷住宅企业的协调下完成的。集成型敏捷住宅企业的生产全过程如图9-21所示。

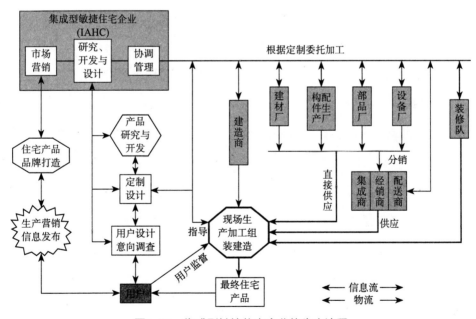

图9-21 集成型敏捷住宅企业的生产流程

---

① 《中华人民共和国建筑法》中的相关规定是"第二十五条 按照合同约定,建筑材料、建筑构配件和设备由工程承包单位采购的,发包单位不得指定承包单位购入用于工程的建筑材料、建筑构配件和设备或者指定生产厂、供应商。"

9.4.3 集成型敏捷住宅企业运作管理

集成型敏捷住宅企业的生产运作与一般的房地产企业的运作过程有相同之处，但也有很大不同。集成型敏捷住宅企业的工作范围和运作包含了一般房地产企业业务和运作的全部，又增加了一些新内容。

9.4.3.1 集成型敏捷住宅企业的发展战略

（1）经营宗旨，经营宗旨是企业一切经营活动的出发点。企业在激烈的竞争环境中为谋求自身的长期、持续、稳定的发展，要着眼于企业未来的变化。正确制定企业的经营理念是重要而且困难的，不同企业的经营理念也有所不同。对于集成型敏捷住宅企业来说，必须树立"顾客至上"的观点，以满足顾客多样化、个性化需求为企业宗旨，为顾客提供满意的住宅产品和服务。

（2）能力战略，集成型敏捷住宅企业除了像一般的房地产开发企业一样有比较好的、畅销的产品之外，还要在理念上、经营思路上、对企业品牌的发展思路上，能够站在比其他相关企业更高的高度，否则就没有资格调动消费者、建筑商、供应商、经销商和银行。因此，集成型敏捷住宅企业必须认清并强化自身的核心能力。集成型敏捷住宅企业的核心能力主要有三个方面，一是技术能力，即住宅新产品开发设计能力；二是品牌营销能力；三是对供应链全部环节的集成化管理能力。集成型敏捷住宅企业要将本企业的核心能力与伙伴企业的建造、材料生产、设备部品生产供应等核心能力有机组合，形成有序、完整、协调、敏捷、集成化的核心能力链，为实现顾客满意奠定基础。

（3）市场战略，首先要明确本企业产品的目标市场是什么？面向哪些消费者？这就要将市场细分化。对住宅的购买群体、消费层次、户型、价格定位进行决策，以销定产。另外，还应从长远着眼注重培育潜在市场。针对消费者个性化与潜在需求，采取差异性市场策略、多样化策略、专营化策略、营销组合策略（产品策略、价格策略、促销策略、流通渠道策略）等，动态跟踪、动态获取市场信息，及时调整营销方案，主动适应新的有效需求和潜在需求。

（4）产品战略，集成型敏捷住宅企业的产品策略应以住宅为中心，从住宅规划、设计、施工到物业管理始终以人为本，精心策划，以满足用户多样化、个性化的需要，不断完善居住质量与功能，塑造优质、高性能住宅品牌。考虑到未来住宅类型、结构的不断更新，集成型敏捷住宅企业应立足于根据不同社会地位和消费水平的需要以及家庭生活阶段变迁特点设计建造多样化住宅，如豪华气派类别墅、温馨舒适型套房、普通实用性居室、简洁明快的单身公寓、老人公寓等不同类型住宅。还将根据节能、节地和因地制宜要求设计建造太阳能住宅、地下住宅、避暑山庄、环保住宅等。随着人们居住要求的提高与计算机、自动化的普及，智能建筑逐渐成为未来住宅的重要标志之一，通过全面实现通信系统自动化、办公自动化和住宅区管理自动化（防盗系统、报警系统、保安系统、消防系统），为用户新世纪的生活方式带来革命性的变化，提供电子购物、电子银行、医院诊所、家庭安全、儿童教育、家庭娱乐、电子邮件等多方面多功能的服务。此外，住宅生态环境和人文化也是人们关注的热点，也是国民经济发展走可持续发展道路的必然要求。处理好目前居住要求与未来居住环境的关系，以发展的、环保的、生态的思维来进行住宅规划设计，按照合理保护资源、提高资源利用率、维持生态平衡和持续发展能力的要求，做好城市居住规划，力求城市与自然环境、人文环境的协调，为市民提供既安全又健康，既提高工作效率又舒适愉快的城市居住环境。

（5）技术战略，技术创新是集成型敏捷住宅企业发展的强大动力。随着竞争加剧，集成型敏捷住宅企业唯有不断提高其产品的科技含量，加速科技成果转化为生产力，增强竞争与创新能力，才能在竞争中占据优势地位，才能保证自身始终处于虚拟企业的盟主地位。集成型敏捷住宅企业要注重与科研院所合作进行新产品、新工艺、新设备的开发与研究，不断创新、优化，促进科技进步；加大科研资金投入，注重提高员工的技术与文化水平。住宅产业是一个具有广泛关联度的产业，信息与技术的处理尤其复杂，为此，信息化对住宅产业集团的经营与发展格外重要。

利用先进的信息产业改造传统的住宅产业,可以降低成本,提高工作效率,高效率地利用即时信息。

9.4.3.2 集成型敏捷住宅企业的经营管理策略

1. 以顾客需求为导向,推拉混合式组织运作

按照住宅产品"大规模定制"的目标,集成型敏捷住宅企业为盟主的虚拟住宅企业完成整个住宅产品与服务的全过程,其中集成型敏捷住宅企业按推拉混合方式(Pull & Push)进行预期开发和定制生产,其伙伴建筑企业按拉动式生产,而生产构配件和部品、设备的厂家则可以按照产品的标准和下游企业的要求进行大规模生产。通用部件按标准生产,特殊部件按定制生产。

2. 集中与分散相结合的管理方式

互联网技术发展使集成型敏捷住宅企业中较高层次的专门信息和知识更容易向低层次传递,存在于专家的头脑中,由各个授权工作小组所拥有。因此,每个授权工作小组可以自行决定其工作方式,每个小组及其成员具有自我优化、自我设计、自我创造和自我组织的自由,各小组以并行方式完成工作任务。同时高层次的企业管理者与决策者可能通过网络随时了解到目前企业的生产经营状态与人员工作状况,可以和基层人员进行网络沟通和交流,对可能出现的问题提出事前控制,还可以依此进行人员行为绩效评价。

3. 项目计划与控制

集成型敏捷住宅企业的生产经营活动要落实到具体的住宅生产项目上。为此要运用现代的项目管理理论与方法,建立严密的项目管理体系,包括项目管理流程与规范、组织机构设置、角色与职责等。

项目的主要生产活动都由住宅建造商来完成,但整个项目的运作过程,包括项目的管理活动、项目的生产过程、费用计划与控制、采购计划与控制、质量管理和信息沟通等都是在集成型敏捷住宅企业的协调和监控下进行的(当然也应当赋予承包商一定的权限)。集成型敏捷住宅企业的项目运作成功首先有赖于企业的品牌、

信誉和顾客满意度,其次是企业长期以来与相关企业之间结成的联盟或伙伴关系。由于有长期合作关系,可以免去或简化一些复杂的经营环节(如招投标、合同谈判、纠纷处理等),提高企业快速反应市场能力。同时,以项目为中心的团队或小组能够针对市场机会开展跨职能的工作。这类团队运用项目管理技术,遵守严格的纪律,按照预定模式严密组织。互联网可以方便地使项目内部人员和企业之间的人员、过程及企业之间进行动态、对等的协作。

4. 人力资源管理

人作为信息技术和生产技术的组织者、决策者和控制执行者,在敏捷生产企业中起着核心作用,因此敏捷生产更强调有知识、技能,有高技术与管理素质、具备协作精神的人才在企业发展中的决定作用。集成型敏捷住宅企业的人力资源管理必须以人为中心,将人看作是最重要的资源。其管理模式是"以事就人"、"以人为主"。旨在使人适其所、人尽其才,使企业的成长配合个人能力的发展,使组织的目标与个人的目标有机地统一。

为此,集成型敏捷住宅企业要尊重员工的个性和创造精神,营造相互尊重及和谐的工作环境,通过对员工的内在控制激发工作热情,形成完善的激励机制,激发员工的主动性和创造性。为员工提供学习、培训机会,为知识型员工提供受教育和不断提高自身技能的学习机会,使其具备一种终身就业的能力,要充分了解员工的个人需求和职业发展意愿,为其提供富有挑战性的发展机会,包括授权管理和内部提升机制等,为其创造开拓发展的最大空间。

5. 知识和信息管理

集成型敏捷住宅企业属于典型的知识型企业,因此必须强调和重视知识和信息管理。知识管理的重点是知识的识别、获取、创造、开发、分解、存储、共享和运用,并为其构建有效的途径和机制,以运用集体的智慧提高企业的应变和创新能力。按照集成型敏捷住宅企业的核心能力,其核心知识包括市场营销和品牌打造、新产品开发和设计、生产组织、伙伴企业关系协调与供应链管理等。企业必须在与这些核心能力相关的部门首先建立知识管理体系，实施知识管理，对有关知识管理的业务环节或流程进行分析，分析该项业务环节或流程的目的和必须具备的能力。然后根据上述分析，制定相应的知识管理方案，并对引入知识管理的业务环节或流程进行实施前和实施后的评估。

企业的信息管理主要是信息的组织、控制与利用过程，是根据规范和指令对信息流的控制和处理，是企业管理的基础工作，也是知识管理的基础。集成型敏捷住宅企业为了实现高效运作，必须建立健全企业的信息管理体系，引入制造资源规划（MRPII）、企业资源规划（ERP）、计算机集成制造系统（CIMS）、计算机辅助技术CAD、CAM等先进制造技术和设施，通过IT技术的合理应用，加强本企业内部各部门及其与其他伙伴企业之间的信息交流与共享，通过信息交流进行企业管理和营销活动，全面提高管理和营销的效率。

9.4.3.3 集成型敏捷住宅企业的供应链管理

集成型敏捷住宅企业的管理范围突破了本企业的范畴，强调对供应链的管理，强调本企业与战略伙伴、供应商和客户的联系。因此，集成型敏捷住宅企业的管理范围扩大到住宅产品生命周期的全过程中，包括在研发设计、制造、销售、供应等各个阶段对结盟企业、客户的物料、设备、资金、组织、人力等各方面进行综合管理。

1. 客户关系管理（CRM）

要想取得客户的信任和忠诚并得到稳定的利润，集成型敏捷住宅企业必须要摈弃短期交易式营销，实施客户关系营销，努力与顾客保持长期、双向、维系不散的友好关系。为此可通过奖励、建立会员制等形式，加强与客户的联系，将企业的服务个性化、私人化，把客户变成亲密的朋友，通过定制生产或提供特别服务来直接满足顾客需要，并建立顾客档案以保持长期的合作关系；加强与顾客沟通，化解顾客对产品或服务的不满；建立完善的房地产顾客管理与服务信息管理系统，包括顾客数据库系统、顾客服务系统、顾客满意度监测与反馈系统、顾客盈利能力评估系统、顾客管理协调控制系统等，保证和提高顾客关系营销的工作效率与质量水平。

2. 对供应链上伙伴企业的管理

集成型敏捷住宅企业作为虚拟住宅企业的盟主，它的敏捷性和集成性还将通过其对上下游的伙伴企业的管理来实现。管理的内容包括：向联盟企业下订单，对定制（也包括采购）产品的规格、质量、功能、价格、交货期、交货地点等进行明确的指示，定制所需要的住宅部品；向伙伴企业传授本企业的技术标准、产品和生产要求、企业文化、先进管理方法等，保证伙伴企业生产的产品或服务能够达到本企业的要求；监督和控制伙伴企业的生产和流通过程，保证产品质量；协调各伙伴企业之间的关系，为实现配套生产和服务打好基础。

此外，集成型敏捷住宅企业还需对伙伴企业的知识产权、利益分配、风险承担进行决策，实现快速响应市场的目的。在管理观念上，运用团队管理、作业管理、流程管理等管理理念和数据标准、工艺标准、质量标准等管理技艺作为管理手段；在管理技术方面，应用并行工程、JIT管理、精益管理等先进技术。

3. 对供应链上物流与信息的管理

集成敏捷住宅企业与供应链上其他企业之间的关系表现为基于定制或采购订单而进行的交易与协调、物流与服务、认证与支付等活动。这些企业能容易地相互匹配，在保持企业人力资源、技术资源、设备资源可衔接的前提下，通过从不同企业选择合适的资源而承担一项复杂的项目。集成敏捷住宅企业作为盟主，在对供需链中的物流、信息流、资金流优化的基础上，利用相关信息，采用适当的方法对供应链中的物料、资金进行合理的计划与调度，保证以准确的时间、地点将正确的物料按照正确的数量交给正确的对象。

图9-22为供应链中物流与信息流的流程与控制简图。建造商和供应链按照定制产品设计和集成型敏捷住宅企业的指令进行生产活动，供应商也要据此制定企业自身的生产经营计划，包括生产、运输、库存、采购供应、财务等计划与调度方案。完成的产品经各方检验后交由建造商进行现场组装生产，建造完成的房屋移交用户。整个建造生产过程的物流是在集成型敏捷住宅企业的指挥和协调下进行的。

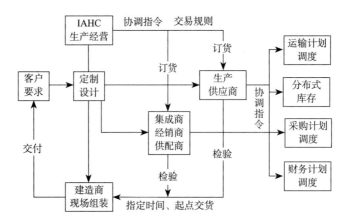

图9-22　住宅生产供应链中物流与信息流的流程与控制

集成敏捷住宅企业要与各伙伴企业之间进行大量的信息交换，为此供应链上的虚拟企业内企业之间需通过计算机网络实现信息的传递与共享。这就要求计算机网络系统应该是异构兼容的，各企业之间的动态数据交换要求建立在一套标准编码体系的基础上，同时要求系统要具备新的和更高的安全性和可靠性。

近几年由于网络信息技术发展和电子商务的日益普及应用，一些企业开始尝试采用打造电商平台的方式提供住宅建造服务，这种企业组织与运作方式也是集成敏捷住宅企业。如中新高科工程技术（北京）有限公司于2013年推出的一个互联网垂直电商类平台——"住宅公园（House Park, http://www.housepark.com/）"，致力于打造围绕房屋建设的建房者、设计师、房屋生产商、建材商、监理商的展示、互动平台，涵盖房屋建造，装饰装修，智能家居等领域。同时，专注于绿色建材，新型房屋的研发和推广。再如中国最大的集成房屋/模块化/装配式房屋解决方案提供商易建房，集"规划—设计—生产—营销—运营—投资"于一体，借助其网络电商平台易建房网（http://www.jf1898.com/），一边面向客户提供各种新型定制住宅设计方案，另一边联合大量的建设、材料、设备、部品厂商为客户提供各种技术与产品解决方案，企业在中间只起到设计方案提出和资源整合的作用。这也表明在网络信息时代，企业无需"大而全、小而全"，采取灵活敏捷的组织与运作方式,同样可以为客户提供快速及时准确的服务,并取得市场主动权。

9.5 住宅产业企业联盟

9.5.1 住宅产业企业联盟的分类

住宅产业企业联盟有多种分类形式,可以根据联盟各方所从事的活动性质进行划分,也可以按照是否有股权参与进行划分,另外可依据合作的职能领域、价值链环节、资源之间关系进行划分。目前我国建立的住宅产业企业联盟有十几个,有以研究开发为核心的"国家住宅科技产业技术创新战略联盟",有以绿色建筑产业化为核心的"绿色装配化建筑产业联盟",有以全面推进住宅产业化为核心的"中国住宅产业化联盟",有以推广百年住宅为核心的"百年住宅产业联盟",以及"国家住宅产业化基地技术创新联盟"、"湖南省住宅产业化联盟"等,这些联盟通常以核心企业为盟主,将开发企业、设计企业、生产企业、装配施工企业等连接形成复杂的非线性网络结构。下面对常见的几种划分形式进行介绍。

9.5.1.1 纵向联盟与横向联盟

根据联盟双方所从事的活动性质来划分,可以分为纵向联盟和横向联盟。横向联盟是指双方从事的活动是同一产业中的类似活动的联盟,纵向联盟是指处于产业链上下游有关系的企业之间建立的联盟。

9.5.1.2 股权联盟与契约联盟

根据合作是否有股权参与划分,可以分为股权式联盟和非股权式联盟(或称为契约式联盟)。契约式联盟通过签订契约形成。股权式联盟可以是参股、交叉持股或由合作伙伴共同组建合资企业进行相关业务的经营,其中:

(1)合资企业按合同约定对某项经济活动所共有的控制,是指由两个或多个企业或个人共同投资建立的企业,该被投资企业的财务和经营政策必须由投资双方或若干方共同决定。

（2）交叉持股，又称相互持股或交互持股，是指在不同的企业之间互相参股，以达到某种特殊目的的现象。交叉持股最早开始于日本，并在日本企业界发扬光大，促进了企业间的联合，特别是制造业企业通过交叉持股，形成体量巨大的企业集团或产业集团，为日本制造业的发展做出了巨大贡献。

在现实中，还存在这样一种联盟，在联盟中，合作各方既有契约交易又有股权参与，这一类联盟，可称为混合联盟。

（3）基于具体业务的联盟依据具体的联盟业务类型可以将联盟分为以下几类：研发联盟、产学研联盟、生产制造联盟、营销联盟、标准联盟、采购联盟等。

联盟一旦被定义，即包含了上述的三类含义。住宅相关企业可以选择股权参与或契约的形式，与产业内同类企业或上下游企业，组建研发、生产制造或标准等联盟。

9.5.2 住宅产业企业联盟的模式分析

当前我国可以住宅开发企业、住宅部品企业和建筑施工企业为核心组建住宅产业化企业战略联盟。由于涉及企业较多，本书主要探讨几种较为特殊的联盟模式，这包括总对总的企业战略联盟模式、开发设计监理企业战略联盟模式、产业集群式企业战略联盟模式等。

9.5.2.1 总对总的企业联盟

总对总的企业联盟是指大型住宅开发企业与大型建筑施工企业或大型材料部品供应商总部建立起的总对总的战略联盟关系。如图9-23所示。

双方企业均是地区、区域甚至全国性的大型集团公司，下属多个子公司（含全资、控股和参股），在行业内具有较高知名度，并且具有应对多个大型住宅建设项目同时开发建设的能力。双方各地子公司企业在长期友好合作的基础上，升级为全集团公司的战略合作伙伴关系。

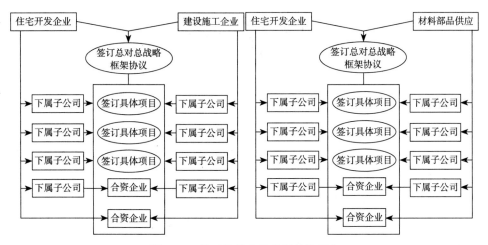

图9-23 总对总的企业联盟结构示意

组建总对总战略联盟后,开发企业分别接受建筑施工企业提供的承包(含总承包和专业承包)、技术研发等服务和供应商提供的材料部品供应、技术研发等服务。在总对总战略合作框架协议下,开发企业各地区子公司从事具体开发业务时,可分别与建筑施工企业和住宅部品企业的各地区子公司签订具体的标准合同,双方子公司或公司总部也可在框架协议下合资组建新的企业。

战略联盟建立后,住宅开发企业子公司根据自身的项目开发计划,向总部提交有关项目建设具体信息、承发包和采购模式,总部根据实际情况,向战略合作伙伴传达发包和采购信息,由战略合作伙伴指派具有相应条件的子公司承担项目的相关业务。其业务发包流程如图9-24所示。

双方总部需通过沟通交流,制定一份联盟框架协议,可在协议中就说明工程和产品的技术、管理的标准,包括明确标准的计价清单,通过协议对价格达成一致,后期子公司在具体项目实施过程中只需特殊项目费用进行报价,而不用进一步讨价还价;建立标准合同,就某些条款进行事先确定。

9.5.2.2 开发设计联盟

开发设计联盟与传统的开发设计联盟不同,它指的是住宅开发企业与设计院建

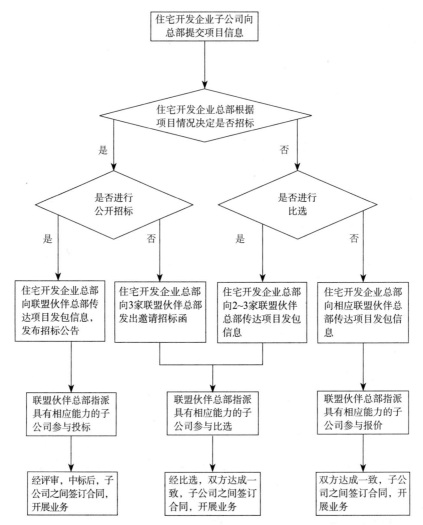

图9-24　总对总的企业联盟框架协议下业务发包流程

立的致力于产业化住宅产品开发、设计及相关服务的长期合作伙伴关系。

有关数据显示，设计费用一般只相当于建设工程全寿命费用的1%以下，但对投资的影响却高达75%以上。在民用建筑工程事故原因中，设计原因所占比重高达40.1%，设计的优劣直接影响到整个工程的成本、工期、质量和品牌形象，设计在整个住宅全寿命期中占有非常重要的地位。住宅开发企业应培养自身的设计盟友，建立战略合作伙伴关系，加强对设计的管理，形成一套行之有效的产品设计标准，研究适合我国国情和各区域特点的符合住宅综合性能要求的住宅建筑结构形式、部品集成形式及成套技术，结合企业自身特点风格，形成一整套具有自主知识产权的标准化、系列化、集约化的品牌住宅产品体系，并逐步拓展与设计院的业务合作范围，同设计院进行包括设计咨询、设计监理、设计+监理、设计+项目管理总承包等方面的服务，将设计理念完美的反映到后续采购和施工工作中去。

在项目实践过程中，住宅产业化开发设计联盟的构建模式可以从以下几个方面合作。

1. 设计研发

这是常规的住宅开发企业与设计院合作模式。当前，大型的住宅开大企业都有自己的设计合作伙伴，这些合作伙伴在为开发商丰富产品品类、树立产品品牌及解决技术难题方面提供了大力的支持，也从开发企业处获得了较为稳定的业务收益。

众所周知，随着人们对生活品质的要求不断提高，住宅的设计除了满足人们对建筑物"坚固、实用、经济"这一基本要求外，环保节能化、个性化、智能化等方面需求也在不断提升。再加之，产业化住宅的设计与传统住宅设计相比，部品与部品之间、部品与建筑体系之间的协调和土建装饰一体化、设备部品建筑一体化等问题是设计工作的重要组成部分，住宅设计成为了一项更加复杂的工作。由于我国目前投身于产业化住宅设计的工程设计企业不多，在当前住宅产业现代化攻坚阶段，由开发商牵头，与设计院组成开发设计研发联盟成了当务之急。通过联盟，除了形成稳定优质的双边设计业务合作关系外，开发企业与设计院合作开发新的设计软件（国外产业化较发达的国家已经实现用软件分析组合各部品与建筑的关系）、设计产品（部品、建筑结构形式等）、构造工艺等，形成研发设计成果，指导施工和部品生产安装。如图9-25所示。

2. 设计管理

与前面所述总承包不同的是，这里的总承包是以设计院为主导的设计+项目管理式工程总承包。如图9-26所示。

在这一模式下，设计院负责产业化住宅工程项目的设计和全过程的项目管理工作，由设计院牵头完成从设计直到竣工交付为止的全部工作，设计可将出设计以外的其他业务发包给符合相应资质的企业，业主委托相关咨询机构对整个工程进行宏观管理。

2003年2月，住建部发布《关于培育发展工程总承包和工程项目管理企业的指导意见》，鼓励设计院改造重组转型走工程总承包道路，当前，已有不少大型设计

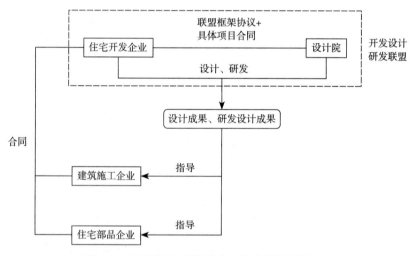

图9-25 开发设计研发模式下的联盟结构图

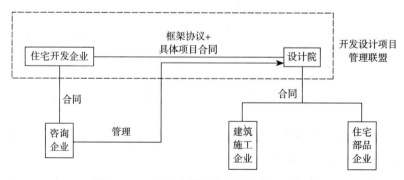

图9-26 开发设计管理模式下的联盟结构图

院完成了"变身"成了综合性工程公司。

3. "设计+监理,监造"

当前,我国现行的建筑设计服务都只局限在设计环节,主要工作从接受业主设计任务书开始,到施工图设计交底结束,在施工阶段会有一些设计辅助工作,监理由非设计方的第三方执行。而国际通行的建筑设计方服务不仅仅包括建筑设计部分,而是贯穿了从设计开始的整个建筑生产的过程,同时作为整个项目的监管和实际控制人,建筑设计服务覆盖了建筑工程的全过程,如图9-27所示。

设计服务与监理服务均由同一位咨询工程师提供,可以避免设计工作与其他服务的责任不清的问题出现。国际通行建筑设计职能范围可以看作是一种设计+监理,监造模式下的服务范围,设计方从最初的方案设计直到竣工交接结束,监理由设计方执行,以确保设计意图的实现。

对于"设计+监理,监造"这类模式,我国建设部早在1988年《关于开展建设监理试点工作的若干意见》中指出"符合建设监理条件的工程设计、科研、工程咨询等单位,经政府建设监理管理机构批准,可以兼营工程监理业务",《建设工程质量管理条例》(国务院令第279号)也提出"实行监理的建设工程,建设单位应当委托具有相应资质等级的工程监理单位进行监理,也可以委托具有工程监理相应资质等级并与被监理工程的施工承包单位没有隶属关系或者其他利害关系的该工程的设计单位进行监理",设计企业在我国从事监理业务得到了法律的认可。

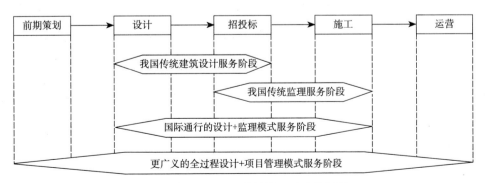

图9-27 我国与国际通行的建筑设计方比较图

9.5.2.3 产业集群式企业联盟

我国已建立了地方政府引导型产业集群和品牌企业自发型产业集群,这些产业集群为企业建立战略联盟创造了有利的条件。产业集群内企业的专业化和规模化为联盟提供了优良的选择空间,降低了联盟的运营成本,通过协作共享机制提升了联盟的协同能力和供应链联盟的创新能力。

住宅产业集群,是优化我国住宅产业环境的绝佳途径,有利于突破困扰住宅产业化企业长期以来的成本瓶颈,建立分工明确、高效协作的住宅产业供应链,从而形成基于住宅产业现代化的技术创新机制。而这些企业间形成的更加紧密的横纵向产业协作联系,为住宅产业化企业的成长和联盟创造良好的条件。在住宅产业化领域,住宅部品企业是总装企业,各企业可围绕住宅部品企业形成产业集群,建立住宅产业化基地,并在此上围绕住宅部品企业建立供应链联盟。联盟主要有以下两种形式:

(1)通过参股、相互持股、合资等,建立股权式供应链联盟。

(2)通过默契而紧密的业务流程纽带,形成契约式供应链联盟。

他们在一定地理范围内聚集,通过组建更为紧密的联盟,进行包括研发、标准建立、生产供应、营销等在内的业务合作。联盟的建立,将有利于住宅产业化技术、管理、和产品的集成、创新和推广。而根据共生经济理论,在一定区域内的住宅产业集群式联盟,能积聚各企业的合力和群体效应,构建企业互利共生的"生态群居链"。集群内的联盟企业联合运作、集体行动,从而实现联盟竞争力的提升。而具有更高竞争力和影响力的企业联盟通过复制联盟结构形式,将在本集群内建立的"群居链"移植到外部,构建若干个规模不等的集群,共同开拓更大更广阔的市场,从而形成持续不断的市场竞争力,从而进一步扩大集群内企业的市场影响力,提高其市场份额。如图9-28所示。

9 适合住宅产业化的企业组织与运作

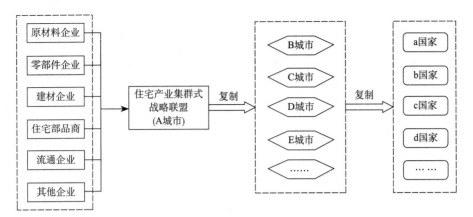

图9-28 以产业集群为基础的联盟扩张示意

10 住宅产业化的运行机制

10.1 住宅产业化的市场机制和支持体系

10.1.1 住宅产业化的市场化运行机制

住宅产业化要实现良好运行，应该有宽松的外部环境和运行体系。我国现行的是市场经济体制，因此住宅产业化的运行体系不能再走计划经济的路子，国家不能靠行政命令强力推行，或者为了实现住宅产业化而给相关企业部门以大量的优惠条件和政策，从而使之变成"宠贵骄子"，失去典型意义和市场价值，更不能让企业以"奉献精神"参与到住宅产业化中。

为此要解决两个问题。一是产业化的最终产品一定要有较强的市场竞争力，就是最终住宅产品在质量、功能和价格上具有比较优势，能够赢得客户（至少能够赢得一部分客户）的认可，并为整个产业化系统带来收益。在质量和性能没有优势而成本又较高的前提下，想要以规模化降低成本的路子是行不通的。二是住宅产业链上的各企业之间要形成良好的利益分配机制，使得各企业都能够按其贡献分享产业化带来的收益。用户选择的是产品而不是技术。如果一种住宅产业化技术生产的产品不能给客户带来质量、功能和价格上的好处，说明这种技术要么不过关，要么还不够成熟，还需要在降低成本或提高质量性能上多下功夫，说明还没到大规模推向市场的时候。当国家、企业和用户的利益不能统一时，还要讲究把用户的利益和选择权放在第一位，这是尊重"市场规律"，是遵循市场经济条件下的"游戏规则"。

为此，国家需要制订政策引导用户对产业化产品的需求，企业则要针对市场状况，研究用户的需求并调整生产企业的生产策略或产品策略来满足用户的需求，而不能一味地等待国家出台相关政策。

10.1.2 住宅产业化的动力机制

住宅产业化是一个长期的发展过程，要使这一过程通过企业的自发行为实现自我发展、自我完善，最终还是要依靠市场这只"看不见的手"。住宅产业化的动力机制示意图如图10-1所示，包括以下四个方面：

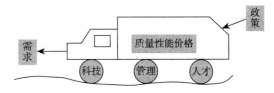

图10-1 住宅产业化的动力机制示意图

1. 市场需求是拉动力

居民日益增长的住宅需求是住宅产业化发展的拉动力或牵引力。居民不满足于现在住宅的质量和性能，顾客的需求呈现多样性、个性化及易变性的特征，需要质量优良、性能完备、设施齐全、拥有高新科技和浓重文化氛围、环境舒适优美的住宅。而住宅产业化的发展恰好可以为居民提供更好的住宅技术与产品，因此，在以市场需求为导向的现代社会，住宅的市场需求导向决定了今后的发展，也为住宅产业化提供了广阔的市场空间。对住宅企业来说，不仅要研究技术，还要研究市场，研究市场的切实需求和要求，依此调整研发生产策略，生产出适销对路的产品。

2. 科技、管理和人才是支持力

住宅产业化需要新的科学技术的支持，需要与现代化大生产相适应的管理理论与方法，需要高素质的人才作保障，因此，科技、管理和人才是住宅产业化的三个基本支柱。发展住宅产业化必须把技术进步放在首位，加速科技成果转化为生产力，全面提高住宅质量、功能和环境水平，减少资源消耗，提高住宅建设生产率，并通过住宅这一最终产品的科技进步带动建筑材料、建筑设备部品的更新换代和技术进步，促进经济向高层次发展。现代化的管理是与现代化的技术共生的，住宅产业化要求采用现代企业制度，运用现代管理理论、方法和手段，对住宅产业化的生产、经营进行有效管理，这对于一体化生产经营的大型住宅企业集团尤为重要。加速住宅产业科技进步，必须要加大对住宅科技和教育的投入，鼓励优秀人才投身住宅科技研究和教育事业，加大对人才的培训和教育力度，提高住宅产业从业人员的整体素质和水平。

3. 政策提供启动力和推动力

政府的政策支持主要是指通过运用相关的政策手段，如产业引导政策、补贴奖励政策、税收政策、信贷政策等。以合理的住宅产业政策作为住宅产业化发展的启动力是各国政府普遍的做法。在住宅产业化发展初期，技术、管理和人才都不成熟的条件下，必须依靠有效的政策引导住宅市场需求导向，推动住宅产业化相关的研究与开发，为住宅产业发展提供必要的金融支持等。有些政策在启动初期起作用，之后逐渐取消，而有些政策会伴随住宅产业化发展的始终。企业在发展初期可以借助政策的推动加快发展，但不能把眼光只盯在政策优惠上，更不能完全依靠政策来发展住宅产业化。企业要在政策有效期内加紧进行更深入的研究开发，研究产品如何能进一步提高技术、质量、性能或降低成本，从而使产品的市场竞争力逐步增加。

4. 产品的质量、功能和成本是竞争力或最终驱动力

推动住宅产业化的最终动力还是要看住宅产业化的产品是否能被社会接受。用户选择产品或技术是基于"利益最大化"原则来选择的，而不是单纯看这种技术的水平有多高。通常产品的质量和功能决定价格，而生产效率和成本决定产品的成本，这二者之差是用户收益，这才是用户追求的目标。不同技术方案所生产的产品其质量、功能和成本是不同的，高技术的产品未必对用户是最佳的选择。因此，住宅产品或部品本身的质量、功能和成本既体现产品的竞争力，维持住宅企业的生存与发展，也是住宅产业化的最终驱动力。这还要求企业在研发和生产中不仅要关注技术和政策，更要关注生产产品的质量、性能和效率、成本，对技术比较成熟的技术和产品还要在提高性能、质量、效率和降低成本上多下功夫，生产出适应市场需要且具有市场竞争力的产品。

10.1.3　住宅产业化的支持体系

西方发达国家已经形成了较为完善的住宅产业化体系，作为产业化正在起步的我国，应充分借鉴其先进的技术经验，形成互为支撑、互为补充的支持体系。原建设部副部长宋春华提出过住宅产业化五个方面的框架体系：

（1）建立住宅技术保障体系，这是前提；

(2) 建立住宅建筑体系，这是基础；

(3) 建立住宅部品体系，这是重点；

(4) 建立住宅质量控制体系，这是关键；

(5) 建立住宅性能认定体系，这是核心。

这五个体系分述如下：

1) 住宅技术保障体系，建立住宅技术保障体系包括完善与住宅有关的标准和规范体系，建立住宅建筑与部品的模数协调制度，进行标准化、多样化与工业化相结合的住宅标准设计等。这是实现住宅产业现代化的前提。

2) 住宅建筑体系，当前要重点研究开发大开间承重结构，开发高效率隔热围护结构，采用隔声性能好的新型轻质隔断结构，推行系列化、多档次的厨卫定型结构等，这是推进住宅产业现代化的基础。住宅建筑体系可分为以下子体系：

①建筑与结构技术体系，包括高层住宅建筑及其结构体系，针对20~30层混凝土大开间结构体系，发展大型模板，提高现浇混凝土工业化水平；对中高层住宅建筑及结构体系，重点发展10~15层混凝土方型柱框架，7~12层钢结构大开间住宅体系，解决好楼板造型和轻型隔断成套技术；多层住宅的结构体系将重点发展多孔空心砖、混凝土配筋空心砌块，以多种工业废料砌块代替黏土实心砖，并形成砌筑体系成套技术。近几年对装配式建筑结构的推广应用力度很大，要在全面的研究开发的基础上形成成熟的成套技术，打通技术推广应用的诸多环节，按照可行经济的原则，合理确定预制装配与现浇的比例，并与水电管线和全装修结合推广。不可在不成熟的条件下强制推行。

②节能及新能源开发利用体系，包括各种气候带的节能住宅体系；新型的供热、制冷技术；能源综合利用和新能源开发，如太阳能储存与利用、各种废热利用、风能、地热的应用等；发展新型节能产品，如节能门窗、墙体保温技术与材料、照明节能产品等；

③厨房、卫生间技术体系，建立厨房、卫生间的基本功能空间配置的整合技

术，建立协调模数，并成套化整体生产和装配；

④住宅管线技术体系，开发适应我国住宅建筑体系的新型管材，如各种塑料管、铝塑管、钢塑管等，包括其接口技术及综合布线的设置等；

⑤住宅智能化技术体系，住宅信息传输及接收技术；住宅设备的自动控制系统；住宅安全防卫自动控制系统；住宅能耗及智能化控制及综合布线系统；

⑥住宅环境及其保障技术体系，对节水技术要充分重视，尤其要开发6升以下坐便器，提高水的重复利用率；对室内外空气质量进行监控和置换；提高户间、楼层之间隔音性能，发展住宅用无污染建材与涂料。

3) 住宅部品体系，住宅的部件和产品统称为住宅部品，它相当于住宅产业的元配件，其特点是种类繁多，分散在不同的产业部门管理。现有的住宅部品整合程度低，针对性不强，难以满足提高住宅质量的要求，更不能适应住宅产业化的发展。为此，重点是要实行部品生产的系列开发、规模生产和配套供应，这是推进住宅产业现代化的重点工作。当前尤其应对门窗、卫生器具、散热器、厨房设备、经济型电梯、管线和配件等进行重点开发和突破。

4) 住宅质量控制体系，包括质量责任及保修、赔偿制度，规划、设计审批制度，住宅市场的准入制度，住宅部品、材料的认证和淘汰制度，工程质量监督和工程验收制度等。建立住宅质量控制体系是推进住宅产业现代化、提高住宅质量的关键环节。

5) 住宅性能认定体系，是通过设定一套科学的程序和评价指标，采用定性与定量相结合的方法，在对住宅的适用性能、安全性能、耐久性能、环境性能、经济性能分别进行测评的基础上，对住宅的整体性能做出综合评价。这项工作对于引导住宅消费和生产，保护权利人的权益具有特别重要的意义，反映了推进住宅产业现代化的核心目的。

10.2　住宅产业技术创新机制

住宅产业化目标的核心就是通过规模化的生产与经营，提高住宅质量与功能，提高劳动生产率。而这一目标的实现归根结底需要通过提高住宅产业的科技含量，通过现代科学技术对传统住宅产业的加速改造来实现。世界各国住宅发展的经验表明，工业化是住宅产业现代化的前提，而科技则是工业化的基础和支撑。

10.2.1 我国住宅产业化技术创新机制的现状

中国住宅产业的科技水平不先进、不成熟、不配套，这是住宅产业化发展中首先遇到的问题。由于技术水平落后，造成生产出来的住宅产品质量低，从而难以获得消费者认可。技术是产业发展的基础与关键。

10.2.1.1 住宅产业的科技含量较低

随着住宅产业化在我国的逐步推进，住宅的关键技术和专业技术研究都已经取得了一定的进步，特别是在建筑材料、结构体系和施工工艺等方面都取得了一定的研究成果。但就整体而言，我国的住宅产业的科技含量还处于相对较低的水平。一方面来说，我国对住宅产业的研究成果数量不多，层次不够，并且成果结构存在不合理，目前主要研究成果集中在建筑规划设计、建筑设备、新材料等方面。另一方面我国的研究成果转化成生产力的水平不高。有的成果转换的生产力得不到推广，有的研究成果甚至不能转换成产品，更谈不上进行大规模的应用了。

10.2.1.2 住宅企业技术创新动力的缺失

目前，中国住宅建设大部分还是依照传统的生产模式进行，经济效益不高但还能维持。住宅企业中一项新技术的产生需要的不仅是资金、科技、人才，还需要毅力、时间。使得企业往往会为了眼前利益，盲目追求利润，而忽略掉技术创新。

（1）住宅产业化的住宅技术是一项涉及面广、内容丰富、技术难度较大、协作关系复杂的技术，加上这是个新兴的行业，这方面的技术储备很少，需要很长时间的反复研究和试验。这在一定程度上就让企业望而却步，企业是以盈利为目的的，在经济利益尚能使其满足的情况下，一般是不会主动去进行技术创新。

（2）缺乏技术创新的资金。资金困难是绝大部分住宅企业所面临的难题。目前,中国的住宅市场是买方市场,加上近几年国家对房地产市场进行的大规模宏观调控造成很多住宅企业随时面临着资金链断裂的风险。当企业对正常的生产经营都不能保证足够资金的情况下,就谈不上把资金放在远水解不了近渴的科研上了。当然大部分的住宅企业的经济效益还是可观的,但这些企业会把资金放在扩大生产规模,实现领域跨越等方面上,而不会把资金放在技术创新上。

10.2.1.3 对技术创新者激励不够

无论是政府部门,还是企业都没有把技术创新的激励制度做好。由于受中国长期以来的平均主义思想的影响,政府与企业在劳动分配上,忽视或者基本上没有考虑劳动的复杂程度和对企业、社会的贡献程度,更谈不上对技术创新进行强有力的激励了。例如,有些技术创新者,经过千辛万苦,多年的研究,其成果可以为企业、社会带来几千万、甚至上亿的效益,但技术创新者却只能得到区区几万元,几千元的奖励,甚至没有奖励。这种对劳动价值错误认识的基础上的激励机制是行不通的,是达不到对技术创新者进行激励的目的的,是很难调动员工、科研技术者发明创造的积极性。因此,目前很多高级技术人员,为了追逐经济效益,而放弃技术创新工作,去从事没有创新的日常管理工作和行政工作。激励机制不够是制约我国住宅产业技术创新的重要因素。

10.2.1.4 住宅产业化缺乏技术发展平台

(1)我国对住宅产业化技术发展的规划不明确。我国住宅产业现有的技术仅仅只是建筑业、建材业等少数与建筑相关产业技术的组合,自身独立的技术还很少。住宅技术是一项涉及面广、内容丰富、技术难度较大、协作关系复杂的技术,如何处理各类技术的开发研究顺序,是当前的重点工作,对住宅产业化发展的意义深远。虽然国家有制定《国家中长期可续与技术发展规划纲要》,但没有制定住宅产业化发展的具体技术发展规划。

(2)我国的住宅产业化缺乏系统性的技术开发方法。比如,某项技术的开发分哪些层次,从哪个层次开始研发,应该由哪些人来研发,有哪些技术开发工具是可以利用等都需要研究。

（3）对住宅产业化的相关技术引进不足。国外住宅产业化已经具备了很多成熟的技术，如果我国在自主研发的基础上，能适当地吸收国外的一些新技术，将节省大量的研发时间和成本，加速住宅产业化技术的进步。但当前，我国对国外住宅产业技术引进的力度还不强，同时由于我国建筑行业的实际情况与国外不同，哪些技术可以引进，哪些技术对我们而言没有意义，我们的政府和企业还没有深刻的认识。

10.2.2 发展住宅产业技术创新机制的对策

我国"八五"期间，住宅产业科技进步贡献率仅为25.40%，1995~1998年，该指标达到29.99%，2001年也仅提高到31.8%。没有近些年住宅产业科技进步贡献率的研究数据，但估计不会超过40%。与其他产业和部门相比，住宅产业依然处于十分落后的位置，生产经营还处在由粗放型向集约型的转变之中。为提高住宅产业科技进步对经济增长的贡献率，推动住宅产业科技进步，政府和行业本身必须尽早采取相应的措施，从而达到提高住宅产业科技进步贡献率的目标。

10.2.2.1 建立新的科技体制，增加科技投入

科技投入是影响科技进步的决定性因素，也是实现技术结构高级化的根本条件。科技投入通常都带有一定的风险，且短期内不一定能见经济效益，对于这种状况和特点必须有充分认识，抛弃短浅的眼光，不断加大科技投入。

长期以来，我国科研管理体制的主要特点，是组织上的部门分割，经济上依靠财政拨款。研究机构是事业单位，它们承担上级领导机构下达的科研任务，上级拨给科研经费，研究机构既不负盈，也不负亏，科研成果无偿转移。这种管理体制已越来越不适应我国经济发展的需要，甚至成为技术结构优化、科技进步和技术创新的障碍。为解决上述问题，近期内应着手解决以下两方面的问题：

（1）建立有效的科技管理体制和运行机制，加强对整个科技工作的管理，统

一规划，合理分工，避免重复研究。一是科技管理体制和运行机制的改革必须配套进行，配套有几个层次，企业内部、企业外部及整个住宅产业的改革。二是促进科技进步、技术结构优化的配套改革，包括综合地采取行政、法律、经济等手段；利用价格杠杆，抓紧改革工程定价方法和工程价格管理体制，改革科技价值与价格扭曲的不合理现象。三是运行激励、市场、竞争、科研成果转化为生产力等机制，发挥中间载体的作用；落实人才政策；各个层次科研机构的合理分工；创造协作环境；加强参与国际交流与合作；对开发研究形成一个以企业为主，政府、大学研究机构为辅，以市场经济的竞争机制为主要运作动力，政府部门的方针、政策、计划为引导的产、学、研相结合的科技体制。

（2）调整科技投入结构，充分调动各方面的积极性，形成多渠道、多层次的科技投入体制。除国家预算拨款和资助之外，要加大企业投入和随建设项目的科研经费投入所占比重，建议住宅企业特别是从事住宅开发和生产的大中型企业从营业额中提取一定比例，例如1%～3%，作为本单位的科研基金，用于本单位新技术、新产品的开发和应用。企业提出的建设开发课题，凡符合国家技术政策，具有重大经济、社会意义的，上级主管部门应给以适当的补贴。

10.2.2.2 确立企业在技术进步中的主导地位，推动住宅产业技术进步

企业作为住宅开发、生产和物业管理的实际操作者，他们应该在推进技术进步和产业化中确立主体地位。这仅在思想观念上重视住宅建设是不够的，企业需要在实际行动上逐渐做好多方面工作。

（1）企业自身不断提高管理人员、施工人员、技术人员的素质，提高机械化水平，在技术上和综合实力上为产业化创造条件。

（2）以整体企业实力为依托，实现企业跨行业、跨部门的合作、兼并，进行资产重组，壮大企业的技术力量，把发展住宅产业的各项技术从原本的零散、繁复的状态中解放出来，有机地将它们结合起来，形成住宅产业集团，充分发挥各自的长处，实现技术结构的合理化。

（3）以强大的企业经济实力作后盾，加大科技投入，把产学研相结合，开发、引进先进适用的生产设备，推动技术结构向高级化方向发展，这是住宅实现产业化生产的必要条件。

（4）产业化住宅建设与住宅工业化密切联系，它已经完全抛弃了过去住宅的生产方式，生产流程要求十分周密和高效，而且实现工厂化部件生产，机械化现场安装，这都带来了技术含量的提高，因此，要求职工的素质相应提高，企业必须对从业人员的业务素质长抓不懈。

10.2.2.3 推进住宅产业科技进步要有重点、分层次地进行

通过技术结构的优化推进住宅产业科技进步是一个复杂的系统工程，每一个系统都不可能占有无限的资源，我们要将有限的人力、物力、财力等资源合理分配，不必采用全面铺开的方法。因为系统各部分的发展不平衡，低质部分限制了高质部分潜力的释放，一旦改进低质潜力，便能充分释放其他部分的潜力，以此带动整个产业的进步。

（1）从各技术领域发展状况看，我国目前住宅产业从业人员素质低严重制约了我国住宅产业的科技进步，成为影响住宅产业经济效益的"瓶颈"，因此，目前应该将提高从业人员素质放在首要位置，重视人才培训，同时协同发展其他技术要素，从而最大限度地发挥各技术的潜力，使各技术要素相匹配，发挥出综合的最大经济效益。

（2）从企业的组织结构来看，不同类型的企业应该分工明确，从不同层次上整体优化技术结构，促进科技进步。大型企业资金、技术力量雄厚，应承担起开发大型高新技术的任务。专业型企业依靠自己专业技术的优势，应致力于专业技术的创新，提高机械装备水平。大多数劳务型企业应把重点放在培养职工的劳动技能，提高职工的文化水平上。

10.2.2.4 大力推进软科技进步，充分利用结构优化效应

科技进步中软技术在系统优化中起着非常重要的作用。软技术不仅可以成为发展的主导技术，带动整个技术系统的发展，它更能将硬技术"编织"成为各种效率

较高的技术。这一点在住宅的生产经营过程中体现得尤为重要，住宅建设中软技术与硬技术发展不平衡是科技进步缓慢的主要原因之一。当然，系统软技术的发展有赖于环境的改变，就是要求环境能使系统有采用、发展软技术的需求，同时，要提供发展软技术的条件和保证。目前，在住宅产业中软技术发展滞后的情况下，我们要加强对软技术的研究工作，使软技术的发展与硬技术相匹配。只有软技术发展了，才有条件优化科技进步系统，使结构效应得到发挥。

10.2.2.5 运用市场竞争机制，推动住宅产业科技进步

竞争机制对促进住宅产业科技进步影响很大，竞争是企业改善经营状况、提高劳动生产率、降低成本的动力。竞争以优胜劣汰的方式推动着社会和科学技术的进步。竞争的主要内容是技术、功能、质量、价格、信誉等，其核心是技术竞争。先进的技术、合理的技术匹配能带来功能的提高、成本降低、质量优良、工期缩短，从而取得信誉。这些竞争内容也表现在招投标上，投标价格综合反映住宅企业或设计单位的技术和经济管理水平。企业要使自己的报价能够中标，取得竞争中的胜利，就必须通过科技进步等途径，努力提高自己的技术水平，充分发挥技术效率，最大限度地发挥企业的能力。

10.2.2.6 树立榜样，借鉴国内外优秀企业的成功经验

企业推行住宅产业化的目的不仅仅是促进自身技术水平的发展，还要表现在社会责任上。住宅产业化作为未来住宅的必然趋势，是势在必行的。所以肯定需要一些大的、先进的企业带头进行技术发展，树立榜样，争做行业技术先进标杆，以带动我国住宅产业化技术进步朝着快速、健康的道路上前进。住宅企业一定要有这种社会责任意识，不仅在推行科技进步工作方面卓有成效，而且要立志给后来者提供成功的经验。只有形成这样的良性循环，我国住宅产业化的整体水平才能不断提高。

我国住宅产业必须首先形成一批在推进科技进步工作方面成绩显著的企业和企业集团。尤其像中建总公司、上海建工集团、中房集团以及海尔、远大等大型企业应当借鉴国外的成功经验，特别是借鉴日本大和住宅、积水住宅产业集团的经验，并根据

企业自身的特点，形成具有独到特色的推动企业科技进步的方针、策略，担当全国各住宅企业的"排头兵"，从而形成良性循环，推动我国住宅产业整体的科技进步。

10.2.2.7 建立国家住宅产业化示范基地，推动住宅建设技术进步

进入21世纪以来，国家开始意识到示范工程的重要作用，已经陆续建立了一小批示范基地。到2016年年底，住房和城乡建设部已批准了68个国家住宅产业化基地，包括深圳万科集团、海尔家居集成公司（含整体厨房、卫生间）、北新建材集团（轻钢结构体系、外墙保温材料等）、天津二建（钢管混凝土）、正泰集团（低压电气设备）、深圳市（试点城市）、合肥经济技术开发区、山东力诺瑞特新能源公司（太阳能与建筑一体化）、绍兴宝业集团股份有限公司、黑龙江省建工集团等。但基地的数量还是太少，宣传推广的力度不强，示范作用不够。要想使示范基地真正起到以点带面，广为宣传的作用，就应推出住宅产业化整个生产过程中各个阶段的示范基地，充分发挥它们在建设质量、部品选用、新技术和新材料应用等方面的示范效果。各省市各地区还可以结合本地实际认证一批区域型的住宅产业化基地，形成一批产业特色鲜明、技术创新水平高、产业关联度强的住宅产业群体，加快住宅技术、部品的更新换代步伐。

政府除了积极支持和组织示范工程的推进工作，更重要的是要把示范工程作为载体，通过示范小区和产业基地的建立，将成功的经验、优秀的部品和相关的先进技术进行推广，以促进住宅建设技术的进步。

10.3 住宅产业的金融支持体系

10.3.1 我国住宅产业金融体系现状

不断完善住宅金融支持系统，扩大内需以此来拉动经济增长为推动住宅产业化提供着强有力的支撑。而我国在这方面与发达国家相比，与住宅产业化预期目标的实现相比还有相当大的差距。为了刺激住房消费、加快住房建设、扩大内需，推动

住宅产业化的实施,我们需要不断地完善金融服务。

目前我国住宅市场存在的资金不足、金融风险过大等问题严重阻碍了住宅产业化的进程,为了进一步扩大市场需求、使住宅产业成为新的经济增长点,我们应借鉴国外先进成熟的经验,全面开展金融服务。一方面,设立金融机构,如美国的联邦住宅贷款银行、新加坡的中央公积金局,日本的住宅金融公库、德国的储蓄银行等。通过实行住宅抵押贷款制度,设立住宅银行、发放住宅债券与股票,收缴管理住房公积金等解决了住宅的供需矛盾,促进了住宅产业的生产和消费的良性循环。另一方面,多种渠道发放住房贷款;公积金、商业银行以及两者组合贷款;多种形式的住房贷款;抵押、按揭;多种对象的住房贷款;商品房、经济适用房、现有公房售房、再上市二手房等。为了防范贷款风险,需要建立多种形式的住房抵押担保服务以及住房保险服务制度。

我国目前住宅抵押贷款市场很不完善,抵押贷款规模小,市场结构单一,只有一级市场,二级市场尚未建立。其市场结构如图10-2所示。

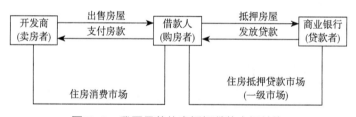

图10-2 我国目前住房抵押贷款市场结构

10.3.2 发展住宅产业投资基金[①]

10.3.2.1 发展住宅产业投资基金的作用

1. 加快储蓄向投资的转化,满足住宅投资需求

我国今后的住宅建设仍需要投入巨额资金,这就要求开辟多种融资途径。发展

---

① 发展住宅产业投资基金。谢光北,中国房地产报,或者居易文章:http://www6.163.com/realestate/content/0,1795,527_news,00.html

住宅产业投资基金是一条切实可行之路。通过发行基金受益凭证,将资本市场上的资金吸纳到住宅产业中来,辅之以其他手段,有望解决住宅产业开发的融资问题。

2. 有助于国家加强对住宅产业的宏观调控

住宅产业具有较强的周期性,易受总体经济环境波动的作用。通过建立住宅产业投资基金,国家资本在基金中占较大份额,同时通过制订管制、税收政策可以调节住宅产业投资方向,调整住宅开发建设规模,从而有助于对住宅产业的开发结构和周期波动的调控。

3. 促进住宅产业化、标准化和现代化

住宅产业化、标准化和现代化的核心是依靠技术进步建设住宅,提高科技对住宅产业的贡献率。通过住宅产业投资基金投资方向的规定,对符合国家质量标准和设计标准的住宅产品、零配件生产与开发企业予以投资,将有助于推广行业标准,落实住宅产业质量认证体系的实行。鼓励高新技术、新材料、新产品的开发应用,提高住宅的工程质量、功能质量、环境质量和服务质量,推进住宅产业化、标准化和现代化。

10.3.2.2 住宅产业投资基金的设置与运作

1. 住宅产业投资基金的宗旨、投资政策

住宅产业投资基金的设立宗旨是通过对我国住宅开发、建设、流通及相关产业的发展提供资金支持,达到长期资本增值的目的,并促进住宅产业化、商品化、现代化的进程。为此其投资政策应考虑:(1)对符合国家住宅产业质量设计标准的住宅开发、建设与流通企业进行股权投资和其他长期投资。(2)对符合国家技术质量标准的住宅零配件产品的研究与开发生产企业,尤其是住宅产品骨干生产企业进行股权投资和其他长期投资。(3)对"经济适用房"的开发建设投资不得低于基金资产总额的一定比例,应依据国家法人股占基金总资产比重而定,但应大于基金资产的10%。(4)对任何单一项目或企业的投资不得超过基金净资产的20%,对证券投资不得超过基金净资产的15%,其中,必须保持一定比例的国债和不低于

A级的债券份额。（5）其他条款，如：不经股东大会同意，基金不得承诺或投资于承担无限责任的项目，变现任何投资的50%以上，或变现基金资产净值的50%以上，基金不得从事期货、期权或货币对冲交易等。

2. 住宅产业投资基金的组织形式

按照组织形式或法律基础，产业投资基金可分为契约型和公司型。前者是依据一定的信托契约组织起来的代理投资行为，而后者才是指依据公司法组成的以盈利为目的的投资公司，该公司发行股份，投资人通过购买股份成为投资公司的股东。因此我国宜采取公司形式。

3. 住宅产业投资基金的变现方式与流动性

投资基金的变现方式有开放型和封闭型两种。前者是指发行总数不固定的股份或受益凭证的基金，可根据经营扩张的需要追加发行，而投资者可以要求随时赎回或当基金追加发行时追购受益凭证或扩大公司的股份持有比例；后者则发行总额有限，一旦初次发行达到了预定的发行计划，就不再追加发行，且投资者在基金到期之前不得要求赎回。

采用封闭型方式的不足在于基金流动性问题。住宅产业投资基金可以通过投资组合和上市流通来兼顾，在基金封闭期内，可以允许基金管理公司保留一定比例的流动资产，如资产组合中15%用于国债与其他绩优债券和房地产上市公司股票，保留相当于基金资产一定比例的负债融资权，以保持基金的流动性。对投资者流动性的保障，可通过基金在适当时机的上市来实现，当基金封闭期满后，可通过被投资的企业上市，将以股权转卖给其他合作方的形式结束基金。

10.3.2.3 住宅产业投资基金的规模、期限与资金募集方式

住宅产业投资基金的规模不宜过低、期限不宜过短，其规模可设定为20~30亿元的水平。在当前我国居民金融资产占有量达8万亿元，各种养老基金、保险基金发展的背景下，同时住宅产业作为经济新增长点的地位将是长期的，而住宅建设的周期亦较长。因此，住宅产业投资基金的期限宜设立为10~15年。

由于发展产业投资基金经验不足,投资者不成熟,且基金的规模较大,流动性低。为了分散流动性风险,规范住宅产业投资基金的后期运作,并利于基金的上市流通,住宅产业投资基金宜采取公募发行。同时,为避免筹资过程中可能出现的过度分散现象,应适当提高投资者参与的数量,如规定基金基本单位为5000元等。

10.3.2.2.4 住宅产业投资基金的发起人和投资管理框架

住宅产业投资基金由国家法人、实业投资机构、银行或证券公司共同发起,对社会实行公开募集,募集成功后,召开股东大会,根据投资比重选举董事会,董事会负责公司投资目标及政策,制定投资基金的整体投资策略及指引原则;由执行董事组成执行委员会,另成立董事会下属的基金管理公司或选择现有公司作为基金管理公司,由双方共同负责物色、确定、审阅评估投资及套现投资机会,在董事会授权下决定投资;其后由基金管理公司进行基金的具体投资,以及监察基金的投资项目,基金管理公司的报酬直接与投资收益挂钩。此外,还可以设立基金顾问委员会,对基金投资项目、相关法律、会议、税收等进行专业咨询和建议等。

10.3.3 深化住宅产业的金融支持体系的对策

要促进我国住宅产业化的发展,除了要有完善的产业化政策之外,还应该有与之相配套的金融支持和奖励措施。我国住宅产业化正处于起步阶段,工业化住宅还没有形成规模化生产,反而使得其生产成本升高,这就导致很多企业的发展受到制约。因此,国家应该通过提供相应的金融支持和奖励措施,一方面,加大住宅新部品、新材料、新体系的研发,降低市场风险和开发成本;另一方面,鼓励引导企业积极参与住宅产业化的发展,为企业生产工业化住宅提供良好的外部环境,促进产业化住宅的规模化生产,使产业化得到良性发展。

此外,我国政府应借鉴一些产业化发达国家和地区的先进经验,制定出台一系列有利于住宅产业化发展的优惠政策,如对设计研发进行经费补贴、减免部分税收、提供贴息等,这样可以以市场为导向,形成激励机制,促进住宅产业化的发展。

我国住宅金融主要存在着以下几点问题：房价与居民收入比过于悬殊，居民储蓄稳步增长，住宅有效需求不足，消费结构不合理等。所以，健全和培育住宅金融市场要做好以下几个方面的工作：

10.3.3.1 健全和培育适宜的住宅金融发展的政策导向与市场环境

具体措施如下：加快住宅分配货币化进程；进一步健全和完善住宅二级市场；迫切需要建立一种政府监控、社会参与、有保障基础的风险担保系统；建立健全房地产抵押的法律、法规体系，为加大住宅信贷投入营造一个良好的法律环境。

10.3.3.2 建立政策性与商业性相结合的住房金融体系

实践证明，政策性的金融机构因受政府政策的影响，调集、运用资金的能力与金融业务的运营效果并不好。但目前建立市场化、商业性的住房金融体系为时尚早，因为我国住房资金存在着复杂的来源，包括政策住房基金、住房公积金、住房债券、出售公房资金等。针对这些特点，建议我国成立以各种政策性机构与商业性金融机构相结合的住房金融体系。负责制定住房金融政策、监督管理有关金融机构、负责管理政府的住房发展基金及负责住房金融一级和二级市场上的担保和保险。

10.3.3.3 提高金融服务的质量和水平

不断完善住宅信贷品种，规范消费信贷操作，将批发业务与零售业务相结合、消费信贷与开发信贷相结合，努力提供"一揽子"金融服务。适度调整银行信贷政策，增加信贷品种，扩大信贷对象和范围，规范住宅消费贷款业务操作。

10.3.3.4 提升企业自身融资能力

对于企业而言，可以通过降低自身资产负债率，获得融资成本优惠；根据自身规模选择合理的经营道路提高盈利能力；分析自身所处生命周期阶段选择适合的融资模式；项目进程中要合理安排融资模式；等待时机争取上市融资等。

总之，通过不断完善住宅产业金融体系，将有利于促进住宅产业生产和消费的良性循环，刺激潜在需求，为促进住宅产业化提供有力的支撑。

10.4 住宅性能认定制度

住宅是一种特殊商品，首先它是不动产，并且生产建造过程复杂，其次就是需要高额资金购买，使用周期长。目前住宅市场中对于"住宅品质"处于一种模糊状态，住宅销售主要靠宣传、广告、包装，对于绝大多数并非内行的消费者来说，只能凭住宅外观和外部环境的感性认识判断好坏。市场上影响房价的决定性因素是地段，住宅的功能质量不是重要因素，对于住宅开发商来说，因为做不到优质优价，所以缺乏激励机制，开发商不能通过精心规划、设计，精心施工，加强科学管理，通过全面提高质量来达到最高效益。所以有必要在开发商与消费者之间建立一种对住宅进行客观、公正的评价认定制度。

随着人民生活水平的不断提高，人们对住宅功能质量、环境质量和售后服务质量的要求日益提高。虽然我国的住宅规划设计水平、建造水平有了较大的提高，但是住宅产业化水平还是很低，住宅的开发建设仍然处于小规模、粗放型的状态，劳动生产率低、原材料消耗大、部品生产的工业化程度低、配套差。这种状况使得住宅建造质量不高，质量控制不好，住宅质量不稳定，这也是近年来关于住宅质量投诉日益增多的原因。通过实行住宅性能认定，可以促进产业技术进步，加强新技术、新产品、新材料和新工艺的开发和推广应用，提高住宅的科技含量，达到住宅建设快速、高效、高质量的目标，在优胜劣汰的竞争中，创建住宅产业品牌。

10.4.1 住宅性能认定制度的概念

住宅性能认定，是指按照国家发布的商品住宅性能认定评定方法和统一的认定程序，经过评审委员会对商品住宅的综合质量进行评审和认定委员会的确定，授予相应级别证书和认定标志。住宅性能认定首先对住宅的适用性能、安全性能、耐用性能、环境性能、经济性能分别进行测评，然后在分别评测的基础上，对住宅的整体性能做出综合评价，以得到住宅的整体评价得分，提高住宅进入市场时对其品质和价值的透明度。

住宅性能认定制度在国外开展较早，有的国家已作为法律纳入市场运作。如法国于1945年就制定了建筑新技术、新产品评价认定（审定）制度，对建筑中使用的新部品（部件、构配件）和建造新技术进行认定，此后该制度扩散到整个欧洲。法国在1974年还建立了以一栋新建住宅为对象的性能评定制度。美国在1980年初制定了以新建住宅为对象的住宅性能保证制度。日本的工业化住宅性能认定制度是在调查了法国、英国、美国的制度以后制定的，其认定的管理机构和评定、认定的技术标准更加完善和科学。我国过去对住宅只是作为一种建设工程进行质量评价，主要靠工程质量监督站进行竣工验收，以确定住宅的工程质量等级。从20世纪80年代开始研究住宅性能的评价体系，但由于当时的经济发展影响，住宅在国民经济中的地位较低，始终没有把这项研究作为管理制度建立起来。随着改革的深入，住宅的属性以及在国民经济中的地位发生了根本性变化，住宅产业成为拉动国民经济增长的支柱产业，住宅市场发展迅速，在这个历史时期建立住宅性能认定制度，预示着我国住宅产业的管理水平迈上了一个新的台阶，逐步与国际管理模式接轨。

住宅性能认定是对住宅规划、设计、施工、住宅配套技术及住宅部品质量等进行检验，是住宅产业化水平的重要标志，也是促进住宅技术进步，推进住宅产业现代化，提高住宅质量的有效手段和途径。中央政府制定住宅性能认定的内容、程序、注意点等，各地地方政府要在中央认定程序、方法的基础上，结合本地的住宅产业发展的现状，不断完善住宅性能认定的技术体系和工作机制，逐步推行住宅性能认定工作，将住宅性能认定工作作为推进住宅产业现代化的一项重要工作，惠及住宅建设房地产各个层面上。

建设部1999年发布《商品住宅性能认定管理办法（试行）》，将住宅性能等级由低至高依次划分为1A、2A、3A，1A是经济适用型住宅，2A是舒适型住宅，而3A为高舒适度住宅，标志为A、AA、AAA。

商品住宅性能认定指按照国家发布的商品住宅性能评定方法和统一的认定程序，经过评审委员会对商品住宅的综合质量进行评审和认定委员会的确定，授予相应级别证书和认定标志。性能认定将住宅的综合质量即工程质量、功能质量和环境质量等诸多因素归纳为五个方面来评审：适用性、安全性、耐久性、环境性和经济性，其中又细分了23项、380余条指标，能够对住宅做一个较为科学的、完整全面的同时又是公正的评价。住宅性能依次划分为1A、2A、3A，统称A级住宅。1A是经济适用型住宅；2A是舒适型住宅；3A是高舒适度住宅。A级住宅应符合节约能源、资源，保护环境的可持续发展原则。得到性能认定标志的住宅则说明是在这一档次中性能品质优良的住宅。

《住宅性能评定技术标准》（GB/T50362-2005）已于2006年3月1日正式颁布实施，这一标准的推出标志着我国的住宅产业化工作迈上了一个新的台阶，住宅性能认定工作经过7年多的探索从此进入了一个新的阶段。《住宅性能评定技术标准》是我国唯一的住宅性能评定标准，是建立和实施住宅性能认定制度的技术支撑。它的发布对于完善我国的住宅性能认定制度，对于促进住宅产业的发展和提高住宅的质量，保护消费者权益，以及进一步推动节能省地型住宅的建设，都具有现实和深远的意义。

到目前为止，全国各地已有250个小区通过了住宅性能设计审查，初步认为符合A级住宅预审要求，其中69个小区已经竣工，通过终审被认定为A级住宅，已先后由住房和城乡建设部向全国公告。

10.4.2 住宅性能认定的内容

《住宅性能评定技术标准》（GB/T50362-2005）从性能和等级两个角度来对住宅性能进行认定。在性能方面，将住宅的性能分为适用性能、环境性能、经济性能、安全性能和耐久性能五个方面，全方位地对住宅的性能进行综合评定。其认定指标如表10-1所示。

住宅性能认定体系　　　　　　　　表10-1

性能	指标内容
适用性	平面与空间布局；设备、设施的配置；保温隔热；室内隔声；采光与照明；通风换气；建筑节能等
安全性	建筑结构；建筑防火；燃气、电气设备；居住生活的日常安全与防范；室内空气和供水有毒有害物质的危害性等
耐久性	结构耐久性；防水性能；设备、设施防腐性能；设备耐久性等
环境性	合理用地；用水与节水；绿色与环境布置；室外噪声与空气；环境卫生；公共服务设施等
经济性	成本住宅的性能成本比；日常运行费用等

（1）住宅的适用性能是住宅性能中的核心部分。从住宅的舒适、实用中体现住宅设计的设计质量，新型建筑结构体系、厨卫设备体系、管线技术体系、节能产品与技术的应用反映了住宅建设的整体水平。

（2）住宅的安全性能是住宅性能中最基本的部分。居住的安全与人民生命财产息息相关。这里提到的安全性是广义的。

（3）住宅的耐久性能是关系到住宅寿命期内能否正常使用的一个重要性能。住宅的特殊性之一是使用周期长，它可能伴随一代人甚至两代人的生活，因此住宅的耐久性也是一项重要的内容。由于住宅建造过程复杂，很多部分属于隐蔽工程，耐久性能不仅涉及建造中使用的建材、构件、部品、设备，还与施工技术、施工工艺及施工管理有关。

（4）住宅的环境性。住宅性能不仅包括住宅本身的性能，也包括住宅周边环境对居住质量的影响。住宅环境最先被人们所重视，并从以前追求大的花园绿地，转为追求环境的均好性，让每一栋住宅，每一套房子都享受到阳光、绿地、花园。

（5）住宅的经济性能是一个综合指标。其中住宅的性能成本比应该落在一个合理的区间，为了达到性能的要求，过大的投入是不经济的，应该合理控制成本。

在住宅等级方面，根据综合性能的高低，将住宅分为A、B两个级别。A级住宅是指执行了现行国家标准且性能好的住宅。B级住宅是执行了现行国家强制性标准，但性能达不到A级的住宅。A级住宅根据得分多少和能否达到规定的关键指标，由低到高又分为1A、2A、3A三等。在各个性能的评分体系中，将一级指标称作"项目"，二级指标称作"分项"，三级指标称作"子项"。本标准共有28个项目，98个分项，267个子项。

《住宅性能评定技术标准》（GB/T50362-2005）把评定总分设定为1000分，其中适用性能和环境性能满分为250分，经济性能和安全性能满分为200分，耐久性能满分为100分。《住宅性能评定技术标准》（GB/T50362-2005）的指导思想是以总分高低作为区分住宅性能等级的基本依据。为了防止出现参评工程个别性能很差，却被评为A级住宅甚至是3A住宅，"标准"要求A级住宅五方面性能的得分率必须都达到60%以上。同时，采用符号空心☆和实心★分别表示A级住宅和3A级住宅的一票否决指标。其中，空心☆的子项18个，实心★的子项6个。

住宅性能等级判别原则是：

A级住宅：含有空心☆的子项全部得分，且五方面性能都得分60%以上。其中，得分不足720分为1A；720分以上但不足850分为2A；850分以上且含有实心★的子项全部得分为3A。

B级住宅：执行了国家强制性标准，但性能未达到A级。

10.4.3 住宅性能认定的程序

房地产开发企业申请商品住宅性能认定之前，要按照商品住宅性能评定方法和标准规定的商品住宅性能检测项目，委托具有资格的商品住宅性能检测单位进行现场测试或检验。

申请商品住宅性能认定应提供下列资料：

（1）商品住宅性能认定申请表；

（2）住宅竣工图及全套技术文件；

（3）原材料、半成品和成品、设备合格证书及检验报告；

（4）试件等试验检测报告；

（5）隐蔽工程验收记录和分部分项工程质量检查记录；

（6）竣工报告和工程验收单；

（7）商品住宅性能检测项目检测结果单；

（8）认定委员会认为需要提交的其他资料。

商品住宅性能认定工作应分为申请、评审、审批和公布四个阶段，并应符合下列程序：

（1）房地产开发企业应在商品住宅竣工验收后，向相应的商品住宅性能认定委员会提出书面申请；

（2）商品住宅性能认定委员会接到书面申请后，对企业的资格和认定的条件进行审核。对符合条件的交由评审委员会审批；

（3）评审委员会遵照全国统一规定的商品住宅性能评定方法和标准进行评审。在一个月内提出评审结果，并推荐该商品住宅的性能等级，报认定委员会；

（4）认定委员会对评审委员会的评审结果和商品住宅性能等级进行审批，并报相应的建设行政主管部门公布。3A级商品住宅性能认定结果，由地方认定委员会审批后报全国认定委员会复审，并报国务院建设行政主管部门公布。

经各级建设行政主管部门公布商品住宅性能认定等级之后，由各级认定委员会颁发相应等级的认定证书和认定标志。

经认定的商品住宅应镶贴性能认定标志。

商品住宅性能认定证书和认定标志由全国商品住宅性能认定委员会统一制作和管理。

10.4.4 部品性能认定

住宅部品作为产业化住宅的组成部件，其本身的性能认定不仅是住宅部品质量的重要保障，也关乎整个住宅的质量性能。我国住宅部品生产业随着住宅产业现代化的发展已形成一定的规模,以陶瓷卫生部品为例,目前全国的生产厂家很多,产品种类更是上万种,这同时也带来了一个问题,没有针对部品的一个完善的性能认定,住宅部品的质量良莠不齐,住宅质量也很难得到保障。

我国的住宅部品认定制度是在参考借鉴国外尤其是日本经验的基础上,结合我国住宅产业的现状发展起来的。根据国外发达国家的先进经验,住宅部品的顺利发展,必须建立一个完整的部品体系,而体系的保障需要相应的管理制度,即住宅部品认定制度。通过认定工作的开展,提高住宅部品的科技含量和通用性,使住宅部品保持良好的先进性。在对部品进行模数协调和规模化生产时,完成适应各种住宅建筑结构体系的通用部件,加速向产业化过渡。

住房和城乡建设部住宅产业化促进中心对其内容与标准规定如下:

住宅部品的认定与产品认证不同。住宅部品认定的主要内容是针对住宅部品所应具有的功能的前提下,重点对部品的系统构成、部品的组合性能与功能、部品的适用性、质量控制与保证以及施工安装的可实施性等方面进行认定。

由上可见,对于住宅部品的认定内容可归结为对部品的先进性、可靠性、规格尺寸、技术性能、安装方法、工艺及质量保证等的认定,认定的住宅部品是已有产品认证的部品。申请住宅部品认定还应符合技术要求,如部品的技术产业政策、与住宅相适应的有关指标、工程效果及生产条件等申请住宅部品认定的企业资格认定所提交的有关文件等。通过认定的住宅部品由住宅部品认定中心进行公布并以"国家住宅部品认定专用章"印鉴,颁发《国家住宅部品认定证书》及认定标识,有效期一般为三年。对已经认定公布的住宅部品,住宅部品认定中心每年度不定期对其生产企业的生产情况、部品使用效果进行抽检和考核。抽检和考核不合格者,将对其认定资格予以注销,并终止其认定标识的使用权。申请者对认定结果有异议时,可提请国家住宅部品认定监督管理委员会进行仲裁。

我国的住宅部品性能认定是由住房和城乡建设部统一管理和指导,由住建部、国家经贸委、国家技术监督总局等有关部门及行业协会、科研院所的技术专家共同组成"住建部住宅部品认定管理委员会"来负责全面管理和指导住宅部品认定工作。住宅部品认定的检测工作将由国家建筑工程质量监督检测中心设在中国建筑科学研究院、国家建材质量监督检测中心设在中国建材科学研究院及国家住宅实验室设在中国建筑技术研究院等经国家质量监督部门认可并授权的、有资格的质检单位负责。

10.5 住宅产业基地建设

10.5.1 住宅产业基地产生的背景和意义

住宅生产企业的规模化、集团化是住宅产业实现集约内涵型发展的重要保障,有利于促进产业竞争,保证工程质量和产业化水平。尽管我们住宅行业的企业很多,但缺乏作为住宅产业龙头的企业集团,从资金和技术力量上都缺乏技术产品的集成能力,大量的科技投入和劳动力投入无法得以有效地优化,束缚了行业的技术创新,严重制约了住宅产业现代化的纵深发展。为此,引导和扶持一批从事住宅及其部件、配件的研究、开发、设计和各种材料部品的生产企业,是加快住宅产业现代化的有效途径。

住宅产业化基地由住房和城乡建设部批准建立的"国家住宅产业化基地"从2001年开始试行,当时以"钢-钢筋混凝土组合结构工业化住宅体系"为核心技术建设的天津二建钢结构住宅建筑产业化基地,通过建设部组织的专家论证,获批为我国了第一个"国家住宅产业化基地"。伴随着第一个"国家住宅产业化基地"诞生,北新建材等企业也相继成为国家住宅产业化基地,若干住宅产业化基地也在全国范围内开始正式启动建设。

2006年6月住建部下发《国家住宅产业化基地试行办法》(建住房[2006]150号)文件,开始正式实施。建立国家住宅产业化基地是推进住宅产业现代化的重要措施,其目的就是通过产业化基地的建立,培育和发展一批符合住宅产业现代化要求、产业关联度大、带动能力强的龙头企业，发挥其优势，集中力量探索住宅建筑工业化生产方式，研究开发与其相适应的住宅建筑体系和通用部品体系，建立符合住宅产业化要求的新型工业化发展道路，促进住宅生产、建设和消费方式的根本性转变。通过国家住宅产业化基地的实施，进一步总结经验，以点带面，全面推进住宅产业现代化。2011年9月，在由住房和城乡建设部正式批准的21个国家住宅产业化基地范围内，按照"自愿、平等、合作"的原则共同发起成立了国家住宅产业化基地技术创新联盟，是以住宅产业化集成技术的研发、推广、合作为主要任务的技术创新组织，标志着住宅产业化基地建设迈向更为宏观系统的发展阶段。

自150号文件正式开始实施至今，在全国先后批准建立了开发企业联盟型、部品生产企业型、综合试点型等不同类型的共计80多个国家住宅产业化基地，包括万科企业股份有限公司、青岛海尔集团、长沙远大住宅工业有限公司、北京金隅集团、正泰集团等企业，以及沈阳市人民政府、深圳市人民政府、合肥经济技术开发区、大连花园口经济区等。

10.5.2 住宅产业基地的概念

国家住宅产业基地以生产企业为载体，依托对住宅产业现代化具有积极推动作用、技术创新能力强、产业关联度大、技术集约化程度高、有市场发展前景的企业建立住宅产业化基地。国家住宅产业化基地应具有对住宅建筑体系和住宅部品的研究开发、应用技术集成、工业化生产与协作配套、市场开拓与集约化供应以及技术扩散与推广应用的能力和效用。通过基地的建立，培养和发展一批住宅产业的骨干企业，发挥现代工业生产的规模效应，在地区和全国的住宅产业发展中起到示范和带动作用。

建立住宅产业基地的好处是可以形成住宅产业聚集和规模经济优势，大幅增强区域经济实力，发挥产业基地集约供应和推广作用，形成一批产业特点鲜明，技术创新水平高，产业关联度强的住宅产业企业群体，加快住宅技术、部品更新换代的步伐。此外，进一步搞好住宅科技产业基地，不仅有利于整合优化产业资源，创造就业机会，促进社会稳定，而且有利于生产管理和环境污染的治理，尽可能满足现代化生产的要求，促进社会经济实现持续发展。

住宅产业基地的建立对我国住宅产业的发展具有深远意义。首先，建立国家住宅产业化基地是推动住宅产业化的一项重要措施，其目的是鼓励技术创新和推广转化，促进工业化住宅体系和住宅部品体系的发展，转变落后的住宅建造生产方式，提高住宅产业化的水平，实现住宅产业现代化的总体目标。其次，国家住宅产业化基地的建立，在住宅产业领域，形成一批技术创新水平高，特色鲜明，发展环境优越的企业群体。它将在住宅产业中起到示范和带动作用，并对地方乃至全国住宅产业现代化的发展有较高的显示度和支撑作用。最后，在全国建立若干个可带动本地区并能辐射周边地区乃至全国的，具有地域特征的国家住宅产业化基地，建成后的国家住宅产业化基地应具备工业化住宅体系和住宅部品体系的研究开发、应用技术集成、生产制造与协作配套、市场开拓与集约供应以及技术扩散与推广为一体的综合功能。

10.5.3 住宅产业基地的组成及分类

住宅产业基地是由一系列住宅相关企业组成，包括进行住宅产品、原材料、购配件等的研究开发单位、生产企业、销售企业等。基地内企业的这种组成方式所具有的特点：基地中的企业呈现相对集中的地理空间布局，分布密度高，可充分利用基础设施等公共产品的规模经济优势，实现在相同供给水平下公共基础设施和服务平均使用成本的降低。基地内企业由于相对集中，并且总是与功能发达而完善的专业市场共存，企业容易通过市场的变化灵敏捕捉多种最新的市场技术信息，借助丰富的人际渠道将信息高效传播，企业搜索信息的时间和费用大大节省，有利于企业的生产更加贴近市场或超前于市场。一家企业捕捉到一个有用的信息，很快就能够变成许多企业的共同行动如图10-3所示。

按照基地中占主导地位的企业类型不同划分，住宅产业基地的类型可以分为以下几种：

10.5.3.1 生产型基地

生产型基地是指基地中的企业以生产型企业为主，企业大多从事部品、购配件以及原材料的生产加工。生产性基地的内部又可以划分为两个体系：

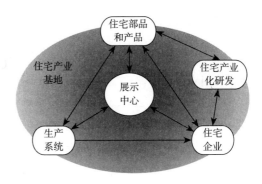

图10-3 住宅产业基地组成

（1）住宅建筑体系产业化基地。住宅建筑体系产业化基地可以主体结构生产企业为主，积极开发新型结构技术，通过本身力量和外联协作，进行相关的主要住宅部品配套，在保证住宅的功能和质量的基础上，实现工业化的生产基地。

（2）住宅部品体系产业化基地。住宅部品产业化基地以住宅的围护，内装、厨卫、设备、智能化等部品的生产企业为重点，改善部品的性能和质量，实现住宅部品的系列开发、集约化生产、配套化供应，发挥工业化生产的规模效应，加快与国际接轨。

10.5.3.2 研究开发型基地

研究开发型基地是指整个基地的运行是由以科研院所、高校、研究开发型企业等为龙头，带动其他住宅企业经营运作。

10.5.3.3 销售型基地

销售型基地是指众多的住宅部品、原材料、购配件的销售企业聚集在一起，进行批发零售。

实际上，现实中的住宅产业基地通常是上述三种基地类型的综合。

10.5.4 住宅产业基地管理运作

基地的管理可以吸取高科技园区和经济技术开发区的成功发展经验，可以采用市场化模式运作，政府进行宏观调控的管理模式。按照建立住宅产业基地的目标，确定其发展方向并加以引导。住宅产业基地中的这些企业应成为住宅产业的支柱和骨干，具有产业现代化综合体的优势，它们不仅在即期市场上占有较大份额，而且要有足够的技术储备，为开发新的市场领域提前做好准备。为此，政府要积极鼓励这些企业参与示范工程的建设，并在技术上予以引导，政策上予以支持，培育以系列化新型住宅产品生产为主导，从事住宅产品和技术的研究、实验、开发、推广的住宅产业现代化基地。

有鉴于此，政府对住宅产业基地的建立和发展运行应该采取扶植鼓励的态度，制定一系列确保基地有序发展的相关配套法规政策，以此为依据进行管理。同时，还应该出台一些扶植基地建设的优惠政策，以吸引相关企业活动个人进入基地投资发展。具体做法包括：要切实打造基地的软硬环境，探索多种行之有效的基地管理模式。营造有利于技术创新和机制创新的政策环境，营造有利于企业技术进步的投融资环境。提高工作效率，为企业提供"一站式"审批和"一条龙"服务。对政府管理基地相关的事务性工作，要通过扶持和发展教育投资、创业投资、物业流通、旅游投资、置地建屋等多种经济组织去承担。要高起点规划，高标准建设，以信息化带动园区现代化，以适应现代大工业的要求。要进一步搞好相关配套服务，加强管理指导和协调服务，充分利用社会各种资源。要根据各区的产业结构特点和分布情况，举办一些专业论坛、专业会展等，促进产业集合型基地向产业结合服务型园区转变，逐步构筑基地企业发展的综合服务体系。

10.5.5 博洛尼内装住宅产业化基地

2012年6月19日，博洛尼旗舰装饰装修工程（北京）有限公司（以下简称"博洛尼"）正式被住房和城乡建设部批准列入国家住宅产业化基地。作为国内首家住宅内装行业的国家住宅产业化基地，博洛尼获此殊荣也填补了住宅室内装饰装修行业的一项空白。博洛尼多年来致力于推进住宅产业现代化，是集住宅室内装饰装修设计、施工、技术研发、部品生产和整体家居为一体的住宅室内装饰装修龙头企业。获批成为国家住宅产业化基地后,博洛尼将进一步在住宅产业现代化的推进中发挥更深远的示范引导作用。

博洛尼自成立之日起,就借鉴国际奢侈品牌的运作模式,以满足客户的生活方式和心理需求为核心;从品牌运作、研发设计、经营模式、商业运作模式、施工制造、社会责任等六个方面拓宽延伸产品和服务链条,打造和提升企业核心竞争力。在整体厨房已形成拳头产品的基础上,博洛尼紧紧围绕着整体家装的需要,先后开发了内门移门系统、整体卫浴、板式家具、软体家具、地板楼梯等家居配套产品,最终发展成为以倡导生活艺术化的生活方式为核心理念,以家居设计、施工为龙头、为主线,整合全系列家居建材产品的供应服务商,为公、私客户提供整体解决方案的企业。这一模式代表了我国家居产业的发展方向,后来市场上出现的装饰企业和部品企业的相互渗透或强强联合也证明了这一点。

2007年以来,博洛尼在向终端客户提供优质家装服务的同时,大力开展B2B业务,积极响应住建部关于实行住宅建设产业化,节能环保低碳的号召,在住宅工厂化装修方面做了大量开创性的工作,并在万科、雅世合金、阳光100、绿地等项目中成功实施。同时,博洛尼在国内首创整体精装概念,致力于提供整体精装咨询规划、精装设计、CSI干法施工和整体木作,为开发商提供优质的住宅精装整体解决方案、产品和服务。博洛尼已建成规模达17万平方米的专业生产基地,拥有自己的研发与生产部门;并且拥有专业、独立的研究机构——博洛尼精装研究院,以"为居住者提供高品质、全功能、长寿命的住宅"为己任,应对社会性、公共性的居住问题进行思索并提出解决方案。

目前博洛尼精装研究院已在住宅产业化、工业化精装修、SI干法施工、空间收纳系统、适老住宅等方面展开全面、深入的研究。同时,参编由住房和城乡建设部策划的《保障性住房套型设计及全装修指南》、《CSI住宅建设技术导则》等行业著作,其研究成果已在项目中付诸实践并得到检验,并且将不断完善,持续地走在行业的前沿。

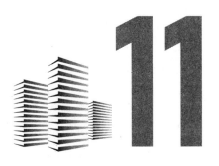

11 住宅产业化的组织体系与实施

11.1 推进住宅产业化的组织体系

住宅产业涉及研究、设计、施工、轻工、化工、机械、电子等许多行业，再加上住宅产业在国民经济中的重要地位，要做到政策统一和高效执行，建立国家专设的行政管理机构是必要的。如日本的建设省住房局，新加坡的建屋发展局，美国的住房发展部，这些住房管理决策机构，层次高，权力大，能够协调各部门的工作，保证国家住房政策的贯彻实施。另外，还要建立完善的住房保障、住房金融、住房供应等多方面的运作机构。如前所说的各国住房保障供给机构，如日本的住宅都市整备公团，瑞典的HBS住宅合作联盟；住宅金融机构，如日本的金融公库，挪威的国家住宅银行等。这些机构的设立有利于政府政策的实施。

根据我国住宅产业化发展的实际情况，建议应建立三个层次的推进体系：

一、决策层，由国家住宅产业化促进中心及其下设办公室、事业部门和专家咨询委员会组成。中心成员负责协调国家住建部、发改委、经委、科技部房地局等相互协助关系，主要负责制定住宅产业化发展规划及政策，中心下设的相关机构负责住宅产业化日常的指导、推进和协调工作。

二、推进层，由标准化办公室、建材业管理办公室、建筑业管理办公室、房地产业管理办公室部门组成，标准化办公室负责制定住宅有关的标准和规范体系，建立住宅建筑与部品的模数协调制度与标准化的设计等。其他的管理办公室分别负责建材、施工、房地产等行业的产业化推进工作，包括如何在原有的企业规模基础上扩展成企业集团；如何提高企业的科技含量、管理水平与人员素质；如何选择示范小区与实行住宅性能认定制度；如何贯彻实施国家住宅产业化的各项方针、政策等。

三、实施层，由设计单位、咨询单位、建材生产与销售企业、房地产开发商、建筑施工企业、物业管理公司等主体具体操作。

我国某城市住宅产业化实施组织体制框架，如图11-1所示。

住宅产业是一个与几十种产业相关联，与城市每一个居民的切身利益直接相连

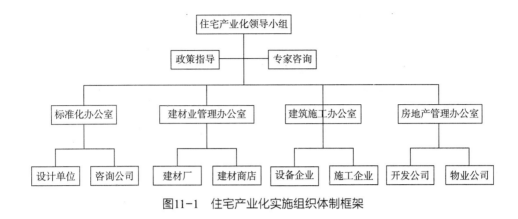

图11-1 住宅产业化实施组织体制框架

的特殊产业，发展住宅产业牵涉到许多方面的矛盾。在中国这种特殊的经济文化背景下，只有政府出面担当制定宏观目标与方针、协同各部门的合作的角色，住宅产业化才有可能完成。中国应该在学习借鉴国外住宅产业化组织管理、技术和市场等方面经验的同时，结合本国国情加以修改和补充。政府要充分发挥宏观调控的能力，担负起宏观目标的制定和方针的把握，要根据当地经济发展水平和住宅产业发展现状、优势，确定推进住宅产业化，提高住宅质量的目标和工作步骤，统筹规划，明确重点，并支持经济、技术实体，分步实施。此外，政府在未来的重点工作应放在下列方面：

- 住宅产业发展的现状调查评估；
- 标准化体系的建立维持；
- 开展住宅建筑经济能力的评估预测工作；
- 培养和扶持住宅产业技术密集型的企业和施工安装部门；
- 组织开展住宅产业化的基础和重点科技项目的研究与开发；
- 积极支持和组织本地区的示范、试点工作。

11.2 住宅产业化的促进对策

根据上文建立的住宅产业化推动力系统，从影响住宅产业化的企业、行业、环境几个大方面进行住宅产业化促进对策的讨论与研究。

11.2.1 促进住宅产业化的环境对策

住宅产业化是一项复杂的社会系统工程，涉及的范围极其广泛，内容丰富。政府作为国家的代表和市场的管理者，应当采取一些举措，直接或间接地促进住宅产业化发展，同时使自身的组织和职能适合住宅产业化发展的需要。社会各个方面也应当积极参与，为住宅产业化的发展提供动力。环境方面的对策主要从政府的宏观调控、国家机构的设置、公众参与度的提高等方面展开。

11.2.1.1 发挥政府的宏观调控与结构调整能力

政府在住宅产业化进程中，应担负起宏观目标的制定和方针的把握，要根据当地经济发展水平和住宅产业发展现状、优势，确定推进住宅产业化，提高住宅质量的目标和工作步骤，统筹规划，明确重点，并支持经济、技术实体，分步实施。除以上阐述的内容之外，政府在未来的重点工作应放在下列方面：

（1）通过标准化机构，组织科研、设计、生产部门推行和完善模数协调体系，按照模数协调的法则，完成住宅部品和施工安装的标准化、系列化和集成化的工作。完善标准、规范系列的编制组织工作。

（2）开展住宅产业发展的现状调查评估工作，摸清工业布点、技术装备、生产水平、差距难点、优势和不足，做到心中有数，从而可确定主攻项目，研究对策，组织实施计划。

（3）开展住宅建筑经济能力的评估预测工作，综合分析住宅建设的各项技术措施和实施途径，编制住宅建筑的发展目标和科技计划，引进项目，从而为本地域的住宅产业发展奠定科学的基础。

（4）培养和扶持住宅产业技术密集型的企业和施工安装部门。重点开展新型墙体结构和材料，节能保温技术，防水防渗技术，厨卫整合技术等成套系列技术，发展建筑体系技术的研究工作。

（5）积极支持和组织本地区的示范、试点工作。作为载体，通过小区示范和产业基地的建设，将成功的经验、优秀的部品和相关技术进行推广，以促进本地区住宅建设技术的进步。

要在制定实施有利于推进住宅产业化、提高住宅质量功能的住宅产业发展政策的同时，搞好住宅建设的总量调控与结构调整，以住宅商品化、产业化、社会化为导向，充分发挥市场的资源配置作用，积极培育住宅市场，引导企业提高技术和管理水平，生产出适合中国人民新世纪居住的房屋。

为扩大规模，提高产品质量功能，降低成本，需要对住宅产业进行结构调整，政府应积极引导和推进企业间联合、兼并、重组等，并在其中起重要的牵线搭桥、组织协调的作用。并且可以扶持一批有条件的企业，在政策引导扶持下，形成以住宅开发建设为主的大型骨干企业，促进住宅产业集约化、规模化程度的提高。

在宏观调控的过程中要注重政府职能的转变，发挥政府"看得见的手"作用的同时要避免政府对所有工作的大包大揽。政府是市场经济的组织运作者，是市场的管理协调者。政府的职能是调控市场；企业是产品生产的母体，产品的质量功能、水平档次如何，与企业自身的素质与水平直接相关，因此政府应该把工作重点放到如何促进和引导企业提高规模、素质和技术管理水平上，必要时可以扶持一批新技术推广示范企业或产业骨干企业，而具体的生产经营运作则应由企业来完成。这一方面可以使政府摆脱繁杂的日常事务，集中精力于行业管理、政策法规、发展方向等大政方针上，另一方面也避免了对企业过多的干预，为企业间竞争创造平等公正的环境。为此要使政府的职能转变到适合市场经济与产业化技术发展要求，以间接指导和服务为主上来。

为保证住宅产品质量，根据国家、地方标准要求，对住宅产品实施国家监督管理。政府有关部门要加强对住宅及部品的生产流通过程的监督管理，依据有关政策法规，明确国家监督的权限范围，在规划设计、部品认定、性能评价、市场准入、工程质量监督等方面切实抓紧抓好，保证在国家的监管下建造出安全适用的住宅。

除此之外，还要加强对优质新产品的推广工作，对于国家认定的优质产品在展示、信息传播等方面加强对新产品的介绍、推荐、宣传工作（包括淘汰的劣质或低档产品），使用户能及时准确地得到新产品的信息。这项工作也可以由政府与民间协会共同进行。

11.2.1.2　建立推进住宅产业化的领导机构与发展政策

作为政府管理的常规作法，一项事业需要对应政府的一个职能部门。住宅产业化问题跨行业、跨部门，因此为组织协调各方关系，推进事业发展，国家1998年秋在原建设部成立了住宅产业化办公室，负责制定各项方针政策，组织研究开发、技术标准、技术引进、企业与工程项目试点、住宅产品质量与性能认证等工作的开展，协调各方的关系。为配合国家推进住宅产业化发展的工作，一些住宅产业化发展较早的省市也相继成立了对应的机构。

制定并实施住宅产业化发展政策也是政府的重要对策之一。在政策制定之后，政府还需要制定实施细则，组织政策的学习、贯彻、实施，对政策实施进行指导，协调各方关系。要及时汇集政策实施中的反馈意见，对政策实施的问题进行分析研究，找出相应的解决办法，并对政策进行修订和完善。

在促进过程中，要灵活运用经济和市场的手段，发挥法律的作用，正确处理市场调控与政府行政指导的关系。政府发挥作用的方式不是直接作为微观的主体加入住宅产业化的进程中，而是通过制度安排，制定法律、法规和政策，激励生产者和消费者通过住宅产业化模式追求自身利益最大化。所有法律、法规和政策都应该在规范企业市场行为的同时，使得生产者追求利润的目标不与发展住宅产业化矛盾。

促进住宅产业化的法规制度建设。建立和完善法规制度是住宅产业化发展的基本保障，我国促进住宅产业化的立法，可划分为三个层面：一是引导住宅产业发展的综合性法规，明确中央政府和地方政府在住宅供应方面的责任；二是具体组织实施的法规，如住宅建设五年及十年发展计划、规划的法规；三是住宅产业技术、标准的法律法规。

配套的经济政策也要制定实施，利用税收机制推动住宅产业化，实现住宅产业可持续发展。既要考虑住宅产业技术进步，又要考虑土地、水资源的节约。在促进过程中注意与房产税费调整改革相互配合，根据资源的占用利用情况区别税费，形成资源节约和税费增减相挂钩的机制。

建立稳定的公共财政政策，设立国家住宅产业发展基金。国家公共财政应对基础性研究和实用技术的开发储备提供必要的支持，建立专项基金，世界各国的此项举措也证明其是一项行之有效的措施。

针对住宅产业化过程中的相关企业，应当设立如住宅产业化专门的行政管理部门，负责标准化体系的建立，税收、保险、金融体系的支持，保障和监督体制的建立，住宅性能的认定规范等。但政策制定之后必然会有政策落实执行问题，如果政策制定和政策落实执行没有稳步推进，或者政策在实际执行中明显不符合当地实际情况但也没有及时调整，同样会阻碍住宅产业化的发展。所以，要根据区域不同特点制定相应政策，保证政策落实到位，定期调研政策落实情况，按照不断变化的实际情况调整政策。

11.2.1.3 调动社会各项资源并加强公众参与度

调动社会资源首先要发挥市场的作用，运用金融手段为住宅产业化的推广提供金融支持。目前，我国住宅市场存在的资金不足、金融风险过大等问题，严重阻碍了住宅产业化的进程，应借鉴国外先进成熟的经验，全面开展金融服务。一方面设立金融机构，如美国的联邦住宅贷款银行、日本的住宅金融公库等。通过实行住宅抵押贷款制度，设立住宅银行，发放住宅债券与股票，收缴管理住房公积金等，解决住宅的供需矛盾，促进住宅产业生产和消费的良性循环。另一方面，提供优惠信贷支持，对符合产业化政策和采用节约资源技术措施的项目优先给予信贷支持，鼓励消费者购置资源节约型住宅。

鼓励社会各企事业单位构建科技支撑体系，各国的产业化进程标明，产业化的前提是工业化，而工业化的实现离不开科技支撑，应调动社会各界的科技创新积极性,为成熟的科技创新体系准备厚实的土壤。将住宅产业化的发展纳入国家"高新科技"的范围之内,扶持新生产方式的发展,制定"住宅体系生产技术开发补助金制度",并通过金融机构对开发生产住宅新部品提供低息贷款,鼓励住宅产业化所需的技术开发项目的实施。

切实推进教育改革,通过相应的人才政策与人才计划吸收各相关行业人才参与到住宅产业化进程中,为住宅产业化发展中新技术的研究提供人力资源储备。鼓励外延学科涉足住宅产业化行业,为住宅产业化的推广发展提供多方面的信息支持。

公众参与能力建设。开展多种形式的宣传活动,普及建筑设计知识,提高全社会对发展节能省地型住宅的重要性的认识,充分认识我国的资源环境状况,充分认识改革住宅建设和发展模式的紧迫性。树立资源节约意识,树立正确的住房消费观念,充分发挥舆论的导向作用,加强对住宅产业化的社会宣传,使政府、企业和消费者形成良性互动和合力,为住宅产业化形成良好的舆论环境和社会氛围。总之,政府在住宅产业化的发展过程中起了双重作用,既是生产的推动力量,也是消费的拉动力量。一方面,通过对住宅开发商实行一定的优惠政策,激发企业的积极性与创新性,推动企业在更广阔的领域不断研究开发新产品、新技术,并使之得以顺利应用于住宅建筑中,促进住宅产业化向更高层次发展。另一方面表现在引导住宅消费方面,提出一系列有利于消费者的优惠政策,使住宅消费由潜在变为现实,使生产与消费紧密地结合起来,避免生产与消费的脱节,从而保证住宅产业化的顺利实施。同时应鼓励用户以特定的组织形式参与到住宅产业化的推广过程中。

11.2.2 促进住宅产业化的相关行业对策

房地产业、建筑业、建材业、住宅部品及设备制造行业均是住宅产业化的相关行业,促进住宅产业化进程发展,也要从这些相关行业内寻求对策。

11.2.2.1 房地产业的对策

住宅产业化将对房地产业的发展提出较高要求,使之向集约化、规模化经营方向发展。按此要求，房地产业应实施大企业集团战略，向提高企业素质、规模化、连锁经营的方向发展。为此房地产业应减少住宅开发企业的数量，淘汰一批规模小、素质低、实力差、靠投机发财的小公司，提高企业的规模和素质，重点发展一批规模化经营的大型房地产开发集团公司，其中一部分可发展成为住宅产业集团，进入住宅产业。当前我国房地产企业众多，但房地产的行业布局并不科学。全国多数城市和地区的房地产企业普遍结构单一资源分散，数量虽多但规模差别较大，发展水平参差不齐，不利于行业内统一规模化的跨越式发展。部分先锋企业能够将产业化的理念融入现行的房地产开发过程中，并建立了相当数量与质量的住宅产业化基地，但绝大部分房地产企业并没有先进的行业认知。要想推进住宅产业化，必须完成行业内的资源整合，大型先锋房地产企业要勇于进行市场开拓与资源整合，形成资源集成的局面。

住宅产业化将导致房地产业结构的重组和专业化分工协作加强，向专业化和综合化两个方向发展，形成两种管理组织模式。专业化发展方式通过虚拟住宅企业的构建而实现，虚拟住宅企业是网络技术高速发展的产物。随着产业化的推进，多个相关独立企业通过网络集成和资源整合组织虚拟的联合，并产生盟主企业和参与企业。综合性发展方向就是在虚拟住宅企业充分发展的基础上组建住宅产业集团。住宅产业集团的出现是实现住宅产业化的重要标志。盟主企业通过自身能力不断开拓业务范围，与产业链上下游企业之间保持密切联系，增强企业自身在产业链中的话语权，不断提高自己的企业竞争力。并购、控股、参股均是盟主企业整合资源的有效方式，这是行业的必然发展趋势，在此过程中，健全的法制体系与成熟的公司运营及资本运作均是必然面临的行业挑战与机遇。

房地产行业应主动的拥抱这种资源整合的趋势，优先扶持一批先锋骨干企业，通过新材料、新技术、新模式发挥骨干企业的先锋带头作用，为后续的行业发展提供可供参考的优秀模板。综合实力较强的房地产企业应当主动迈出步子，带领相关企业形成系统的行业组合产业链，专业性较强的分部分项工程施工、装饰工程、建筑设备部品生产供应、商品混凝土、机械设备租赁等要向着专业化、社会化、商品化方向发展，从而可以加速住宅产业化的实现。

在行业整合的过程中，会持续有全新的建设管理模式、设计施工管理方法等新鲜事物产生，促进住宅产业化前进的核心行业对策就是进行行业资源整合与重组。

此外，房地产业要积极寻求政策和媒体的支持，力争达到房地产企业、媒体、政府的三方积极合作，充分利用政府制定的促进政策，依靠法律法规约束行业不规范行为，促进行业内的良性竞争，在早期树立优良的品牌口碑。积极面对媒体，利用媒体的舆论导向作用进行多方的宣传，提高社会的普遍认识。

11.2.2.2 建筑业的对策

建筑业一直是住宅的现场承建者，由于住宅产业化的发展，住宅的生产方式将发展根本性变化。由于采用工厂生产、现场安装方式，可以提高建筑业的生产效率和经济效益，提高住宅产品的质量，并使现场生产条件得到改善，生产周期缩短，安全卫生状况得到明显好转。为此建筑业应采取的对策有：（1）提高建筑业的整体素质和技术管理水平，加快建筑业技术进步，掌握现代化的生产技术与管理方法（尤其是住宅生产建设的技术与管理），提高从业人员素质，力求保质保量地完成住宅建设任务，以此谋求在住宅建设领域中站稳脚跟；（2）针对建筑业以分散生产经营为主的特点，加快产业结构调整，在发展极少数大型企业集团的同时，加快大量中小企业向专业化、机械化承建住宅建设或住宅施工现场服务方向发展，并与大企业及住宅产业相关企业良好协作，共同发展；（3）以工程建设为核心，扩展生产经营领域，形成与相关产业间互相融合、互相渗透、协同竞争的格局；（4）个别规模较大、实力较强的建筑企业可以向前向后延伸业务范围，成为住宅产业集团，进入住宅产业。

11.2.2.3 建材业的对策

住宅产业化将对建材业的发展带来前所未有的巨大契机，因此建材行业将是住宅产业化发展中的最大受益者，但建材行业的发展必须建立在自身水平与素质提高的基础上。因此建材业的发展对策主要有：（1）通过大规模技术改造，引进或更新技术与设备，扩大企业生产规模，提高产品质量，降低成本，发挥规模经济效益，向半成品成品精深加工方向发展；（2）调整产品结构，大量生产适合住宅产业化要求的轻质高强、保温隔热、防水隔音、易加工成型的新型建材产品；（3）调整产业结构，促使企业间走联合、兼并、资产重组之路，优化资源配置，促进社会化分工协作，派生出一些新的行业或专业；（4）个别规模较大的建材企业，尤其是新型建材生产企业，可以通过联合、兼并、合资引进等方式，延伸业务领域，发展成为住宅产业集团，进入住宅产业。

11.2.2.4 住宅部品、建筑设备制造业的对策

像建材业一样，住宅产业化将为住宅部品、建筑设备制造业的发展带来巨大机遇，但要求这些行业的企业能够为住宅产业提供标准化的、质量精良、型号齐全、规格配套、价格适宜的产品。为此这些行业应采取的发展对策有：（1）通过技术引进或技术改造，更新设备，提高人员素质，进而提高行业素质和技术管理水平，为生产出优质产品打好基础；（2）调整产品结构，不断开发新产品，向系列化、组合化、精深加工方向发展，减少使用中的现场加工环节，提高生产效率；（3）通过联合、兼并等形式，优化产业结构，扩大企业生产规模，提高质量，降低成本；（4）成为住宅产业集团，进入住宅产业。

11.2.3 促进住宅产业化的企业对策

住宅产业化给住宅相关产业的企业带来了前所未有的挑战和机遇。无论是房地产企业、建筑企业，还是建材企业，不论综合性企业、还是专业化企业，都面临着如何在这场产业化发展的浪潮中抓住机遇、脱颖而出、发展壮大的问题。对此，每个住宅相关产业企业都必须严肃对待，认真研究发展对策。而住宅产业企业的发展又是住宅产业化的直接动力。

11.2.3.1 实现企业的战略转型

在新形势、新问题、新需求下，住宅产业化相关企业都要力争实现企业的战略

转型。认清形势，转变观念，抓住机遇，制定发展战略。

首先应该以企业家的敏锐眼光和洞察力，认清当前的形势和今后的发展方向，认识到目前这种粗放型的生产经营方式已不能适应居民居住生活的需要，认识到单靠资金和劳动力的大量投入已不能满足经济发展的要求，从而转变思想观念，真正认识到住宅产业的发展必定要走产业化道路，企业的发展必须转到提高企业素质和水平，提高科技水平和产品质量档次方向上来。并且要认识到当前国家大力发展住宅产业，正是住宅产业企业大发展的极好时机。对于要在这场浪潮中奋起的企业，必须要抓住机遇，立足当前，放眼长远，制定企业正确的发展目标和发展策略，努力使企业成为住宅产业中的骨干力量。

在市场经济的大潮中，企业的发展将以市场竞争来决定，这就使企业总是面临着不同的命运，可能发展起来，可能被淘汰，也可能维持原状。住宅产业企业众多，专业很多，各种企业应根据自身的不同特点和优势，采取不同的发展战略和发展模式。有的企业可以通过联合、兼并、控股等方式组建一体化的企业集团，走综合化、集团化发展道路，有的则走专业化、规模化道路。但发挥优势，取长补短，增强自身的竞争力是企业发展的首要目标和长远发展的基础。

在企业转型升级过程中，要明确企业的发展路线，确定综合性或专业化的发展道路。住宅产业化相关的投资开发企业、住宅构配件及部品设备制造企业、建设企业、住宅流通与服务业等均需要从传统企业中分离重组，通过资源整合向综合性或专业化两个方向发展。少数实力强的企业逐步重组为集设计、部品制造、建筑施工、住宅流通、售后服务一体化的住宅产业集团，多数企业则向工程施工、设备、部品生产供应、机械设备租赁等专业化方向发展，形成产供销服务一体化的产业格局。

各相关企业应转变传统逻辑，寻求以市场需求与用户个性化需要为主要导向，对不同用户的个性化需求进行匹配。在住宅产业化模式下，用户可以任意根据自己的喜好和标准选择不同企业的产品，为住宅产业化企业竞争提供了差异化的竞争优势，企业可以根据不同地域的需求和供应状况，选择性地投资需求和供应差距最大的产品。住宅这种产品的特殊性使得消费者在购买时通常会慎重考虑很久才做出决定。能够切实的满足用户的个性化需求成为企业服务问题的重中之重。在传统住宅市场中,企业相对于用户占据市场主导的地位,卖方市场下企业对产品的属性和数量具有控制地位,产业化模式下产品属性的丰富和市场的转变使得"用户满意"成为新的市场导向,关注客户满意度是住宅产业化相关企业必须面临的战略转型。客户满意是企业生产的目的,同时也是实现住宅产业化的最终目的。

传统观念下,住宅产品进入用户手中也即意味着生产销售的结束,而产业化模式下,产品开发会在用户使用的过程中继续深入进行,各个企业继续对产品进行后续服务。在产品进入客户手中之前,房地产企业开发住宅过程中每一个环节,每一个步骤都要做到使客户满意。而产品进入客户手中之后,则是在产品的使用过程中,提供优质配套的服务,注重客户所提的各种意见,及时反馈给相关的生产,销售,售后等不同部门,并且应不定期调查客户满意度。如实记录数据,认真分析总结结论。

11.2.3.2 提升企业的综合水平和创新能力

住宅产业化相关企业面对新事物要注重提高自身的综合水平和创新能力。具体通过以下方面来进行:

1. 提高企业管理水平和人员素质

住宅产业相关企业长期以来一直是技术水平低、人员素质低、管理混乱的企业群体,要想增强自身的竞争力,就必须提高企业自身的素质,包括领导者素质、职工素质、技术素质、管理素质等,并抓好企业管理的基础性工作,如制度化、标准化、定额定员等。具体的途径主要有:(1)建设一个经营管理、思想作风过硬的强有力的领导班子;(2)进行多种形式、多种层次的培训,提高职工素质;(3)推进企业技术进步,有计划地进行技术改造和技术开发、技术引进,优化资源配置;(4)整顿和健全标准、定额、计量、信息、管理制度等基础性工作,搞好行之有效的传统管理,努力推进管理现代化。

2. 加强技术创新和组织结构创新

创新作为企业发展的首要因素，无论大企业，还是中小企业，都必须引起高度重视。住宅产业历来是技术创新中的落后者，发展住宅产业化，技术创新是第一位的工作。首先要根据住宅产业发展的总目标，调整产品结构，发现有前途的新技术产品，大胆投入研究与开发，不具备研究开发条件的可以靠技术转让、购买专利、委托研究等方式获得先进的生产技术。其次对技术成果进行实用化，进行设备工艺改造和人员培训，形成大规模生产能力。再次做好新产品的推广工作，在试销基础上，总结反馈意见，对产品或工艺设备进行修正，投入大量生产。在进行技术创新的同时，必须进行现代企业制度改组，理顺各方关系，调整企业组织结构，使企业机构更富于灵活性和创造性，更适合技术创新要求。

住宅产业化相关企业是推动住宅产业化前进的主体，科技创新与进步则是企业立足和发展的根本。传统企业注重住宅的生产环节，科研与创新不是企业工作的重心，而要切实发展住宅产业化，企业必须实现科研创新与制造生产的统一。传统发展模式下，科研与生产会有一定的脱节，科研机构的技术创新并不能有效地转化为具体的社会生产力，企业自行进行研发进步与技术创新，并将自主研发的先进技术应用到企业自己生产过程中，可以切实的加强企业的竞争力。只有建立企业为主体、产学研结合的技术创新体系，提高国家自主创新能力，全面推进中国特色国家科技体系建设，才能使企业的主体地位得以确立，才能更好地推进住宅产业化。

3. 利用网络信息技术，创新企业管理模式

网络信息技术的发展充分推动了传统产业的技术升级，带动了企业创新技术能力的提高，企业的管理模式也应当创新改进。通过合理调配人力物力、资金，实现整体优化，资源优化，使得企业之间的交易更加便捷。组织管理上的扁平化有利于命令更有效的执行。网络信息技术的广泛应用，使得用户和企业之间的沟通交互更为便捷直观，提高了组织管理效益。同时，企业和企业之间也可以利用网络信息技术进行复杂工作的整合与合作，管理的幅度和维度可以得到拓展和加深。

4. 创建学习型企业

企业应积极寻求政府的政策扶持，坚持引进先进的技术和人才，巩固推广自身成熟的住宅产业化发展模式，同时要积极开展国内企业向国外先进住宅企业学习的双边活动，相互提高住宅产业技术水平。通过国内技术交流与合作、各种展览会、现场会与经验交流会等形式，共同推动住宅产业化的健康发展。企业在住宅产业化进程中要始终加强信息沟通与交流，对成功的案例和实践模式相互学习和探讨。我国的住宅产业化水平还处在较为初级的阶段，创建学习型企业不只要对国内的企业和案例进行学习，更要大胆的借鉴国际上先进理念和领先国家的发展情况。在学习的过程中，必然面临国外技术模式与中国具体国情相结合的问题，这一过程的道路必然是曲折的，而前景一定是光明的，不能因为在具体实践过程中遭遇挫折和失败就拒绝学习和改变。通过学习借鉴先进的技术水平和发展模式，结合自身发展情况构建适合我国具体国情的产业化发展对策，是创建学习型企业的根本目标。

11.2.3.3 有效整合资源并构建产业化联盟

企业在技术创新并赢得市场优势之后，为进一步发展壮大，形成更强大的生产能力，就必须进行规模扩张。规模扩张的形式有许多种，如新建项目、扩建原项目和并购其他企业等。其中以并购相同类型其他企业为最佳方式，即以最低的成本，兼并或收购生产效益差的、濒临破产的企业，实现低成本规模扩张（同时也是社会成本最低）。这些被并购的企业，经过收购者注入资金、技术与管理方式，经过一段时期的整顿就可以形成生产能力，从而大大增强企业的市场竞争力和占有率。当然，低成本扩张是只有竞争中的胜利者才拥有的权利。

另外，企业之间可以通过联盟战略强化自身的核心能力，建立超越现行职能部门或传统业务单位分工的虚拟组织，将房屋生产经营全过程的各种功能以虚拟一体化的方式进行集成，通过企业品牌、信誉、企业文化和整合管理能力，将建筑施工、构配件生产、部品设备生产供应、装修等生产过程的企业以"合约/信任/伙伴关系"方式纳入企业的集成化管理中来，实现技术共享和核心优势互补。为强化企业间的协作配合，可以在企业之间设立一个专门委员会来负责产业链的运营。

住宅产业企业在技术创新的基础上，必须要大力开拓市场，以保证大量生产的新技术产品能够为用户接受，并使企业获得良好效益。为此企业必须要加大市场推广的力度，通过创优质品牌和优质服务、广告宣传、CI（企业形象）、CS（顾客满意）等方式，提高企业和产品的知名度，提高产品竞争力和市场占有率，保持企业在市场竞争中的优势地位。

11.3 促进住宅产业化的相关政策

促进住宅产业化推动力系统可以从影响住宅产业化的企业、行业、环境几个大方面进行分析，而企业、行业、环境等维度上的促进措施都要以国家的政策体系为依托。为达到住宅产业化发展的目标，促进产业组织结构合理化，获得理想的市场效果，需要国家制定一系列的住宅产业政策，调节市场结构和发展方向，引导企业走规模化、产业化的发展道路。推进住宅产业化发展的住宅产业政策主要包括住宅产业结构政策、住宅产业组织政策、住宅产业技术政策、住宅产业布局政策。

11.3.1 促进住宅产业化的技术政策

住宅产业技术政策是指国家对住宅产业技术和发展方向进行宏观指导的政策。其主要内容包括：确定住宅产业的技术发展目标，规定合理的住宅产业技术结构、生产结构和产品结构；确立住宅产业技术选择的方向，提出促进产业技术的路线、途径和措施。其根本目的在于提供在技术上满足人民有效需求并与社会发展相适应的最终产品——住宅，其发展方向是开发应用新技术、新工艺、新材料、新产品，运用各种现代科学技术知识和手段为住宅产业化发展提供科学有效的支持。住宅产业技术政策主要有：

11.3.1.1 推进住宅建筑标准化的政策

标准化作为工业化的必要前提，应大力推广，并逐渐形成以半强制性为主，半强制性、强制性与推荐性相结合的标准化体系。标准可以有国家、地方、行业和企业标准，由于住宅产业的区域性，标准化应以国家指导下的地方性行业标准为主导，企业标准向地方标准靠拢。国家还应当规定住宅建筑技术上的一些标准，并要求开发单位和设计部门严格遵守。

在住宅产业化的初期阶段，建立住宅建筑的标准化体系是实现住宅产业化的前提，因此我国应该制定有效的住宅建筑标准化的相关政策，并予以推广实施。建立完善的住宅建筑的标准化体系，例如从尺寸、大小、比例上进行标准化的规范，并要求各设计院、开发企业严格执行。在建立了标准体系后，要完善住宅建筑的模数协调体系，建筑模数协调标准的编制必须依照"低碳、节能"的方向进行制定，并为未来改进和发展留有一定空间，在制定该体系时，可以参照国际标准，但同时注意与中国现行的国情相协调。另外，在各地区，根据气候、日照等不同条件，地方政府应因地制宜地制定各地区的建筑标准体系，以此与国家标准相协调统一，并给予必要的补充。通过完善建筑标准的监督、检测环节，逐步建立质量认证体系、产品淘汰制度等，使得住宅标准成为一种主流趋势，不符合要求的将逐步被市场淘汰。

11.3.1.2 住宅部品化和工业化的技术研究与产品开发政策

制定政策，明确今后住宅部品化和工业化的发展方向，引导企业进行住宅部品化和工业化方面的研究与产品开发，鼓励企业开发应用新技术、新材料、新工艺、新产品，取代原有的技术与产品，同时逐步规定和限制某些技术落后、浪费资源和能源、不利于产业与经济长期健康发展的产品（黏土实心砖、木窗钢窗、铸铁给排水管等）。

住宅部品化产品开发政策的实施在住宅标准建立的过程中尤为关键，政府大力推进新材料和新部品的研发和制造，在模数协调原则的指导下发展通用的部品体系，逐步实现以部品化为中心的工业化、社会化大生产。例如，在住宅建筑标准中，厨卫整体可以作为住宅的核心部件，政策应引导厨卫设计的系列化、标准化、配套化和通用化，实现厨卫的工业化生产，达到部品标准的统一，以此最终达到现场的组装要求，逐步实现精装厨卫一步到位，为菜单式全装修的住宅建设打下良好的基础。

在构建部品化和标准化的政策基础上，建立建筑结构体系，形成一套适用于系统技术集成的技术体系，可包括钢筋混凝土结构体系、剪力墙结构体系、砖混结构体系、框架结构体系等。建筑体系的构建与选择要立足因地制宜的原则，根据不同的需要、环境、经济条件、居住需求、技术材料等条件，综合选择最适宜的住宅建筑体系。

11.3.1.3 促进研究开发住宅建筑施工与管理技术政策

在住宅建筑施工的技术方面，要完善各类施工的成套技术，按照住建部提出的《建筑业十项新技术》，鼓励配合住宅部品化、工业化的发展，研究并开发与此适应的装配化施工与管理的新技术。政策上扶持新工艺、新技术与新材料的研发机构，在工业化发展与住宅部品化基础上推进部品建造的工厂化。现场组装施工，从施工技术角度提高施工水平，保证工程质量，降低施工成本，提高工作效率，最终达到住宅产业化下的工业化大生产的条件。采用多层次的装备结构，提高住宅建筑施工机械化水平，推进机械租赁业务的社会化。发展各种住宅施工成套技术，积极引进并开发先进的施工工艺，在各施工环节中采用高新技术。积极促进住宅产业在开发、建设、流通、使用全过程的管理科学化，积极引进推广新的管理技术，如TQM、系统工程、预测决策技术、价值工程、流水施工与网络计划技术、行为科学、工业工程、精益生产、量本利分析等，逐步实现传统经验管理向现代化科学管理转变。

11.3.1.4 住宅建筑节地节能政策

住宅建设必须走节地节能之路。在住宅开发上，严格控制农田的占用；对黏土实心砖的使用，要采取一些措施加以限制，引导客户使用新型的墙体材料；节能是住宅建筑使用功能好坏的重要标志，要在住宅布置、朝向、体形、围护结构、门窗等方面采取措施，提高住宅建筑的保温隔热性能和气密性。将墙体材料改革和建筑节能与住宅产业化发展有机结合起来，努力在产业化这个更高的层次上解决墙改和建筑节能问题。

新的发展背景下，尤其是"十三五"规划期间应出台具体的政策，对低碳排放的要求进行进一步的更新和修正，引导住宅产品向低碳建筑的方向发展。节能政策制定可以分四步走：第一步，依据各个地域的具体情况制定相应的标准，确定节能低碳产品认证体系，对住宅产品的碳排放量、能耗水平、性能标准等制定出合理的评分标准，并给予强制推广和执行；第二步是构建完善的监督评价机制，具体从住宅设计环节需严格执行相关节能标准，审批的相关机构按照标准监督执行情况；第三步，制定配套政策，对优先采用新能源、新技术、新材料的低碳节能建筑进行鼓励表彰，对违反标准的相关设计方案给予行政处罚、降低资质、批评教育等措施，从政策的角度鼓励对低碳、节能的相关住宅新技术的研究工作，并协助新技术、新材料的推广应用，调动研究机构的积极性；第四步，制定相应的节地政策，设立土地节约利用的相应课题项目，鼓励各高校、科研单位及企业进行科研参与，归纳综合节地实施标准，对优秀科研成果与实施案例进行表彰与推广。

11.3.1.5 科技体制政策

1. 科技引进政策

要引导企业积极引进国外的先进技术，加强国际的住宅技术，尤其是先进技术和高技术领域中的科技引进、交流和合作，并结合我国的实际进行消化吸收、创新发展和推广应用，形成适合我国的住宅产业化技术体系。制定长期的、滚动的住宅新技术研究与引进消化吸收、推广应用的计划，并予以切实的实施。

2. 人才培养政策

人才是产业发展的根本。住宅产业由于其先进的生产方式，其所需要的人员素质要高于建筑业和建材业。而人员素质提高主要依靠教育和培训。为此，高等院校、企业和社会办学机构要加强住宅及相关产业队伍人员及后备人才的培养，大力发展技术与业务培训，对关键工种要求持证上岗。

3. 体制鼓励政策

鼓励建立产、学、研相结合的科技体制，尤其要鼓励大型企业依靠自己的科技力量进行技术开发，使之成为技术进步的主要动力。基础性研究、共性的技术研究应由政府组织相关的科研院所和高等学校承担，亦可由民间研究机构或社团组织进行；应用研究则主要由企业组建的技术研究与开发机构进行。开发性研究则应由企业本身的研究所或相关的科研组织进行。鼓励科研院所和高等院校的科研力量介入住宅企业，参与企业的技术改造和技术开发。要建立有效的成果推广机制，促使研究成果迅速转化为实际生产力。要逐步建立与完善住宅科技市场，以利于技术的转移和扩散。

4. 科技投入政策

住宅产业的科技投入一直是远低于其他工业部门的。发展住宅产业化、实现"两个根本"转变，就必须要重视并加大住宅产业的科技投入。"十三五"规划期间，努力推动科研经费上升幅度，逐步增加住宅产业及相关产业（建筑业、建材业等）的科技投入，到2020年住宅产业的科技投入应达到整个产业GDP的1%～1.5%。要逐步引导企业（尤其大型企业集团）成为研究投入的主体。

11.3.2　促进住宅产业的组织政策

住宅产业组织政策是政府为实现住宅产业内部、企业之间资源合理配置而制定的，干预和调节市场结构和市场行为的政策。产业组织政策着重于影响产业组织的变化。其目标就是解决充分利用规模经济与充分发挥竞争活力的矛盾，主要内容包括：反对垄断、促进竞争的政策，推动有利于形成大规模生产体制的政策，以及促进中小企业现代化的政策。产业组织政策具体实施时有税收政策、金融政策、价格管制政策、道义劝告、公共所有、公共管制、反垄断政策等。住宅产业组织政策包括：

11.3.2.1 促进有效竞争与限制垄断并行的政策

通过我国住宅产业化近十几年的推进，住宅产业化相关企业得到了长足的发展，随着住宅产业化的逐步成熟，产业化集团将形成一定规模，也自然形成一定住宅产业的垄断，垄断的产生会加剧有效竞争的不足。为了实现住宅产业化对技术层面的高要求，必须由政府制定行业准入机制，提高进入的壁垒，形成高效竞争，其次制订限制垄断政策，通过合理的资源配置，可以构建有效的资源使用模式以协调竞争与协作。

针对我国有效竞争不足与过度竞争同时存在的现实，发展住宅产业应采取的具体措施有：（1）促使企业间联合或兼并，走强强联合、优势互补之路，扩大生产能力，减少企业数量；（2）实行市场准入制度，加高产业进入壁垒；（3）对企业联合和生产规模应有"度"的限制，避免走上超大规模不经济或行业垄断的歧途；（4）允许有实力的其他行业的企业进入住宅产业，给住宅产业注入新的活力；（5）限制企业间人为串通，哄抬价格，垄断市场的行为，保护市场的合理竞争。（6）制定住宅产业内部的协调政策和法规，包括价格协调、产量协调、投资协调等，避免在萧条时期容易出现的过度竞争。在实施时，根据具体产品和市场的实际状况，分别制定相应的政策措施。

11.3.2.2 企业联合或兼并，提高综合竞争力的政策

针对我国住宅产业企业规模较小、素质较低的现状，应该制定政策，鼓励企业间进行联合或兼并，鼓励优势企业低成本扩张，形成较强大的生产能力，这样有利于取得最好的经济规模，有利于公司组织专业化分工协作，有利于确立企业在市场上的竞争优势。具体政策有：（1）打破地区、部门、行业界限和条块分割，按照生产要素优化配置的原则，进行产业重组。鼓励优势企业进行跨地区、跨行业、跨部门、跨所有制形式的联合或兼并，特别是研究开发、设计、施工、建材等上下游企业的联合或兼并；（2）制定和实施促进企业集团发展的战略，政府通过正确的引导，促进企业集团形成和发展，并带动相关企业的发展；（3）制定住宅产业规

模经济目标政策，确定各类产品生产企业的最低规模，限制或淘汰某些产品生产；（4）规模经济与生产技术进步密不可分，为此国家应制定并实施促进科技进步和鼓励生产应用的政策。

住宅产业化对资源整合需求的属性决定了企业要进行集成提升，以形成更强的核心竞争力，从而起到发展自我与带动市场的作用，一般意义上，组织的综合竞争力指的是企业在资源获取能力、市场开拓、技术能力、组织架构、品牌形象、用户服务、企业文化、可持续发展等多个方面的优势条件。住宅产业化进程中拥有较强核心竞争力的企业具有显著的属性，包括以下内容：（1）独特性，应形成独一无二的发展模式与发展理念，有别于绝大部分企业的文化属性，这种难以模仿的企业特点并不是短暂的优胜地位，而是在技术革新、组织创新、企业管理模式上的独特优势，竞争者难以通过模仿进行复制；（2）组织驱动性，具有较强核心竞争力的企业通常由制度创新、管理先进、运行高效的先进组织进行驱动，这种组织驱动的属性决定了核心竞争力转化为核心优势的成效，是企业核心竞争力转化为生产力的驱动者。（3）用户价值性，指企业对用户需求的预测、识别、满足方面的竞争力，也体现在自身产品的保值性和延展性上。

11.3.2.3　制定促进大企业集团与中小企业共同协调发展的政策

在住宅产业发展中，大企业集团作为产业发展的龙头是今后发展的重点，而中小企业具有不可替代性，它的存在可以保持产业内部的竞争活力，因此中小企业是绝对必要的。但由于中小企业实力较弱，在市场上往往处于不利的地位，为此国家应制定政策，扶持中小企业，加强大企业与中小企业之间的协作，使之在市场竞争中共存共荣，协调发展。具体政策有：（1）劳动政策，帮助中小企业培训人才，提高人员素质；（2）金融政策，支持中小企业的金融信贷和信用保证；（3）为中小企业提供技术、信息、诊断和咨询等服务；（4）转包制政策，指中小企业承包大企业的中间产品，是现代经济中大、中小企业之间最广泛的联系形式，是社会化大生产的必然要求，也是中小企业生存发展的重要条件。由于中小企业在与大企业进行交易时处于不利的位置，因此国家应制定政策或法令，限制大企业的不合理行为，包括价格限制、支付货款限制、订货计划限制等，保护中小企业的合法权益。

11.3.2.4 推广优秀案例和先锋企业的政策

在长期的住宅产业化实践过程中也形成了一批各具特色的先锋企业和优秀案例，随着这些企业因各自发展背景和所处市场环境的不同而姿态各异，但先进的模式与经验是可以进行推广宣传的，以先进带动后续的企业快速发展。这些走在前列的企业有长沙远大住工、万科地产、浙江宝业、上海城建集团、黑龙江宇辉集团等，分别代表了几类先进的发展模式。

11.3.3 促进住宅产业的结构政策

住宅产业结构政策是指通过确定住宅产业的各组成部分（投资开发企业、建设企业、部品生产企业等）的构成比例、相互关系及发展的先后次序，为实现产业内部结构的合理化和高度化而实施的政策。

根据前文论述，住宅产业由住宅投资开发企业、住宅建筑施工企业、内外装修公司、构配件与部品生产企业、建筑设备生产企业、房地产销售与中介机构、物业管理企业等构成。住宅产业化将促使产业结构合理化，根据前述住宅产业发展模式，住宅产业结构政策应使产业结构向如下几方面发展：

11.3.3.1 促进住宅产业各主体的发育生成

住宅产业主体已产生但大多数还存在于住宅的相关行业之中，因此，国家应制定产业结构政策，引导住宅产业的一部分主体从原有的行业中分化出来，成为住宅产业独有的主体。住宅构配件与部品生产企业可以根据市场需求，选择合适的技术与产品，从无到有，发展起来。同时，积极引导其他行业的企业，在较高的技术层面上进入住宅产业，为住宅产业发展注入生机和活力。

为此国家可制定一系列政策，如减税让利、优先信贷、土地批租等政策，鼓励进入住宅产业，促使住宅产业发展成熟。

11.3.3.2 促使产业主体形式向专业化、规模化方向发展

由于住宅产业未来的广阔发展前景,在相当长的一段时期内,住宅产业具有巨大的市场潜力和发展空间。因此应引导产业主体的各企业,包括房地产开发企业、构配件或部品生产企业等,向专业化、规模化方向发展,通过大规模的专业化生产,提高技术水平和产品质量、降低生产成本,从而提高企业效益,促进产业健康发展。为此国家应制定相应政策,鼓励企业之间进行联合、兼并、破产、重组,支持优势企业进行低成本扩张。

11.3.3.3 促进一体化的住宅产业集团发展

作为综合性、一体化的住宅生产企业,住宅产业集团是未来中国发展住宅产业的一个重要角色,也是住宅产业成熟的重要标志。目前这个角色还没有真正登场。目前应该在技术上、在组织管理上为住宅产业集团的产生创造条件。预计在今后5~10年时间里,可以有一批住宅产业集团组建并运营。

11.3.3.4 住宅产业的结构调控政策

结构的宏观调控包括行业内企业或产业部分发展的次序和比重问题。产业结构的合理化调整是一个不断发展变化的过程。对于住宅产业,首先应该立足当前,对现有的住宅部品和设备生产企业进行技术改造和产业重组,促进其技术提高和生产规模扩大,向专业化和规模化发展,逐步形成比较完善的产业体系。其次是对一些生产规模小、产品质量不过关、效益差、能源与原材料浪费严重、环境污染严重的企业实行关、停、并、转,并引导其向国家推荐的产业领域发展。再次是促使住宅产业结构进一步向着合理化和高度化方向发展。

11.3.4 促进住宅产业的布局政策

住宅产业布局政策是政府根据产业区位理论以及住宅产业发展的要求,制定和实施的有关住宅产业生产力的分布以及区域内部、区域之间的产业经济协调发展的政策。住宅产业布局政策重点是对一定区域内的住宅及构配件、部品、建筑设备生

产企业的生产能力、产品品种、水平和配套进行合理规划和调控，以达到充分发挥现有生产能力，减少运输成本，有利于专业化、社会化协作的产业格局。主要包括以下几个方面。

11.3.4.1　住宅产业化空间布局的政策

住宅产业化空间布局政策的根本出发点是打破地方保护主义和行政性条块分割，形成统一的、公平的市场体系，使生产资源能够按照市场规律优化配置。通过壁垒的破除，不同地区之间因结构不同、经济发展程度不同、认识程度不同而导致的住宅产业化水平发展多极分化问题将得到一定改善。在政策实施的过程中，应当确立全国通用的最低技术标准、最低材料应用标准等，在全国推广一套统一规范的最低技术标准并结合实际情况推广实施。在全局性统筹考虑的同时也要注重区域的特殊性，对住宅产业化发展相对落后的区域进行特殊性的政策鼓励，从试点项目循序渐进地开展。政府组织产业化发达地区交流经验，技术政策上因地制宜地制定与该地区发展相协调的标准。经济政策上采用加大财政补贴，吸引具有成熟技术的开发企业进驻等，以此带动欠发达地区的住宅产业化的推广和实施。

11.3.4.2　制止盲目重复建设和低水平建设

要制止不问当地的市场状况、资源状况和技术管理水平，盲目乱上项目的现象，要制止技术水平和技术含量太低，不适合住宅产业发展的项目，尤其要制止重复性建设，把有限的财力主要用在对现有企业进行技术改造和技术引进上，通过对项目进行全面科学的可行性研究，判定项目的可行性与否，并加强对项目实施过程的监督控制，从而使建设项目形成有效的生产供给能力，提高投资效益。

11.3.4.3　搞好项目配套建设

项目建设选择时，要依据最终产品的要求，在住宅产品主导项目建设的同时，上马一批与之配套的中小项目，以充分发挥主导项目的生产能力和效率。在有配套项目的地区，要鼓励企业间就地就近进行生产协作，以降低运输和交易成本，提高区域行业总体实力和市场竞争力。

11.3.4.4 生产相对集中与均匀分布相结合

在进行住宅产品项目区域布设时,既要考虑规模经济要求,使生产相对集中,同时又要考虑住宅产业的区域性,使项目在一定区域内均匀分布,避免过分集中。尤其对于一些资源指向型项目,要鼓励企业结合当地的资源、技术等状况,选择适宜的住宅产品项目,发挥本地区优势,降低投入成本,取得良好的投资效益。

11.3.5 促进住宅产业化的经济政策

住宅产业化的推广实施不只是一个技术管理问题,更是一个宏观的经济问题,需要政府在金融经济上给予大力支持。通过经济支持对科研经费进行支撑,对各个参与方进行调动与鼓励,对行业的各个环节进行帮助。促进住宅产业化的经济政策可以从金融政策与财政政策两个角度进行分析。

促进住宅产业化的金融政策

金融性政策主要包括贷款政策与住宅产业化基金会的建立、创新政策等。

1. 贷款政策

贷款政策通常由政府发起,通过与金融机构的合作建立多层级的贷款体系,根据不同的住宅产业化实施情况进行不同水平的利率确定和贷款形式的调整。比如,在进行放贷之前要对住宅产业化项目的优异程度进行综合评估,越优秀的项目越能得到相对低息的贷款。从消费者的角度,对购买产业化住宅的消费者实行特殊的优惠贷款。这不是对各行业和参与者的直接的帮助,更能够体现国家对住宅产业化发展的鼓励与支持的态度。

2. 设立住宅产业化基金

住宅产业化基金即对在住宅产业完成"革命性"的产业化进程中需要高额的研究基金对技术研发、理论实践的支持,如同国家在诸多的高新技术等产业都设置了专项的发展基金,以此推动产业发展。基金可以通过财政性拨款进行设立,也可以通过住宅产业税收进行提取或吸纳投资人注入。通过专项发展基金的设立,可以有效推动住宅产业化新技术、新工艺、新材料的研发，可以推动具体的生产与实施。

通过相关金融政策的设立与不断创新，可以有效改变住宅产业化企业单一负债结构，将市场与资本有效的连接起来，缓解住宅产业化实施过程中的资金压力。

财政类经济政策主要包括财政支出政策和财政收入政策等。

3. 财政支出政策

财政支出政策是最直接有效的推进住宅产业化发展的支持政策，财政支出政策是国内外常见的鼓励支持政策之一。虽然近年来我国对科技贡献、新产品研发上的拨款大大提高，但对比产业化成熟国家的财政拨款仍然有许多可以继续完善之处。目前，我国财政拨款的对象主要是国有企业、高校、国有科研机构等。上述机构并不能直接与市场进行良好的结合，这种局面要求我们应当改变这种投入单一的财政拨款结构。财政拨款应当对民营资本敞开，加强对符合住宅产业化发展方向并具有创新能力的先进企业进行拨款支援，创立一个完整、多面、高效且富有针对性的财政拨款体系，调动所有有志于住宅产业化发展的机构共同的积极性与开拓能力。

4. 财政收入政策

财政收入政策，即税收相关政策，财政收入政策的改进主要从改革增值税、改革所得税、调整消费税、增加资源税等方面来进行。

第一，改革增值税。增值税指以单位和个人在生产经营活动中所取得的增值额为课税对象的一种税，房地产行业一贯作为增值数额较高的课税行业之一。住宅产业化前期的成本较高，增值税随之提高，但当住宅产业化发展到较为成熟的阶段，成本的降低会使得增值税降低。通过改革增值税，在特定的时期内对增值税进行减免可以有效地调动企业推动住宅产业化的积极性。

第二，改革所得税。改革企业所得税，与上述增值税采用相近的优惠政策，即对以住宅产业化生产的相关企业，采取一定比例的优惠减免政策，例如对企业为住宅产业化生产而购买的生产设备，采用加速折旧计提法，对提供产业化技术培训、咨询、服务等的企业或个人，采用免征或减免企业所得税和个人所得税等方法。

第三，调整消费税。从鼓励消费者的角度来促进产业化住宅的发展，未来工业化大生产的住宅产品将与普通生产模式下的住宅产品一同面对消费者，同样在前期为降低产业化住宅产品的成本，提供其竞争力，建议政府可对不符合住宅产业化发展方向的产品征收消费税，对于已纳入消费税征收范围内的不符合住宅产业化发展方向的产品征收高额消费税，对符合住宅产业化发展方向的产品给予消费税的优惠征收比例，达到增强消费者对住宅产业化生产的住宅产品购买欲望，产生实际购买，以此带动生产者的积极性。

第四，增加资源税。住宅产业化的推进是在"低碳节能省地"的前提下开展的，通过增加资源税，对住宅产业化参与方进行调控，对符合前提的住宅进行相应的减免政策辅助，对违反原则的情况进行加大征收。

需要强调的是，上述政策的设立与调整均具有其灵活性和动态性，住宅产业化的发展尚处于初级阶段时，政策的力度可以相应的加大，当住宅产业化发展成熟完善时，可以逐步的对政策进行力度下调直到撤销。通过上述政策的辅助，可以在相当程度上提高各参与者的积极性，推动住宅产业化的发展。

11.4 组织住宅产业化的实施

住宅产业化的发展阶段可划分为准备阶段和实施阶段。具体工作主要有组织准备、研究开发、生产能力形成、示范推广应用及制定政策等内容。

11.4.1 住宅产业化的准备阶段

11.4.1.1 成立推进住宅产业化的组织机构

为加强对住宅产业化工作的领导，国家和地方政府应该建立推进住宅产业化的领导机构如住宅产业化推进委员会等，制定各项方针政策，组织研究开发、技术引进、企业与工程项目试点、住宅产品质量与性能认证等工作的开展，协调各方的关系，指导住宅产业化的顺利实施。

11.4.1.2 对住宅产业化的生产技术与管理进行全面深入的研究

住宅产业化涉及众多学科、领域和部门，有大量的问题需要研究，包括住宅建筑结构技术、生产技术、组织理论、经济与管理、政策研究等，几乎涉及建筑领域内的所有专业学科，还有一些建筑领域以外的专业学科。由于我国目前该方面的技术储备很少，因此必须下大气力研究。其中住宅建筑的标准化体系研究、住宅产业化的成套技术研究、住宅新技术、新材料、新工艺的研究、装配化施工的技术等将是研究的重点。由于住宅产业化是不断发展的过程，因此研究工作是产业发展的先导并将一直伴随着住宅产业化发展的全过程。在研究过程中大力引进国外的先进技术与设备对于提高研究水平、加快研究进程是必不可少的。

上述的研究应最终形成一整套初步完善的工业化住宅产品和标准化的材料、制品、结构体系、生产技术工艺设备、施工方法、政策法规体系等，为住宅产业化的发展奠定坚实的技术基础。

11.4.1.3 完善新型建材生产能力和布局，形成规模生产能力

根据住宅产业化的要求，在现有新型建材生产布局的基础上，进一步完善产业布局，有重点地开发或引进国外新型墙体材料的生产技术和设备，加以消化吸收。对传统材料生产企业加以引导，鼓励企业进行技术改造，生产出适合住宅产业化需要的新型材料，并逐步形成规模生产能力。

11.4.1.4 选择试点基地，推进科研与应用进展

在全国统一规划布置下，在有条件的地区城市选择企业和工程项目进行住宅产业化试点，或者设立住宅产业化试验区，将住宅产业化相关的新生产技术、新材料制品、新施工工艺、新型住宅建设企业和项目运营管理等在试验区内进行综合示范，并总结经验，推广应用。

11.4.1.5 制定和完善推进住宅产业化的政策

制定一整套有利于推进住宅产业化的政策，对于符合住宅产业化发展方向的新

建项目、技改项目和新产品开发给予适当扶持和倾斜，鼓励推广按标准化设计生产住宅。对于不符合住宅产业化发展的项目或产品要给予适当限制，引导其提高科技水平，走符合住宅产业化发展之路。

11.4.2 住宅产业化的实施阶段

11.4.2.1 推进住宅建筑标准化、规范化进程

标准化是科技成果进入实际工业生产的接口技术，是实现产业化的前提条件。标准化可分为国家标准化、地区标准化和企业标准化。究竟采用哪种标准化，这和采用什么样的发展道路有关。根据我国情况，宜采用国家指导下的地方标准化，为实现住宅生产区域性社会化、产业化创造条件。同时允许一部分先锋企业在地区性标准的基础上，发展新的更高更好的标准，作为今后标准发展的方向。在一定的情况下，该企业标准会作为该地区的行业标准，其他企业依此进行。对于未来将大面积、大规模推广的新标准，必须做好各不同地区、企业标准的协调工作。另外不应过分强调标准化，尤其在发展之初或技术发展较快时，否则不利于创新发展。

住宅建筑标准化要制定和执行一些重要的基础标准，如模数、模数协调、合理建筑参数、公差与尺寸协调、连接等，首先在住宅建筑模数式的基础上确定一批标准化的住宅建筑结构体系，如混凝土框架轻板体系、轻钢轻板体系、装配式大板体系、砌块及空心砖体系等，形成标准化住宅建筑体系的基本架构，并逐步由专用体系过渡到通用体系。然后制定规格化、标准化、系列化的住宅用各种构配件和部品，使各种部件或部品之间具有良好的协调性、互换性和通用性，为规模化工厂生产做好准备。最后对厨房卫生间及其内部设备进行标准化、系列化的综合设计，通过厨房卫生间单元、管线、设备的定型定位，形成标准化的功能单位，为工厂化生产整体型厨房卫生间创造条件。在上述标准化的基础上，逐步形成多系列的定型化住宅构配件和住宅产品。

住宅标准化的实施首先落实到规划设计上。优秀的住宅设计是技术进步成果的

总结,应该体现先进性和合理性。这就要求提高设计人员的水平素质,摆脱原有设计思想的束缚,鼓励优秀的设计人员或专家精心设计住宅,并推行日本的"优良集合住宅"设计认证制度,通过对优良设计的认证和推荐使之达到准标准化、样板化。同时加强对设计市场的管理,阻止低劣设计进入实施。

配合新的标准的制定实施,首先要拿出一个或几个概念上全新的工业化、标准化的住宅产品来作为样板。这样的住宅产品应该具有前述的工业化住宅的各种特点,标准档次、质量性能既适合我国的基本情况,又明显好于现有的住宅,能够满足相当一部分人对居住的较高的需求。如果这样的住宅产品可以得到市场的认可(也许只是部分市场需求者的认可),则可以考虑采用什么样的生产工艺、设备,通过大规模的生产来降低成本,同时不断的修改和完善该住宅产品,以期形成系列化的住宅产品,更能适应用户的不同需求。

世界各国住宅建筑标准化实施的最初总是难免产生千篇一律、简单呆板的住宅,我国的发展恐怕也难以避免。但由于我国房荒问题基本解决,住宅建设应更加注重居民的个性需求,因此我国发展住宅产业化不能以牺牲多样化换取标准化。但国家近年推进的保障性住房建设为发展初期的住宅产业化提供了绝佳的介入时机,由于保障性住房数量大、标准化程度较高、用户对个性化需求不高、刚好为住宅产业化提供了难得的市场机遇和发展空间。我们可以面向这个产品,把标准化、系列化、工业化的设计和生产方式应用进去,实现保障性住房的标准化、规模化、工业化生产。通过几年保障性住房的建设为住宅产业化的发展提供积累技术和管理经验,并在应用中不断改进,尽快渡过产品单一化时期,为向商品房推广应用提供技术积累。若干年后产业化技术必须要走出保障性住房这块"实验田"。为此要极力解决好标准化与多样化的关系,通过大量标准化构配件的组合,找到多样化与标准化的结合点,形成多系列、多品种的住宅产品,满足居民对住宅多样性、个性化的需求。

11.4.2.2 以墙体改革为突破口,实现建材和构配件生产工厂化、规模化

以墙体改革为突破口,逐步改变长期以来黏土实心砖在住宅结构和围护中占主

导地位的局面，研究轻质、高强、保温、防水、隔音、易加工成型的新型墙体材料代替原有材料，并应用这些新型的墙体材料，开发制造出多种类型标准化的砌块、墙板、条形板等墙体制品，形成以新型墙体材料为主导的结构围护体系，并将这些制品在工厂里定型化、批量化、规模化生产。生产时一定要注意加强构配件制作的质量和精度，为现场装配创造条件。

11.4.2.3 以门窗厨卫设备为重点，完善住宅设备的综合化配套生产供应

以门窗、厨房卫生间设备为重点，配合住宅建筑的层高、开间、进深，制定多档次的住宅用设备的标准和系列。建筑设备供应厂家根据标准制定产品的类别、规格、型号，为住宅提供优质适用的设备。尚未标准化的设备可以根据住宅建造企业的要求定做。设备供应厂家还可以采用集成化的生产方式，将某些功能结构紧密相连的设备在工厂里做成一个整体（如整体厨房、整体浴室等），为住宅建造提供成套的解决方案。设备厂家应与住宅建造企业签订供销合同，保持长期稳定的合作关系。为提高住宅设备的质量和功能，引导居民的居住生活向更高的层次发展，可以采取建立住宅设备认证和推荐制度的方式，确保产品的先进性和竞争公平性。

11.4.2.4 改革施工工艺，提高住宅施工机械化水平

根据构配件工厂化生产的需要，改革施工工艺，发展机械化施工技术，提高住宅施工的机械化水平。推广应用商品混凝土，改现场湿作业为干作业。改善现场施工条件，缩短施工周期，提高劳动生产率。为此要开发生产新的大型构配件运输起重机械，完善装配化施工工艺和施工方法并逐步使之标准化，并将现场施工与工厂构配件生产协调起来。

11.4.2.5 提高住宅建设的科学化管理水平

实行住宅建设全过程管理制度，推广科学的组织管理技术与方法。以最终的住宅产品为目标，在一体化生产经营的基础上，研究工厂化构配件生产管理技术、装配式住宅体系施工管理技术、一体化的住宅企业的管理方法等，推广流水施工、网络计划技术等科学管理方法，提高住宅建设全过程的科学化管理水平。对于尚不具

备实施住宅产业化条件的企业，要在现有条件下，提高技术，加强管理，提高产品质量和效益的同时，为实现住宅产业化创造条件。

11.5 实证：深圳市住宅产业化的规划与实施*

11.5.1 住宅产业化的"深圳模式"

深圳是我国住宅产业化发展进步的典型代表，早在2006年就成为我国第一个住宅产业化综合试点城市。2014年深圳市住房和建设局、深圳市规划和国土资源委员会、深圳市人居环境委员会联合发布《关于加快推进深圳住宅产业化的指导意见（试行）》的通知，标志着深圳市住宅产业化发展进入到了一个全新的阶段。由于深圳市市政府、人居委、住房建设局的高度重视，从体制上、机制上、政策上、技术等多方面推广应用上进行了大量的探索和创新，初步形成了住宅产业现代化推进机制、保障机制和市场机制，并逐渐形成了住宅产业化的"深圳模式"。

在深圳模式下，住宅产业化是实现"深圳质量"、"深圳标准"、"绿色深圳"的重要途径。"深圳模式"的本质核心是在政府引导的基础上充分发挥市场运作的作用，通过以标准化设计为起点，以万科等龙头企业为核心进行带动，使深圳市住宅产业化发展得到了长足发展。

政府引导、企业参与，使深圳住宅产业化形成了独特的活力与生机，也由此诞生了一大批行业领军企业。除了即将诞生4个国家级住宅产业化示范基地，近年来还大力培育市级试点示范基地，目前已经完成了30多个企业的市级示范基地建设，实现了开发、设计、施工、生产、运营等产业链全覆盖，住宅产业化进入深度布局阶段。

在多方共同努力下，深圳市计划在建和已建住宅产业化试点项目总建筑面积已超过200万m^2，产业规模效应初步显现。政府顶层设计，产业链各环节的先锋企业

---

* 本实证由深圳市人居环境委员会岑岩提供。

引领、实际工程项目的锤炼,将全产业链引向更深层次的变革,也铸就了深圳住宅产业化的活力与生机。

11.5.2 深圳模式的主要特点

1. 政府角度的政策引导

深圳市政府对住宅产业化品牌的定位非常清晰,通过一系列指导性文件从质量和标准等角度出发对产业化发展进行战略定位,倡导以产业化的生产方式实现住宅建造的质量提升、效率提升、人工降低及能耗降低,并确定了设计标准化、生产工厂化、施工装配化、装修一体化、管理信息化的"五化一体"指导方针。结合《住宅产业化发展战略研究》、《住宅产业化新型结构体系和建造体系研究》、《住宅产业化项目建设全过程关键节点行政服务要求研究》等调研情况,逐步确立了以土地出让、保障房先行、建筑面积奖励等多方面奖励引导的鼓励政策,以设计标准化和装配式施工为核心技术方向,以示范基地、试行点项目为依托进行了产业整合。

2. 标准化工作推进

深圳市坚持标准先行,首推技术支持保障,相继发布了《预制装配整体式钢筋混凝土结构技术规范》、《预制装配钢筋混凝土外墙技术规程》、《深圳市住宅产业化试点项目技术要求》、《深圳市住宅产业化项目单体建筑预制率和装配率计算细则(试行)》等,进一步规范深圳市住宅产业化项目的建设。与此同时,深圳市大力度推进商品房的标准化与定型化,以万科为代表的房地产企业纷纷完善内部标准研究,完成了住宅产品的标准化、定型化,并在全国范围内大力推广,完善了标准化推进工作。

3. 以市场运作构建完整产业链

以万科为代表的住宅先锋企业为深圳市住宅产业化发展提供了独特的市场基础,通过市场机制的调整与产业链整合,形成了覆盖开发、设计、施工、生产、管理、运营等环节的完整产业链,以一批试点项目为依托实现了各环节的有效整合,建立了全国第一家设计类国家住宅产业化示范基地,通过市场运作的方式进行完整产业链的构建。

4. 住宅产业化基地的示范作用

深圳市充分发挥住宅产业化基地的示范作用,成功建造了4个国家住宅产业化示范基地,基地组成覆盖了住宅产业化的整个产业链。此外,培育了3个国家康居示范工程,已建和计划在建住宅产业化工程项目达到了300万m^2,新科技理念指导下的光明新区绿色建筑和住宅产业化科技园区也在筹建进程中。住宅产业化先锋企业和多个示范基地的引领作用对住宅产业化的创新发展起到了显著的示范和带动作用。

5. 信息化手段的运用

深圳市注重发挥BIM等信息化手段的作用,通过成立"深圳市工程设计行业BIM工作委员会",出版《深圳市工程设计行业BIM应用发展指引》,发布全国首个政府公共工程建筑信息模型(BIM)实施纲要和实施管理标准等方式,推动BIM信息化手段在住宅产业化发展中的应用。经过推广与实践,BIM技术在整个建设项目周期内对项目规划、设计、生产、施工及后期的运营维护均发挥着重要的指导作用。BIM技术的运用在很大限度的避免了设计缺陷与施工变更,提高了建设效率。

11.5.3 推进深圳住宅产业化进程的工作目标与措施

11.5.3.1 推进深圳市住宅产业化进程的工作目标

1. 实现产业化建造方式的工作目标

追求适宜深圳市住宅建设的产业化建造方式,实行一次性装修,采用预制装配式建筑体系,综合运用外墙、楼梯、叠合楼板、阳台板等预制混凝土部品构件,提高住宅建设的预制率和装配率。

2. 产业化住宅建筑面积的目标

自2015年起,新出让住宅用地项目及政府投资建设的保障房项目全部采用产业化方式建造,鼓励存量土地及城市更新项目的新建住宅项目采用产业化方式建造,稳步提高产业化住宅项目占深圳市开工建设住宅总建筑面积的比例。

11.5.3.2 推进深圳市住宅产业化进程的主要措施

1. 加强组织协调

建立市住宅产业化工作联席会议、联席会议制度、专家论证组织机制、专家技术服务指导等相关制度和机制,从制度、机制、信息、知识等方面加大组织协调力度。

2. 推动技术发展

推动标准化设计、推进部品构建工厂化生产、推广现场装配施工与住宅一次全装修,加强信息化管理。通过推动住宅产业化相关技术的发展,寻求建造与管理的解决方案。

3. 加大政策引导力度

以政策引导推动产业化发展,如新出让土地和城市更新项目中明确住宅产业化要求、新出让住宅用地项目全部采用产业化方式建造、政府投资项目全面实施住宅产业化、鼓励存量土地开展住宅产业化工作等,加大产业化住宅项目的支持力度。

4. 整合行业资源

通过引导部品生产企业由产品供应商向集成商转变等方式推动企业转型发展;培育住宅产业化研究机构,鼓励企业建立技术研发中心,通过扶持一批技术研发企业、部品生产企业、设计单位、科研机构对产业化住宅的技术研发、推广及应用,培育高水平的实施主体。

5. 提高社会认知

通过开展技术培训提高各类企业与行政管理部门相关人员的业务素质,积累行业人才;采用多种形式的宣传方式加大宣传力度,营造公众认可、全民参与住宅产业化的良好社会环境。

11.5.4 深圳市住宅产业化发展实施成果

深圳市通过政策引导支持与技术创新推广,在"十二五"期间大力推进住宅产业化发展，取得了一系列的成果。

1. 通过大量调研，明确发展路径

通过立项研究，完成了《深圳市住宅产业现代化发展战略研究》、《深圳市保障性住房标准化设计研究》、《深圳市住宅产业化新型结构体系和建造体系研究》等研究课题，确定了以土地引导、保障房先行、建筑面积奖励为方向的政策引导，以标准化设计、装配式施工为主导的技术路径，以示范基地、试点项目为依托的整合产业。

2. 以政策激活市场需求

发布了《关于加快推进深圳住宅产业化的指导意见（试行）》（深建字〔2014〕193号），通过建立专家论证机制、推广整体产业化技术解决方案，加强产业链的培育和产业工人的培训等工作措施，奠定了住宅产业化发展的市场推动基础。在《关于印发打造深圳标准构建质量发展新优势行动计划（2015-2020）的通知》（深府函〔2015〕1号）文件的基础上，界定了通过建筑产业化提高城市建设标准的总体目标。

3. 发布编制技术标准并提供技术服务

相继发布了《预制装配整体式钢筋混凝土结构技术规范》（SJG18-2009）、《预制装配钢筋混凝土外墙技术规程》（SJG24-2012）、《深圳市住宅产业化试点项目技术要求》（深人环〔2014〕21号）、《深圳市住宅产业化项目预制率和装配率计算细则（试行）》（深建字〔2015〕106号）等技术标准，明确了产业化建造的相关技术标准。发布了《深圳市保障性住房标准化设计图集》（SJG27-2015），推出了保障性住房工业化产品1.0，结合工业化建造、整体内装、绿色节能、BIM信息化等技术，用于指导和规范保障性住房全过程工业化建设。

4. 充分发挥试点示范作用，涵盖全产业链

培育了4个国家级住宅产业化示范基地、3个国家康居示范工程以及40个市级示范基地和项目，基本形成涵盖建设开发、规划设计、部品构件生产、装配施工的

建筑工业化全产业链条。计划在建和已建建筑工业化试点项目总建筑面积已超过300万m^2，规模效应初步显现。

企业发展方面，率先在全国采取了政府主导、企业参与的代建总承包建设模式，培育出了一批以万科、嘉达高科、华阳等为首的建筑工业化领军企业，各个方面的工作都取得了丰硕的成果，整体发展水平处于全国领先位置。

住宅产业化的"深圳模式"对我国各地区住宅产业化发展道路的探索与推进方式的研究均具有重要的参考价值和借鉴作用。

 附 录

附录1：

关于推进住宅产业现代化提高住宅质量的若干意见

建设部　国家计委　国家经贸委　财政部
科技部　税务总局　质量技术监督局　建材局
一九九九年八月二十日

为了满足人民群众日益增长的住房需求，加快住宅建设从粗放型向集约型转变，推进住宅产业现代化，提高住宅质量，促进住宅建设成为新的经济增长点，现提出如下意见：

一、指导思想

（一）提高居住区规划、设计水平，改善居住环境和住房的居住功能，合理安排住房空间，力求在较小的空间内创造较高的居住生活舒适度。

（二）坚持综合开发、配套建设的社会化大生产方式。住宅建设应规模化，并与市政设施及公共服务设施建设相配套，提高住宅建设的经济效益、社会效益和环境效益。

（三）以经济适用住房建设为重点，建设二、三居室套型为主的小套型住宅，使住宅建设既能满足广大居民当前的基本需要，又能适应今后居住需求的变化。

（四）加快科技进步，鼓励技术创新，重视技术推广。积极开发和大力推广先进、成熟的新材料、新技术、新设备、新工艺，提高科技成果的转化率，以住宅建设的整体技术进步带动相关产业的发展。

（五）促进住宅建筑材料、部品的集约化、标准化生产，加快住宅产业发展。要十分重视产业布局和规模效益，统筹规划，合理布点，防止重复建设。住宅建筑材料、部品的生产企业要走强强联合、优势互补的道路，发挥现代工业生产的规模效应，形成行业中的支柱企业，切实提高住宅建筑材料、部品的质量和企业的经济效益。

（六）坚持可持续发展战略。新建住宅要贯彻节约用地、节约能源的方针。新建采暖居住建筑必须达到建筑节能标准，并积极采用符合国家标准的节能、节材、节水的新型材料和部品，鼓励利用清洁能源，保护生态环境；已建成的旧住宅也要逐步实施节能、节水和改善功能的改造。

（七）加强和改善宏观调控。要制定有利于推进住宅产业现代化、提高住宅质量的住宅产业政策。以住房商品化、社会化为导向，充分发挥市场在资源配置中的基础性作用，搞好住宅建设的总量控制与结构调整。

二、主要目标

（一）到2005年解决城镇住宅的工程质量、功能质量通病，初步满足居民对住宅的适用性要求；到2010年城镇住宅应符合适用、经济、美观的要求，居住环境有较大改善。

（二）到2005年初步建立住宅及材料、部品的工业化和标准化生产体系；到2010年初步形成系列的住宅建筑体系，基本实现住宅部品通用化和生产、供应的社会化。

（三）到2005年城镇新建采暖住宅建筑要在1981年住宅能耗水平的基础上，达到降低能耗50%的要求；到2010年，在2005年的基础上再降低能耗30%。非采暖地区的住宅建筑，也应贯彻节能的方针，制定节能标准，采取节能措施。

（四）到2005年，科技进步对住宅产业发展的贡献率要达到30%，到2010年提高到35%。

三、加强基础技术和关键技术的研究，建立住宅技术保障体系

（一）要高度重视基础技术和关键技术的研究工作，采取积极有效的措施，加快完善住宅建设的规划、设计、施工及材料、部品和竣工验收的标准、规范体系，特别是重视住宅节能、节水和室内外环境等标准的制定工作。

（二）尽快完成住宅建筑与部品模数协调标准的编制，促进工业化和标准化体系的形成，实现住宅部品通用化。重点解决住宅部品的配套性、通用性等问题。

（三）加强新型结构技术的开发研究。在完善和提高以混凝土小型空心砌块和空心砖为主的新型砌体结构、异型柱框轻结构、内浇外砌结构和钢筋混凝土剪力墙结构技术的同时，积极开发和推广使用轻钢框架结构及其配套的装配式板材。要在总结已推行的大开间承重结构的基础上，研究、开发新型的大开间承重结构。

（四）要通过住宅设计的技术创新和标准设计，缩短施工工期，降低成本，提高劳动生产率。要把住宅设计的标准化、多样化、工业化和提高住宅的工程质量、功能质量、环境质量紧密地结合起来。

（五）建立居住区及住宅的给水、排水、供暖、燃气、电气、电讯等各种管网系统统一设计、统一施工的管理制度。住宅建设项目要编制统一的管网综合图，在保证各专业安全技术要求前提下，合理安排管线，统筹设计和施工，以改善住宅的适用性，提高住宅建设的效率和质量。

四、积极开发和推广新材料、新技术，完善住宅的建筑和部品体系

（一）住宅建筑体系的选择，应当符合区域地理、气候特征，符合地方社会经济发展水平和材料供应状况，有利于新材料、新技术的推广使用，有利于工业化水平的提高，有利于住宅产业群体的形成。

（二）积极发展各种新型砌块、轻质板材和高效保温材料，推行复合墙体和屋面技术，改善和提高墙体保温及屋面的防水性能。要开发有利于空间利用、方便施工的坡屋顶结构。

（三）要开发经济、方便、性能良好，便于灵活分隔室内空间，满足住宅适应性要求的轻质隔断板材及其配套产品。

（四）要树立厨房、卫生间整体设计观念，在完善、提高厨房、卫生间功能的基础上，推行厨房、卫生间装备系列化、多档次的定型设计，确保产品与产品、建筑与产品之间合理的连接与配合。

（五）水、暖、电、卫、气、通风等设施应积极采用节能、节水、节材并符合环境保护和计量要求的新技术、新设备，电度表、水表、燃气表、热量表安装使用前应进行首次强制检定。要积极推广应用各种塑料管材，并妥善解决大开间住宅的管网铺设问题。严格禁止使用无生产许可证的产品和假冒伪劣商品。

（六）积极发展通用部品，逐步形成系列开发、规模生产、配套供应的标准住宅部品体系。重点推广并进一步完善已开发的新型墙体材料、防水保温隔热材料、轻质隔断、节能门窗、节水便器、新型高效散热器、经济型电梯和厨房、卫生间成套设备。

（七）建设部、国家经贸委、国家质量技术监督局、国家建材局要根据有关法律、法规和实际情况，对不符合节能、节水、计量、环境保护要求及质量低劣的部品、材料实行强制淘汰，同时根据技术进步的要求，编制《住宅部品推荐目录》，并适时予以公布，公布内容包括产品的形状尺寸、性能、构造细部、施工方法及应用实例等，提高部品的选用效率和组装质量，促进优质部品的规模效益，提高市场的竞争力。

（八）积极推广应用塑料管材、塑钢窗和节水型卫生洁具，分地区限时淘汰铸铁管、镀锌管、实腹钢窗和冲水量9升以上的便器水箱。从2000年1月1日起，大中城市新建住宅强制淘汰铸铁水龙头，推广使用陶瓷芯水龙头。从2000年6月1日起，禁止用原木生产门窗，沿海城市和其他土地资源稀缺的城市，禁止使用实心黏土砖，并根据可能的条件限制其他黏土制品的生产和使用。

五、健全管理制度，建立完善的质量控制体系

（一）住宅开发企业、建设单位为住宅产品质量的第一责任人。设计单位、施工企业、材料供应部门的质量责任，依据有关法律、法规规定或以合同约定。

（二）住宅开发企业都应向用户提供《住宅质量保证书》和《住宅使用说明书》，明确住宅建设的质量责任及保修制度和赔偿办法，对保修3年以上的项目要通过试点逐步向保险制度过渡。

（三）强化规划、设计审批制度。对住宅建设项目规划及设计方案是否符合城市规划要求，对单项工程是否符合设计规范等进行审查审批，保证规划、设计的质量和标准、规范的实施。要进一步完善住宅设计的市场竞争机制,优化规划、设计方案。

(四)实行住宅市场准入制度。对从事住宅建设的开发企业、设计单位和施工企业要进行资质管理;对设计、建设劣质住宅,违反规定使用淘汰产品的开发企业、设计单位和施工企业,要依法吊销其资质证书,并进行经济处罚,造成严重后果的,要依法追究刑事责任。

(五)加强对住宅装修的管理,积极推广一次性装修或菜单式装修模式,避免二次装修造成的结构破坏、浪费和扰民等现象。

(六)加强住宅建设中各个环节的质量监督,完善单项工程竣工验收和住宅项目综合验收制度,未经验收的住宅,不得交付使用。对违反法规、违反强制性规范的行为要依法严肃查处。

(七)重视住宅性能评定工作,通过定性和定量相结合的方法,制定住宅性能评定标准和认定办法,逐步建立科学、公正、公平的住宅性能评价体系。

六、加强领导,认真组织实施

(一)地方各级人民政府应根据当地经济发展水平和住宅产业的现状,确定推进住宅产业现代化、提高住宅质量的目标和工作步骤,统筹规划、明确重点、集中力量、分步实施。

(二)促进科研单位、生产企业、开发企业组成联合体,选择对提高住宅综合性能起关键作用的项目,集中力量开发攻关,并进行单项或综合性试点,以带动和推进住宅产业现代化的全面实施。

(三)加强对住宅产业政策的研究,通过税收、价格、信贷等经济杠杆,鼓励小套型、功能良好的经济适用住房的建设,鼓励推广应用有利于环境保护、节约资源的新技术、新材料、新设备和新产品。对节能住宅按照有关规定免征投资方向调节税。

(四)国家对规划设计水平高、环境质量好、工程质量及功能质量优秀、住宅建设科技含量高的住宅小区的开发建设单位,予以表彰。

附录2：

国务院办公厅关于大力发展装配式建筑的指导意见

国办发〔2016〕71号

各省、自治区、直辖市人民政府，国务院各部委、各直属机构：

装配式建筑是用预制部品部件在工地装配而成的建筑。发展装配式建筑是建造方式的重大变革，是推进供给侧结构性改革和新型城镇化发展的重要举措，有利于节约资源能源、减少施工污染、提升劳动生产效率和质量安全水平，有利于促进建筑业与信息化工业化深度融合、培育新产业新动能、推动化解过剩产能。近年来，我国积极探索发展装配式建筑，但建造方式大多仍以现场浇筑为主，装配式建筑比例和规模化程度较低，与发展绿色建筑的有关要求以及先进建造方式相比还有很大差距。为贯彻落实《中共中央 国务院关于进一步加强城市规划建设管理工作的若干意见》和《政府工作报告》部署，大力发展装配式建筑，经国务院同意，现提出以下意见。

一、总体要求

（一）指导思想。全面贯彻党的十八大和十八届三中、四中、五中全会以及中央城镇化工作会议、中央城市工作会议精神，认真落实党中央、国务院决策部署，按照"五位一体"总体布局和"四个全面"战略布局，牢固树立和贯彻落实创新、协调、绿色、开放、共享的发展理念，按照适用、经济、安全、绿色、美观的要求，推动建造方式创新，大力发展装配式混凝土建筑和钢结构建筑，在具备条件的地方倡导发展现代木结构建筑，不断提高装配式建筑在新建建筑中的比例。坚持标准化设计、工厂化生产、装配化施工、一体化装修、信息化管理、智能化应用，提高技术水平和工程质量,促进建筑产业转型升级。

(二)基本原则。坚持市场主导、政府推动。适应市场需求,充分发挥市场在资源配置中的决定性作用,更好发挥政府规划引导和政策支持作用,形成有利的体制机制和市场环境,促进市场主体积极参与、协同配合,有序发展装配式建筑。坚持分区推进、逐步推广。根据不同地区的经济社会发展状况和产业技术条件,划分重点推进地区、积极推进地区和鼓励推进地区,因地制宜、循序渐进,以点带面、试点先行,及时总结经验,形成局部带动整体的工作格局。坚持顶层设计、协调发展。把协同推进标准、设计、生产、施工、使用维护等作为发展装配式建筑的有效抓手,推动各个环节有机结合,以建造方式变革促进工程建设全过程提质增效,带动建筑业整体水平的提升。

(三)工作目标。以京津冀、长三角、珠三角三大城市群为重点推进地区,常住人口超过300万的其他城市为积极推进地区,其余城市为鼓励推进地区,因地制宜发展装配式混凝土结构、钢结构和现代木结构等装配式建筑。力争用10年左右的时间,使装配式建筑占新建建筑面积的比例达到30%。同时,逐步完善法律法规、技术标准和监管体系,推动形成一批设计、施工、部品部件规模化生产企业,具有现代装配建造水平的工程总承包企业以及与之相适应的专业化技能队伍。

二、重点任务

(四)健全标准规范体系。加快编制装配式建筑国家标准、行业标准和地方标准,支持企业编制标准、加强技术创新,鼓励社会组织编制团体标准,促进关键技术和成套技术研究成果转化为标准规范。强化建筑材料标准、部品部件标准、工程标准之间的衔接。制修订装配式建筑工程定额等计价依据。完善装配式建筑防火抗震防灾标准。研究建立装配式建筑评价标准和方法。逐步建立完善覆盖设计、生产、施工和使用维护全过程的装配式建筑标准规范体系。

(五)创新装配式建筑设计。统筹建筑结构、机电设备、部品部件、装配施工、装饰装修,推行装配式建筑一体化集成设计。推广通用化、模数化、标准化设计方式，积极应用建筑信息模型技术，提高建筑领域各专业协同设计能力，加强对装配式建筑建设全过程的指导和服务。鼓励设计单位与科研院所、高校等联合开发装配式建筑设计技术和通用设计软件。

（六）优化部品部件生产。引导建筑行业部品部件生产企业合理布局，提高产业聚集度，培育一批技术先进、专业配套、管理规范的骨干企业和生产基地。支持部品部件生产企业完善产品品种和规格，促进专业化、标准化、规模化、信息化生产，优化物流管理，合理组织配送。积极引导设备制造企业研发部品部件生产装备机具，提高自动化和柔性加工技术水平。建立部品部件质量验收机制，确保产品质量。

（七）提升装配施工水平。引导企业研发应用与装配式施工相适应的技术、设备和机具，提高部品部件的装配施工连接质量和建筑安全性能。鼓励企业创新施工组织方式，推行绿色施工，应用结构工程与分部分项工程协同施工新模式。支持施工企业总结编制施工工法，提高装配施工技能，实现技术工艺、组织管理、技能队伍的转变，打造一批具有较高装配施工技术水平的骨干企业。

（八）推进建筑全装修。实行装配式建筑装饰装修与主体结构、机电设备协同施工。积极推广标准化、集成化、模块化的装修模式，促进整体厨卫、轻质隔墙等材料、产品和设备管线集成化技术的应用，提高装配化装修水平。倡导菜单式全装修，满足消费者个性化需求。

（九）推广绿色建材。提高绿色建材在装配式建筑中的应用比例。开发应用品质优良、节能环保、功能良好的新型建筑材料，并加快推进绿色建材评价。鼓励装饰与保温隔热材料一体化应用。推广应用高性能节能门窗。强制淘汰不符合节能环保要求、质量性能差的建筑材料，确保安全、绿色、环保。

（十）推行工程总承包。装配式建筑原则上应采用工程总承包模式，可按照技术复杂类工程项目招投标。工程总承包企业要对工程质量、安全、进度、造价负总责。要健全与装配式建筑总承包相适应的发包承包、施工许可、分包管理、工程造价、质量安全监管、竣工验收等制度，实现工程设计、部品部件生产、施工及采购的统一管理和深度融合，优化项目管理方式。鼓励建立装配式建筑产业技术创新联盟，加大研发投入，增强创新能力。支持大型设计、施工和部品部件生产企业通过调整组织架构、健全管理体系，向具有工程管理、设计、施工、生产、采购能力的工程总承包企业转型。

（十一）确保工程质量安全。完善装配式建筑工程质量安全管理制度，健全质量安全责任体系，落实各方主体质量安全责任。加强全过程监管，建设和监理等相关方可采用驻厂监造等方式加强部品部件生产质量管控；施工企业要加强施工过程质量安全控制和检验检测，完善装配施工质量保证体系；在建筑物明显部位设置永久性标牌，公示质量安全责任主体和主要责任人。加强行业监管，明确符合装配式建筑特点的施工图审查要求，建立全过程质量追溯制度，加大抽查抽测力度，严肃查处质量安全违法违规行为。

三、保障措施

（十二）加强组织领导。各地区要因地制宜研究提出发展装配式建筑的目标和任务，建立健全工作机制，完善配套政策，组织具体实施，确保各项任务落到实处。各有关部门要加大指导、协调和支持力度，将发展装配式建筑作为贯彻落实中央城市工作会议精神的重要工作，列入城市规划建设管理工作监督考核指标体系，定期通报考核结果。

（十三）加大政策支持。建立健全装配式建筑相关法律法规体系。结合节能减排、产业发展、科技创新、污染防治等方面政策，加大对装配式建筑的支持力度。支持符合高新技术企业条件的装配式建筑部品部件生产企业享受相关优惠政策。符合新型墙体材料目录的部品部件生产企业，可按规定享受增值税即征即退优惠政策。在土地供应中，可将发展装配式建筑的相关要求纳入供地方案，并落实到土地使用合同中。鼓励各地结合实际出台支持装配式建筑发展的规划审批、土地供应、基础设施配套、财政金融等相关政策措施。政府投资工程要带头发展装配式建筑，推动装配式建筑"走出去"。在中国人居环境奖评选、国家生态园林城市评估、绿色建筑评价等工作中增加装配式建筑方面的指标要求。

（十四）强化队伍建设。大力培养装配式建筑设计、生产、施工、管理等专业人才。鼓励高等学校、职业学校设置装配式建筑相关课程，推动装配式建筑企业开展校企合作，创新人才培养模式。在建筑行业专业技术人员继续教育中增加装配式建筑相关内容。加大职业技能培训资金投入，建立培训基地，加强岗位技能提升培训，促进建筑业农民工向技术工人转型。加强国际交流合作，积极引进海外专业人才参与装配式建筑的研发、生产和管理。

（十五）做好宣传引导。通过多种形式深入宣传发展装配式建筑的经济社会效益，广泛宣传装配式建筑基本知识，提高社会认知度，营造各方共同关注、支持装配式建筑发展的良好氛围，促进装配式建筑相关产业和市场发展。

国务院办公厅

2016年9月27日

附录3：

国家发展改革委员会办公厅工业和信息化部办公厅关于印发《新型墙材推广应用行动方案》的通知

发改办环资〔2017〕212号

各省、自治区、直辖市及计划单列市、新疆生产建设兵团发展改革委、工业和信息化主管部门，墙材革新主管部门：

　　为贯彻落实《中共中央国务院关于加快推进生态文明建设的意见》和《国务院办公厅关于促进建材工业稳增长调结构增效益的指导意见》，优化建筑材料供给结构，大力推广新型墙材，深化墙材革新，提高资源综合利用效率，促进循环经济发展，保护耕地和生态环境，支撑建筑业节能降耗和建造方式创新，改善城乡人居环境，我们制定了《新型墙材推广应用行动方案》。现印发你们，请结合实际，认真贯彻落实。

附件：新型墙材推广应用行动方案

国家发展改革委办公厅
工业和信息化部办公厅
2017年2月6日

附件：

新型墙材推广应用行动方案

新型墙材推广应用是建材工业推进供给侧结构性改革的有效抓手，墙材革新是大力推进生态文明建设，促进循环经济发展的重要举措。自20世纪90年代以来，墙材革新为建材工业和城乡建设可持续发展做出了重要贡献。但我国城乡区域发展不平衡，空间开发粗放低下，资源约束趋紧，生态环境恶化趋势尚未得到根本扭转，遏制毁田烧砖、节约保护资源，发展本质安全、节能环保、轻质高强的新型墙材也成为建材工业亟待破解的发展难题，也是建材工业坚持创新驱动增强发展内生动力的客观要求。为加快推进墙材革新，推广应用新型墙材，制定本行动方案。

一、总体要求

（一）指导思想

以党的十八大和十八届三中、四中、五中、六中全会精神为指导，牢固树立创新、协调、绿色、开放、共享的发展理念，以提高建筑质量和改善建筑功能为动力，以节约资源和治污减排为中心，以信息技术和智能制造为支撑，以供给侧结构性改革为重点，以试点示范为引领，因地制宜推进"城市限粘、县城禁实、农村推新"，发展绿色新型墙材，提升墙材行业绿色发展、循环发展、低碳发展水平，促进建材行业转型升级。

（二）总体目标

到2020年，全国县级（含）以上城市禁止使用实心黏土砖，地级城市及其规划区（不含县城）限制使用黏土制品，副省级（含）以上城市及其规划区禁止生产和使用黏土制品；新型墙材产量在墙材总量中占比达80%，其中装配式墙板部品占比达20%；新建建筑中新型墙材应用比例达90%。初步建成基于"互联网+"的墙材革新信息化系统,行业信用评价体系基本建立,政策标准体系进一步完善,产品质量和功能明显提升,墙材生产基本实现绿色化智能化,东部地区农村新型墙材得到规模化普遍应用。

二、加快创新发展

(一)完善产品体系

适应装配式建筑发展需要,重点发展适用于装配式混凝土结构、钢结构建筑的围护结构体系,大力发展轻质、高强、保温、防火与建筑同寿命的多功能一体化装配式墙材及其围护结构体系,加强内外墙板、叠合楼板、楼梯阳台、建筑装饰部件等部品部件的通用化、标准化、模块化、系列化。开发适用于绿色建筑,特别是超低能耗被动式建筑围护结构的新产品。

(二)改善技术装备

加强适用于新型墙材的专用施工机具、辅助材料等研发与生产,重点发展满足各类装配式建筑墙材的装配机具、高性能防水嵌缝密封材料、配套专用砂浆等。提高墙体部品的配套应用技术水平,重点研究开发各类装配式建筑中墙材部品的应用及系统集成技术,包括应用软件开发,墙材部品与主体承重结构的链接技术、支护工艺和节点做法,墙材部品与建筑门窗、排水管线、电路管线等的系统集成技术。

(三)完善标准规范

强化产品标准、设计规范、应用规程间的联动衔接,构建完善标准体系。适应装配式建筑内外墙板设计、生产、施工、验收管理一体化需求,促进关键技术转化为标准规范。制修订新型墙材产品标准,完善产品的相关图集、验收规程等,编制新产品造价信息和预算定额。

(四)搭建创新平台

依托大型企业集团、科研院所、高等院校等,完善产学研用相结合的新型墙材创新体系。鼓励墙材生产与建筑设计、工程建造等上下游互动,组建产业发展联盟。支持创建以新型墙材为特色的技术中心或实验室,建设富有墙材特色的公共研发、技术转化、检验认证等服务平台，强化共性关键技术研发，开发推广科技含量高、利废效果好、拥有自主知识产权的成套技术和装备。

三、推动绿色发展

（五）强化清洁生产

支持新型墙材企业开发利用适用技术实施节能减排技术改造。严格执行《砖瓦工业大气污染物排放标准》和《烧结墙体材料单位产品能源消耗限额》等强制性标准，推广适用于新型墙材生产的能源梯次利用、窑炉烟气脱硫除尘等技术装备，推进合同能源管理、合同环境管理。全面推行清洁生产，开展清洁生产审核，从源头减少污染排放。

（六）提升利用水平

进一步提高资源综合利用水平，继续推进煤矸石、粉煤灰、尾矿、河（湖）淤（污）泥、工业副产石膏、陶瓷渣粉等固废在墙材中的综合利用，扩大资源综合利用范围，增加资源综合利用总量。研究利用新型墙材隧道窑协同处置建筑垃圾、城镇污泥和河道淤泥等，并制修订窑炉废气排放和相关产品质量标准。支持建设大宗固废综合利用示范基地，推进利废新型墙材企业示范。

（七）推进智能制造

提升企业生产过程自动化水平，重点加强生产过程信息化管理。注重墙材专用装备创新发展和推广应用，深化信息技术与墙材制造技术融合，提高墙材装备数字化、网络化、智能化水平，加快"机器代人"。推广原料配料电子计量精准控制系统、窑炉设备自动化验检测和调控系统、远程在线诊断系统，高精度自动切割、自动掰板、自动码卸坯、机械包装等装备。

（八）引导绿色消费

落实《促进绿色建材生产和应用行动方案》，以装配式建筑、绿色建筑等试点示范工程为切入点，积极开展绿色建材评价标识管理和推广应用工作，加大保护黏土资源、利用新型墙材替代实心黏土砖的宣传力度，引导建筑业和消费者科学选材，促进全国统一、开放、有序的绿色建材市场建设，便利绿色新型墙材消费。

（九）淘汰落后产能

落实《产业结构调整指导目录》，加快淘汰落后产品、技术和设备。立足行业技术进步，适时制修订墙材行业污染物排放、产品能源消耗限额标准，提高墙材行业规范经营要求，对达不到环保、能耗等要求的落后窑炉产能，履行社会责任不到位的，依法依规关停淘汰。研究建立投资准入负面清单制度，提高行业准入门槛，遏制低水平建设，健全墙材落后产能退出机制。

四、强化示范引领

（十）开展试点示范

以绿色建筑为载体，大力推广应用新型墙材。在有条件的地区，积极推进超低能耗被动式建筑应用新型墙材示范工作。建设一批技术先进、引领作用强的装配式建筑围护结构示范工程，重点做好装配式混凝土框架（框筒）结构、钢结构建筑适用的围护结构配套墙材体系应用试点。

（十一）支持农村应用示范

在有条件的乡镇农村，结合美丽乡村建设、绿色农房建造、特色小（城）镇建设、农民住宅防灾减灾节能改造等工程，开展新型墙材应用试点示范，引导在农村自建房中使用节能环保、安全便利的新型墙材，保证农民共享改革发展成果。

（十二）发挥企业带头示范作用

培育具有技术优势、品牌优势、管理优势、文化优势的新型墙材生产示范企业，发挥其技术创新、成果转化、技术推广、市场引领等方面的带动作用，进一步提高产业集中度，推动新型墙材产业向生产规模化、管理现代化、装备自动化、产品标准化发展。

五、提升服务水平

（十三）加强运行监管

完善墙材行业运行监测体系，强化行业运行监测，定期发布墙材供需数据、质量预警、价格指数、试点示范等行业运行信息，及时发现和解决行业运行中的重大问题。建立健全统计制度，完善统计体系。构建墙材革新信息化平台和管理网络。

（十四）建设诚信体系

完善全国建筑市场各方主体不良行为记录认定标准中新型墙材应用相关内容，利用二维码、射频识别等技术建立可追溯的新型墙材信息系统。建立全国统一的墙材供应企业市场行为信用评价体系。健全诚信激励和失信惩戒机制。研究建立黑名单制度，强化社会监督。

（十五）建立"互联网+墙材"系统

推动互联网与墙材行业深度融合，建立集产品生产、施工应用、买卖交易和监督管理于一体的信息系统，新型墙材应用试点工程数据库。发展电子商务，建立墙材供应、采购电子商务和服务平台，提高新型墙材物流信息化和供应链协同水平。在有条件的地区，试点构建"互联网+墙材革新"管理服务体系。

六、落实保障措施

（十六）加强组织领导

强化部门联动，健全完善墙材革新管理机制，实行省、市、县各级墙材革新主管部门职责明确、监督有效的工作机制，形成管理、监督、服务"三位一体"的管理体系。各地墙材革新主管部门要加强对墙材革新工作的组织领导，健全工作机构，将墙材革新工作列入年度重点工作，强化目标管理责任制，完善考核机制。各地要加强墙材革新工作队伍和墙材行业管理能力建设，确保机构稳定，人员充实，强化人员培训，提高执法能力，增强服务意识，提升技术、管理和服务水平。

（十七）完善配套政策

研究制定促进新型墙材发展的政策法规，加大新型墙材与循环经济、环境保护、城市建设等政策法规衔接。完善新型墙材税收优惠政策。适时修订《新型墙材目录》，引导新型墙材发展。各省市可因地制宜，结合各自资源禀赋及需求，制定更严格的《新型墙材目录》，试点推行墙材产品采购信息报告制度，研究推行墙材采购合同示范文本。

(十八) 开展协同监管

加强对墙材生产企业的环境监督执法，依法处罚污染环境的违法违规行为。研究试行采用小卫星对烧结砖企业实时监控，坚决查处取土制砖的违规行为。推动建立京津冀、长三角、珠三角等重点区域墙材革新政策协同、信息共享、结果互认的区域协同监管机制；联合区域省级墙材革新管理部门，严格墙材产品监管，对发现的不合格墙材产品依法查处并予以通报。

(十九) 加强宣传引导

充分发挥新闻媒体的舆论导向作用，宣传新型墙材推广应用的重要性和迫切性，提高公众对墙材革新政策的理解与参与，营造良好的社会舆论氛围。各地要创建墙材革新工作政务微博和微信公众号，及时发布政务动态、行业资讯、科研成果等。

(二十) 发挥行业组织作用

加强行业自律，完善行规行约，引导企业遵规守法、规范经营、诚实守信、公平竞争。发挥协会等行业组织作用，开展技术推广、品牌宣传等，总结推广先进经验。开展国际交流和合作，引进先进技术和管理经验。开展行业内学习交流合作，积极反映企业诉求，提出相关政策建议。

各地要结合本地建材工业和建筑业发展实际，尽快制定本地区实施方案，明确主体责任，扎实推进本地区新型墙材推广应用工作。

附录4：

住房和城乡建设部《"十三五"装配式建筑行动方案》

为深入贯彻《国务院办公厅关于大力发展装配式建筑的指导意见》（国办发〔2016〕71号）和《国务院办公厅关于促进建筑业持续健康发展的意见》（国办发〔2017〕19号），进一步明确阶段性工作目标，落实重点任务，强化保障措施，突出抓规划、抓标准、抓产业、抓队伍，促进装配式建筑全面发展，特制定本行动方案。

一、确定工作目标

到2020年，全国装配式建筑占新建建筑的比例达到15%以上，其中重点推进地区达到20%以上，积极推进地区达到15%以上，鼓励推进地区达到10%以上。鼓励各地制定更高的发展目标。建立健全装配式建筑政策体系、规划体系、标准体系、技术体系、产品体系和监管体系，形成一批装配式建筑设计、施工、部品部件规模化生产企业和工程总承包企业，形成装配式建筑专业化队伍，全面提升装配式建筑质量、效益和品质，实现装配式建筑全面发展。

到2020年，培育50个以上装配式建筑示范城市，200个以上装配式建筑产业基地，500个以上装配式建筑示范工程，建设30个以上装配式建筑科技创新基地，充分发挥示范引领和带动作用。

二、明确重点任务

（一）编制发展规划

各省（区、市）和重点城市住房城乡建设主管部门要抓紧编制完成装配式建筑发展规划，明确发展目标和任务，细化阶段性工作安排，提出保障措施。重点做好装配式建筑产业发展规划，合理布局产业基地，实现市场供需基本平衡。

制定全国木结构建筑发展规划，明确发展目标和任务，确定重点发展地区，开展试点示范。具备木结构建筑发展条件的地区可编制专项规划。

（二）健全标准体系

建立完善覆盖设计，生产、施工和使用维护全过程的装配式建筑标准规范体系。支持地方、社会团体和企业编制装配式建筑相关配套标准，促进关键技术和成套技术研究成果转化为标准规范．编制与装配式建筑相配套的标准图集、工法、手册、指南等。

强化建筑材料标准、部品部件标准、工程建设标准之间的衔接。建立统一的部品部件产品标准和认证、标识等体系，制定相关评价通则，健全部品部件设计、生产和施工工艺标准。严格执行《建筑模数协调标准》、部品部件公差标准，健全功能空间与部品部件之间的协调标准。

积极开展《装配式混凝土建筑技术标准》《装配式钢结构建筑技术标准》《装配式木结构建筑技术标准》以及《装配式建筑评价标准》宣传贯彻和培训交流活动。

（三）完善技术体系

建立装配式建筑技术体系和关键技术、配套部品部件评估机制，梳理先进成熟可靠的新技术、新产品、新工艺，定期发布装配式建筑技术和产品公告。

加大研发力度。研究装配率较高的多高层装配式混凝土建筑的基础理论、技术体系和施工工艺工法，研究高性能混凝土、高强钢筋和消能减震、预应力技术在装配式建筑中的应用。突破钢结构建筑在围护体系、材料性能、连接工艺等方面的技术瓶颈。推进中国特色现代木结构建筑技术体系及中高层木结构建筑研究。推动"钢-混"、"钢-木"、"木-混"等装配式组合结构的研发应用。

（四）提高设计能力

全面提升装配式建筑设计水平。推行装配式建筑一体化集成设计，强化装配式建筑设计对部品部件生产、安装施工、装饰装修等环节的统筹。推进装配式建筑标准化设计，提高标准化部品部件的应用比例。装配式建筑设计深度要达到相关要求。

提升设计人员装配式建筑设计理论水平和全产业链统筹把握能力，发挥设计人员主导作用，为装配式建筑提供全过程指导。提倡装配式建筑在方案策划阶段进行专家论证和技术咨询，促进各参与主体形成协同合作机制。

建立适合建筑信息模型（BIM）技术应用的装配式建筑工程管理模式，推进BIM技术在装配式建筑规划、勘察、设计、生产、施工、装修、运行维护全过程的集成应用，实现工程建设项目全生命周期数据共享和信息化管理。

（五）增强产业配套能力

统筹发展装配式建筑设计、生产、施工及设备制造、运输、装修和运行维护等全产业链，增强产业配套能力。

建立装配式建筑部品部件库，编制装配式混凝土建筑、钢结构建筑、木结构建筑、装配化装修的标准化部品部件目录，促进部品部件社会化生产。采用植入芯片或标注二维码等方式，实现部品部件生产、安装、维护全过程质量可追溯。建立统一的部品部件标准、认证与标识信息平台，公开发布相关政策、标准、规则程序、认证结果及采信信息。建立部品部件质量验收机制，确保产品质量。

完善装配式建筑施工工艺和工法，研发与装配式建筑相适应的生产设备、施工设备、机具和配套产品，提高装配施工、安全防护、质量检验、组织管理的能力和水平，提升部品部件的施工质量和整体安全性能。

培育一批设计、生产、施工一体化的装配式建筑骨干企业，促进建筑企业转型发展。发挥装配式建筑产业技术创新联盟的作用，加强产学研用等各种市场主体的协同创新能力，促进新技术、新产品的研发与应用。

（六）推行工程总承包

各省（区、市）住房城乡建设主管部门要按照"装配式建筑原则上应采用工程总承包模式，可按照技术复杂类工程项目招投标"的要求，制定具体措施，加快推进装配式建筑项目采用工程总承包模式。工程总承包企业要对工程质量、安全、进度、造价负总责。

装配式建筑项目可采用"设计-采购-施工"（EPC）总承包或"设计-施工"

（D-B）总承包等工程项目管理模式。政府投资工程应带头采用工程总承包模式。设计、施工、开发、生产企业可单独或组成联合体承接装配式建筑工程总承包项目，实施具体的设计、施工任务时应由有相应资质的单位承担。

（七）推进建筑全装修

推行装配式建筑全装修成品交房。各省（区、市）住房城乡建设主管部门要制定政策措施，明确装配式建筑全装修的目标和要求。推行装配式建筑全装修与主体结构、机电设备一体化设计和协同施工。全装修要提供大空间灵活分隔及不同档次和风格的菜单式装修方案，满足消费者个性化需求。完善《住宅质量保证书》和《住宅使用说明书》文本关于装修的相关内容。

加快推进装配化装修，提倡干法施工，减少现场湿作业。推广集成厨房和卫生间，预制隔墙、主体结构与管线相分离等技术体系。建设装配化装修试点示范工，通过示范项目的现场观摩与交流培训等活动，不断提高全装修综合水平。

（八）促进绿色发展

积极推进绿色建材在装配式建筑中应用。编制装配式建筑绿色建材产品目录。推广绿色多功能复合材料，发展环保型木质复合、金属复合、优质化学建材及新型建筑陶瓷等绿色建材，到2020年，绿色建材在装配式建筑中的应用比例达到50%以上。

装配式建筑要与绿色建筑、超低能耗建筑等相结合，鼓励建设综合示范工程。装配式建筑要全面执行绿色建筑标准，并在绿色建筑评价中逐步加大装配式建筑的权重。推动太阳能光热光伏、地源热泵、空气源热泵等可再生能源与装配式建筑一体化应用。

（九）提高工程质量安全

加强装配式建筑工程质量安全监管，严格控制装配式建筑现场施工安全和工程质量，强化质量安全责任。

加强装配式建筑工程质量安全检查，重点检查连接节点施工质量、起重机械安全管理等，全面落实装配式建筑工程建设过程中各方责任主体履行责任情况。

加强工程质量安全监管人员业务培训，提升适应装配式建筑的质量安全监管能力。

（十）培育产业队伍

开展装配式建筑人才和产业队伍专题研究，摸清行业人才基数及需求规模，制定装配式建筑人才培育相关政策措施，明确目标任务，建立有利于装配式建筑人才培养和发展的长效机制。

加快培养与装配式建筑发展相适应的技术和管理人才，包括行业管理人才、企业领军人才、专业技术人员、经营管理人员和产业工人队伍。开展装配式建筑工人技能评价，引导装配式建筑相关企业培养自有专业人才队伍，促进建筑业农民工转化为技术工人。促进建筑劳务企业转型创新发展，建设专业化的装配式建筑技术工人队伍。

依托相关的院校、骨干企业、职业培训机构和公共实训基地，设置装配式建筑相关课程，建立若干装配式建筑人才教育培训基地。在建筑行业相关人才培养和继续教育中增加装配式建筑相关内容。推动装配式建筑企业开展企校合作，创新人才培养模式。

三、保障措施

（十一）落实支持政策

各省（区、市）住房城乡建设主管部门要制定贯彻国办发〔2016〕71号文件的实施方案，逐项提出落实政策和措施。鼓励各地创新支持政策，加强对供给侧和需求侧的双向支持力度，利用各种资源和渠道，支持装配式建筑的发展，特别是要积极协调国土部门在土地出让或划拨时，将装配式建筑作为建设条件内容，在土地出让合同或土地划拨决定书中明确具体要求。装配式建筑工程可参照重点工程报建流程纳入工程审批绿色通道。各地可将装配率水平作为支持鼓励政策的依据。

强化项目落地，要在政府投资和社会投资工程中落实装配式建筑要求，将装配式建筑工作细化为具体的工程项目，建立装配式建筑项目库，于每年第一季度向社会发布当年项目的名称、位置、类型、规模、开工竣工时间等信息。

在中国人居环境奖评选、国家生态园林城市评估、绿色建筑等工作中增加装配式建筑方面的指标要求，并不断完善。

（十二）创新工程管理

各级住房城乡建设主管部门要改革现行工程建设管理制度和模式，在招标投标、施工许可、部品部件生产、工程计价、质量监督和竣工验收等环节进行建设管理制度改革，促进装配式建筑发展。

建立装配式建筑全过程信息追溯机制，把生产、施工。装修、运行维护等全过程纳入信息化平台，实现数据即时上传、汇总、监测及电子归档管理等，增强行业监管能力。

（十三）建立统计上报制度

建立装配式建筑信息统计制度，搭建全国装配式建筑信息统计平台。要重点统计装配式建筑总体情况和项目进展、部品部件生产状况及其产能、市场供需情况、产业队伍等信息，并定期上报。按照《装配式建筑评价标准》规定，用装配率作为装配式建筑认定指标。

（十四）强化考核监督

住房城乡建设部每年4月底前对各地进行建筑节能与装配式建筑专项检查，重点检查各地装配式建筑发展目标完成情况、产业发展情况、政策出台情况、标准规范编制情况、质量安全情况等，并通报考核结果。各省（区、市）住房城乡建设主管部门要将装配式建筑发展情况列入重点考核督查项目，作为住房城乡建设领域一项重要考核指标。

（十五）加强宣传推广

各省（区、市）住房城乡建设主管部门要积极行动，广泛宣传推广装配式建筑示范城市、产业基地、示范工程的经验。充分发挥相关企事业单位、行业学协会的作用，开展装配式建筑的技术经济政策解读和宣传贯彻活动。鼓励各地举办或积极参加各种形式的装配式建筑展览会、交流会等活动，加强行业交流。

要通过电视、报刊、网络等多种媒体和售楼处等多种场所，以及宣传手册、专家解读文章、典型案例等各种形式普及装配式建筑相关知识，宣传发展装配式建筑的经济社会环境效益和装配式建筑的优越性，提高公众对装配式建筑的认知度，营造各方共同关注、支持装配式建筑发展的良好氛围。

各省（区、市）住房城乡建设主管部门要切实加强对装配式建筑工作的组织领导，建立健全工作和协商机制，落实责任分工，加强监督考核，扎实推进装配式建筑全面发展。

中华人民共和国住房和城乡建设部

2017年3月23日

附录5：

深圳市住房和建设局　深圳市规划和国土资源委员会 深圳市人居环境委员会关于印发《关于加快推进深圳住宅产业化的指导意见（试行）》的通知

深建字〔2014〕193号

各有关单位：

为进一步推动深圳住宅产业化发展，促进全市住宅建设与管理方式的改革与创新，提高住宅建设的水平与质量，实现打造"深圳质量、深圳标准"的战略目标，市住房建设局、市规划国土委、市人居环境委联合制定了《关于加快推进深圳住宅产业化的指导意见（试行）》，经市政府同意，现予印发实施。

深圳市住房和建设局

深圳市规划和国土资源委员会

深圳市人居环境委员会

2014年11月10日

关于加快推进深圳住宅产业化的指导意见

（试行）

住宅产业化是通过推广标准化设计、工厂化生产、装配化施工、一体化装修和信息化管理，在住宅建设全过程的开发、设计、部品生产、施工和管理等环节联结为完整的产业链系统，可有效提高住宅生产效率和质量，减少用工和降低住宅全寿命周期成本，减少建筑垃圾的产生和排放，实现住宅建设领域节能减排。为把住宅产业化提升到建设创新型城市的战略高度，实现打造"深圳质量、深圳标准"的战略目标，现就推进深圳住宅产业化提出以下指导意见：

一、工作目标

（一）大力推广适合本市住宅的产业化建造方式，实行一次性装修，采用预制装配式的建筑体系，综合运用外墙、楼梯、叠合楼板、阳台板等预制混凝土部品构件，预制率达到15%以上，装配率达到30%以上，逐步提高产业化住宅项目的预制率和装配率。

（二）从2015年起，新出让住宅用地项目和政府投资建设的保障性住房项目全部采用产业化方式建造，鼓励存量土地（包括城市更新项目）的新建住宅项目采用产业化方式建造，稳步提高产业化住宅项目占本市开工建设住宅总建筑面积的比例，争取成为国家住宅产业化示范城市。

二、主要措施

（一）加强组织协调，共同推进工作

1. 建立市住宅产业化工作联席会议制度。由市政府主管副市长任第一召集人，市政府分管副秘书长为第二召集人，成员单位包括市发展改革委、经贸信息委、科技创新委、财政委、规划国土委、人居环境委、人力资源社会保障局、住房建设局、水务局、地税局、市场监管委、城管局、建筑工务署等部门。联席会议办公室设在市住宅产业化主管部门，负责联席会议日常工作。

2. 充分发挥联席会议制度的工作职能，强化主管部门全过程监管职责。统筹协调我市住宅产业化发展的重大问题。研究确定各年度开展住宅产业化工作的实施计划，监督检查各相关部门的贯彻落实情况。住宅产业化主管部门应加强对产业化住宅项目建设的全过程（项目申报、工程设计、生产施工等）进行监管。

3. 完善专家论证组织机制。由市住宅产业化主管部门会同相关部门组建住宅产业化专家委员会。专家委员会办公室设在市住宅产业化主管部门，负责专家委员会日常工作。专家委员会的委员包括公务人员和非公务人员。公务人员委员实行部门资格制度，由相关政府部门的代表组成；非公务人员委员由住宅产业化领域的专家组成。

4. 加强专家技术服务指导。住宅产业化专家委员会负责参与研究和制订住宅产业化技术政策、发展规划以及重大科技项目的选题论证；负责承担技术标准研究、试点项目评估、新技术和新工艺论证、部品认证、住宅性能认定等住宅产业化相关技术服务指导工作。

（二）推动技术发展，形成解决方案

1. 推广标准化设计。积极推行产业化住宅设计的标准化、模数化、精细化和适老化，逐步建立产业化住宅建造全过程的技术标准规范体系。在保障性住房中大力推广标准化设计图集的使用。扶持产业化住宅技术研究与设计队伍发展，鼓励设计单位和科研机构开展产业化住宅相关标准和工法的研究。

2. 推行部品构件工厂化生产。完善产业化住宅各类部品构件标准。推进预制装配式混凝土结构和钢结构配套部品构件的运用。推广成品门窗、成品阳台栏杆、预制内隔墙条板、轻钢龙骨石膏板隔墙、保温隔热、整体卫浴、橱柜收纳等装修装饰部品以及水、电、空调等专业集成部品的使用。

3. 推广现场装配化施工。大力推广装配式混凝土结构、钢结构以及其他符合住宅产业化标准、技术规范的建筑体系。大力推广铝模板、钢模板等定型组合模板施工技术，推广自升式爬架施工技术，提高混凝土结构施工质量和精度。建立产业化住宅关键技术重点实验室，加大外墙保温节能技术、预制装配式构件钢筋连接技术、构件装饰一体成型技术、预制构件流水线生产技术等关键技术的研发。开展产业化住宅建造全过程施工管理研究，逐步完善产业化住宅质检、安检、监理、竣工验收等程序。建立产业化住宅施工定额体系。

4. 推进住宅一次性装修到位。鼓励建设单位采用菜单式和集体委托方式提供全装修成品房，逐步扩大商品住宅全装修比例。推行采用土建、装修设计与施工的一体化，在主体结构设计阶段同步完成建筑装饰装修的设计。提倡采用主体结构和内装分离的住宅体系，提倡主体结构与装修施工同时进行，提高住宅的可改造性和耐久性。建立装修工程与主体工程穿插施工验收办法。

5. 加强信息化管理。鼓励采用建筑信息模型（BIM）技术，仿真模拟施工全过程，逐步建立部品构件生产、安装和维护的可追溯信息记录。加快住宅智能化技术的研发，推广智能家居的使用。推广采用智能物业管理服务平台，建设智能化社区。

（三）发挥政策引导，加快实施进程

1. 新出让土地和城市更新项目中明确住宅产业化要求。新出让住宅用地项目全部采用产业化方式建造，由市规划国土部门在土地出让公告时作出相关要求。积极引导城市更新项目采用产业化方式建造，由市规划国土部门在编制城市更新单元规划中落实住宅产业化项目。

2. 政府投资项目全面实施住宅产业化。政府投资建设的保障性住房项目，市、区政府在确定项目建设单位时，将保障性住房标准化设计图集和住宅产业化技术要求作为授权委托书或招标文件的附件。社会投资配建、政府回购独立成栋的保障性住房项目，项目建设单位应采用产业化方式建造，符合住宅产业化技术要求，自愿使用保障性住房标准化设计图集，项目建设单位在开展前期工作时将项目的产业化增量成本计入建安成本，所需投资由市、各区发展改革部门在项目审批时纳入项目总投资。

3. 鼓励存量土地开展住宅产业化工作。除了明确采用产业化方式建造的商品房项目外，对建设单位在自有土地（包括已规划批复的城市更新项目）自愿采用产业化方式建造的，可申请建筑面积奖励。奖励的建筑面积为采用产业化方式建造的规定住宅建筑面积的3%，功能仍为住宅。奖励建筑面积无需修改已有法定规划，计收50%的评估市场地价，不纳入预售范围。

4. 加大产业化住宅项目的扶持力度。产业化住宅项目在办理报建、审批、预售、验收相关手续时开辟绿色通道，优先返还墙改基金和散装水泥基金，施工进度达到七层以下（含本数）的已封顶、七层以上的已完成地面以上三分之一层数的，可提前办理《房地产预售许可证》。优先参与建设工程领域新技术和新产品认定，进入推广目录，鼓励参与各类工程建筑领域的评优评先及申报国家绿色建筑。推广产业化住宅设计、施工、构件生产一体化总承包模式。政府投资的产业化住宅项目优先采用施工、构件生产一体化总承包模式。

（四）整合行业资源，培育实施主体

1. 推动企业转型发展。引导预制部品构件生产企业由产品供应商向集成商转变。鼓励预制部品构件生产企业调整产品结构，更新生产线。鼓励传统建材企业向以住宅产业化为特点的部品构件生产企业转型。培育住宅产业化研究机构，鼓励企业建立技术研发中心，对被认定为"深圳市住宅产业化技术研发中心"给予政策支持。

2. 加强产业培育整合。根据《深圳市节能环保产业振兴发展政策》（深府〔2014〕33号），市节能环保产业发展专项资金重点扶持一批技术研发企业、部品生产企业、设计单位、科研机构对产业化住宅的技术研发、推广及应用。优先推荐拥有成套住宅产业化技术体系和自主知识产权的优势企业申报高新技术企业。重点支持具有设计、部品生产、施工、房地产开发等全产业链的大型企业参与产业化住宅项目的建设。加快建设光明新区绿色建筑和住宅产业化科技园区，培育深圳住宅产业化骨干企业。

（五）加强培训宣传，提高社会认知

1. 开展技术培训。加强对各类企业和行政管理部门等相关人员培训，定期举办住宅产业化高峰论坛和培训班。鼓励高等院校和职业技术学校开展住宅产业化相关课程，鼓励院校和有关企业开展校企合作，培养具有产业化住宅建造、生产、管理等相关专业知识的职业技术工人，推动行业技术进步。

2. 加大宣传力度。采取多种形式，在报纸、电视、电台与网络等媒体进行广泛宣传，引导企业和市民树立良好的节能意识、正确的产业化住宅建设和消费观念，形成全民共同参与住宅产业化的良好社会环境。

附录6：

日本优良集合住宅的认定基准

- 认定的对象

认定的对象是3层以上（除去地下室）、大约10户以上的集合住宅，结构承力的主要部分用钢筋混凝土或劲性钢筋混凝土建造。

- 共通性性能基准

项目			内容
住宅规模	使用面积		每户的使用面积大概在80m²以上
间隔	厕所、浴室等		确保水冲厕所、洗脸室、浴室及洗衣空间
	存物空间		确保壁柜等存物空间
住户设备	尺寸	天棚高度	居室从天棚到地面的高度原则上应在2.4米以上
		出入口	玄关及洋式房间的主入口高度在1.9米以上
		内阳台	设置内阳台，且内阳台的有效宽度在1.2米以上
	供热水设备		集中设置节能型的、能够给浴室、厨房、洗脸室等三个以上部位供热水的设备（原则上采用BL部品）
	冷热空调设备		集中设置节能型的、能够给两个以上居室供应冷热气（可根据地域不同只采用冷气或暖气）（原则上采用BL部品）
住户性能	隔音性		隔户楼板用摩擦时不发声的材料或者楼板装修时加设防音隔垫（隔音等级在L-45以上），同时其厚度相当于用普通混凝土20cm（隔音等级L-50）以上
			隔户墙的厚度采用普通混凝土应在15cm（隔音等级L-50）以上
	隔热性		适合省能源的要求
	换气		为了通风换气采取适当的措施
	采光		为了采光采取适当的措施
	防止结露		为了防止结露采取适当的措施
	耐久性		各部位钢筋保护层的厚度原则上不低于下表确定的数值：

部位			保护层厚度（mm）
不接触土的部分	屋面板、楼板及其非承重墙	屋内	30
		屋外	40
	柱子、梁及其承重墙	屋内	40
		屋外	50
接触土的部分	挡土墙		50
	柱子、梁、楼板及承重墙		50
	基础及挡土墙		70

续表

项目			内容
住户	日常安全性	维修、管理	设备配管、设备器械能够方便地进行更新及其维修、管理
		给排水噪音	为了减少给排水的噪声而采取适当的措施
		住户内走廊	采取以下（1）或者（2）中任何一个措施 （1）住户内走廊的宽度，从墙心计算1米以上或有效宽度85cm以上 （2）采取以下全部措施： • 住户内走廊宽度，从墙心计算90cm以上或有效宽度75cm以上 • 住户内走廊的地面采用不滑的材料或不滑的装修 • 浴室的出入口用防止滑倒的材料做成 • 浴室及厕所设置扶手 • 厕所的出入口在非常时期能够从外部打开 • 住户室内地面没有段差（但洗脸室、浴室及和室无此限制）
共用部	共用设备		为保证地震时的安全性，设置具有在地震时能够停在最近楼层性能的电梯
	共用设施		努力设置集会室等共用设施
性能表示			进行消费者容易理解的住宅的规格、性能、设备等水准的表示
施工及其质量管理体制			完善住宅施工及其质量管理的合理体制
维护管理体制			住宅供给后一定时期内进行定期点检的同时，完善在修缮、重新装饰能够与居住者交流的体制。另外还应考虑制定适当的管理组合规章制度
缺陷保证			原则上由财团法人性能保证住宅登录机构的住宅性能保证制度保证
价格			住宅的价格应该适当

• 分类别的性能基准（百年住宅）

项目	内容
计划的可变性	在设计、计划上充分考虑在确保寝室、餐厅、厨房及其居室空间的同时，能够容易地进行隔断、内装修、设备等的变更、更新
尺寸的规则	对于设置耐用性水平比较低的主要住宅部品的房间里，原则上采用适合BL基准、JIS规格等尺寸的计划，使耐用水平不同的设备的更换容易进行
耐用年数、接续规则	为了使维护、管理容易进行，设定合理的部品群分割和部品群合理耐用性水平，使部品群之间的界面和构造适合不同的耐用性水平

● 分类别的性能基准（间隔可变住宅）

项目		内容
住户	间隔的可变性	采取以下（1）或者（2）中任何一个措施 （1）采取以下全部措施： • 确保独立的寝室，主寝室的面积大约在13m^2以上 • 确保餐厅及厨房，餐厅的面积大约在7.5m^2以上，厨房的面积在大约5m^2以上（厨房餐厅合一的DK的情况下大约在12m^2以上） • 确保居室，其面积大约在13m^2以上（LD情况下大约16m^2以上、LDK情况下大约在20m^2以上） （2）在设计计划上充分考虑确保寝室、餐厅、厨房及其居室空间，并且能够容易地进行间隔的变更，
	住户设备	为提高可居住性，在居室内设置一个以上有效的住宅信息系统等设备
共用部	共用设备	为提高可居住性、便利性、防灾性、防范性，在居室内设置一个以上有效的住宅用信箱、自动锁柜等公共设备
	共用设施	设置集会室
		设置管理室
		在住宅的出入口设置门厅
共用空间	空地等	采取以下（1）或者（2）中任何一个措施 （1）住宅用地内的空地，根据容积率，该宅地空地占总占地的比例（空地率）应达到下表所定的数值（容积率未定时，空地率按10分之2以上）以上，同时应在该空地上栽植花木。另外宅地内的空地中面向道路的部分用边应开放 | 容积率 | 空地率 | |---|---| | 10分之5以下的场合 | 从1减去容积率最高限度的值再加上10分之1.5 | | 超过10分之5，在10分之5.5以下 | 10分之6.5 | | 超过10分之5.5的场合 | 从1减去容积率最高限度的值再加上10分之2 | （2）汽车停车场要确保全住户100%以上的台分数（包含宅地外），自行车存放场要确保全住户数的150%以上的台分数。但在为居住者多目的利用而设置了一个以上共用室后，可以使汽车停车场占全住户80%以上的台分数，自行车存放场占全住户数的120%以上的台分数

参考文献

[1] 李忠富. 住宅产业化论：住宅产业化的经济、技术与管理[M]. 北京：科学出版社，2003. 11.

[2] 刘美霞，刘晓. 住宅产业化概念辨析[J]. 住宅产业，2010（09）.

[3] 刘美霞. 住宅工业化&住宅产业化[J]. 城市开发，2010（06）.

[4] 夏侯遐迩，李启明，岳一搏，贾若愚. 推进建筑产业现代化的思考与对策——以江苏省为例[J]. 建筑经济，2016，37（02）.

[5] 郑京平，刘爱华，郑泽香. "十三五"时期中国经济展望[J]. 研究统计，2016，33（05）.

[6] 马晓河. "十三五"时期我国经济社会发展面临的机遇与挑战[J]. 前线，2015（06）.

[7] 周明生，郎丽华. 新常态下的经济转型与"十三五"时期经济展望[J]. 经济研究，2015（08）.

[8] 叶明. 住宅产业化内涵及其发展[J]. 住宅产业，2012. 11.

[9] 单英华. 面向建筑工业化的住宅产业链整合机理研究[D]. 哈尔滨工业大学，2015.

[10] 纪颖波. 我国住宅新型建筑工业化生产方式研究[J]. 住宅产业，2011. 06.

[11] 纪颖波. 建筑工业化发展研究[M]. 北京：中国建筑工业出版社，2011.

[12] 刘志峰. 大力推进住宅产业现代化，促进住宅产业健康可持续发展，2013中国房地产业转型与住宅产业现代化暨绿色建筑新技术新材料发展趋势交流会，2013. 12.

[13] 刘志峰. 转变发展方式，建造百年住宅（建筑）. 城市住宅，2010. 07.

[14] 刘志峰. 住宅产业现代化的发展方向，中国经营报，2002. 11. 27（引自焦点房地产网）.

[15] 宋春华. 住宅产业化面临的历史背景与发展思路，中外房地产导报，2000（15）.

[16] 开彦. 工业化是住宅建设现代化的根本标志，住宅产业，2002，（1）.

[17] 李忠富. 住宅产业化触发行业新革命，中国建设报·房地产周刊，2000. 1. 19. 第4版.

[18] 文林峰. 新形势下房地产行业的调整转型升级和未来行业发展的趋势，新形势下房地产行业的调整转型升级及未来发展机遇宣讲会，2013. 5. 16.

[19] 童悦仲. 我国住宅产业化的进展、问题与对策[J]. 建筑，2010（23）.

[20] 钟志强. 浅谈住宅产业化与建筑工业化 [J]. 住宅产业, 2011 (03).

[21] 丁成章. 住宅产业化面临的困难与机遇, 丁成章博客http://www.new-ci.com/html/46-3/3713.htm, 2015-12-17.

[22] 丁成章. 工厂化制造住宅与住宅产业化, 北京: 机械工业出版社, 2004. 03.

[23] 叶明. 中国建筑工业化及其发展, 中欧建筑工业化论坛（北京）. 2016-11-21.

[24] 李忠富. 中国住宅产业化发展研究. 哈尔滨建筑大学博士论文, 1999. 6.

[25] 陈振基. 从砌砖到装配——亲历我国建筑工业发展六十年 [M]. 北京: 中国建筑工业出版社, 2017. 1.

[26] 田灵江. 住宅产业与住宅产业化 [M]. 北京: 中国城市出版社, 2010. 9.

[27] 田灵江. 绿色建筑与住宅产业化 [J]. 住宅产业, 2014. 9.

[28] 开彦. 中国住宅产业化60年历程与展望住宅科技, 2009. 10.

[29] 武振. 住宅工业化建造发展存在问题及对策研究, 建筑经济, 2013年第8期.

[30] 叶耀先. 住宅产业及其发展构想 [J]. 科技导报, 1993. 11.

[31] 梁小青, 杨家骥. 关于科学发展住宅产业化关键技术的思考 [J]. 住宅产业, 2009, 2-3期.

[32] 聂梅生. 新世纪我国住宅产业化的必由之路 [J]. 建筑学报. 2001. 7.

[33] 李忠富. 试论推进保障性住房走产业化道路. 中国建设报. 2009. 3. 18.

[34] 刘东卫, 闫英俊, 梅园秀平等. 新型住宅工业化背景下建筑内装填充体研发与设计建造 [J]. 建筑学报, 2014 (7).

[35] 李荣帅, 龚剑. 发达国家住宅产业化的发展历程与经验 [J]. 中外建筑, 2014, (02).

[36] 余亚超. 建造→制造——宝业集团住宅产业化的探索 [J]. 施工技术, 2010, (03).

[37] 韩琦. 中国住宅产业化存在的问题及对策研究 [D]. 华中师范大学, 2007.

[38] 潘璐. 中国住宅产业化面临的障碍性问题分析和对策研究 [D]. 重庆大学, 2008.

[39] 颜歆. 推进我国住宅产业化发展的策略研究 [D]. 重庆大学, 2010.

[40] 楚先锋. 中国住宅产业化发展历程分析研究 [J]. 住宅产业, 2009 (05).

[41] 楚先锋. 日本的预制住宅产业, 楚先锋的博客http://blog.sina.com.cn/chuxfcoco, 2008-06-20.

[42] 楚先锋. 国内外工业化住宅的发展历程, 楚先锋的博客http://blog.sina.com.cn/chuxfcoco2008-10-10.

[43] 王鹤鹏. 卓达住宅产业化模式探索与研究 [J]. 住宅产业, 2014 (11).

[44] （日）池上博也著, 住宅業界ハンドブック, 東洋經濟新報社, 1997.

[45] （日）古川興一, 住宅產業100のキーワード, 創樹社, 2000.

[46] （日）住宅產業情報サービス編, 住宅產業ハンドブック, 1994.

[47] （日）日本建築センター, 日本の工業化住宅, 1997.

[48] （日）後藤一雄編著, 住宅の工場生產, 理工図書株式会社, 1977.

[49] 刘幸坤, 王莉莉. 中国住宅产业化转型升级的新模式 [J]. 城市住宅. 2014 (05).

[50] 夏祖宏, 刘思达, 彭梅等. 加气混凝土板在建筑外墙中的应用 [J]. 建设科技. 2012 (23).

[51] 张爱林. 工业化装配式多高层钢结构住宅产业化关键问题和发展趋势 [J]. 住宅产业. 2016 (01).

[52] 王宁, 黄永胜, 黄敦坚. 模块化——建筑产业化发展的必由之路 [J]. 建筑. 2015 (09).

[53] 李忠富, 孙丽梅. 住宅产业化发展中的SI体系研究 [J]. 工程管理学报. 2014 (03).

[54] 褚波, 刘东卫, 冯凡. 公共租赁住房工业化设计与建造初探——北京众美SI住宅试点项目的绿色集成技术实践 [J]. 建设科技. 2014 (20).

[55] 徐弋. 新型内装工业化技术分析——松下在绿地南翔示范项目中的实践 [J]. 建筑学报. 2014 (07).

[56] 尹伯悦, 田灵江, 谷永新. 新建和既有居住小区生活垃圾生化降解技术的研究 [J]. 建筑技术. 2009 (04).

[57] 高颖. 住宅产业化—住宅部品体系集成化技术及策略研究 [D]. 同济大学, 2006.

[58] （日）内田祥哉. 建筑工业化通用体系 [M]. 姚国华等译. 上海: 上海科学技术出版社, 1983.

[59] （日）彰国社. 集合住宅实用设计指南 [M]. 刘东卫等译. 北京: 中国建筑工业出版社, 2001.

[60] 建筑思潮研究所. SI住宅—集合住宅のスケルトン·インフィル [M]. 东京. 建筑资料研究社. 2005.

[61] 李忠富. 面向大规模定制的住宅产业敏捷生产研究. 哈尔滨工业大学博士后研究报告, 2002. 9.

[62] 李滨. 我国预制装配式建筑的现状与发展 [J]. 中国科技信息, 2014 (7).

[63] 住房和城乡建设部住宅产业化促进中心. 大力推广装配式建筑必读——技术·标准·成本与效益 [M]. 北京: 中国建筑工业出版社, 2016. 5.

[64] 徐雨濛. 我国装配式建筑的可持续性发展研究 [D]. 武汉: 武汉工程大学, 2015.

[65] 孔雯雯. 面向大规模定制的住宅装修产业化实现体系 [D]. 大连: 大连理工大学, 2014.

[66] 王永合, 赵辉, 谢厚礼, 王金伟. 建筑钢筋加工配送技术优势与应用浅析 [J]. 价值工程, 2014 (15).

[67] 张宁. SI体系内装工业化研究 [D]. 大连: 大连理工大学, 2016.

[68] 王晓朦, 胡惠琴. 住宅适应性工业化内装体系初探——以整体卫生间为例 [J]. 建筑学报, 2012 (18).

[69] 赖明, 建设科技发展现状与展望, 住宅产业, 2001 (4).

[70] Andrew Baldwin, Chi-Sun Poon, Li-Yin Shen, et al. Designing out waste in high-rise residential buildings: Analysis of precasting methods and traditional construction [J]. Renewable Energy. 2009 (34): 2067–2073.

[71] Yee Alfred A. Social and Environmental Benefits of Precast Concrete Technology [J]. PCI Journal, V.46, No.3, May-June 2001:14–19.

[72] Lawton T, Moore P, Cox K, et al. 2002. The gammon skanska construction system. In: Proceedings of the International Conference Advances in Building Technology. vol. 2, Hong Kong, China, 4–6 December, pp. 1073–1080.

[73] Tam C M, Tam V W Y, Chan J K W, et al. Use of prefabrication to minimize construction waste: a case study approach [J]. International Journal of Construction Management. 2005, 5 (1):91–101.

[74] Tam V W Y, Shen L Y, Tam C M. Assessing the levels of material wastage affected by sub-contracting relationships and projects types with their correlations [J]. Building and Environment.2007, 42 (3):1471–1477.

[75] Lara Jaillon, C S Poon. The evolution of prefabricated residential building systems in Hong Kong: A review of the public and the private sector [J]. Automation in Construction. 2009 (18).

[76] 张季超, 王慧英, 楚先锋等. 预制混凝土结构的效益评价及其在我国的发展 [J]. 建筑技

术．2007，38（1）：9-11．

[77] 纪颖波，王松．工业化住宅与传统住宅节能比较分析［J］．城市问题，2010（4）．

[78] 王蕴．工业化住宅之节能减排［J］．住宅产业，2008（12）：37-38．

[79] 陈莹．混凝土住宅预制建造模式的应用决策及环境影响研究［D］．北京:清华大学建设管理系．2010．6．

[80] 曹新颖．产业化住宅与传统住宅建设环境影响评价及比较研究［D］．北京:清华大学建设管理系．2012．5．

[81] Barlow, J. "From craft production to mass customization? Innovation requirements for the UK house building industry." Housing Studies，1999.（1）．

[82] 王广明，武振．装配式混凝土建筑增量成本分析及对策研究［J］．建筑经济，2017（1）．

[83] 李忠富，张蕊．面向大规模定制的住宅产业敏捷生产体系［J］．土木工程学报，2004，37（10）．

[84] 李忠富，叶元煦，关柯．住宅产业化集团生产过程组织研究［J］．哈尔滨建筑大学学报，2012，35（1）．

[85] 李忠富．住宅装修的产业化模式与实施［J］．中国住宅设施，2003，19（7）．

[86] 孔雯雯．面向大规模定制的住宅装修产业化实现体系［D］．大连理工大学，2014．

[87] 李忠富，孔雯雯．大规模定制精装修研究［J］．建筑经济，2014，3（7）．

[88] 王庭文．住宅产业大规模定制生产管理模式研究［D］．武汉理工大学，2006．

[89] 李忠富．集成型敏捷住宅企业的概念及形成研究［J］．哈尔滨工业大学学报，2005，37（4）．

[90] ［美］Joseph Pine．大规模定制—企业竞争的新途径［M］．北京：中国人民大学出版社，2000．

[91] 邵新宇等．面向并行工程的CAPP方法及关键技术研究［J］．华中理工大学学报（自然科学版），1995（2）．

[92] 刘宝红．采购与供应链管理：一个实践者的角度（第2版）［M］．北京：机械工业出版社，2013．

[93] 詹姆斯P．沃麦克著，沈希瑾译．精益思想（白金版）［M］．北京：机械工业出版社，2015．

[94] 刘丽文．生产与运作管理（第五版）［M］．北京：清华大学出版社，2016．

[95] 罗军舟等. 云计算: 体系架构与关键技术 [J]. 通信学报, 2011, 32 (7).

[96] 马智亮等. 建筑施工项目信息化管理系统框架 [J]. 土木工程学报, 2006 (1).

[97] J Furuse, M Katano. Structuring of Sekisui Heim Automated Parts Pickup System (HAPPS) to Process Indivisual Floor Plans [C]. The 23rd International Symposium of Automation and Robotics in Construction, 2006:352-356.

[98] 吴贵生等. 技术创新管理 (第3版) [M]. 北京: 清华大学出版社, 2013.

[99] 田灵江, 建立住宅产业发展基金初探, 住宅产业, 2002(5).

[100] 苏永波. 我国房地产企业战略联盟的构建研究 [D]. 大连:大连理工大学. 2008.

[101] 杜文涛. 我国住宅产业化企业战略联盟的构建研究 [D]. 南京:东南大学. 2013.

[102] 张少伟. 我国房地产实施住宅产业化的策略研究 [D]. 山东大学, 2013.

[103] 陈一飞. 住宅产业化进程中房地产企业战略变革研究 [D]. 武汉理工大学, 2006.

[104] 何芳. 完善我国住宅产业化政策的研究 [D]. 首都经济贸易大学, 2010.

[105] 2015年版中国住宅产业化市场现状调研与发展趋势分析报告 [R]. 中国产业调研网.

[106] 岑岩. 深圳及香港住宅产业化的实践与思考 [J]. 住宅产业, 2014. 12.

后 记 | Afterword

新版的《住宅产业化论》终于完成了！望着这摞厚厚的书稿，不禁万千感慨！

自本人开始接触学习研究住宅产业化，到今年2017年已整20个年头。记得那是1997年3月，由于参加中日合作项目"中国住宅新技术与人才培训中心"的缘故，我被派遣去日本研修。在日期间，在日本三井建设和竹中工务店的高层住宅施工现场学习了近三个月，并参观了许多日本的建设工地、住宅区、新型城市和研究所等，对日本的住宅建设和施工现场管理有了全面的了解，圆满完成了研修任务。

在这段时间里，日本在解决国民居住问题上采取的经济、技术与管理措施，尤其是工业化、一贯制的生产和管理方式给我留下深刻印象和极大的启示。一些新的思想开始在头脑中萦绕："难道住宅能够成为一个产业吗？"、"什么是住宅产业？"、"能否通过发展住宅产业的方式解决住宅问题？"、"我们能不能像日本一样在工厂里生产住宅？"……回国后开始进行这方面的研究工作。当时国内刚好由原建设部组织实施国家科委"九五"重大科技项目"2000年城乡小康住宅科技产业工程"，而且也在探讨住宅产业问题。本人参加了其中的两个专题的研究工作。在研究过程中，如何通过发展住宅产业，推进住宅建设的思路逐渐清晰。此后，选定以"住宅产业化"为题进行博士论文撰写，开始对住宅产业化问题进行全面的研究，提出"创建住宅产业集团，推进住宅产业化发展"的发展思路。博士毕业后又进行博士后科研工作。由于博士后期间接触了先进制造技术和现代管理理论与方法，对住宅产业化的发展模式和推进方式又有了新的认识，提出了创建集成型敏捷住宅企业的思想。这样前后历时七年时间，对住宅产业化的理解和基本发展思路构成《住宅产业化论》的总体框架，并于2003年11月在科学出版社出版。

但中国的住宅产业化并没有如本人预计的一样发展，自2003年后，住宅生产方式的工业化开始消退，而绿色节能环保和信息化占了上风，并直接左右了住宅产业的发展方向。2009年大量保障性住房建设为住宅产业化提供了重要的载体，本人提出了以产业化方式推进保障性住房建设的思想，得到有关部门的重视，直到2010年中国建筑业开始出现明显的"民工荒"时，住宅产业的工业化问题才被重新提起并得到业界的积极响应，此后很快成为发展的主流。

然而新一轮的住宅产业化热潮却超出了原来的想象：预制装配建筑异军突起，快速发展，带来大量的混凝土预制工厂诞生；全装修、BIM应用大量推广；各种建筑体系：钢结构、预制装配混凝土结构、木结构、SI体系、模块化（盒子）、配筋砌体等纷纷登场；各种企业参与其中：房地产、研发设计咨询、施工、材料与部品、建筑设备、网络信息等；各种组织、机构、联合体、协会学会等迅猛发展。发展的重心从住宅产业化向建筑工业化，进而又向装配式建筑发展。

2010年以后，产生了许多住宅产业化相关的新名词，如建筑工业化、建筑产业化、现代建筑产业、装配式、现场工业化……政府方大力推广装配式建筑，企业的实践也丰富多彩。这一方面表明全社会在重新关注、思考和研究推进住宅产业化，同时也表明在这一领域还有太多的分歧、异议，表明住宅产业化在理论上还有很多思想方法没有被读者或用户接受，也说明住宅产业化的基础理论研究还很不够。

作者是第一批进入该领域进行研究的学者，考虑新的发展时期应该有新的理论作支撑，而这方面的著作一直都极少，因此作者决定归纳总结十几年的研究和思考，出版本著作。

住宅产业化在今天的中国已经不能算个新课题或新名词了，然而对它的理解却有很大差异，对其进行深入研究也不是一件轻松的事。面对一大堆新理论、新方法和几十个新名词有时感到很茫然，但本人还是坚持着走下去了。在中国建筑工业出版社的大力支持下，与研究所的几位学生经过一年多的辛勤努力，阅读了几十本书、上千篇论文和几千兆的网上资料，熬过了几百个不眠之夜，终于有了今天的收获。

"人非生而知之"。笔者2003年科学出版社出版的《住宅产业化论》中的一些观点方法已经有些过时或不再适用，在对产业化发展得失对错的分析总结中不断思考，修正、调整自己曾经的一些想法。一些业界同仁也希望能对原著修订出版。这也是本书出版的初衷之一。

二十年的研究深切体会到了住宅产业化的研究领域之宽、研究领域之深。住宅产业涉及科学与技术（包括建筑领域的所有学科，以及相关其他学科）、经济与管理、艺术与文化等，每一部分都有太多的理论与实践值得去研究探讨。尽管我们在这一领域已经有了一些成果，然而无论理论还是实践，都还处在探索阶段。我们已知道的，比我们未知的要少得多。我们能看到的仍然不过是冰山浮出水面的一角。本书另外一个意旨就是抛砖引玉，引导更多有志于住宅产业化的研究者进入该领域进行更深入的研究工作。

本书付印之际，深切缅怀我的两位博士导师关柯教授和刘长滨教授。感谢我的博士后导师叶元煦教授并祝他健康长寿。

感谢中国建筑工业出版社各位领导和编辑对本书出版给予的支持。

感谢我的各位研究生在资料收集、修订撰写中给予的帮助，其中李晓丹、袁梦琪、李龙、陈勇、姜蕾、何丹丹分别协助修订撰写了有关章节。

本书的内容以本人这十几年的研究成果为主，也引用、借鉴了国内一些研究学者的思想观点，这些被引用者基本上都在参考文献中列出，但难免还会有疏漏，敬请原著者谅解。

感谢所有关心和帮助本书撰写的领导、老师和朋友。

住宅产业化的提法和发展在中国已经有近二十年的时间，期间经历了较大起伏，近几年看似很红火但实际上发展并不好，与我们曾经的研究有较大差距。对住宅产业化发展途径业界理解认识上存在较大差距，住宅产业化发展目标、发展方式、发展速度等出现了一些"错位"现象。有的对住宅产业是否存在，住宅产业化是否可行存在怀疑，有的虽然接受住宅产业（现代）化的发展方向，但具体概念、做法和途径存在不同意见，对于住宅生产是否适合社会化大生产方式存有疑虑。作者坚信：

  住宅产业化作为住宅建设领域里前所未有的巨大变革，它的实现将彻底改变住宅产业的面貌，对住宅产业的相关行业以及整个国民经济发展产生深远的影响。同时由于我国缺乏住宅产业化的技术、管理和经验，住宅产业化的实现还有一段较长的路要走，在前进的道路上还会遇到很多困难和挫折，甚至倒退。但只要坚信住宅产业化一定是今后长远发展的方向，在正确的政策引导下，以市场为导向，选择正确的发展道路，采取提高技术，加强管理等手段，积极稳妥、坚定不移地走下去，住宅产业化就一定能在中国实现并发挥巨大的效益！

李忠富

2017年7月于大连理工大学